2권 데이터베이스 실무

컴퓨터활용능력

1급 실기 액세스 2021 사용자용

발 행 일 | 2023년 12월 01일 (1판 1쇄)
I S B N | 979-11-92695-06-8(13000)
정   가 | 38,000원

집   필 | 장은영
진   행 | 김동주
본문디자인 | 디자인앨리스

발 행 처 | (주)아카데미소프트
발 행 인 | 유성천
주   소 | 경기도 파주시 정문로 588번길 24
홈 페 이 지 | www.aso.co.kr / www.asotup.co.kr

이 책의 구성

▶ 시험에 나오는 기능과 문제 유형을 따라하기 형식으로 설명

출제유형분석을 통해 학습 방법을 제시하였습니다.

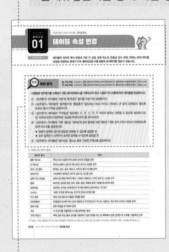

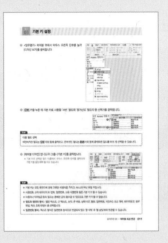

시험에 출제된 문제 유형과 함께 해결 방법을 따라하기 형식으로 설명하였습니다.

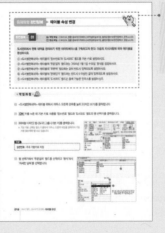

다양한 문제 유형과 해결 방법을 따라하기 형식으로 설명하였습니다.

2단계 ▷ 최신유형문제 따라하기

▶ 새롭게 변경된 시험 출제 유형에 맞게 단계별로 문제를 해결할 수 있도록 따라하기 형식으로 설명

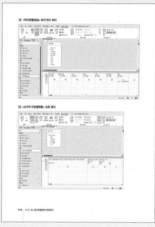

3단계 ▷ 실전모의고사 5회 / 최신기출유형 10회

▶ 완벽한 시험을 대비할 수 있도록 문제와 정답, 해설 제공

2024년도 컴퓨터활용능력 1급 실기 시험안내

1 직무내용

컴퓨터와 주변기기를 이용하고, 인터넷을 사용하는 사무환경에서 스프레드시트, 데이터베이스 관리시스템 등의 응용 프로그램을 이용하여 필요한 정보를 수집, 분석, 활용하는 업무를 수행

2 시험안내

● **실기검정방법** : 컴퓨터 작업형(10문제 이내)

● **시험시간** : 90분

등급	시험방법	시험방법	출제형태	시험시간	합격기준
1급	필기 시험	컴퓨터 일반 스프레드시트 일반 데이터베이스 일반	객관식 (60문항)	60분	매 과목 100점 만점에 과목당 40점 이상이고, 평균 60점 이상
	실기 시험	스프레드시트 실무 데이터베이스 실무	컴퓨터 작업형 (10문항 이내)	90분 (과목별 45분)	매 과목 100점 만점에 두 과목 모두 70점 이상
실기 프로그램					
Windows 10, Microsoft Office 2021					

※ 운영체제의 경우 Windows 10 기준을 적용함

※ 웹 브라우저의 경우 기술발달 및 산업현장의 수요에 따라 버전을 명시하지 않고 웹 브라우저의 공통 기능을 기준으로 적용함

※ 스프레드시트 및 데이터베이스 프로그램의 경우 기술발달 및 산업현장의 수요에 따라 Microsoft Office 2021 버전으로 업데이트함

3 2024년도 출제기준 주요 변경 내용

스프레드시트

● Microsoft Office 2021 버전 기준 적용에 따른 변경사항 반영

● 주로 사용되지 않는 함수 삭제 및 주로 사용되는 함수 추가

데이터베이스

● Microsoft Office 2021 버전 기준 적용에 따른 변경사항 반영

● 데이터베이스 출제 항목별 배점 변경

작업유형	배점	출제 항목	상세 배점
1. DB 구축	25점	테이블 완성	3점
		데이터 생성	5점
		관계	5점
		필드의 조회 속성	5점
2. 입력 및 수정	20점	폼완성	3점
		쿼리, 매크로 함수	5점~6점
		콤보 상자 설정	5점
		하위 폼 추가하기	5점
3. 조회 및 출력	20점	보고서 완성	3점
		이벤트 프로시저	5점
4. 처리 기능	35점	쿼리	7점
합계	100점		

데이터베이스 주요 연산자 및 함수 (1급)

구분	연산자 및 함수
산술/대입 연산	+, −, *, /, ₩, mod, &, ^, =
논리/비교 연산	And, Or, Not, =, <, >, >=, <=, <>, Like, is
날짜/시간 처리	now, date, time, weekday, dateadd, datediff, datepart, datevalue, year, month, day, hour, second, minute, dateserial, timeserial, timevalue
텍스트 처리	left, mid, right, trim, ltrim, rtrim, instr, strcomp, len, lenB, lcase, ucase, replace, space, string, strConv, strReverse
선택	iif, choose, switch
자료 형식 변환	cdate, cint, clng, cstr, cbool, val, str
자료 형식 평가	isdate, isnull, isnumeric, iserror, isobject
도메인 집계	davg, dsum, dcount, dmin, dmax, dlookup
SQL 집계	avg, sum, count, min, max
수학	rnd, round, abs, int
메시지	inputbox, msgbox
재무함수	fv, ipmt, irr, mirr, nper, npv, pmt, ppmt, pv, rate
기타	RGB, timer

목 차 CONTENTS

컴퓨터활용능력
1급 실기

PART 01

기출문제유형 완전분석하기

출제유형
01
테이블 속성 변경

테이블의 데이터 형식 변경과 기본 키 설정, 입력 마스크, 유효성 검사 규칙, 인덱스 등의 테이블 속성을 변경하는 문제가 자주 출제되므로 이를 충분히 숙지해야할 필요가 있습니다.

문제 **미리 보기**

📁 **작업 파일** : C₩2024_컴활1급₩데이터베이스₩작업파일₩1장_출제유형01₩출제유형01_문제.accdb
🖥 **완성 파일** : C₩2024_컴활1급₩데이터베이스₩완성파일₩1장_출제유형01₩출제유형01_정답.accdb

사원들의 업무평가를 수행하기 위한 데이터베이스를 구축하고자 한다. 다음의 지시사항에 따라 테이블을 완성하시오.

① <업무평가> 테이블의 '사번'과 '평가년도' 필드를 기본 키로 설정하시오.

② <업무평가> 테이블의 '업무평가'와 '행동평가' 필드에는 0보다 작거나 100보다 큰 값이 입력되지 않도록 유효성 검사 규칙을 설정하시오.

③ <업무평가> 테이블의 '직무등급' 필드에는 'A', 'B', 'C', 'D', 'F' 이외의 문자는 입력될 수 없도록 설정하시오. 단, 이외의 문자가 입력되면 '등급을 확인하세요.'를 표시하시오.

④ <업무평가> 테이블의 '사번' 필드는 'S1000'과 같은 형태로 영문 대문자 1개와 숫자 4개가 반드시 입력되도록 입력 마스크를 설정하시오.

▶ 영문자 입력은 영어와 한글만 입력할 수 있도록 설정할 것
▶ 숫자 입력은 0~9까지의 숫자만 입력할 수 있도록 설정할 것

⑤ <업무평가> 테이블의 '평가년도' 필드는 중복 가능한 인덱스를 설정하시오.

※ [액세스]의 데이터 형식

데이터 형식	의미
짧은 텍스트	최대 255자 길이의 텍스트와 숫자의 조합을 입력
긴 텍스트	최대 63,999자 길이의 텍스트와 숫자의 조합을 입력
숫자 / 큰 번호	바이트, 정수, 실수, 복소수, 10진수 등의 숫자를 입력
날짜/시간	100년에서 9999년 사이의 날짜 및 시간을 입력
날짜/시간 연장됨	날짜/시간 확장 데이터 형식, 1년에서 9999년 사이의 날짜 및 시간을 입력
통화	8바이트 길이로 일반 숫자, 통화, 표준, 백분율 등에 기호를 표시하여 입력
일련번호	4바이트 크기로 새 레코드가 추가될 때마다 순차적으로 1씩 증가
Yes/No	1비트 크기로 예/아니요, 참/거짓 중 하나만을 포함
OLE 개체	최대 2GB 정도의 포함된 개체를 입력
하이퍼링크	최대길이 2048의 텍스트로 저장되고 하이퍼링크의 주소로 사용되는 텍스트와 숫자의 조합을 입력
첨부 파일	첨부 파일을 추가하여 입력
계산	식 작성기를 이용하여 수식을 입력하는 형식
조회 마법사	목록 상자 또는 콤보 상자를 사용하여 다른 테이블 또는 값 목록에서 값을 선택한 후 조회를 수행하여 입력

※ 액세스 작업 화면에 주어진 모든 개체들이 화면에 표시됩니다. 이때 보안 경고창이 표시되면 <콘텐츠 사용> 단추를 클릭합니다.

Skill 01 기본 키 설정

❶ <업무평가> 테이블 위에서 마우스 오른쪽 단추를 눌러 [디자인 보기]를 클릭합니다.

❷ Ctrl 키를 누른 채 기본 키로 사용할 '사번' 필드와 '평가년도' 필드의 행 선택기를 클릭합니다.

TIP

다중 필드 선택

비연속적인 필드는 Ctrl 키와 함께 클릭하고, 연속적인 필드는 Shift 키와 함께 클릭하면 필드를 여러 개 선택할 수 있습니다.

❸ [테이블 디자인] 탭-[도구] 그룹-[기본 키]를 클릭합니다.

※ 기본 키로 선택된 필드 이름에서 마우스 오른쪽 단추를 클릭하여 기본 키를 설정/해제 할 수도 있습니다.

TIP

● 기본 키는 모든 레코드에 대해 고유한 식별자를 가지고, NULL이 아닌 유일 키입니다.

● 사원번호, 고객 데이터의 ID 번호, 일련번호, 고유 식별번호 등은 기본 키가 될 수 있습니다.

● 이름이나 직무등급 등의 필드는 중복된 값이 들어갈 수 있으므로 기본 키가 될 수 없습니다.

● **필드의 데이터 형식** : 짧은 텍스트, 긴 텍스트, 숫자, 큰 번호, 날짜/시간, 통화, 일련번호, YES/NO, OLE 개체, 하이퍼링크, 첨부 파일, 계산, 조회 마법사 중 선택합니다.

● **일련번호 형식** : 텍스트 형식은 일련번호 형식으로 변경되지 않고 '행 삭제' 후 '행 삽입'하여 변경할 수 있습니다.

유효성 검사 규칙과 유효성 검사 텍스트

❶ 행 선택기에서 '업무평가' 필드를 선택하고 '유효성 검사 규칙'에 'Between 0 And 100'을 입력합니다.

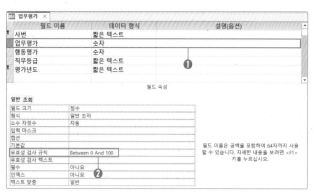

● 입력 데이터의 오류를 줄이기 위해 규칙을 정하는 것으로 예약어를 사용할 수 있습니다.

● 유효성 검사 텍스트는 유효성 검사 규칙에 어긋날 때 표시할 문자를 입력합니다.

● 유효성 검사 규칙의 예

규칙	설명
<>0	0이 아닌 값을 입력
Between 1 And 8 또는 >=1 And <=8	1에서 8 사이의 숫자를 입력
In ("국민","비씨","이체") 또는 "국민" Or "비씨" Or "이체"	국민 또는 비씨 또는 이체의 문자를 입력
Between #2010-1-1# And #2021-3-5#	• 2010-1-1에서 2021-3-5 사이의 날짜를 입력 • 날짜를 입력할 때에는 '#'을 날짜 앞, 뒤에 입력하고 두 날짜 사이는 And로 입력
Like "*@*"	• @기호를 포함하는 문자열을 입력 • *은 '모든'의 의미이므로 @기호를 포함하는 문자를 입력
Len([사번])=8	'사번' 필드의 길이를 8글자로 입력

❷ 행 선택기에서 '행동평가' 필드를 선택하고 '유효성 검사 규칙'에 'Between 0 And 100'을 입력합니다.

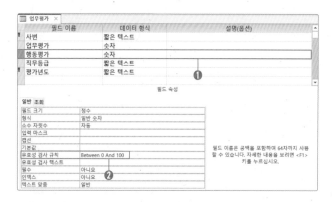

❸ 행 선택기에서 '직무등급' 필드를 선택하고 '유효성 검사 규칙'에 'In ("A","B","C","D","F")'를 입력하고 '유효성 검사 텍스트'에는 '등급을 확인하세요.'를 입력합니다.

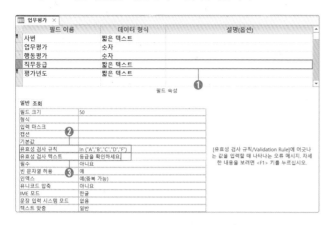

Skill 03 · 입력 마스크

❶ 행 선택기에서 '사번' 필드를 선택하고 '입력 마스크'에 '> L0000'을 입력합니다.

※ 첫 글자는 영문 대문자, 뒤 4자리는 숫자를 의미합니다.

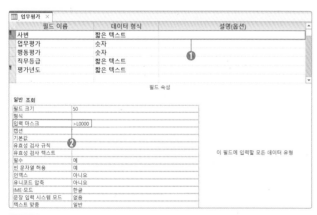

TIP

● 필드에 입력할 모든 데이터 유형을 숫자나 문자, 공백 등을 입력할 수 있도록 서식을 지정합니다.

● 형식은 '입력마스크기호;기호문자저장여부;입력할 때 표시되는 문자' 순입니다.

첫 번째 구역	두 번째 구역	세 번째 구역
(999)999-9999	0 또는 1 (0이면 문자를 포함하여 저장하고 1 또는 생략하면 입력된 값만 저장)	#
예) (999)999-9999;0;# → (###)###-####으로 표시되어 입력하면 #기호를 저장		

● 사용자 정의 지정 기호

문자	설명
0	필수적으로 0~9까지의 숫자를 입력. +, – 기호 사용 불가능 예) 000-0000-0000
9	선택적으로 숫자나 공백을 입력. +, – 기호 사용 불가능 예) 999-9999
#	선택적으로 숫자나 공백을 입력. +, – 기호 사용 가능 예) ###-#####
L	필수적으로 A~Z까지 영문자나 한글 입력 예) >LLL
?	선택적으로 a~z까지 영문자나 한글 입력 예) <???
A	필수적으로 영문자나 한글, 숫자를 입력 예) AAAA
a	선택적으로 영문자나 한글, 숫자를 입력 예) >aaa (최대 3글자)
&	필수적으로 모든 문자나 공백을 입력 예) &&&
C	선택적으로 모든 문자나 공백을 입력 예) CCC
<	모든 문자를 소문자로 변환 예) <aaa
>	모든 문자를 대문자로 변환 예) >AAA

Skill 04 인덱스(색인)

❶ 행 선택기에서 '평가년도' 필드를 선택하고 '인덱스'에서 '예(중복 가능)'을 선택합니다.

TIP

인덱스를 설정하면 찾기 및 정렬 속도는 빨라지고 업데이트 속도는 느려집니다. 종류에는 '아니요', '예(중복 가능)', '예(중복 불가능)' 중에서 선택할 수 있습니다.

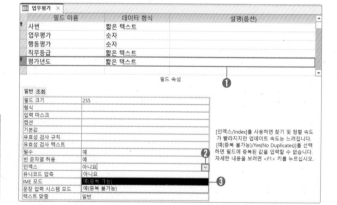

❷ 모든 설정이 끝나면 빠른 실행 도구 모음에서 📙(저장)을 눌러 변경된 내용을 저장합니다. 이때 데이터 통합 규칙이 바뀌었다는 경고창이 표시되면 <예> 단추를 클릭 합니다.

TIP

필드 속성

속성	의미
필드 크기	짧은 텍스트 데이터 형식은 최대 255자까지 지정
형식	• 숫자, 짧은 텍스트, 통화 등으로 표시 • 사용자 정의 숫자 형식은 양수;음수;0;Null 값의 형식 순으로 입력
입력 마스크	입력 형식을 지정
캡션	필드명을 변경, 즉 필드의 머리글 변경
기본값	기본적으로 표시할 값을 입력
필수	반드시 입력할 것인지 여부를 '예/아니요'로 설정
빈 문자열 허용	빈 문자열을 허용할 것인지 여부를 '예/아니요'로 설정
IME 모드	• 필드로 포커스가 이동되었을 때 설정할 입력기의 상태 • 현재 상태 유지, 한글, 영숫자 반자, 영숫자 전자 등을 선택할 수 있음
[조회] 탭의 컨트롤 표시	• 텍스트 상자, 목록 상자, 콤보 상자 중에서 입력할 자료형을 지정 • 행 원본, 바운드 열, 열 개수, 열 너비 등을 지정

출제유형 완전정복 ▶ 테이블 속성 변경

도서관리에서 판매 내역을 관리하기 위한 데이터베이스를 구축하고자 한다. 다음의 지시사항에 따라 테이블을 완성하시오.

① <도서별판매내역> 테이블의 '접수번호'와 '도서코드' 필드를 기본 키로 설정하시오.

② <도서별판매내역> 테이블의 '주문일자' 필드에는 '2020년 1월 1일 수요일' 형식을 설정하시오.

③ <도서별판매내역> 테이블의 '주문처' 필드에는 값이 반드시 입력되도록 설정하시오.

④ <도서별판매내역> 테이블의 '판매단가' 필드에는 반드시 0 이상인 값이 입력되도록 설정하시오.

⑤ <도서별판매내역> 테이블의 '도서코드' 필드는 중복 가능한 인덱스를 설정하시오.

● 작 업 과 정 ●

1️⃣ <도서별판매내역> 테이블 위에서 마우스 오른쪽 단추를 눌러 [디자인 보기]를 클릭합니다.

2️⃣ **Ctrl** 키를 누른 채 기본 키로 사용할 '접수번호' 필드와 '도서코드' 필드의 행 선택기를 클릭합니다.

3️⃣ [테이블 디자인] 탭-[도구] 그룹-[기본 키]를 클릭합니다.

※ 기본 키로 선택된 필드 이름에서 마우스 오른쪽 버튼을 클릭하여 기본 키를 설정/해제 할 수도 있습니다.

> **TIP**
>
> 일련번호 : 주로 기본키로 지정

4️⃣ 행 선택기에서 '주문일자' 필드를 선택하고 '형식'에서 '자세한 날짜'를 선택합니다.

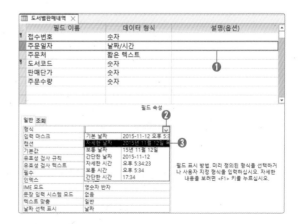

5 행 선택기에서 '주문처' 필드를 선택하고 '필수'에서 '예'를 선택합니다.

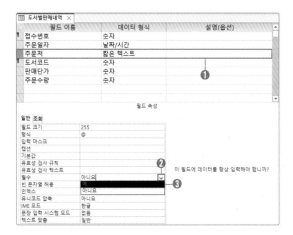

6 행 선택기에서 '판매단가' 필드를 선택하고 '유효성 검사 규칙'에 '>=0'을 입력합니다.

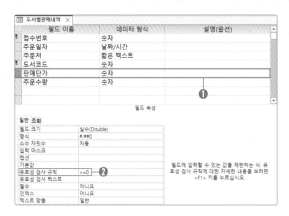

7 행 선택기에서 '도서코드' 필드를 선택하고 '인덱스'에서 '예(중복 가능)'을 선택합니다.

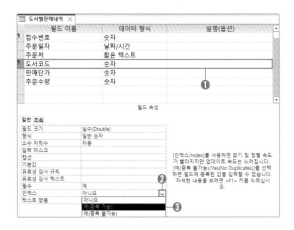

8 모든 설정이 끝나면 빠른 실행 도구 모음에서 🖫(저장)을 눌러 변경된 내용을 저장합니다. 이때 데이터 통합 규칙이 바뀌었다는 경고창이 표시되면 <예> 단추를 클릭합니다.

출제유형

02

관계 설정

두 개 이상의 테이블 간의 관계를 설정하는 곳으로 [관계 편집]에서 '항상 참조 무결성', '관련 필드 모두 업데이트', '관련 레코드 모두 삭제'를 설정하는 방법을 숙지합니다. [관계 편집]할 때 주어진 조건을 판단하여 해당하는 항목에만 체크 표시합니다.

🔍 문제 **미리 보기**

📁 **작업 파일** : C:₩2024_컴활1급₩데이터베이스₩작업파일₩1장_출제유형02₩출제유형02_문제.accdb
💾 **완성 파일** : C:₩2024_컴활1급₩데이터베이스₩완성파일₩1장_출제유형02₩출제유형02_정답.accdb

<업무평가> 테이블의 '사번' 필드는 <사원> 테이블의 '사번' 필드를, <사원> 테이블의 '부서코드' 필드는 <부서> 테이블의 '부서코드' 필드를 참조하며, 각 테이블 간의 관계는 M:1이다. 다음과 같이 테이블 간의 관계를 설정 하시오.

※ 액세스 파일에 이미 설정되어 있는 관계는 수정하지 마시오.

▶ 각 테이블 간에 항상 참조 무결성이 유지되도록 설정하시오.

▶ 참조 필드의 값이 변경되면 관련 필드의 값도 변경되도록 설정하시오.

▶ 다른 테이블에서 참조하고 있는 레코드는 삭제할 수 없도록 설정하시오.

❶ [데이터베이스 도구] 탭-[관계] 그룹-[관계]를 클릭합니다.

❷ [관계 디자인] 탭-[관계] 그룹-[테이블 추가]를 클릭합니다.

❸ [테이블 추가] 대화상자의 [테이블] 탭에서 **Ctrl** 키를 누른 채 차례대로 <부서>, <사원>, <업무평가> 테이블을 선택하고 <선택한 표 추가> 단추를 클릭합니다.

※ [테이블 추가] 대화상자의 [테이블] 탭에서 추가하고자 하는 '테이블명'을 더블클릭하여 추가할 수도 있습니다.

❹ [관계] 창에서 <업무평가> 테이블의 '사번' 필드를 <사원> 테이블의 '사번' 필드로 드래그 앤 드롭 합니다.

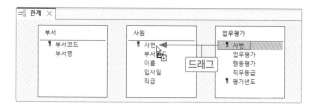

❺ [관계 편집] 대화상자에서 '항상 참조 무결성 유지', '관련 필드 모두 업데이트'를 선택하고 <만들기> 단추를 클릭합니다.

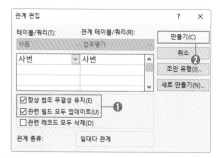

> **TIP**
>
> 사원 테이블의 사번 필드는 기본 키로 중복된 데이터를 입력할 수 없습니다. 기본 키가 설정되어 있어야 관계설정을 할 수 있습니다. 테이블이 열려 있으면 관계 편집이 안되므로 테이블을 닫기한 후 관계 편집을 합니다.

❻ [관계] 창에 '일대다(1:M)'의 관계가 표시됩니다.

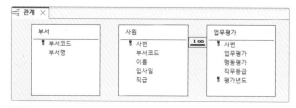

> **TIP**
>
> **관계 편집**
>
> | 항상 참조 무결성 | • 기본 테이블에 존재하지 않은 데이터를 연결하는 테이블에 생성, 변경하지 않도록 하는 규정
• 반드시 테이블에 기본 키로 설정된 필드에 있는 데이터를 입력 |
> | --- | --- |
> | 관련 필드 모두 업데이트 | 기본 키 값이 바뀔 때마다 연결된 테이블의 해당 필드의 값이 자동으로 변경하도록 하는 기능 |
> | 관련 레코드 모두 삭제 | 하나의 테이블의 레코드가 삭제되면 관계된 테이블의 레코드도 함께 삭제하도록 하는 기능 |
> | 관계의 종류 | 일대일(1:1), 일대다(1:M) |
>
> **조인유형**
>
> | 내부조인 | 두 테이블에서 모두 존재하는 레코드만 포함하여 표시 |
> | --- | --- |
> | 왼쪽 OUTER JOIN | 왼쪽에서는 모든 레코드를 포함하고 오른쪽에서는 일치하는 레코드만 포함하여 표시 |
> | 오른쪽 OUTER JOIN | 오른쪽에서는 모든 레코드를 포함하고 왼쪽에서는 일치하는 레코드만 포함하여 표시 |

❼ [관계] 창에서 <사원> 테이블의 '부서코드' 필드를 <부서> 테이블의 '부서코드' 필드로 드래그 앤 드롭합니다.

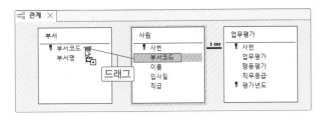

❽ [관계 편집] 대화상자에서 '항상 참조 무결성 유지', '관련 필드 모두 업데이트'를 선택하고 <만들기> 단추를 클릭합니다.

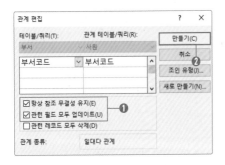

❾ [관계] 창에 '1:M(일대다)'의 관계가 표시됩니다.

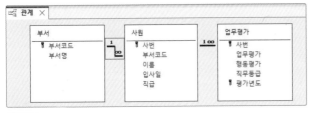

> **TIP**
>
> **관계의 삭제** : 관계 선을 클릭한 후 Delete 키를 눌러 삭제합니다.

❿ 빠른 실행 도구 모음에서 🖫(저장)을 눌러 변경된 내용을 저장합니다. [관계 디자인] 탭-[관계] 그룹-[닫기]를 클릭합니다.

출제유형 완전정복 ▶ **관계 설정**

완전정복 - 01

📁 **작업 파일** : C₩2024_컴활1급₩데이터베이스₩작업파일₩1장_출제유형02₩완전정복01_문제.accdb
🖥 **완성 파일** : C₩2024_컴활1급₩데이터베이스₩완성파일₩1장_출제유형02₩완전정복01_정답.accdb

데이터베이스의 관계를 설정하시오.

<도서별판매내역> 테이블의 '도서코드' 필드는 <도서코드> 테이블의 '도서코드' 필드를 참조하고 테이블 간의 관계는 1:M이다. 두 테이블에 대해 다음과 같이 관계를 설정하시오.

※ 액세스 파일에 이미 설정되어 있는 관계는 수정하지 마시오.

▶ 테이블 간에 항상 참조 무결성이 유지되도록 설정하시오.

▶ 참조 필드의 값이 변경되면 관련 필드의 값도 변경되도록 설정하시오.

▶ 다른 테이블에서 참조하고 있는 레코드는 삭제할 수 없도록 설정하시오.

● **작 업 과 정** ●

1️⃣ [데이터베이스 도구] 탭-[관계] 그룹-[관계]를 클릭합니다.

2️⃣ [관계 디자인] 탭-[관계] 그룹-[테이블 추가]를 클릭합니다.

3️⃣ [테이블 추가] 대화상자의 [테이블] 탭에서 **Ctrl** 키를 누른 채 차례대로 <도서별 판매 내역>, <도서코드> 테이블을 선택하고 <선택한 표 추가> 단추를 클릭합니다.

※ [테이블 추가] 대화상자의 [테이블] 탭에서 추가하고자 하는 '테이블명'을 더블클릭하여 추가할 수도 있습니다.

④ [관계] 창에서 <도서코드> 테이블의 '도서코드' 필드를 <도서별판매내역> 테이블의 '도서코드' 필드로 드래그 앤 드롭 합니다.

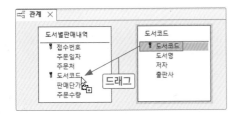

⑤ [관계 편집] 대화상자에서 '항상 참조 무결성 유지', '관련 필드 모두 업데이트'를 선택하고 <만들기> 단추를 클릭합니다.

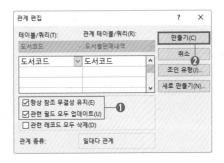

⑥ [관계] 창에 '1:M(일대다)'의 관계가 표시됩니다.

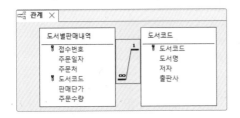

⑦ 빠른 실행 도구 모음에서 ■(저장)을 눌러 변경된 내용을 저장합니다. [관계 디자인] 탭-[관계] 그룹-[닫기]를 클릭합니다.

출제유형 03 외부 데이터 가져오기

외부 데이터 가져오기 기능을 이용하여 엑셀 파일을 액세스 파일의 테이블로 가져오는 유형의 문제가 반드시 출제되므로 방법을 충분히 숙지해야 합니다. 또한, 액세스 파일의 테이블을 엑셀 파일로 내보내기할 수도 있습니다.

문제 미리 보기
📁 **작업 파일** : C:₩2024_컴활1급₩데이터베이스₩작업파일₩1장_출제유형03₩출제유형03_문제.accdb
📄 **완성 파일** : C:₩2024_컴활1급₩데이터베이스₩완성파일₩1장_출제유형03₩출제유형03_정답.accdb

외부 데이터 가져오기 기능을 이용하여 <직급별호봉.xlsx>에서 범위의 정의된 이름 '직급별호봉'의 내용을 가져와 <직급별호봉> 테이블을 생성하시오.

▶ 첫 번째 행은 열 머리글임

▶ 기본 키는 없음으로 설정

❶ [외부 데이터] 탭-[가져오기 및 연결] 그룹-[새 데이터 원본]-[파일에서]-[Excel]를 클릭합니다.

※ 외부 데이터의 형식은 '엑셀 파일', '텍스트 파일' 형식의 파일 등 다양합니다.

❷ [외부 데이터 가져오기 - Excel 스프레드시트] 대화상자에서 <찾아보기> 단추를 클릭합니다.

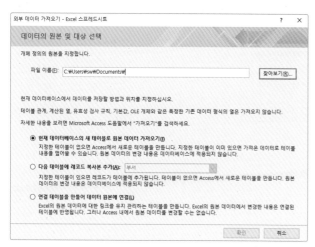

▶ **저장방법과 위치 지정**

① 외부에서 가져온 데이터를 이용하여 새로운 테이블을 작성합니다.

② 외부에서 가져온 데이터를 기존의 테이블에 추가합니다.

② 외부에서 가져온 데이터를 이용하여 새로운 테이블을 작성하되 외부 데이터가 들어 있는 외부 파일과 연결합니다.

③ [파일 열기] 대화상자에서 'C:\2024_컴활1급\데이터베이스\작업파일\1장_출제유형03\직급별호봉.xlsx'을 선택하고 <열기> 단추를 클릭합니다.

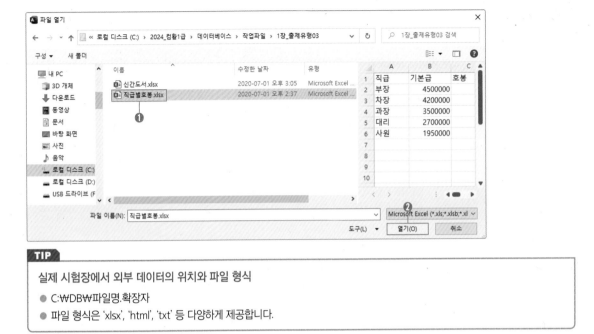

TIP

실제 시험장에서 외부 데이터의 위치와 파일 형식

● C:\DB\파일명.확장자
● 파일 형식은 'xlsx', 'html', 'txt' 등 다양하게 제공합니다.

④ [외부 데이터 가져오기 – Excel 스프레드시트] 대화상자에서 저장할 방법과 위치를 '현재 데이터베이스의 새 테이블로 원본 데이터 가져오기(I)'를 선택하고 <확인> 단추를 클릭합니다.

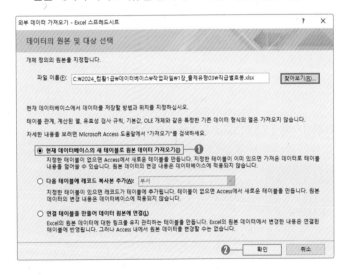

❺ [스프레드시트 가져오기 마법사] 대화상자에서 '첫 행에 열 머리글이 있음'이 선택된 것을 확인하고 <다음> 단추를 클릭합니다.

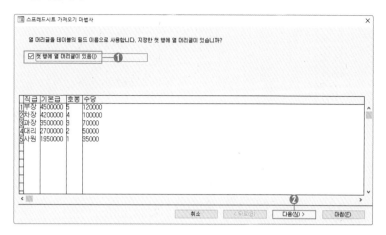

❻ [스프레드시트 가져오기 마법사] 대화상자에서 필드에 대한 정보를 수정할 부분은 없으므로 <다음> 단추를 클릭합니다.

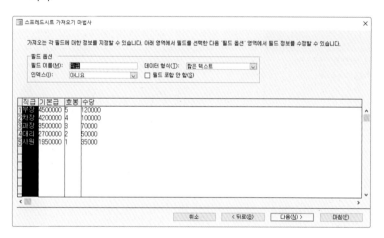

❼ [스프레드시트 가져오기 마법사] 대화상자에서 '기본 키 없음'을 선택하고 <다음> 단추를 클릭합니다.

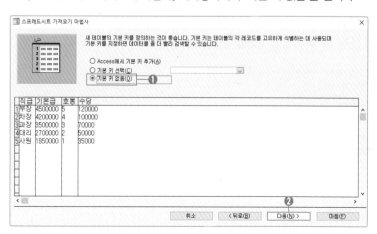

❽ [스프레드시트 가져오기 마법사] 대화상자의 테이블로 가져오기 테이블 이름을 '직급별호봉'을 입력하고 <마침> 단추를 클릭합니다.

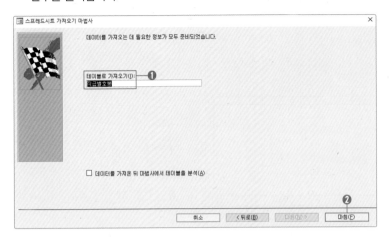

❾ [외부 데이터 가져오기 – Excel 스프레드시트] 대화상자에서 '가져오기 단계 저장'이 선택되지 않은 것을 확인하고 <닫기> 단추를 클릭합니다.

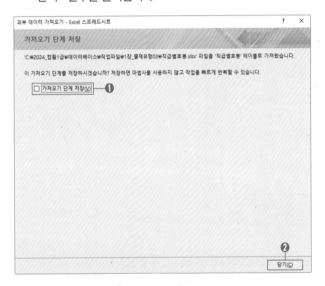

❿ 새로 생성된 <직급별호봉> 테이블을 더블 클릭하여 작업한 결과를 확인합니다.

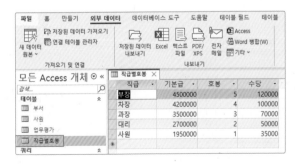

완전정복 - 01

📁 **작업 파일** : C:₩2024_컴활1급₩데이터베이스₩작업파일₩1장_출제유형03₩완전정복01_문제.accdb
💾 **완성 파일** : C:₩2024_컴활1급₩데이터베이스₩완성파일₩1장_출제유형03₩완전정복01_정답.accdb

외부 데이터 가져오기 기능을 이용하여 <신간도서.xlsx>에서 범위의 정의된 이름 '신간도서'의 내용을 가져와 <신간도서> 테이블을 생성하시오.

▶ 첫 번째 행은 열 머리글임
▶ '도서코드'의 데이터 형식은 정수로 설정
▶ '도서코드' 필드는 기본 키로 설정

● 작 업 과 정

1️⃣ [외부 데이터] 탭-[가져오기 및 연결] 그룹-[새 데이터 원본]-[파일에서]-[Excel]를 클릭합니다.

2️⃣ [외부 데이터 가져오기 - Excel 스프레드시트] 대화상자에서 <찾아보기> 단추를 클릭합니다.

3️⃣ [파일 열기] 대화상자에서 'C₩2024_컴활1급₩데이터베이스₩작업파일₩1장_출제유형03₩신간도서.xlsx'를 선택하고 <열기> 단추를 클릭합니다.

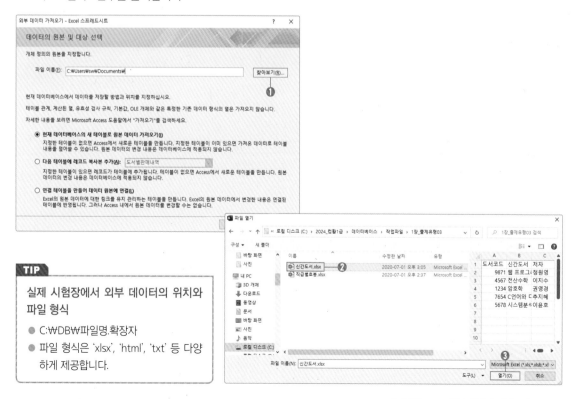

TIP

실제 시험장에서 외부 데이터의 위치와 파일 형식

● C:₩DB₩파일명.확장자
● 파일 형식은 'xlsx', 'html', 'txt' 등 다양하게 제공합니다.

4 [외부 데이터 가져오기 – Excel 스프레드시트] 대화상자에서 저장할 방법과 위치를 '현재 데이터베이스의 새 테이블로 원본 데이터 가져오기(I)'를 선택하고 <확인> 단추를 클릭합니다.

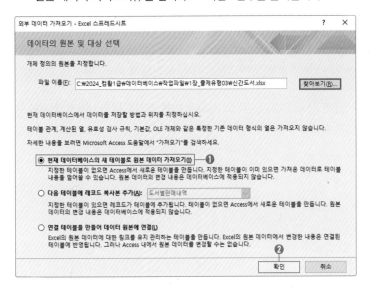

5 [스프레드시트 가져오기 마법사] 대화상자에서 '첫 행에 열 머리글이 있음'이 선택된 것을 확인하고 <다음> 단추를 클릭합니다.

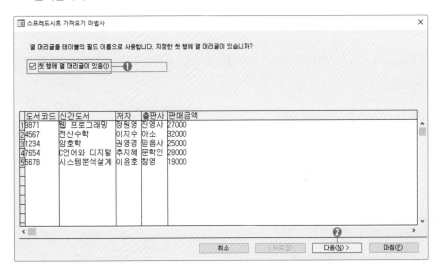

6 [스프레드시트 가져오기 마법사] 대화상자에서 필드 옵션의 필드 이름은 '도서코드', 데이터 형식은 '정수'를 선택하고 <다음> 단추를 클릭합니다.

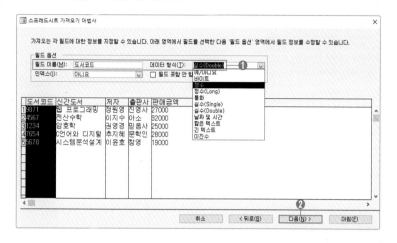

7 [스프레드시트 가져오기 마법사] 대화상자에서 '도서코드'의 '기본 키 선택'을 선택하고 <다음> 단추를 클릭합니다.

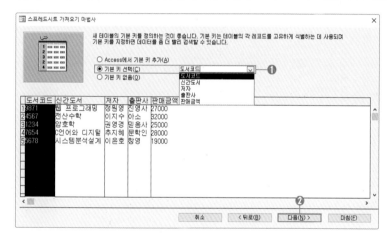

8 [스프레드시트 가져오기 마법사] 대화상자의 테이블로 가져오기에 테이블 이름을 '신간도서'를 입력하고 <마침> 단추를 클릭합니다.

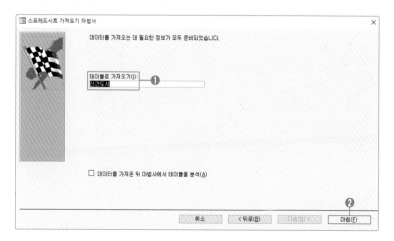

[9] [외부 데이터 가져오기 – Excel 스프레드시트] 대화상자에서 '가져오기 단계 저장'이 선택되지 않은 것을 확인하고 <닫기> 단추를 클릭합니다.

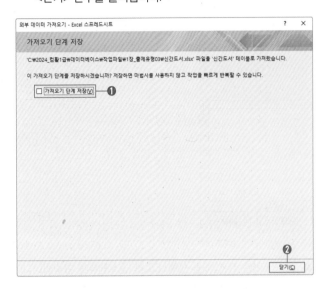

[10] 새로 생성된 <신간도서> 테이블을 더블 클릭하여 작업한 결과를 확인합니다.

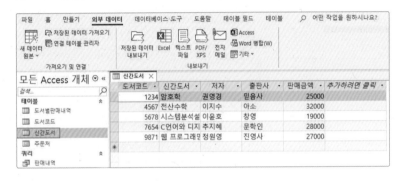

PART 01
기출문제유형 완전분석하기

CHAPTER **02**

<폼의 입력과 수정>

Access 2021
출제유형
01 폼의 속성

출제유형 분석

폼에 [레코드 원본]을 연결하고 각종 속성을 변경합니다. '사용 가능', '잠금', '레코드 선택기', '탐색 단추' 등 다양한 속성이 출제되므로 기능을 충분히 숙지해야 합니다. 폼의 [속성]은 탭 별로 나누어 있으므로 어느 탭에 어떤 속성이 있는지 기억하세요.

문제 미리 보기

📁 **작업 파일** : C:₩2024_컴활1급₩데이터베이스₩작업파일₩2장_출제유형01₩출제유형01_문제.accdb
🖥 **완성 파일** : C:₩2024_컴활1급₩데이터베이스₩완성파일₩2장_출제유형01₩출제유형01_정답.accdb

<사원별평가입력> 폼을 다음의 지시사항에 따라 완성하시오.

① <직무평가> 쿼리를 레코드 원본으로 설정하시오.

② 폼 머리글에 '사원별 평가 입력화면'이라는 제목이 표시되도록 레이블 컨트롤을 작성하시오.

  ▶ 레이블 컨트롤의 이름은 'title'로 지정할 것
  ▶ 글꼴 이름은 '돋움체', 글꼴 크기는 '24pt', 글꼴 두께는 '굵게'로 설정할 것

③ 본문 영역의 'txt업무평가'와 'txt직무등급' 컨트롤에는 '업무평가'와 '직무등급' 필드에 바운드시키시오.

④ 폼 바닥글의 'txt총인원'은 모든 레코드의 총인원을 구하고, 'txt업무평가평균', 'txt행동평가평균' 컨트롤은 모든 레코드에 대한 '업무평가'와 '행동평가' 필드의 평균값을 구하시오. (Count(), Avg() 함수 사용)

⑤ 본문의 '이름(txt이름)' 컨트롤은 데이터를 변경할 수 없도록 '잠금' 기능을 설정하시오.

※ [폼의 구역]

폼 머리글	폼 제목 등이 폼 시작 위치에 표시되며 인쇄할 때에는 한 번만 인쇄됨
페이지 머리글	• 제목이나 열 머리글과 같이 동일한 정보를 표시 • 인쇄할 때에는 모든 페이지 위쪽에 인쇄
본문	레코드의 원본이 표시
페이지 바닥글	• 날짜나 페이지 번호, 명령 단추와 같은 정보를 표시 • 인쇄할 때마다 모든 페이지의 아래쪽에 인쇄
폼 바닥글	폼의 마지막 위치에 표시되며 인쇄할 때에는 마지막 페이지에 한 번만 인쇄됨

레코드 원본

① **<사원별평가입력> 폼 위에서 마우스 오른쪽 단추를 눌러 [디자인 보기]를 클릭합니다.**

※ 폼에 사용할 레코드의 원본을 지정하는 것으로 테이블이나 쿼리 개체를 선택합니다.

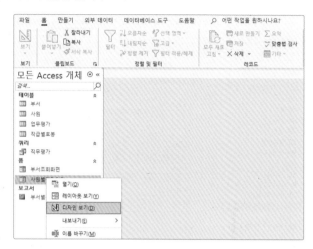

② **[양식 디자인] 탭-[도구] 그룹-[속성 시트]를 클릭합니다.**

※ 폼의 구역에서 마우스 오른쪽을 클릭하여 바로가기 메뉴에서 속성을 클릭할 수도 있습니다.

③ **[폼] 속성 시트 창의 [모두] 탭에서 '레코드 원본' 속성 입력란의 ⌄(목록 단추)를 클릭하여 '직무평가'를 선택합니다.**

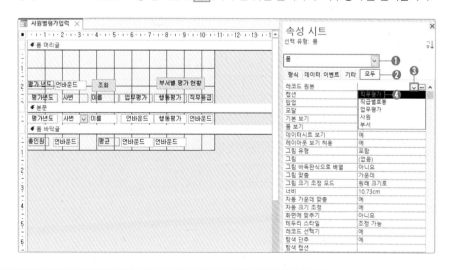

TIP

[속성 창 열기]

[양식 디자인]-[도구]에서 [속성 시트]를 클릭합니다.

---

❶ [양식 디자인] 탭-[컨트롤] 그룹-[*가가* (레이블)]을 클릭한 후 '폼 머리글' 영역에서 레이블이 놓일 위치와 적당한 크기로 드래그합니다.

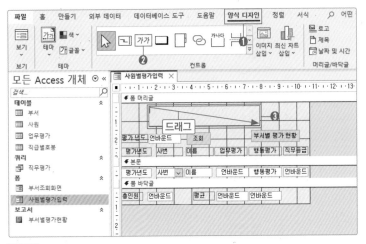

❷ 삽입된 레이블 컨트롤에 '사원별 평가 입력화면'을 입력한 후 테두리를 클릭합니다.

❸ 삽입된 레이블 속성 시트 창의 [모두] 탭에서 '이름' 속성 입력란에 'title'를 입력하고 **Enter** 키를 누릅니다.

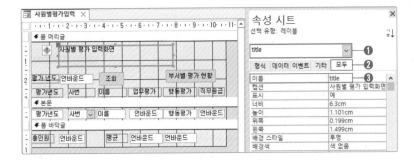

❹ [title] 레이블 속성 시트 창의 [모두] 탭에서 글꼴 이름(돋움체), 글꼴 크기(24), 글꼴 두께(굵게)를 지정합니다.

※ 레이블 컨트롤의 테두리를 드래그하여 크기와 위치를 적당하게 조절합니다.

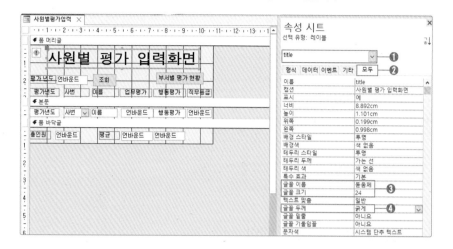

Skill 03 컨트롤 원본

❶ 속성 시트 창에서 ∨(목록 단추)를 눌러 'txt업무평가'를 선택합니다.

> **TIP**
> ● 필드와 연결되지 않고 언바운드되어 있는 컨트롤에 원본 개체를 설정합니다.
> ● 테이블이나 쿼리의 필드명을 선택하거나 수식이나 함수를 사용하여 계산식이 입력
>   될 수 있습니다.

❷ [txt업무평가] 속성 시트 창의 [데이터] 탭에서 '컨트롤 원본' 입력란의 ∨(목록 단추)를 클릭하여 '업무평가'를 선택합니다.

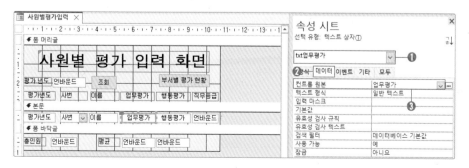

❸ 속성 시트 창에서 ⌄(목록 단추)를 눌러 'txt직무등급'을 선택합니다.

❹ [txt직무등급] 속성 시트 창의 [데이터] 탭에서 '컨트롤 원본' 입력란의 ⌄(목록 단추)를 클릭하여 '직무등급'을 선택합니다.

❺ 속성 시트 창에서 ⌄(목록 단추)를 눌러 'txt총인원'을 선택합니다.

❻ [txt총인원] 속성 시트 창의 [데이터] 탭에서 '컨트롤 원본' 입력란에 '=Count(*)'를 입력하고 Enter 키를 누릅니다.

※ 컨트롤 원본을 입력할 때 Shift + F2 키를 눌러 나오는 [확대/축소] 대화상자를 이용하면 큰 화면에서 입력할 수 있습니다. 또는 ⋯을 눌러 나오는 [식 작성기] 대화상자를 이용하여 입력합니다.

TIP

수식 또는 함수식

● 수식이나 함수식을 입력할 때에는 '='을 입력한 후 수식 또는 함수명을 입력합니다. 단, 필드명은 '[ ]' 기호 안에 입력합니다.
● 함수명은 대소문자 구별 없이 입력하면 단어의 첫 글자가 대문자로 자동으로 변경됩니다.

❼ 속성 시트 창에서 ⌄(목록 단추)를 눌러 'txt업무평가평균'을 선택합니다.

❽ [txt업무평가평균] 속성 시트 창의 [데이터] 탭에서 '컨트롤 원본' 입력란에 '=Avg([업무평가])'를 입력하고 Enter 키를 누릅니다.

⑨ 속성 시트 창에서 ☑(목록 단추)를 눌러 'txt행동평가평균'을 선택합니다.

⑩ [txt행동평가평균] 속성 시트 창의 [데이터] 탭에서 '컨트롤 원본' 입력란에 '=Avg([행동평가])'를 입력하고 **Enter** 키를 누릅니다.

TIP

함수 알아보기

1. 계산 함수

함수명	의미
Sum([필드명])	필드명의 합계 [예] =Sum([점수])
Avg([필드명])	필드명의 평균 [예] =Avg([점수])
Count([필드명]) 또는 그룹에서는 Count(*)	필드명의 전체개수 또는 그룹별 개수 [예] =Count(*)

DSum("[필드명]", "[테이블/쿼리명]", "조건식(a=b)")	• 조건을 만족하는 특정 레코드의 합계를 구하기
	• 조건식을 지정할 때 문자는 " "(따옴표), 날짜는 양쪽에 #으로 묶어 입력
	  [예] =DSum("점수","회원","이름=txt이름")
	• 단, 필드명, 테이블명에 [ ]기호는 생략할 수 있음

DAvg("[필드명]", "[테이블/쿼리명]", "조건식(a=b)")	조건을 만족하는 특정 레코드의 평균을 구하기 [예] =DAvg("금액","분류항목","분류명='전기요금'")
Dlookup("[필드명]", "[테이블/쿼리명]", "조건식(a=b)")	조건에 맞는 필드 검색하기 [예] =Dlookup("전화번호","회원","이름=txt이름")

2. 날짜/시간 함수

Now( )	오늘의 날짜와 시간 표시 [예] =Now( )
Date( )	오늘의 날짜 표시 [예] =Date( )
Time( )	현재의 시간 표시 [예] =Time( )
Year( )	연도를 표시 [예] =Year([생일])

Month( )	월 표시 [예] =Month([생일])
Day( )	일 표시 [예] =Day([생일])
Hour( )	시간 표시 [예] =Hour(Now( ))
Minute( )	분 표시 [예] =Minute(Now( ))
Second( )	초 표시 [예] =Second(Now( ))
DateAdd(간격, 숫자, 날짜)	• 지정된 시간 간격이 추가된 날짜가 들어있는 값을 반환 • 간격 : yyyy(연도), q(분기), m(월), d(일), w(주), h(시간), n(분), s(초) • 숫자 : 양수(미래의 날짜 구하기), 음수(과거의 날짜를 가져오기) [예] =DateAdd("d",1,"2020-05-04")

3. 문자 함수

Len([필드명])	필드명의 길이 [예] =Len([사원번호])
Left([필드명],개수)	필드명의 왼쪽에서 개수만큼 표시 [예] =Left([주소],3)
Right([필드명],개수)	필드명의 오른쪽에서 개수만큼 표시 [예] =Right([주소],2)
Mid([필드명],시작위치,개수)	필드명의 시작 위치에서 개수만큼 표시 [예] =Mid([주소],3,2)
Instr("문자열","문자")	• 문자열에서 문자의 위치를 찾아 숫자로 표시 [예] =Instr("무궁화꽃","화") • 문자열이 필드명일 경우에는 [부서명]과 같이 입력
Trim("문자열")	문자열의 바깥쪽 공백 지우기 [예] =Trim(" 액세스 ")
Replace("문자1","문자2","문자3")	문자1에서 문자2의 글자를 문자3으로 바꾸기 [예] =Replace("도레미","레","솔")

4. 조건 함수

IIf(조건, 참, 거짓)	조건에 맞으면 참의 영역을 실행하고, 조건에 맞지 않으면 거짓의 영역을 실행 [예] =IIf([점수]>=60,"합격","불합격")
Switch(조건1, 값1, 조건2, 값2…)	조건1이 맞으면 값1을 실행하고 조건2가 맞으면 값2를 실행 [예] =Switch([점수]>=60,"합격",[점수]<60,"불합격")
Choose(값, 실행1, 실행2, 실행3…)	값에 따라 실행1, 실행 2, 실행 3 중에 실행 [예] =Choose(1,"인사부","고객부","총무부")

5. 기타 함수

Page	현재 페이지를 표시
Pages	전체 페이지를 표시 [예] [Page] & "/" & [Pages]
Format(데이터, 표시형식) [예] =Format(123456,"#,##0") [예] =Format(Now(),"yy/mm/dd hh:nn:ss dddd")	• 데이터를 표시형식에 맞추어 표시 • # : 데이터 없으면 생략 • 0 : 데이터 없는 자리에도 0을 표시 • , : ',' 기호를 표시 • yy : 연도를 2자리로 표시 [예] 21 • mm : 월을 2자리로 표시 [예] 05 • mmm : 월을 영어 3자리로 표시 [예] Jan • mmmm : 월을 영어로 표시 [예] January • dd : 날짜를 2자리로 표시 [예] 21 • ddd : 요일을 영어 3자리로 표시 [예] Sun • dddd : 요일을 영어로 표시 [예] Sunday • aaaa : 요일을 한글로 표시 [예] 토요일 • hh : 시간을 2자리로 표시 [예] 09 • nn : 분을 2자리로 표시 [예] 25 • ss : 초를 2자리로 표시 [예] 45

Skill 04 잠금

❶ 속성 시트 창에서 (목록 단추)를 눌러 'txt이름'을 선택합니다.

❷ [txt이름] 속성 시트 창의 [데이터] 탭에서 잠금을 '예'로 선택합니다.

※ '잠금'을 설정하면 컨트롤을 수정할 수 없습니다.

TIP

자주 출제되는 폼 컨트롤의 주요 속성

속성	기능
레코드 원본	폼에 연결하여 사용할 테이블이나 쿼리명을 지정
컨트롤 원본	개체에 연결하여 사용할 필드명이나 수식, 함수를 지정
캡션	폼 보기의 제목 표시줄에 표시되는 문자

기본 보기	• 폼의 보기(단일 폼, 연속 폼, 데이터시트) 형식을 지정 • 단일 폼 : 한 화면에 하나의 레코드만 표시 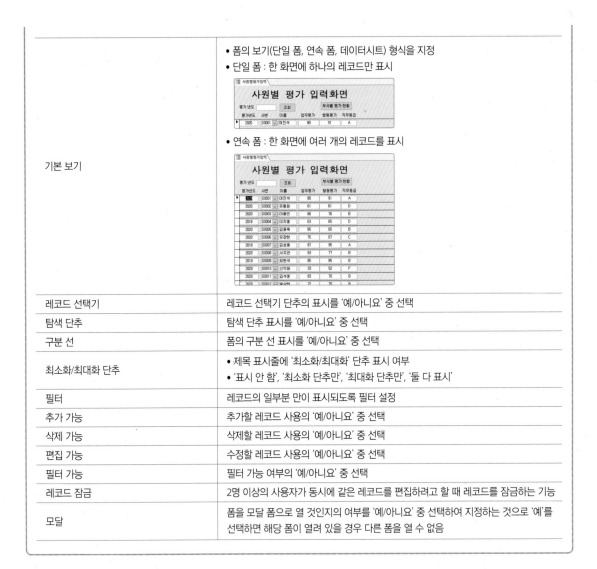 • 연속 폼 : 한 화면에 여러 개의 레코드를 표시
레코드 선택기	레코드 선택기 단추의 표시를 '예/아니요' 중 선택
탐색 단추	탐색 단추 표시를 '예/아니요' 중 선택
구분 선	폼의 구분 선 표시를 '예/아니요' 중 선택
최소화/최대화 단추	• 제목 표시줄에 '최소화/최대화' 단추 표시 여부 • '표시 안 함', '최소화 단추만', '최대화 단추만', '둘 다 표시'
필터	레코드의 일부분 만이 표시되도록 필터 설정
추가 가능	추가할 레코드 사용의 '예/아니요' 중 선택
삭제 가능	삭제할 레코드 사용의 '예/아니요' 중 선택
편집 가능	수정할 레코드 사용의 '예/아니요' 중 선택
필터 가능	필터 가능 여부의 '예/아니요' 중 선택
레코드 잠금	2명 이상의 사용자가 동시에 같은 레코드를 편집하려고 할 때 레코드를 잠금하는 기능
모달	폼을 모달 폼으로 열 것인지의 여부를 '예/아니요' 중 선택하여 지정하는 것으로 '예'를 선택하면 해당 폼이 열려 있을 경우 다른 폼을 열 수 없음

❸ 모든 설정이 끝나면 빠른 실행 도구 모음에서 🖫(저장)을 눌러 변경된 내용을 저장합니다.

❹ <사원별평가입력> 폼 위에서 마우스 오른쪽 단추를 눌러 [열기]를 클릭하여 변경된 내용을 확인합니다.

출제유형 완전정복 ▶ **폼의 속성**

완전정복 - 01

📂 **작업 파일 :** C₩2024_컴활1급₩데이터베이스₩작업파일₩2장_출제유형01₩완전정복01_문제.accdb
📖 **완성 파일 :** C₩2024_컴활1급₩데이터베이스₩완성파일₩2장_출제유형01₩완전정복01_정답.accdb

<판매내역입력> 폼을 다음의 지시사항에 따라 완성하시오.

① <도서별판매내역> 테이블을 레코드 원본으로 설정하시오.

② '연속 폼'의 형태로 나타나도록 설정하시오.

③ 'txt총계'에 판매된 총금액을 표시하도록 계산 컨트롤로 작성하시오. (Sum( ) 함수 사용)

　▶ 계산식 = ([판매단가]*[주문수량])의 합

④ 본문 영역의 'txt주문처'와 'txt주문수량' 컨트롤에는 '주문처'와 '주문수량' 필드에 바운드시키시오.

⑤ 본문의 컨트롤에 대해서 다음과 같이 탭 순서를 설정하시오.

　▶ 'txt접수번호', 'txt주문일자', 'txt주문처', 'cmb도서코드', 'txt판매단가', 'txt주문수량'

● **작 업 과 정**

1 <판매내역입력> 폼 위에서 마우스 오른쪽 단추를 눌러 [디자인 보기]를 클릭합니다.

2 [폼] 속성 시트 창의 [모두] 탭에서 '레코드 원본' 속성 입력란의 ∨(목록 단추)를 클릭하여 '도서별판매내역'을 선택합니다.

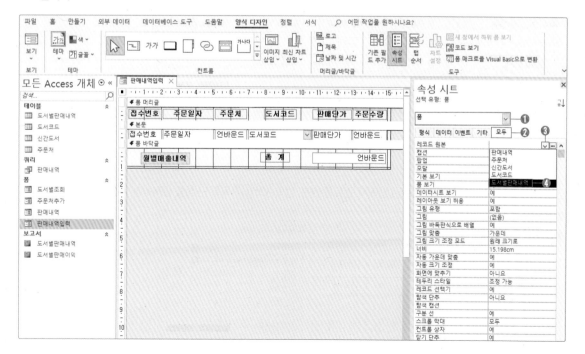

3 [폼] 속성 시트 창의 [모두] 탭에서 '기본 보기'의 ✓(목록 단추)를 클릭하여 '연속 폼'을 선택합니다.

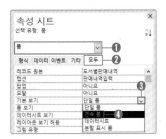

4 속성 시트 창에서 ✓(목록 단추)를 눌러 'txt총계'를 선택합니다.

5 [txt총계] 속성 시트 창의 [데이터] 탭에서 '컨트롤 원본' 입력란에 '=Sum([판매단가]*[주문수량])'을 입력하고 **Enter**
키를 누릅니다.

6 속성 시트 창에서 ✓(목록 단추)를 눌러 'txt주문처'를 선택합니다.

7 [txt주문처] 속성 시트 창의 [모두] 탭에서 '컨트롤 원본' 입력란의 ✓(목록 단추)를 클릭하여 '주문처'를 선택합니다.

8 속성 시트 창에서 ✓(목록 단추)를 눌러 'txt주문수량'을 선택합니다.

9 [txt주문수량] 속성 시트 창의 [모두] 탭에서 '컨트롤 원본' 입력란의 ✓(목록 단추)를 클릭하여 '주문수량'을 선택합니다.

⑩ [양식 디자인] 탭-[도구] 그룹-[탭 순서]를 클릭합니다.

⑪ [탭 순서] 대화상자의 본문 구역의 사용자 지정 순서에서 'txt접수번호' 필드의 행 선택기를 클릭한 후 맨 위로 드래그합니다.

⑫ 위와 같은 방법으로 'txt접수번호', 'txt주문일자', 'txt주문처', 'cmb도서코드', 'txt판매단가', 'txt주문수량' 순으로 필드를 이동하고 <확인> 단추를 클릭합니다.

⑬ 모든 설정이 끝나면 빠른 실행 도구 모음에서 🖫(저장)을 눌러 변경된 내용을 저장합니다.

⑭ <판매내역입력> 폼 위에서 마우스 오른쪽 단추를 눌러 [열기]를 클릭하여 변경된 내용을 확인합니다.

접수번호	주문일자	주문처	도서코드	판매단가	주문수량
1	2020-05-06	영문서점	9781	23500	50
2	2020-09-01	한림서점	9888	32000	70
3	2020-08-22	계영서점	9791	30000	30
4	2020-01-13	진주서점	8932	25000	120
5	2020-08-10	군산서점	9452	17800	150
6	2020-01-19	인천서점	5781	18500	60
7	2020-08-20	부산서점	7692	22000	100
8	2020-09-11	동부서점	9512	20000	200
9	2020-08-21	서울서점	6934	24000	40
10	2020-02-14	검수서점	7834	30000	50
11	2020-02-15	울진서점	5845	35000	90
12	2020-09-08	광흥서점	5160	24700	20
13	2020-09-09	대전서점	8670	28000	130
14	2020-08-10	세종서점	9450	19500	50
15	2020-08-08	인재서점	9781	23500	50
16	2020-08-22	남진서점	9888	32000	100
17	2020-01-13	명륜서점	9791	30000	130
18	2020-08-10	배영서점	8932	25000	200
19	2020-08-20	한라서점	9452	17800	80
20	2020-09-11	신흥서점	5781	18500	40
21	2020-01-19	호서서점	7692	22000	30
22	2020-08-21	강원서점	9512	20000	70
23	2020-02-14	제주서점	6934	24000	80
24	2020-02-15	두산서점	7834	30000	100
월별매출내역		총 계		₩69,624,000	

출제 유형 02 조건부 서식

출제유형 분석 폼에 '조건부 서식'을 지정하는 문제가 출제됩니다. [새 규칙]에서 조건을 지정할 때 '또는', '그리고' 등의 조건을 지정하는 방법을 숙지해야 합니다.

📂 작업 파일 : C:₩2024_컴활1급₩데이터베이스₩작업파일₩2장_출제유형02₩출제유형02_문제.accdb
🖥 완성 파일 : C:₩2024_컴활1급₩데이터베이스₩완성파일₩2장_출제유형02₩출제유형02_정답.accdb

<사원별평가입력> 폼의 본문 영역에 다음과 같이 조건부 서식을 설정하시오.

▶ '직무등급'이 'A'이거나 'F'인 본문 영역의 모든 컨트롤의 글꼴이 '굵게', 글자색이 '빨강'으로 표시되도록 설정하시오.

▶ 단, 하나의 규칙으로 작성하시오.

❶ <사원별평가입력> 폼 위에서 마우스 오른쪽 단추를 눌러 [디자인 보기]를 클릭합니다.

❷ '본문' 영역에서 조건부 서식을 적용하기 위해 Ctrl 키를 이용하여 컨트롤을 모두 선택합니다.

TIP

● 본문 왼쪽의 눈금자 부분을 마우스로 클릭하면 본문의 모든 컨트롤이 선택됩니다.

❸ [서식] 탭-[컨트롤 서식] 그룹-[조건부 서식]을 클릭합니다.

※ 조건부 서식을 이용하여 폼 또는 보고서의 데이터를 강조 표시하여 알기 쉽게 나타낼 수 있습니다.

④ [조건부 서식 규칙 관리자] 대화상자에서 <새 규칙> 단추를 클릭합니다.

⑤ [새 서식 규칙] 대화상자에서 '필드 값이'의 ∨ (목록 단추)를 눌러 '식이'를 선택하고 '[직무등급] ="A" Or [직무등급] ="F"'를 입력합니다. 가 (굵게)를 클릭하고, 가 ▾ (글자색)의 ▾ (목록 단추)를 눌러 '빨강'을 선택합니다.

TIP

조건부 서식에서 조건 지정할 때 주의 사항

● 레이블에는 조건부 서식을 지정할 수 없습니다.

● 하나의 컨트롤에는 여러 개의 조건부 서식을 지정할 수 있습니다.

● 조건부 서식에는 조건식을 시작할 때 '='를 입력하지 않습니다.

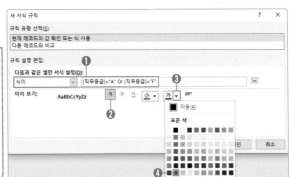

⑥ [새 서식 규칙] 대화상자에서 미리 보기에 적용된 서식을 확인하고 <확인> 단추를 클릭합니다.

⑦ [조건부 서식 규칙 관리자] 대화상자에서 '규칙'을 확인하고 <확인> 단추를 클릭합니다.

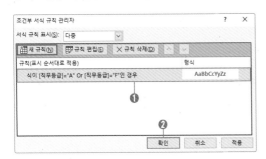

❽ <사원별평가입력> 폼 위에서 마우스 오른쪽 단추를 눌러 [열기]를 클릭하여 변경된 내용을 확인합니다.

| 사원별평가입력 × |

사원별 평가 입력화면

평가 년도 [　　] [조회]　　　부서별 평가 현황

평가년도	사번	이름	업무평가	행동평가	직무등급
2020	S0001	여진석	80	91	A
2020	S0002	유동원	61	61	D
2020	S0003	이동민	80	76	B
2018	S0004	이지홍	63	65	D
2020	S0005	김종욱	85	65	B
2020	S0006	유장현	75	67	C
2018	S0007	김성용	87	95	A
2020	S0008	서주찬	83	77	B
2019	S0009	최현석	85	85	B
2020	S0010	신억화	33	52	F
2020	S0011	김석훈	83	70	B
2020	S0012	박상현	72	75	B
2020	S0013	이용준	98	93	A
2020	S0014	남주영	24	33	F
2020	S0015	이창한	40	64	D
2020	S0016	정현채	75	65	C
2020	S0017	김동근	60	64	D
2020	S0018	서해성	78	65	C
2019	S0019	이시훈	98	84	A
2020	S0020	강관형	65	56	D
2020	S0021	이주현	30	40	F
2020	S0022	김기우	78	71	C
2018	S0023	김재윤	88	91	A
2020	S0024	김동희	27	43	F
2019	S0025	반희재	85	73	B

총인원 [40]　평균 [70.4] [69.9]

레코드: I◀ ◀ 1/40 ▶ ▶I ▶ ▽필터 없음 검색

TIP

[폼 보기]와 [디자인 보기] 바로 가기 키

● Ctrl + . 키 : 폼 보기
● Ctrl + , 키 : 디자인 보기

완전정복 - **01**

📂 **작업 파일** : C:₩2024_컴활1급₩데이터베이스₩작업파일₩2장_출제유형02₩완전정복01_문제.accdb
💾 **완성 파일** : C:₩2024_컴활1급₩데이터베이스₩완성파일₩2장_출제유형02₩완전정복01_정답.accdb

<판매내역입력> 폼에 조건부 서식을 설정하시오.

▶ '도서코드'가 '9791'이면서 '주문수량'이 '50'이상인 '도서코드'와 '주문수량' 컨트롤에 대해 배경색을 '노랑'으로
표시되도록 설정하시오.

▶ 단, 하나의 규칙으로 작성하시오.

● **작 업 과 정** ●

1️⃣ <판매내역입력> 폼 위에서 마우스 오른쪽 단추를 눌러 [디자인 보기]를 클릭합니다.

2️⃣ '본문' 영역에서 조건부 서식을 적용하기 위해 **Ctrl** 키를 이용하여 '도서코드' 컨트롤과 '주문수량' 컨트롤을 선택
합니다.

3️⃣ [서식] 탭-[컨트롤 서식] 그룹-[조건
부 서식]을 클릭합니다.

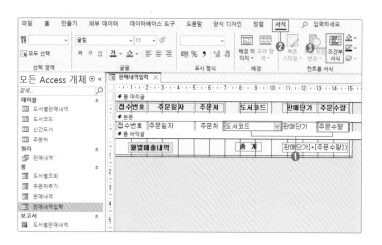

4️⃣ [조건부 서식 규칙 관리자] 대화상자에서 <새
규칙> 단추를 클릭합니다.

5️⃣ [새 서식 규칙] 대화상자에서 '필드 값이'의 ∨
(목록 단추)를 눌러 '식이'를 선택하고 '[도서코드]
=9791 And [주문수량]>=50'을 입력합니다. 🎨 ▾
(배경색)의 ▾ (목록 단추)를 눌러 '노랑'을 선택합
니다.

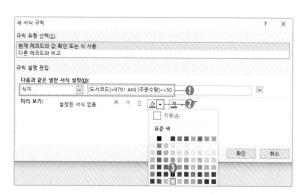

6 [새 서식 규칙] 대화상자에서 미리 보기에서 적용된 서식을 확인하고 <확인> 단추를 클릭합니다.

7 [조건부 서식 규칙 관리자] 대화상자에서 '규칙'을 확인하고 <확인> 단추를 클릭합니다.

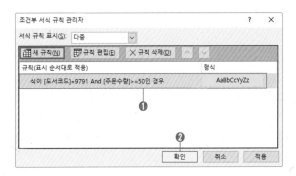

8 <판매내역입력> 폼 위에서 마우스 오른쪽 단추를 눌러 [열기]를 클릭하여 변경된 내용을 확인합니다.

접수번호	주문일자	주문처	도서코드	판매단가	주문수량
1	2020-05-06	영문서점	9781	23500	50
2	2020-09-01	한림서점	9888	32000	70
3	2020-08-22	계영서점	9791	30000	30
4	2020-01-13	진주서점	8932	25000	120
5	2020-08-10	군산서점	9452	17800	150
6	2020-01-19	인천서점	5781	18500	60
7	2020-08-20	부산서점	7692	22000	100
8	2020-09-11	동부서점	9512	20000	200
9	2020-08-21	서울서점	6934	24000	40
10	2020-02-14	경수서점	7834	30000	50
11	2020-02-15	울진서점	5845	35000	90
12	2020-09-08	광흥서점	5160	24700	20
13	2020-09-09	대전서점	8670	28000	130
14	2020-08-10	세종서점	9450	19500	50
15	2020-08-08	인제서점	9781	23500	50
16	2020-08-22	남진서점	9888	32000	100
17	2020-01-13	명훈서점	9791	30000	130
18	2020-08-10	배영서점	8932	25000	200
19	2020-08-20	한라서점	9452	17800	80
20	2020-09-11	선흥서점	5781	18500	40
21	2020-01-19	호서서점	7692	22000	30
22	2020-08-12	강원서점	9512	20000	70
23	2020-02-14	제주서럼	6934	24000	80
24	2020-02-15	두산서점	7834	30000	100
25	2020-09-08	대전서점	5845	35000	50
26	2020-08-08	강진서점	5160	24700	30
27	2020-08-12	목포서점	8670	28000	40
28	2020-01-14	몽원서점	9450	19500	70
29	2020-01-15	평주서점	9781	23500	90
30	2020-08-08	서강서점	9888	32000	100
31	2020-08-10	연희서점	9791	30000	130
32	2020-03-05	미래서점	8932	25000	200

출제유형 03 컨트롤에 원본 목록 만들기

출제유형 분석   폼의 컨트롤에 원본 목록을 만들어 연결하는 문제가 출제되고 있습니다. '행 원본'과 '유형', '바운드 열' 등을 지정하는 방법을 숙지해야 합니다.

 **미리 보기**
📁 **작업 파일** : C:₩2024_컴활1급₩데이터베이스₩작업파일₩2장_출제유형03₩출제유형03_문제.accdb
💾 **완성 파일** : C:₩2024_컴활1급₩데이터베이스₩완성파일₩2장_출제유형03₩출제유형03_정답.accdb

<사원별평가입력> 폼의 '사번'(cmb사번) 컨트롤에 다음과 같이 폼에 컨트롤 원본을 설정하시오.

 결과

▶ <사원> 테이블의 '사번'과 '이름'을 표시하시오.

▶ 컨트롤에는 '사번'이 저장되도록 설정하시오.

▶ 목록 이외의 값은 입력될 수 없도록 하시오.

① <사원별평가입력> 폼 위에서 마우스 오른쪽 단추를 눌러 [디자인 보기]를 클릭합니다.

② '본문' 영역에서 '사번' 컨트롤을 클릭합니다. [형식] 탭에서 열 개수는 '2'로 입력합니다. 이어서, [cmb사번] 속성 시트 창의 [데이터] 탭에서 '행 원본' 입력란의 **...** (식 작성기)를 클릭합니다.

③ [테이블 추가] 대화상자의 [테이블] 탭에서 <사원> 테이블을 선택하고 <선택한 표 추가> 단추를 클릭합니다.

④ <사원> 테이블에서 '사번', '이름' 필드를 선택합니다. [쿼리 디자인] 탭-[닫기] 그룹-[닫기]를 클릭합니다.

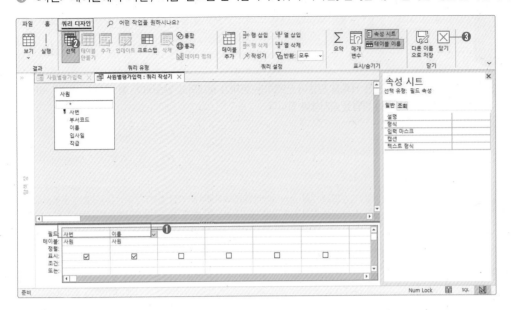

⑤ [SQL 문의 변경 내용을 저장하고 속성을 업데이트하시겠습니까?] 창에서 <예> 단추를 클릭합니다.

⑥ [cmb사번] 속성 시트 창의 [데이터] 탭에서 '바운드 열' 입력란에 '1'을 입력합니다. '목록 값만 허용'의 ✓(목록 단추)를 클릭하여 '예'를 선택합니다.

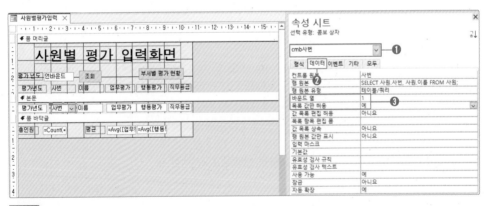

> **TIP**
>
> '바운드 열'은 지정된 열의 값이 저장되도록 하는 것이며 '목록 값만 허용'에서 '예'는 목록 값 이외의 값을 입력하지 않는다는 의미이고, '열 너비'가 '0cm;4cm'일 경우 첫 번째 열은 표시하지 않고 두 번째 열은 4cm 크기로 지정하는 것입니다.

완전정복 - 01

📂 작업 파일 : C:₩2024_컴활1급₩데이터베이스₩작업파일₩2장_출제유형03₩완전정복01_문제.accdb
💾 완성 파일 : C:₩2024_컴활1급₩데이터베이스₩완성파일₩2장_출제유형03₩완전정복01_정답.accdb

<판매내역입력> 폼의 '도서코드(cmb도서코드)' 컨트롤에 대해 다음과 같이 설정하시오.

▶ <도서코드> 테이블의 '도서코드'와 '도서명'을 목록으로 하되 '도서코드'는 표시하지 않도록 하시오.

▶ 컨트롤과 바운드된 테이블에는 '도서코드'가 저장되도록 하시오.

▶ '도서코드(cmb도서코드)' 컨트롤에는 목록에 있는 값만 입력되도록 설정하시오.

● 결과 ●

접수번호	주문일자	주문처	도서코드	판매단가	주문수량
1	2020-05-06	영문서점	정보통신개론	23500	50
2	2020-09-01	한림서점	논리회로	32000	70
3	2020-08-22	계영서점	컴퓨터활용	30000	30
4	2020-01-13	진주서점	PC파헤치기	25000	120
5	2020-08-10	군산서점	정보보기기	17800	150
6	2020-01-19	인천서점	인터넷활용	18500	60
7	2020-08-20	부산서점	화상처리	22000	100
8	2020-09-11	동부서점	인터넷프로그래밍	20000	200
9	2020-08-21	서울서점	영상미디어	24000	40
10	2020-02-14	경수서점	어서와인터넷세상	30000	50
11	2020-02-15	울진서점	윈도지식	35000	90
12	2020-09-08	광훈서점	정보처리기기	24700	20
13	2020-09-09	대전서점	전기기기	28000	130
14	2020-08-10	세종서점	전자회로 어서와인터넷세상	19500	50

● 작 업 과 정 ●

1 <판매내역입력> 폼 위에서 마우스 오른쪽 단추를 눌러 [디자인 보기]를 클릭합니다.

2 '도서코드(cmb도서코드)' 컨트롤을 클릭합니다.

3 [속성 시트]-[데이터] 탭의 '행 원본'에서 [식 작성기(⋯)]를 클릭합니다.

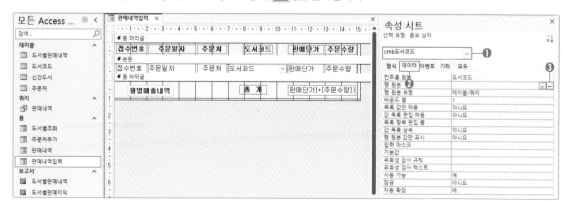

4️⃣ [테이블 추가] 대화상자의 [테이블] 탭에서 <도서코드> 테이블을 선택하고 <선택한 표 추가> 단추를 클릭합니다.

5️⃣ '도서코드', '도서명' 필드를 선택한 후 [닫기]를 클릭합니다. SQL 속성 업데이트 창에서 <예> 단추를 클릭합니다.

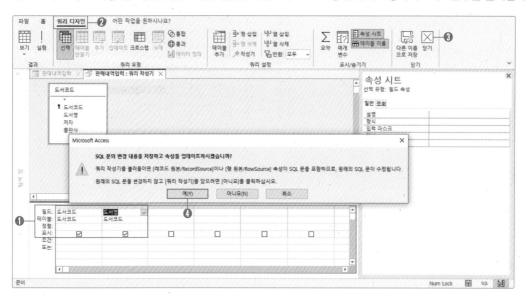

6️⃣ '바운드 열'은 '1', '목록 값만 허용'에 '예'를 설정합니다.

7️⃣ [속성 시트]-[형식] 탭의 '열 너비'에서 '0'을 입력하고 Enter 키를 누릅니다.

출제유형 04 하위 폼 연결하기

출제유형 분석 현재 폼에 하위 폼을 연결하는 문제가 출제됩니다. 원본 개체와 기본/하위 필드 연결을 위한 기준 필드를 정확히 알아야 합니다.

문제 미리 보기

📁 **작업 파일** : C:₩2024_컴활1급₩데이터베이스₩작업파일₩2장_출제유형04₩출제유형04_문제.accdb
🖥 **완성 파일** : C:₩2024_컴활1급₩데이터베이스₩완성파일₩2장_출제유형04₩출제유형04_정답.accdb

<부서조회화면> 폼의 본문 영역에 다음과 같이 하위 폼을 설정하시오.

▶ <사원> 테이블을 이용하여 하위 폼을 작성하시오. 단, 필드는 '이름', '입사일', '직급' 필드를 추가하시오.

▶ 하위 폼/하위 보고서 컨트롤의 이름은 '사원 하위 폼'으로 하위 폼 레이블의 캡션을 '사원 하위 폼'으로 하시오.

▶ 기본 폼과 하위 폼을 각각 '부서코드' 필드를 기준으로 연결하시오.

① <부서조회화면> 폼 위에서 마우스 오른쪽 단추를 눌러 [디자인 보기]를 클릭합니다.

② [양식 디자인] 탭-[컨트롤] 그룹에서 ▾(자세히)를 눌러 [▤▤(하위 폼/하위 보고서)]를 선택합니다.

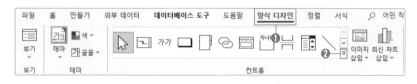

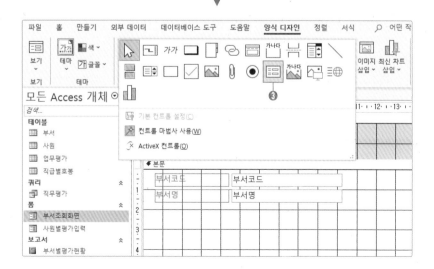

❸ 다음과 같이 '본문' 영역에서 하위 폼을 적당한 크기로 드래그 합니다.

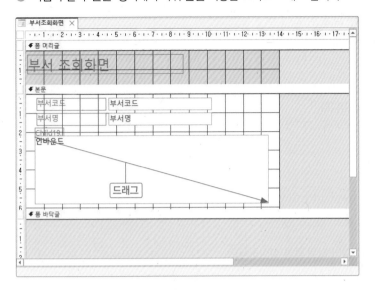

❹ [하위 폼 마법사] 대화상자에서 '기존 테이블 및 쿼리 사용'이 선택된 것을 확인하고 <다음> 단추를 클릭합니다.

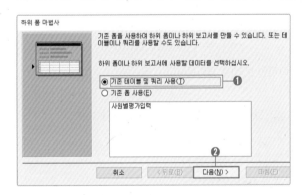

❺ [하위 폼 마법사] 대화상자의 테이블/쿼리에서 <사원> 테이블을 선택합니다. 사용 가능한 필드 목록에서 '이름', '입사일', '직급' 필드를 더블 클릭하여 선택한 필드에 추가하고 <다음> 단추를 클릭합니다.

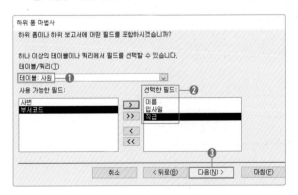

❻ [하위 폼 마법사] 대화상자에서 '목록에서 선택', '부서코드을(를) 사용하여 부서의 각 레코드에 대해 사원을(를) 표시합니다'가 선택된 것을 확인하고 <다음> 단추를 클릭합니다.

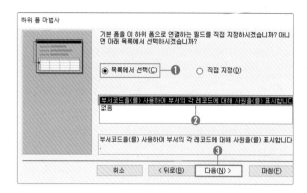

❼ [하위 폼 마법사] 대화상자에서 '사원 하위 폼'을 입력하고 <마침> 단추를 클릭합니다.

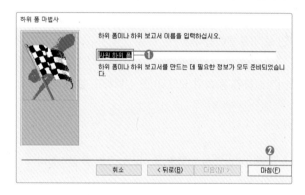

❽ [홈] 탭-[보기] 그룹-[보기]-[폼 보기]를 클릭하여 변경된 내용을 확인합니다.

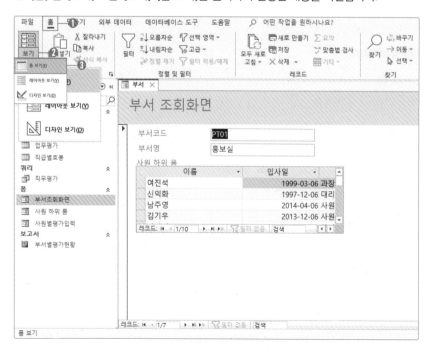

완전정복 - **01**

📂 **작업 파일** : C:₩2024_컴활1급₩데이터베이스₩작업파일₩2장_출제유형04₩완전정복01_문제.accdb
📄 **완성 파일** : C:₩2024_컴활1급₩데이터베이스₩완성파일₩2장_출제유형04₩완전정복01_정답.accdb

<판매내역> 폼에 <판매내역입력> 하위 폼을 추가하시오.

▶ 하위 폼/하위 보고서 컨트롤의 이름은 '판매내역입력'으로 하위 폼 레이블의 캡션은 '판매내역입력'으로 하시오.

▶ 기본 폼과 하위 폼을 각각 '접수번호' 필드를 기준으로 연결하시오.

● **작 업 과 정** 🐱

1️⃣ <판매내역> 폼 위에서 마우스 오른쪽 단추를 눌러 [디자인 보기]를 클릭합니다.

2️⃣ [양식 디자인] 탭-[컨트롤] 그룹에서 ▾(자세히)를 눌러 [▤(하위 폼/하위 보고서)]를 선택하고 '본문' 영역에서 하위 폼을 적당한 크기로 드래그 합니다.

   ※ 이때 [컨트롤 마법사 사용]이 선택되어 있어야 마법사 창이 표시됩니다.

3️⃣ [하위 폼 마법사] 대화상자에서 '기존 폼 사용'을 클릭하고 '판매내역입력'을 선택한 후 <다음> 단추를 클릭합니다.

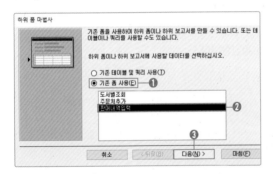

4️⃣ [하위 폼 마법사] 대화상자에서 '목록에서 선택', '접수번호을(를) 사용하여 도서별판매내역의 각 레코드에 대해 도서별판매내역을(를) 표시합니다.'를 선택하고 <다음> 단추를 클릭합니다.

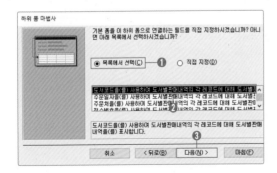

5 [하위 폼 마법사] 대화상자에서 '판매내역입력'을 입력하고 <마침> 단추를 클릭합니다.

6 [홈] 탭-[보기] 그룹-[보기]-[폼 보기]를 클릭하여 변경된 내용을 확인합니다.

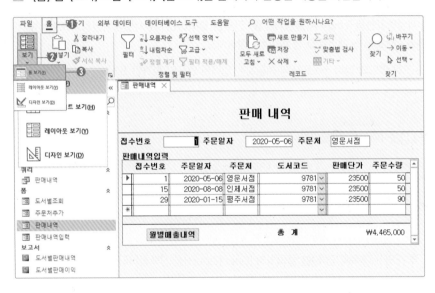

매크로 생성과 지정

출제유형 분석

매크로를 작성하여 컨트롤에 연결하거나, 컨트롤에 직접 포함하는 매크로를 작성하여 실행하는 유형으로 출제됩니다. 매크로를 작성하고 매크로에 포함되는 각종 함수의 사용법을 숙지해야 합니다.

 미리 보기

📁 **작업 파일** : C:\2024_컴활1급\데이터베이스\작업파일\2장_출제유형05\출제유형05_문제.accdb
📁 **완성 파일** : C:\2024_컴활1급\데이터베이스\완성파일\2장_출제유형05\출제유형05_정답.accdb

<사원별평가입력> 폼의 '부서별평가현황'(cmd부서별평가현황) 단추를 클릭하면 <부서별평가현황> 보고서를 '인쇄 미리 보기'의 형태로 여는 <Macro1> 매크로를 생성하여 지정하시오.

▶ 매크로 조건: '평가연도'의 조회 필드의 값이 'txt조회'에 해당하는 입력된 연도의 평가만 표시

❶ [만들기] 탭-[매크로 및 코드] 그룹-[매크로]를 클릭합니다.

❷ 매크로 작성기에서 '새 함수 추가'의 ☑(목록 단추)를 클릭하여 [OpenReport]를 선택합니다.

※ 함수를 추가할 때에 함수 카탈로그의 함수 영역에서 선택할 수 있습니다.

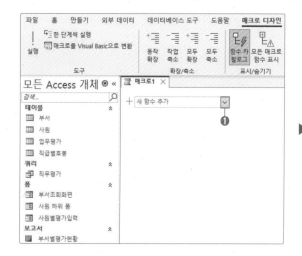

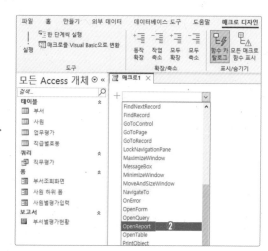

❸ 매크로 작성기에서 OpenReport 매크로 함수의 보고서 이름에 '부서별평가현황'을 입력하고 보기 형식에서 '인쇄 미리 보기'를 선택합니다. Where 조건문에 '[평가년도]=[Forms]![사원별평가입력]![txt조회]'를 입력합니다.

※ Where 조건문에는 <부서별평가현황> 보고서의 '평가년도' 필드와 <사원별평가입력> 폼의 'txt조회' 컨트롤의 내용이 같다는 조건을 입력합니다.

조건지정

● [ ] (대괄호) : [폼]이나 [보고서] 등의 개체명을 입력

● ! (느낌표) : [Forms]![폼명]![학번] 형식으로 개체와 개체를 구별할 때 입력

● . (온점) : [개체].속성을 선택할 때 입력

❹ 빠른 실행 도구 모음에서 🔚(저장)을 클릭합니다. [다른 이름으로 저장] 대화상자에서 매크로 이름에 'Macro1'를 입력하고 <확인> 단추를 클릭합니다.

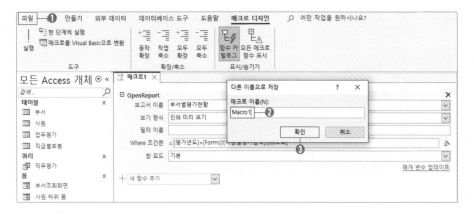

❺ <사원별평가입력> 폼 위에서 마우스 오른쪽 단추를 눌러 [디자인 보기]를 클릭합니다.

❻ '부서별 평가 현황' 버튼을 클릭합니다. [cmd부서별평가현황] 속성 시트 창의 [이벤트] 탭에서 On Click을 'Macro1'을 선택합니다.

❼ [양식 디자인] 탭-[보기] 그룹-[보기]-[폼 보기]를 클릭합니다.

❽ [txt조회]에 연도를 입력한 후 '부서별 평가 현황' 버튼을 눌러 보고서 형태가 실행된 것을 확인합니다.

※ <부서별평가현황> 보고서의 레코드 원본을 연결한 후 평가년도를 입력해야 결과를 확인할 수 있습니다.

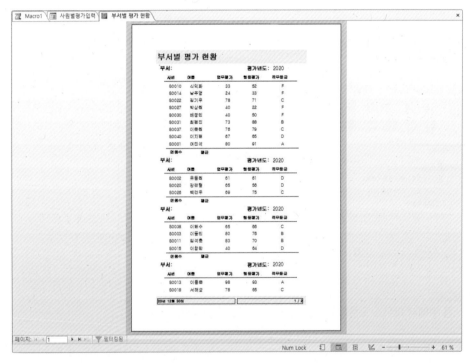

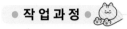
완전정복 - 01

📂 **작업 파일** : C:₩2024_컴활1급₩데이터베이스₩작업파일₩2장_출제유형05₩완전정복01_문제.accdb
📄 **완성 파일** : C:₩2024_컴활1급₩데이터베이스₩완성파일₩2장_출제유형05₩완전정복01_정답.accdb

<도서별조회> 폼의 '자료보기'(cmd자료보기) 단추를 클릭하면 <도서별판매이익> 보고서를 '보고서'의 형태로
여는 포함 매크로를 생성하여 지정하시오.

▶ OpenReport 개체를 사용하시오.

● **작 업 과 정** ●

1️⃣ <도서별조회> 폼 위에서 마우스 오른쪽 단추를 눌러 <디자인 보기>를 클릭합니다.

2️⃣ '자료보기'(cmd자료보기) 버튼 속성 시트 창의 [이벤트] 탭 중 [On Click]에 '식 작성기'(...)를 클릭합니다.

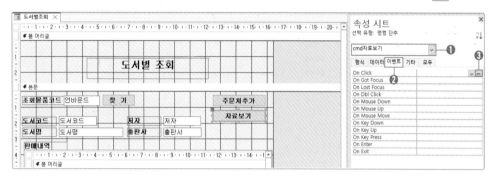

3️⃣ [작성기 선택] 대화상자에서 포함하는 매크로를 작성하기 위해 '매크로 작성기'를 선택하고 <확인> 단추를 클릭합니다.

4️⃣ [새 함수 추가]에서 <OpenReport>를 선택합니다.

5 [보고서 이름]에 '도서별판매이익', [보기 형식]에 '보고서'를 선택합니다.

6 모든 설정이 끝나면 빠른 실행 도구 모음에서 ▦(저장)을 눌러 변경된 내용을 저장합니다. [매크로 디자인] 탭–
[닫기] 그룹–[닫기]를 클릭합니다.

7 [폼 보기]에서 '자료 보기' 버튼을 클릭하여 내용을 확인합니다.

도서별판매이익						
도서명	주문일자	판매단가	주문처	주문수량	판 매 금	세 금	판매이익
PC파헤치기							
	2020-09-08	₩35,000	대전서점	50	₩1,750,000	₩87,500	₩1,662,500
	2020-02-15	₩35,000	울진서점	90	₩3,150,000	₩157,500	₩2,992,500
환상처리							
	2020-02-15	₩30,000	두산서점	100	₩3,000,000	₩150,000	₩2,850,000
	2020-02-14	₩30,000	경수서점	50	₩1,500,000	₩75,000	₩1,425,000
컴퓨터활용							
	2020-09-11	₩18,500	선훈서점	40	₩740,000	₩37,000	₩703,000
	2020-01-19	₩18,500	인천서점	60	₩1,110,000	₩55,500	₩1,054,500
정보통신개론							
	2020-08-08	₩23,500	인제서점	50	₩1,175,000	₩58,750	₩1,116,250
	2020-05-06	₩23,500	영운서점	50	₩1,175,000	₩58,750	₩1,116,250
	2020-01-15	₩23,500	팔주서점	90	₩2,115,000	₩105,750	₩2,009,250

완전정복 - **02**

📂 **작업 파일** : C:\2024_컴활1급\데이터베이스\작업파일\2장_출제유형05\완전정복02_문제.accdb
🖥 **완성 파일** : C:\2024_컴활1급\데이터베이스\완성파일\2장_출제유형05\완전정복02_정답.accdb

<판매내역입력> 폼의 '월별매출내역'(cmd월별매출) 단추를 클릭하면 현재 폼을 엑셀 파일로 출력하는 포함 매크로를 작성하시오.

▶ 자동으로 시작하시오.

▶ ExportWithFormatting 함수를 이용하시오.

● **작 업 과 정** ●

1️⃣ <판매내역입력> 폼 위에서 마우스 오른쪽 단추를 눌러 <디자인 보기>를 클릭합니다.

2️⃣ '폼 바닥글' 영역에서 '월별매출내역'(cmd월별매출) 버튼 속성 시트 창의 [이벤트] 탭 중 [On Click]에서 ⋯을 클릭합니다.

3️⃣ [작성기 선택] 대화상자에서 '매크로 작성기'를 선택하고 <확인> 단추를 클릭합니다.

4️⃣ [새 함수 추가]에서 <ExportWithFormatting>를 선택합니다.

> **TIP**
>
> **ExportWithFormatting : 내보내기 함수**
>
> ● **개체 유형** : 출력할 데이터가 있는 개체 유형(테이블, 쿼리, 폼, 보고서 등)
>
> ● **개체 이름** : 출력할 데이터가 있는 개체의 이름(테이블 등에서 만든 개체의 이름 선택)
>
> ● **출력 형식** : 내보내기할 출력 파일 형식(*.xlsx, *.htm, *.pdf 등)
>
> ● **출력 파일** : 데이터를 출력할 파일의 전체 경로
>
> ● **자동 시작** : '예'이면 ExportWithFormatting 후 자동으로 시작

⑤ [개체 유형]에 '폼', [개체 이름]에 '판매내역입력', [출력 형식]에 'Excel 통합 문서 (*.xlsx)', [자동 시작]에 '예'를 입력 및 선택합니다.

⑥ [매크로 디자인] 탭-[닫기] 그룹-[닫기]를 클릭합니다.

⑦ Microsoft Access 메시지 창에서 <예> 단추를 클릭하여 매크로를 저장합니다.

⑧ [폼 보기]에서 <월별매출내역> 단추를 클릭합니다.

⑨ '내보내기할 위치'와 '파일 이름'을 입력하고 <확인> 단추를 클릭합니다.

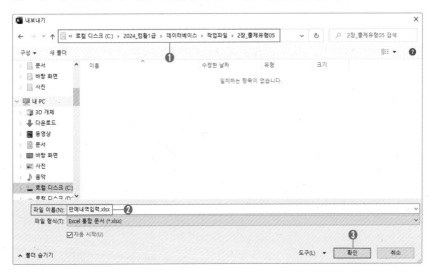

10 자동으로 엑셀 창이 표시되면 결과를 확인합니다.

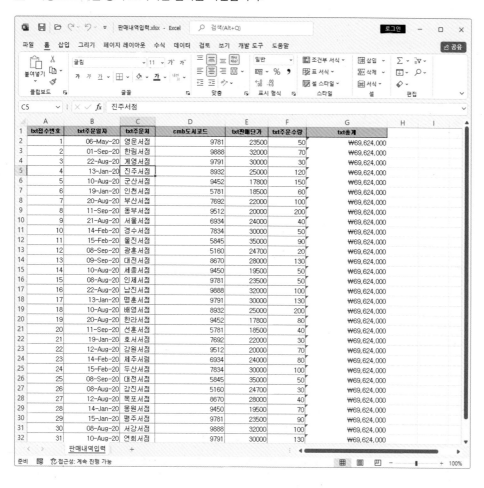

MEMO

출제유형
01
보고서의 완성

출제유형 분석

보고서 개체의 각종 속성을 변경하여 보고서를 완성합니다. 여러 가지 속성이 다양하게 출제되므로 기능을 꼼꼼히 숙지하도록 합니다. 컨트롤 도구와 각종 함수의 사용법을 실습하여 익혀봅니다.

문제 미리 보기

📁 **작업 파일** : C:₩2024_컴활1급₩데이터베이스₩작업파일₩3장_출제유형01₩출제유형01_문제.accdb
💾 **완성 파일** : C:₩2024_컴활1급₩데이터베이스₩완성파일₩3장_출제유형01₩출제유형01_정답.accdb

다음의 지시사항에 따라 <부서별평가현황> 보고서를 완성하시오.

① <직무평가> 쿼리를 레코드 원본으로 설정하시오.

② 평가년도별 내림차순으로 정렬하시오.

③ 부서코드 머리글의 'txt부서' 컨트롤은 '부서명(부서코드)'이 표시되도록 설정하시오.

　▶ 예) 부서명이 총무부이면 '총무부(PT2)'와 같이 표시

④ 부서코드 바닥글에는 해당 부서의 '인원수'가 표시되도록 'txt인원수' 컨트롤을 설정하시오. 부서코드 바닥글의 'txt업무평가평균'과 'txt행동평가평균' 컨트롤의 평균을 구한 후 소수점 1자리까지만 표시하도록 설정하시오.

⑤ 부서코드 머리글이 반복실행이 되도록 설정하시오.

Skill
01 **레코드 원본**

❶ <부서별평가현황> 보고서 위에서 마우스 오른쪽 단추를 눌러 <디자인 보기>를 클릭합니다.

❷ [보고서] 속성 시트 창의 [데이터] 탭 중 [레코드 원본]에 '직무평가'를 선택합니다.

　※ 보고서에서 사용하는 필드에 연결할 레코드 원본을 설정합니다.

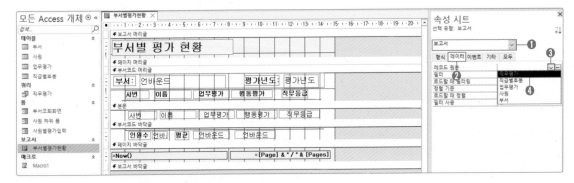

TIP

보고서 영역

보고서 머리글	보고서의 맨 위 영역으로 첫 페이지에 한 번만 표시
페이지 머리글	모든 페이지의 위쪽에 표시
그룹 머리글	그룹이 설정되어 있을 때 그룹 위쪽에 표시
본문	레코드 원본의 필드 정보가 표시
그룹 바닥글	그룹이 설정되어 있을 때 그룹 아래쪽에 표시
페이지 바닥글	모든 페이지의 아래쪽에 표시
보고서 바닥글	보고서의 맨 마지막 영역으로 마지막 페이지에 한 번만 표시

Skill 02 그룹, 정렬 및 요약

❶ [보고서 디자인] 탭-[그룹화 및 요약] 그룹-[그룹화 및 정렬]을 클릭합니다.

※ 화면 아래에 [그룹, 정렬 및 요약] 창이 기본적으로 선택되어 있습니다.

❷ 화면 아래에 표시되는 [그룹, 정렬 및 요약]에서 '평가년도' 필드는 [정렬]을 '내림차순'으로 선택합니다.

※ 레코드를 특정 필드순으로 '오름차순' 또는 '내림차순'으로 설정합니다. 첫·번째 필드가 같으면 정렬을 추가하여 다음 필드를 지정합니다.

Skill 03 컨트롤 원본

❶ '부서코드 머리글' 영역에서 'txt부서' 컨트롤 속성 시트 창의 [데이터] 탭 중 '컨트롤 원본' 입력란에 '=[부서명] & "(" & [부서코드] & ")"'을 입력하고 **Enter** 키를 누릅니다.

※ 필드에 사용할 필드의 원본을 지정합니다. 연결자 '&'기호를 사용할 수 있습니다.

❷ '부서코드 바닥글' 영역에서 'txt인원수' 컨트롤 속성 시트 창의 [데이터] 탭 중 '컨트롤 원본' 입력란에 '=Count(*)'을 입력하고 **Enter** 키를 누릅니다.

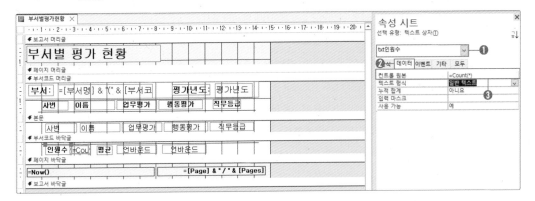

❸ '부서코드 바닥글' 영역에서 'txt업무평가평균' 컨트롤 속성 시트 창의 [모두] 탭 중 '컨트롤 원본' 입력란에 '=Avg([업무 평가])'를 입력하고 [소수 자릿수]에 '1'을 선택합니다.

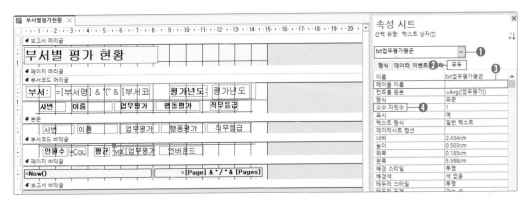

❹ '부서코드 바닥글' 영역에서 'txt행동평가평균' 컨트롤 속성 시트 창의 [모두] 탭 중 '컨트롤 원본' 입력란에 '=Avg([행동 평가])'를 입력하고 [소수 자릿수]에 '1'을 선택합니다.

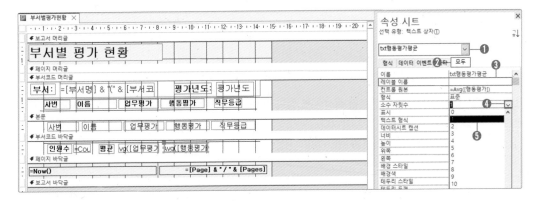

Skill 04

반복 실행 구역

❶ '부서코드 머리글' 영역에서 속성 시트 창의 [형식] 탭 중 [반복 실행 구역]에 '예'를 선택합니다.

※ 보고서를 출력할 때 페이지가 바뀌어도 반복적으로 실행할 구역을 선택합니다.

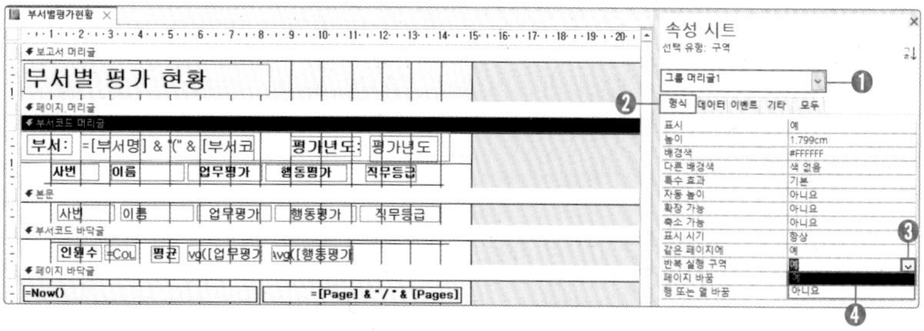

❷ 보고서 보기(Ctrl + .)를 눌러 내용을 확인합니다.

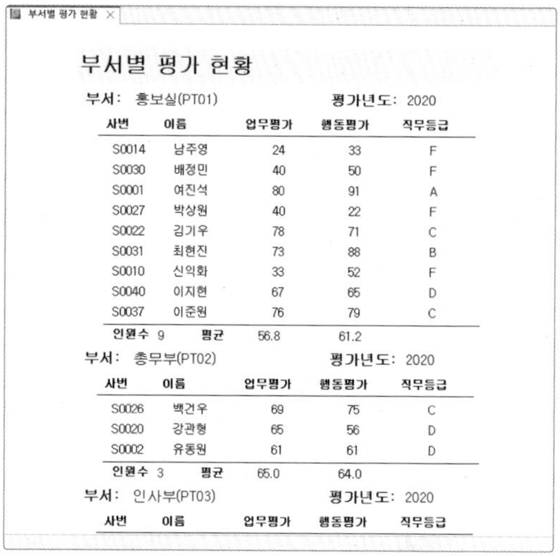

TIP

보고서의 주요 속성

속성	기능
레코드 원본	보고서에 사용될 테이블이나 쿼리 이름을 선택
같은 페이지에	구역을 모두 한 페이지에 표시할 것인지를 '예/아니요'로 지정
페이지 바꿈	• 다른 페이지에 표시할 것인지를 지정 • '없음', '구역 전', '구역 후', '구역 전/후' 중 선택
반복 실행 구역	그룹 머리글을 다음 페이지나 열에 반복하여 표시할 것인지를 '예/아니요'로 지정
중복 내용 숨기기	중복된 내용을 숨기기하여 한 번만 표시할 것인지를 '예/아니요'로 지정
컨트롤 원본	컨트롤에 연결되는 필드를 선택
누적 합계	• 그룹별 누적 합계를 표시할 것인지를 지정 • '아니요', '그룹', '모두' 중 선택
배경색	보고서의 배경색을 지정
글꼴 이름	보고서에 표시할 글꼴 이름을 지정
글꼴 크기	보고서에 표시할 글꼴 크기를 지정
글꼴 두께	보고서에 표시할 글꼴의 두께를 '가늘게', '중간', '굵게' 등으로 지정

출제유형 완전정복 ▶ 보고서의 완성

완전정복 - 01

📁 **작업 파일** : C:₩2024_컴활1급₩데이터베이스₩작업파일₩3장_출제유형01₩완전정복01_문제.accdb
💾 **완성 파일** : C:₩2024_컴활1급₩데이터베이스₩완성파일₩3장_출제유형01₩완전정복01_정답.accdb

다음의 지시사항에 따라 <도서별판매이익> 보고서를 완성하시오.

① <판매내역> 쿼리를 레코드 원본으로 설정하시오.

② 정렬 순서는 '도서명', '주문일자', '주문처' 필드 순으로 하고 오름차순으로 정렬하여 표시하시오.

③ 보고서 바닥글의 'txt세금'과 'txt판매이익' 컨트롤에 세금과 판매이익 필드의 총합계를 표시하시오.

④ 페이지 바닥글의 'txt날짜'에는 시스템의 현재 날짜가 표시되도록 형식을 설정하시오.

  ▶ 예) 현재 날짜가 2020년 7월 15일이면 '2020년 7월 15일 수요일'과 같이 표시

⑤ 페이지 바닥글의 'txt페이지'에는 페이지를 '현재페이지/전체페이지'의 형태로 표시되도록 설정하시오.

  ▶ 예) 전체 페이지수가 5이고 현재 페이지가 2이면 '2/5'와 같이 표시

● 작업과정 ●

1️⃣ <도서별판매이익> 보고서 위에서 마우스 오른쪽 단추를 눌러 [디자인 보기]를 클릭하고 '보고서' 속성 시트 창의 [데이터] 탭 중 '레코드 원본' 입력란에 '판매내역'을 선택합니다.

2️⃣ [그룹, 정렬 및 요약]에서 '도서명' 필드는 [정렬]-'오름차순', '주문일자' 필드는 [정렬]-'오름차순', '주문처' 필드는 [정렬]-'오름차순'으로 선택합니다.

3 '보고서 바닥글' 영역에서 'txt세금' 컨트롤 속성 시트 창의 [데이터] 탭 중 '컨트롤 원본' 입력란에 '=Sum([세금])'을 입력하고 **Enter** 키를 누릅니다.

※ **Shift** + **F2** 를 눌러 [확대/축소] 대화상자에서 입력할 수 있습니다.

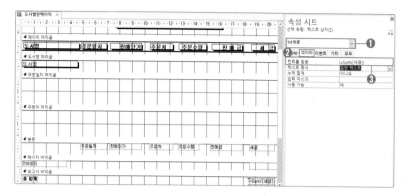

4 'txt판매이익' 컨트롤 속성 시트 창의 [데이터] 탭 중 '컨트롤 원본' 입력란에 '=Sum([판매이익])'을 입력하고 **Enter** 키를 누릅니다.

5 '페이지 바닥글' 영역에서 'txt날짜' 컨트롤 속성 시트 창의 [모두] 탭 중 '컨트롤 원본' 입력란에 '=Date( )'을 입력하고 [형식]에 '자세한 날짜'를 선택합니다.

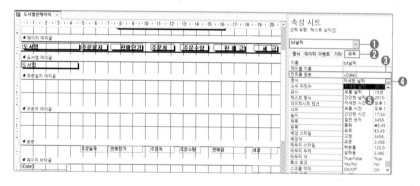

6 '페이지 바닥글' 영역에서 'txt페이지' 컨트롤 속성 시트 창의 [데이터] 탭 중 '컨트롤 원본' 입력란에 '=[Page] & "/" & [Pages]'를 입력하고 **Enter** 키를 누릅니다.

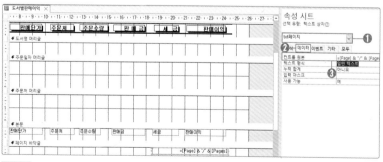

TIP

페이지 함수

● [Page] : 현재 페이지   ● [Pages] : 전체 페이지

Access 2021

출제유형

02

이벤트 프로시저 구현

버튼이나 각종 컨트롤에 이벤트 프로시저를 구현하는 문제가 반드시 출제됩니다. 개체의 사용과 VBA (Visual Basic for Application)에서 사용하는 각종 문법을 익혀야 합니다.

📂 **작업 파일** : C:\2024_컴활1급\데이터베이스\작업파일\3장_출제유형02\출제유형02_문제.accdb
📄 **완성 파일** : C:\2024_컴활1급\데이터베이스\완성파일\3장_출제유형02\출제유형02_정답.accdb

<사원별평가입력> 폼에서 'txt직무등급' 컨트롤에 포커스가 이동하면(GotFocus) <그림>과 같은 메시지 상자를 출력하는 이벤트 프로시저를 구현하시오.

▶ '업무평가'(txt업무평가)와 '행동평가'(txt행동평가)의 평균값을 메시지 박스에 표시할 것

▶ 단, 평균이 60 미만이면 '이름 : 탈락'을 표시하시오.

▶ If ~ ElseIf 문 사용

① <사원별평가입력> 폼의 바로 가기 메뉴에서 <디자인 보기>를 클릭합니다.

② 'txt직무등급' 컨트롤 속성 시트 창의 [이벤트] 탭 중 [On Got Focus]에 '식 작성기'(⋯) 를 클릭하고 [작성기 선택] 대화상자에서 '코드 작성기'를 선택한 후 <확인> 단추를 클릭합니다.

③ VBA 창에 다음과 같이 코드를 입력합니다.

※ 변수 a에 업무평가와 행동평가의 평균을 구하고, a변수의 값이 60 미만이라면 메시지 박스(MsgBox)에 탈락을 표시하고 a변수의 값이 60 이상이라면 메시지 박스(MsgBox)에 평균을 표시합니다.

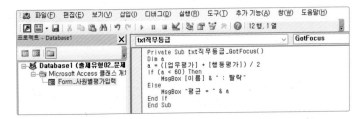

MsgBox : 메시지 내용을 화면에 팝업으로 표시하는 박스

● 형식 : MsgBox ([메시지 박스 내용], [메시지 박스 타입], [메시지 박스 제목])

● 예 : MsgBox "컴퓨터활용능력 ", vbOKOnly, "파이팅"

```
Private Sub txt직무등급_GotFocus( )
Dim a
a = ([업무평가] + [행동평가]) / 2
If a < 60 Then
    MsgBox [이름] & " : 탈락"
Else
    MsgBox "평균 = " & a
End If
End Sub
```

주의

코드 작성기에서 &(연결자) 기호를 쓸 때는 왼쪽과 오른쪽을 반드시 띄어 써야만 구문 오류가 나지 않습니다.

④ **Alt** + **Q**를 눌러 액세스 창으로 돌아옵니다.

⑤ [양식 디자인] 탭-[보기] 그룹-[보기]-[폼 보기]를 클릭합니다.

⑥ 'txt직무등급' 텍스트 상자를 마우스로 클릭하여 메시지 상자의 표시 여부를 확인한 후 <확인> 단추를 클릭합니다.

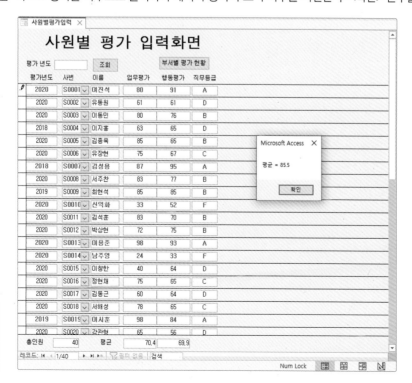

1. 이벤트 프로시저의 종류

종류	기능
Sub( )	코드를 실행하고 결과값을 반환하지 않음. 해당 모듈의 모든 프로시저에서 사용
Function( )	코드를 실행하고 결과값을 반환함. 모든 모듈의 모든 프로시저에서 사용
Property( )	개체의 속성을 새로 정의할 때 사용하는 것으로 반환값이 있음

2. 프로시저의 영역

영역	의미
Public	모듈의 처음에 선언하여 모든 모듈에서 사용
Private	모듈의 처음에 선언하며 해당 모듈 내의 모든 프로시저에서 사용 가능
Sub와 Public	Sub 프로시저는 모든 모듈 내의 모든 프로시저에서 해당 Sub프로시저를 호출
Sub와 Private	Sub 프로시저는 선언된 모듈 내의 다른 프로시저에서만 호출

이벤트 프로시저 구현

완전정복 - 01

📂 **작업 파일** : C:₩2024_컴활1급₩데이터베이스₩작업파일₩3장_출제유형02₩완전정복01_문제.accdb
📂 **완성 파일** : C:₩2024_컴활1급₩데이터베이스₩완성파일₩3장_출제유형02₩완전정복01_정답.accdb

<도서별조회> 폼의 '주문처추가'(cmd주문처추가) 단추를 클릭(On Click)하면 <주문처추가> 폼을 열도록 설정하는 이벤트 프로시저를 구현하시오.

▶ DoCmd 개체 사용

● 작업 과정 ●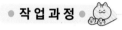

1️⃣ <도서별조회> 폼 위에서 마우스 오른쪽 단추를 눌러 <디자인 보기>를 클릭합니다.

2️⃣ '주문처추가'(cmd주문처추가) 버튼 속성 시트 창의 [이벤트] 탭 중 [On Click]에 '식 작성기' (⋯)를 클릭하고 [작성기 선택] 대화상자에서 '코드 작성기'를 선택하고 <확인> 단추를 클릭합니다.

> **TIP**
>
> 이벤트 프로시저를 사용할 때에는 코드 작성기로 입력해야 합니다.

3️⃣ VBA 창에 다음과 같이 코드를 입력합니다.

※ DoCmd는 프로시저에서 매크로 함수를 실행할 수 있는 개체입니다. DoCmd 개체로 폼(주문처추가) 개체를 열기합니다.

```
Private Sub cmd주문처추가_Click()
DoCmd.OpenForm "주문처추가"
End Sub
```

4️⃣ **Alt** + **Q**를 눌러 액세스 창으로 돌아옵니다.

5️⃣ [양식 디자인] 탭-[보기] 그룹-[보기]-[폼 보기]를 클릭하여 결과를 확인합니다.

TIP

1. DoCmd 개체

DoCmd.OpenTable	테이블 열기
DoCmd.OpenQuery	쿼리 열기
DoCmd.OpenForm	폼 열기
DoCmd.OpenReport	보고서 열기
DoCmd.Close	• 현재 창 닫기 • acSaveNo : 저장 안 함, acSavePrompt : 저장을 물어보고 확인, acSaveYes : 반드시 저장 • 매크로에서는 CloseWindow로 변경하여 사용
DoCmd.ApplyFilter "조건(a=b)"	조건 앞을 띄우고 조건에 맞는 레코드 필터

2. Filter, FilterOn 개체

형식	• 폼이름.Filter 조건(a=b) • 폼이름.FilterOn=True • 단, 조건은 "필드=txt컨트롤명" 형식으로 작성하고 FinterOn=True와 함께 사용 　예) Me.Filter "거래처명 = '" & cmb거래처명 & "'" 　　　Me.FilterOn=True (현재 폼에서 거래처명 필드가 cmb거래처명 컨트롤의 값과 일치하는 레코드만 표시되도록 조건을 지정)
필드명이 숫자인 경우	• "필드명=" & 컨트롤명 　예) "점수>=" & txt점수 　→ 점수가 txt점수 이상인 레코드를 필터
필드명이 문자인 경우	• "필드명='" & 컨트롤명 &"'" 　예) "이름='" & txt이름 & "'" 　→ 문자인 경우 ' ' 기호로 한 번 더 감싸줌. 즉 이름='김철수'의 형식으로 입력하여 필터 • 왼쪽의 "'사이는 띄우지 말고 & 앞뒤는 띄워서 입력
필드명이 문자를 포함하는 경우	• "필드명 Like '*" & 컨트롤명 & "*'" 　예) "학과명 Like '*" & txt학과명 & "*'" 　→ 포함하는 문자열에는 *(모든) 기호를 포함
필드명이 날짜 형식인 경우	• "필드명 =#" & 컨트롤명 &"#" 　예) "입사일자= #" & txt입사일조회 & "#" 　→ 날짜인 경우에는 # 기호를 앞뒤에 붙여줌

* 주의 사항
- 조건식 또는 SQL문은 큰 따옴표(" ")로 묶어주고 문자(텍스트)일 경우에는 작은 따옴표(' ')를 붙여 표시
- 컨트롤 이름, 변수 등은 큰 따옴표 안에 포함될 수 없으므로 연결자(&)를 사용

3. RecordsetClone, Bookmark 개체

사용 예	• Private Sub cmd찾기_Click( ) • Me.RecordsetClone.FindFirst "학번= '"& txt조회 &"'" • Me.Bookmark = Me.RecordsetClone.Bookmark • End Sub

RecordsetClone	• 현재 폼의 레코드 원본 복사본을 나타내는 속성 • 레코드 원본을 복사한 개체로 폼의 레코드를 탐색할 때 사용
Bookmark	해당 레코드로 이동하여 책갈피를 설정. 즉, 특정 레코드를 고유하게 식별하는 속성
FindFirst	지정한 조건에 맞는 첫 번째 레코드를 찾아 현재 레코드로 설정하는 메소드

4. RunSQL 개체

delete	DoCmd.RunSQL "delete * from 테이블명 where 조건(a=b)"
update	DoCmd.RunSQL "update 테이블명 set 업데이트할 내용 where 조건(a=b)"
insert	DoCmd.RunSQL "insert into 테이블명(필드1, 필드2,…) values("텍스트","#날짜#",숫자,…)"

5. SQL문

사용 예	SELECT [DISTINCT] 필드이름 FROM 테이블이름 [WHERE 조건식] [GROUP BY 필드이름] [HAVING 그룹 조건식] [ORDER BY 필드이름]
GROUP BY	• [DISTINCT] : 중복 제거 • 특정 필드를 기준으로 그룹화하여 검색할 때 사용 • 일반적으로 Sum, Avg, Count 같은 그룹 함수와 함께 사용
HAVING 절	그룹에 대한 조건을 지정할 때 사용하며 GROUP BY와 함께 사용
ORDER BY	• 특정 필드를 기준으로 레코드를 정렬하여 검색할 때 사용 • 정렬 방식은 ASC(오름차순 : 기본 설정), DESC(내림차순)

6. 기타 개체

Dim a As Object	레코드 셋 오브젝트를 변수 a에 정의
GotoRecord	• 새 레코드(acNewRec)로 이동 • 이전 레코드로 이동(acPrevious) • 다음 레코드로 이동(acNext)
GotoControl	컨트롤로 이동
OutputTo	• 외부 파일로 내보내기 • 2010 버전부터 ExportWithFormatting으로 변경
ShowAllRecords	모든 레코드 보기
Me.OrderBy Me.OrderByOn	• 오름차순(asc) 또는 내림차순(desc) 정렬 • Me.OrderBy = "필드 asc(또는 desc)" • Me.OrderByOn=True와 함께 사용
Me.RecordSource	• 조건에 맞는 레코드 찾기 • Me.RecordSource="Seletct * From 테이블 Where 조건(a=b)"

CHAPTER 04

<쿼리의 작성과 구현>

Access 2021
출제유형
01

쿼리의 작성과 실행

출제유형 분석 '조회 쿼리', '요약 쿼리', '매개 변수 쿼리', '크로스탭' 등 다양한 종류의 쿼리를 작성, 저장, 실행하는 문제가 출제되므로 방법을 숙지하도록 합니다. 쿼리를 작성할 때에는 테이블이나 쿼리를 이용하고 <그림>의 결과를 보고 필드명을 판단하는 연습을 합니다.

유형체크 01

문제 **미리 보기**

📂 **작업 파일** : C:₩2024_컴활1급₩데이터베이스₩작업파일₩4장_출제유형01₩유형체크01_문제.accdb
🖥 **완성 파일** : C:₩2024_컴활1급₩데이터베이스₩완성파일₩4장_출제유형01₩유형체크01_정답.accdb

사원의 '이름'의 일부를 매개 변수로 입력받아 해당 사원의 '업무평가'와 '행동평가'의 평균 점수를 조회하고 <사원별평균평가점수> 쿼리 이름으로 저장하시오.

▶ <직무평가> 쿼리를 이용하시오.

▶ 매개 변수의 내용은 '이름의 일부를 입력하세요'로 지정하시오.

▶ 쿼리 실행 결과 생성되는 테이블의 필드는 결과 <그림>을 참고하여 수험자가 판단하여 설정하시오.

• 결과 •

① [만들기] 탭-[쿼리] 그룹-[쿼리 디자인]을 클릭합니다.

TIP

쿼리 종류

선택 쿼리	필요한 필드명을 선택하거나 수식을 입력하는 쿼리
테이블 만들기 쿼리	기존의 쿼리를 이용해 새로운 테이블을 작성하는 쿼리

추가 쿼리	테이블에 특정 필드의 레코드를 추가하는 쿼리
업데이트 쿼리	• 테이블의 내용을 변경하는 쿼리 • 업데이트 쿼리는 반드시 한 번만 실행해야 함. 여러 번 실행하면 계속 변경되고 되돌리기할 수 없음
크로스탭 쿼리	행 머리글과 열 머리글에 원하는 자료를 그룹화하여 표시하는 쿼리
삭제 쿼리	불필요한 레코드를 삭제하는 쿼리
요약 쿼리	묶는 방법에 따라 '합계', '평균', '최대값', '최소값', '개수', '표준 편차', '분산', '조건', '식' 등을 요약하여 표시
매개 변수 쿼리	특정 값을 입력하여 조회하는 쿼리

❷ [테이블 추가] 대화상자의 [쿼리] 탭에서 <직무평가> 테이블을 선택하고 <선택한 표 추가> 단추를 클릭합니다.

❸ '이름' 필드를 선택하고 '평균업무평가: [업무평가]', '평균행동평가: [행동평가]'를 입력합니다.

※ Shift + F2 키를 눌러 수식을 입력할 수 있습니다.

TIP

쿼리에서 필드명 만들기

왼쪽에는 새롭게 사용될 필드명을 입력하고 ':' 기호를 입력한 후 오른쪽에는 기존에 있는 필드명을 '[ ]' 괄호 안에 입력합니다.
단, 필드명의 '[ ]'는 생략 가능합니다.

❹ '이름' 필드는 [조건]에 'Like "*" & [이름의 일부를 입력하세요] & "*"'을 입력합니다.

필드:	이름		평균업무평가: [업무평가]	평균행동평가: [행동평가]	
테이블:	직무평가		직무평가	직무평가	
정렬:					
표시:	☑		☑	☑	☐
조건:	Like "*" & [이름의 일부를 입력하세요] & "*"				
또는:					

❺ [쿼리 디자인] 탭-[결과] 그룹-[실행]을 클릭하여 실행 결과의 내용을 확인합니다.

❻ 빠른 실행 도구 모음에서 🔚(저장)을 클릭합니다. [쿼리 이름]에 '사원별평균평가점수'를 입력하고 <확인> 단추를 클릭합니다.

🔍 문제 미리 보기

📁 작업 파일 : C:₩2024_컴활1급₩데이터베이스₩작업파일₩4장_출제유형01₩유형체크02_문제.accdb
📁 완성 파일 : C:₩2024_컴활1급₩데이터베이스₩완성파일₩4장_출제유형01₩유형체크02_정답.accdb

<사원>, <업무평가> 테이블을 이용하여 '업무평가'와 '행동평가'가 모두 90 이상인 사원을 '이름' 필드의 값을 '★이름'으로 변경하는 <우수사원처리> 업데이트 쿼리를 작성한 후 실행하시오.

▶ In 연산자와 하위 쿼리 사용

▶ <사원> 테이블의 '이름' 필드에 기호를 연결 [표시 예 : 홍길동 → ★홍길동]

• 결과 •

사번	부서코드	이름	입사일	직급	추가하려면 클릭
⊞ S0010	PT01	신익환	1997-12-06	대리	
⊞ S0011	PT03	김석훈	2018-01-06	사원	
⊞ S0012	PT04	박상현	2015-02-06	사원	
⊞ S0013	PT04	★이용준	1999-03-21	과장	
⊞ S0014	PT01	남주영	2014-04-06	사원	
⊞ S0015	PT03	이창한	2018-05-06	사원	
⊞ S0016	PT07	정현채	1999-06-06	과장	
⊞ S0017	PT06	김동근	2015-07-06	사원	
⊞ S0018	PT04	서해성	2016-08-06	사원	
⊞ S0019	PT06	이시훈	2019-09-06	사원	
⊞ S0020	PT02	강관형	2001-10-26	대리	
⊞ S0021	PT05	이주헌	2000-11-06	과장	
⊞ S0022	PT01	김기우	2013-12-06	사원	
⊞ S0023	PT05	김재윤	1993-01-06	부장	
⊞ S0024	PT05	김동희	2017-09-04	사원	
⊞ S0025	PT03	반희재	2018-05-12	사원	
⊞ S0026	PT02	백건우	1996-04-06	차장	
⊞ S0027	PT01	박상원	1995-05-01	차장	
⊞ S0028	PT06	성준민	1994-07-06	차장	
⊞ S0029	PT06	박준영	2017-05-02	사원	
⊞ S0030	PT01	배정민	1998-08-09	차장	
⊞ S0031	PT01	최현진	2020-04-05	사원	
⊞ S0032	PT01	★조용빈	2020-04-05	사원	
⊞ S0033	PT07	유승민	1999-11-06	과장	
⊞ S0034	PT07	한건희	2001-12-06	대리	
⊞ S0035	PT02	★이민호	2019-03-12	사원	
⊞ S0036	PT07	장창녕	2018-05-01	사원	
⊞ S0037	PT01	이준원	2017-04-21	사원	
⊞ S0038	PT03	이현수	2018-06-01	사원	
⊞ S0039	PT02	임동민	1994-05-01	부장	
⊞ S0040	PT01	이지현	2019-05-01	사원	
＊					

레코드: ◄ ◄ 1/40 ► ►► ►* 🏷️ 필터 없음 검색

※ <우수사원처리> 쿼리를 실행한 후의 <사원>테이블

❶ [만들기] 탭-[쿼리] 그룹-[쿼리 디자인]을 클릭하고 [쿼리 디자인] 탭-[쿼리 유형] 그룹-[업데이트]를 클릭합니다.

❷ [테이블 추가] 대화상자의 [테이블] 탭에서 <사원> 테이블을 선택하고 <선택한 표 추가> 단추를 클릭합니다.

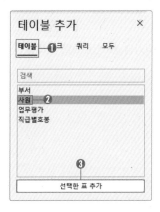

❸ '이름', '사번' 필드를 선택하고 '이름' 필드의 업데이트에 "'★" & [이름]'을 입력하고 '사번' 필드의 조건에 'In (select 사번 from 업무평가 where 업무평가>=90 and 행동평가 >=90)'를 입력합니다.

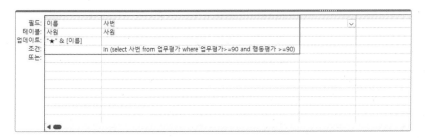

※ 'select 사번 from 업무평가 where 업무평가>=90 and 행동평가 >=90' from 뒤에 오는 문자는 테이블명을 나타내고 where는 조건문입니다. 즉, 업무평가 테이블에서 업무평가가 90이상이고 행동평가가 90이상인 사번을 검색하는 것으로 해석합니다.

❹ [쿼리 디자인] 탭-[결과] 그룹-[실행]을 클릭하고 레코드가 업데이트되는 메시지가 나오면 <예> 단추를 클릭 후 실행 결과의 내용을 확인합니다.

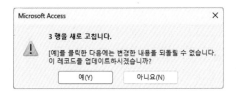

❺ 빠른 실행 도구 모음에서 📁(저장)을 클릭합니다. [쿼리 이름]에 '우수사원처리'을 입력하고 <확인> 단추를 클릭 합니다.

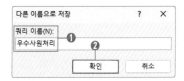

문제 미리 보기

📁 **작업 파일** : C:₩2024_컴활1급₩데이터베이스₩작업파일₩4장_출제유형01₩유형체크03_문제.accdb
📄 **완성 파일** : C:₩2024_컴활1급₩데이터베이스₩완성파일₩4장_출제유형01₩유형체크03_정답.accdb

부서별과 평가년도별로 직원들의 평균 업무평가 점수를 조회하는 <부서별수와업무평가평균> 크로스탭 쿼리를 작성하시오.

▶ <부서>, <사원>, <업무평가> 테이블을 이용하시오.

▶ 직원수는 '이름' 필드를 이용하시오.

▶ 입사일이 1999년 1월 1일부터 2015년 12월 31일까지만 조회대상으로 하시오.

▶ Between 연산자 사용

▶ 쿼리 실행 결과 표시되는 필드와 필드명은 <그림>의 결과와 같이 표시되도록 설정하시오.

• 결과 •

부서별수와업무평가평균 ✕				
부서명 ▾	부서코드 ▾	직원수 ▾	2018 ▾	2020 ▾
고객만족실	PT07	4	87.00	75.67
시설관리부	PT05	2		57.50
영업부	PT04	3	63.00	85.00
인사부	PT03	1		80.00
전략기획실	PT06	1		60.00
총무부	PT02	1		65.00
홍보실	PT01	3		60.67

❶ [만들기] 탭-[쿼리] 그룹-[쿼리 디자인]을 클릭합니다.

❷ [테이블 추가] 대화상자의 [테이블] 탭에서 **Ctrl** 키를 누른 채 차례대로 <부서>, <사원>, <업무평가> 테이블을 선택하고 <선택한 표 추가> 단추를 클릭합니다.

❸ '부서명', '부서코드', '이름', '업무평가', '평가년도', '입사일' 필드를 선택합니다.

필드:	부서명	부서코드	이름	업무평가	평가년도	입사일			
테이블:	부서	사원	사원	업무평가	업무평가	사원			
정렬:									
표시:	☑	☑	☑	☑	☑	☑	☐	☐	☐
조건:									
또는:									

❹ [쿼리 디자인] 탭-[쿼리 유형] 그룹-[크로스탭]을 클릭합니다.

TIP

크로스탭 쿼리

● 행 머리글과 열 머리글로 구분하여 데이터를 그룹화합니다.

● 쿼리 결과를 표 형태로 표시하는 쿼리로 스프레드시트 프로그램의 피벗 테이블과 유사합니다.

● 테이블의 특정 필드의 요약 값(합계, 개수, 평균 등)을 표시하고 그 값들을 그룹별로 하나의 집합은 데이터시트의 왼쪽(행 머리글)에 다른 한 집합은 데이터시트의 위쪽(열 머리글)에 나열합니다.

- 열 머리글로 사용될 필드는 한 개만 지정할 수 있고 행 머리글로 사용될 필드는 여러 개를 지정할 수 있습니다.
- 행 머리글이나 열 머리글은 조건이 들어갈 수 있으나, 값 부분에는 조건이 들어갈 수 없습니다.
- 테이블이나 쿼리를 하나로 작성할 때에는 크로스탭 마법사를 사용할 수 있습니다.

⑤ '이름' 필드는 [필드]에 '직원수: 이름'으로 수정하고 '직원수: 이름' 필드는 [요약]에 '개수', '업무평가' 필드는 [요약]에 '평균', '입사일' 필드는 [요약]에 '조건"을 선택합니다.

⑥ [크로스탭]에 '부서명' 필드는 '행 머리글', '부서코드' 필드는 '행 머리글', '직원수: 이름' 필드는 '행 머리글', '업무평가' 필드는 '값', '평가년도' 필드는 '열 머리글'을 선택합니다.

⑦ '업무평가' 필드에 커서를 두고 [쿼리 디자인] 탭-[표시/숨기기] 그룹에서 속성 시트 창의 [일반] 탭 중 [형식]에 '표준', [소수 자릿수]에 '2'를 선택하고 '입사일' 필드의 조건에 'Between #1999-01-01# And #2015-12-31#'를 입력합니다.

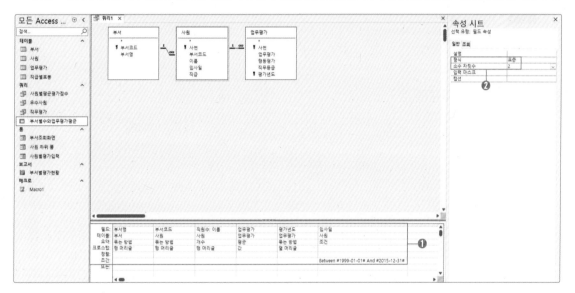

⑧ [쿼리 디자인] 탭-[결과] 그룹-[실행]을 클릭하여 실행 결과의 내용을 확인합니다.

부서명	부서코드	직원수	2018	2020
고객만족실	PT07	4	87.00	75.67
시설관리부	PT05	2		57.50
영업부	PT04	3	63.00	85.00
인사부	PT03	1		80.00
전략기획실	PT06	1		60.00
총무부	PT02	1		65.00
홍보실	PT01	3		60.67

⑨ 빠른 실행 도구 모음에서 🖫(저장)을 클릭합니다. [쿼리 이름]에 '부서별수와 업무평가평균'을 입력하고 <확인> 단추를 클릭합니다.

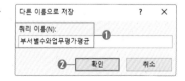

출제유형 완전정복 ▶ 쿼리의 작성과 실행

완전정복 - 01

📁 **작업 파일** : C:₩2024_컴활1급₩데이터베이스₩작업파일₩4장_출제유형01₩완전정복01_문제.accdb
💾 **완성 파일** : C:₩2024_컴활1급₩데이터베이스₩완성파일₩4장_출제유형01₩완전정복01_정답.accdb

주문서점별 도서구입분포를 나타내는 <주문처별구입현황> 크로스탭 쿼리를 작성하시오.

▶ <판매내역> 쿼리를 이용하시오.

▶ 주문처와 도서명별 '주문수량'의 합계를 조회하시오.

▶ 쿼리 실행 결과 표시되는 필드와 필드명은 <그림>과 같이 표시하시오.

• 결과 •

주문처	합계 주문수	논리회로	어서와인터	영상미디어	윈도지식	인터넷프로	인터넷활용	전기기기	전자회로	정보기기
강원서점	70									
강진서점	30	30								
경수서점	50									
계영서점	30								30	
광훈서점	20	20								
군산서점	150				150					
남진서점	100								100	
대전서점	180					130				
동부서점	200									
두산서점	100									
명훈서점	130								130	
목포서점	40					40				
뭉원서점	70		70							
미래서점	200			200						
배영서점	200			200						
부산서점	100						100			
서강서점	100								100	
서울서점	40									40
선훈서점	40									
세종서점	50		50							
연회서점	130								130	
영운서점	50									
울진서점	90									

레코드: I◀ 1/31 ▶ ▶I ▶▶ ⚲필터 없음 검색 | ◀ | Num Lock | SQL

• 작 업 과 정 •

1️⃣ [만들기] 탭-[쿼리] 그룹-[쿼리 마법사]를 클릭합니다.

2️⃣ [새 쿼리] 대화상자에서 '크로스탭 쿼리 마법사'를 선택하고 <확인> 단추를 클릭합니다.

3 [크로스탭 쿼리 마법사] 대화상자에서 '쿼리', '쿼리: 판매내역'을 선택
   하고 <다음> 단추를 클릭합니다.

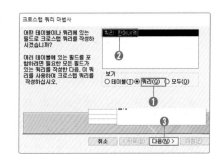

4 행 머리글로 '주문처' 필드를 선택하고 <다음> 단추를 클릭합니다.

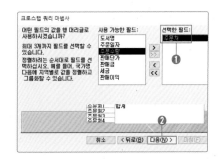

5 열 머리글로 '도서명'을 선택하고 <다음> 단추를 클릭합니다.

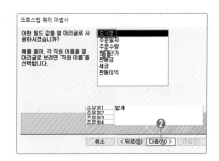

6 계산할 값에 '주문수량', 필드를 선택하고 [함수]에 '총계'를 선택한 후
   <다음> 단추를 클릭합니다.

7 [쿼리 이름]에 '주문처별구입현황'을 입력하고 <마침> 단추를 클릭합
   니다.

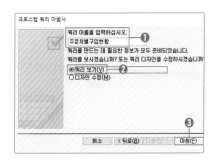

📂 작업 파일 : C:₩2024_컴활1급₩데이터베이스₩작업파일₩4장_출제유형01₩완전정복02_문제.accdb
📄 완성 파일 : C:₩2024_컴활1급₩데이터베이스₩완성파일₩4장_출제유형01₩완전정복02_정답.accdb

100권 이상을 주문받은 출판사와 도서명을 조회하는 <100권이상주문조회> 조회 쿼리를 작성하시오.

▶ <도서코드>, <도서별판매내역> 테이블을 이용하시오.

▶ <주문일자>을 기준으로 오름차순 정렬하시오.

▶ 쿼리 실행 결과 표시되는 필드와 필드명은 <그림>과 같이 표시하시오.

• 결과 •

출판사	도서명	주문수량	주문일자
햇님출판사	전기기기	130	2020년 1월 13일 월요일
소야	영상미디어	120	2020년 1월 13일 월요일
마음의빛	화상처리	100	2020년 2월 15일 토요일
소야	영상미디어	200	2020년 3월 5일 목요일
사공	전자회로	100	2020년 8월 8일 토요일
햇님출판사	전기기기	130	2020년 8월 10일 월요일
소야	영상미디어	200	2020년 8월 10일 월요일
지식인	윈도지식	150	2020년 8월 10일 월요일
창영	인터넷활용	100	2020년 8월 20일 목요일
사공	전자회로	100	2020년 8월 22일 토요일
문학인	인터넷프로그	130	2020년 9월 9일 수요일
초당출판사	정보처리기기	200	2020년 9월 11일 금요일

• 작 업 과 정 •

1️⃣ [만들기] 탭-[쿼리] 그룹-[쿼리 디자인]을 클릭합니다.

2️⃣ [테이블 추가] 대화상자의 [테이블] 탭에서 Ctrl 키를 누른 채 차례대로 <도서별판매내역>, <도서코드> 테이블을 선택하고 <선택한 표 추가> 단추를 클릭합니다.

3 '출판사', '도서명', '주문수량', '주문일자' 필드를 선택합니다.

4 '주문수량' 필드는 [조건]에 '>=100'을 입력하고 '주문일자' 필드는 [정렬]을 '오름차순'으로 선택합니다.

5 빠른 실행 도구 모음에서 🖫(저장)을 클릭합니다. [쿼리 이름]에 '100권이상주문조회'를 입력하고 <확인> 단추를 클릭합니다.

완전정복 - **03**

📁 **작업 파일** : C:₩2024_컴활1급₩데이터베이스₩작업파일₩4장_출제유형01₩완전정복03_문제.accdb
💾 **완성 파일** : C:₩2024_컴활1급₩데이터베이스₩완성파일₩4장_출제유형01₩완전정복03_정답.accdb

도서별총주문량을 조회하는 <도서별총주문량> 요약 쿼리를 작성하시오.

▶ <판매내역> 쿼리를 이용하시오.

▶ 쿼리 실행 결과 표시되는 필드와 필드명은 <그림>의 결과와 같이 표시하도록 설정하시오.

• 결과 •

도서명	판매단가	총주문량
논리회로	24,700	50
어서와인터넷	19,500	120
영상미디어	25,000	520
윈도지식	17,800	230
인터넷프로그	28,000	170
인터넷활용	22,000	130
전기기기	30,000	290
전자회로	32,000	270
정보기기	24,000	120
정보처리기기	20,000	270
정보통신개론	23,500	190
컴퓨터활용	18,500	100
화상처리	30,000	150
PC파헤치기	35,000	140

• 작 업 과 정 •

1️⃣ [만들기] 탭-[쿼리] 그룹-[쿼리 디자인]을 클릭합니다.

2️⃣ [테이블 추가] 대화상자의 [쿼리] 탭에서 <판매내역> 쿼리를 선택하고 <선택한 표 추가> 단추를 클릭합니다.

3️⃣ '도서명', '판매단가', '주문수량' 필드를 선택합니다.

필드:	도서명	판매단가	주문수량	
테이블:	판매내역	판매내역	판매내역	
정렬:				
표시:	☑	☑	☑	☐
조건:				
또는:				

4️⃣ [쿼리 디자인] 탭-[표시/숨기기] 그룹-[요약]을 클릭합니다.

5️⃣ '도서명' 필드는 [정렬]을 '오름차순'으로 선택하고 '주문수량' 필드는 [필드]를 '총주문량: 주문수량'으로 수정하고 [요약]은 '합계'를 선택합니다.

필드:	도서명	판매단가	총주문량: 주문수량	❷
테이블:	판매내역	판매내역	판매내역	
요약:	묶는 방법	묶는 방법	합계	
정렬:	오름차순			
표시:	☑	☑	☑	☐
조건:	❶		❸	
또는:				

6️⃣ 빠른 실행 도구 모음에서 💾(저장)을 클릭합니다. [쿼리 이름]에 '도서별총주문량'을 입력하고 <확인> 단추를 클릭합니다.

출제유형 02 쿼리 유형에 따른 다양한 쿼리 작성

출제유형 분석 다양한 쿼리 유형에는 '테이블 만들기', '추가', '업데이트', '삭제' 쿼리 등이 있습니다. 종류가 다양하게 출제되므로 작성 방법을 숙지하도록 합니다.

 미리 보기

📁 **작업 파일** : C:₩2024_컴활1급₩데이터베이스₩작업파일₩4장_출제유형02₩출제유형02_문제.accdb
💾 **완성 파일** : C:₩2024_컴활1급₩데이터베이스₩완성파일₩4장_출제유형02₩출제유형02_정답.accdb

총무부에 해당되는 직원 명단을 조회하여 새 테이블로 생성하는 <총무부직원> 쿼리를 작성하고 실행하시오.

▶ <부서>, <사원> 테이블을 이용하시오.

▶ 쿼리 실행 후 생성되는 테이블의 이름은 <총무부직원조회>로 설정하시오.

▶ 쿼리 실행 결과 표시되는 필드와 필드명은 <그림>의 결과와 같이 표시하도록 설정하시오.

• 결과 •

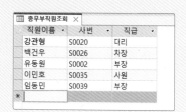

① [만들기] 탭-[쿼리] 그룹-[쿼리 디자인]을 클릭합니다.

② [테이블 추가] 대화상자의 [테이블] 탭에서 Ctrl 키를 누른 채 차례대로 <부서>, <사원> 테이블을 선택하고 <선택한 표 추가> 단추를 클릭합니다.

③ '이름', '사번', '직급', '부서명' 필드를 선택합니다.

④ '이름' 필드는 [필드]를 '직원이름: 이름'으로 수정하고 [정렬]을 '오름차순'으로 선택한 후 '부서명' 필드는 [조건]을 '총무부'로 입력하고 체크 표시(✔)를 해제합니다.

⑤ [쿼리 디자인] 탭-[쿼리 유형] 그룹-[테이블 만들기(⊞)]를 클릭합니다.

⑥ [테이블 이름]에 '총무부직원조회'를 입력하고 <확인> 단추를 클릭합니다.

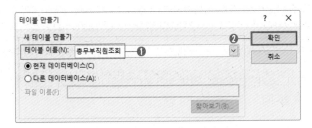

⑦ 빠른 실행 도구 모음에서 ■ (저장)을 클릭합니다. [쿼리 이름]에 '총무부직원'을 입력하고 <확인> 단추를 클릭합니다.

⑧ [쿼리 디자인] 탭-[결과] 그룹-[실행]을 클릭하여 실행 결과의 내용을 확인합니다.

⑨ <총무부직원조회> 테이블의 바로 가기 메뉴에서 [열기]를 클릭하여 내용을 확인합니다.

쿼리 유형에 따른 다양한 쿼리 작성

완전정복 - **01** 📂 **작업 파일** : C:₩2024_컴활1급₩데이터베이스₩작업파일₩4장_출제유형02₩완전정복01_문제.accdb
🖺 **완성 파일** : C:₩2024_컴활1급₩데이터베이스₩완성파일₩4장_출제유형02₩완전정복01_정답.accdb

도서코드를 입력하여 '판매단가'를 500원 인상하는 <판매가인상> 업데이트 쿼리를 작성하시오.

▶ <도서별판매내역> 테이블을 이용하시오.

▶ 쿼리 실행 결과 표시되는 필드와 필드명은 <그림>과 같이 표시하도록 설정하시오.

• 결과 •

• 작업 과정 •

1️⃣ [만들기] 탭-[쿼리] 그룹-[쿼리 디자인]을 클릭합니다.

2️⃣ [테이블 추가] 대화상자의 [테이블] 탭에서 <도서별판매내역> 테이블을 선택하고 <선택한 표 추가> 단추를 클릭합니다.

3️⃣ '도서코드', '판매단가' 필드를 선택합니다.

4️⃣ [쿼리 디자인] 탭-[쿼리 유형] 그룹-[업데이트](📝)를 클릭합니다.

5️⃣ '도서코드' 필드는 [조건]에 '[도서코드를 입력하세요]'를 입력합니다.

※ 쿼리를 실행할 때 조건을 확인하도록 하려면 매개 변수 쿼리를 작성합니다. [조건]란에 입력할 때에는 [ ](대괄호) 안에 메시지를 입력합니다.

6 '판매단가' 필드는 [업데이트]에 '[판매단가]+500'을 입력합니다.

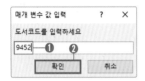

7 빠른 실행 도구 모음에서 ⊞(저장)을 클릭합니다. [쿼리 이름]에 '판매가인상'을 입력하고 <확인> 단추를 클릭합니다.

8 [쿼리 디자인] 탭-[결과] 그룹-[실행]을 클릭하여 '도서코드'를 입력합니다.

9 다음 대화상자에서 <예> 단추를 클릭하면 업데이트되어 테이블에 저장됩니다.

※ 단, 업데이트는 한 번만 실행해야 합니다.

Microsoft Access	×
⚠ 2 행을 새로 고칩니다. [예]를 클릭한 다음에는 변경한 내용을 되돌릴 수 없습니다. 이 레코드를 업데이트하시겠습니까?	
예(Y) 아니요(N)	

10 <도서별판매내역> 테이블을 <열기>하여 결과를 확인합니다.

컴퓨터활용능력
1급 실기

PART 02
최신유형문제 따라하기

● **최신유형문제 따라하기**
  최신유형문제 정답 및 해설

※ `C:₩2024_컴활1급₩데이터베이스₩작업파일₩최신유형문제따라하기₩최신유형
따라하기_문제.accdb` 파일을 이용하여 최신유형문제와 문제 해결 방법을 알아봅니다.

최신유형문제 따라하기

프로그램명	제한시간
ACCESS 2021	45분

수 험 번 호 :

성   명 :

1급 | A형

유의사항

- 인적 사항 누락 및 잘못 작성으로 인한 불이익은 수험자 책임으로 합니다.

- 화면에 암호 입력창이 나타나면 아래의 암호를 입력하여야 합니다.
  - 암호 : 7646%5

- 작성된 답안은 주어진 경로 및 파일명을 변경하지 마시고 그대로 저장해야 합니다. 이를 준수하지 않으면 실격처리 됩니다.
  - 답안 파일명의 예 : C:₩DB₩수험번호 8자리.accdb

- 외부데이터 위치 : C:₩DB₩파일명

- 별도의 지시사항이 없는 경우, 다음과 같이 처리하면 실격 처리됩니다.
  - 제시된 개체의 이름을 임의로 변경한 경우
  - 제시된 개체의 속성을 임의로 변경한 경우
  - 제시된 개체를 임의로 삭제하거나 추가한 경우

- 별도의 지시사항이 없는 경우, 기능의 구현은 모듈이나 매크로 등을 이용하며, 예외적인 상황에 대해서는 고려하지 않아도 됩니다.

- 제시된 함수가 있을 경우 제시된 함수만을 사용하여야 하며, 그 외 함수 사용시 채점 대상에서 제외됩니다.

- 별도의 지시사항이 없는 경우, 주어진 각 개체의 속성은 설정값 또는 기본 설정값 (Default)으로 처리하십시오.

- 제시된 화면은 예시이며 나타난 값은 실제와 다를 수 있습니다.

- 저장 시간은 별도로 주어지지 아니하므로 제한된 시간 내에 저장을 완료해야 합니다.

- 본 문제의 용어는 MS Office LTSC Professional Plus 2021 기준으로 작성되었습니다.

문제 1 ▶ 25점_ DB 구축

01 학생들의 봉사활동을 관리할 수 있도록 데이터베이스를 구축하고자 한다. 다음의 지시사항에 따라 각 테이블을 완성하시오. (각 3점)

① <봉사기관> 테이블의 '기관코드' 필드는 'S-00'와 같은 형태로 영문 대문자 1개, '-' 기호 1개와 숫자 2개가 반드시 포함되어 입력되도록 입력 마스크를 설정하시오.

▶ 영문자 입력은 영어와 한글만 입력할 수 있도록 설정할 것

▶ 숫자 입력은 0~9까지의 숫자만 입력할 수 있도록 설정할 것

▶ '-' 문자도 테이블에 저장되도록 설정할 것

② <봉사내역> 테이블의 '시수' 필드에는 1~8까지의 정수가 입력되도록 유효성 검사 규칙을 설정하시오.

③ <봉사내역> 테이블의 '봉사날짜' 필드는 새로운 레코드가 추가되는 경우 시간을 포함하지 않는 시스템의 오늘 날짜가 기본으로 입력되도록 설정하시오.

④ <재학생> 테이블의 '학과' 필드는 중복 가능한 인덱스를 설정하시오.

⑤ <재학생> 테이블의 '연락처' 필드는 빈 문자열이 허용되도록 설정하시오.

02 외부 데이터 가져오기 기능을 이용하여 <추가기관.xlsx>에서 범위의 정의된 이름 '추가기관'의 내용을 가져와 <봉사기관추가> 테이블을 생성하시오. (5점)

▶ 첫 번째 행은 열 머리글임   ▶ 기본 키는 없음으로 설정

03 <봉사내역> 테이블의 '기관코드' 필드는 <봉사기관> 테이블의 '기관코드' 필드를 참조하고 테이블 간의 관계는 1:M이다. 두 테이블에 대해 다음과 같이 관계를 설정하시오. (5점)

※ 액세스 파일에 이미 설정되어 있는 관계는 수정하지 마시오.

▶ 테이블 간에 항상 참조 무결성이 유지되도록 설정하시오.

▶ 참조 필드의 값이 변경되면 관련 필드의 값도 변경되도록 설정하시오.

▶ 다른 테이블에서 참조하고 있는 레코드는 삭제할 수 없도록 설정하시오.

문제 2 ▶ 20점_ 입력 및 수정 기능 구현

01 <봉사내역입력> 폼을 다음의 화면과 지시사항에 따라 완성하시오. (각 3점)

① 폼의 '기본 보기' 속성을 <그림>과 같이 설정하시오.

② 폼의 '레코드 선택기'와 '탐색 단추'가 표시되도록 관련 속성을 설정하시오.

③ 폼 바닥글 영역의 'txt총시수' 컨트롤에는 시수의 총합이 표시되도록 '컨트롤 원본' 속성을 설정하시오.

▶ 표시 예: 15 → 총 시수: 15

02 <봉사내역입력> 폼의 폼 바닥글 영역에서 'txt봉사시수합계' 컨트롤에는 학과가 '회계학과'인 학생들의 봉사 시수 합계가 표시되도록 설정하시오. (6점)

▶ <봉사내역입력> 쿼리와 DSUM 함수 사용

03 <재학생관리> 폼을 '폼 보기' 형식으로 여는 <재학생보기> 매크로를 생성하고, <봉사내역입력> 폼의 '학생 정보확인'(cmd보기) 단추를 클릭하면 <재학생보기> 매크로가 실행되도록 지정하시오. (5점)

▶ 매크로 조건: '학번' 필드의 값이 'txt학번'에 해당하는 재학생의 정보만 표시

문제3   20점_ **조회 및 출력 기능 구현**

01 다음의 지시사항 및 <그림>을 참조하여 <봉사현황> 보고서를 완성하시오. (각 3점)

① 동일한 '기관명' 내에서는 '학과' 필드를 기준으로 내림차순 정렬되어 표시되도록 정렬을 추가하시오.

② 페이지 머리글 영역의 'txt날짜' 컨트롤에는 [표시 예]와 같이 표시되도록 '형식' 속성을 설정하시오.

▶ 표시 예: 2023-01-03 → 2023년 1월

③ 기관명 머리글 영역에서 머리글 내용이 페이지마다 반복적으로 표시되도록 설정하시오.

④ 본문 영역의 'txt기관명' 컨트롤의 값이 이전 레코드와 같은 경우에는 표시되지 않도록 설정하시오.

⑤ 페이지 바닥글 영역의 'txt페이지' 컨트롤에는 페이지가 다음과 같이 표시되도록 설정하시오.

▶ 표시 예: 5페이지 중 2페이지

02 <봉사내역관리> 폼의 '오름'(cmd오름) 단추와 '내림'(cmd내림) 단추를 클릭(On Click)하면 시수를 기준으로 정렬을 수행하는 이벤트 프로시저를 구현하시오. (5점)

▶ '오름' 단추를 클릭하면 오름차순 정렬, '내림' 단추를 클릭하면 내림차순으로 정렬

▶ 폼의 OrderBy, OrderByOn 속성 사용

문제4 ▶ 35점_ 처리 기능 구현

01 <재학생>, <봉사내역> 테이블을 이용하여 시수의 합계가 10이상인 학생의 값을 '우수 봉사 학생'으로 변경하는 <우수봉사학생처리> 업데이트 쿼리를 작성한 후 실행하시오. (7점)

▶ In 연산자와 하위 쿼리 사용

▶ 쿼리 실행 결과 표시되는 필드와 필드명은 <그림>과 같이 표시되도록 설정하시오.

학번	이름	학과	연락처	주소	비고
201721098	신현섭	금융정보과	010-8541-9584	서울 성동구 동일로	
201721651	이재후	회계학과	010-8547-8563	서울 양천구 신월로	
201725685	조은화	관광경영과	010-8567-9463	서울 관악구 쑥고개로	
201727854	임시우	국제통상과	010-8569-7452	서울 금천구 가산디지털로	
201820088	황재영	회계학과	010-3697-1474	서울 용산구 원효로길	
201821264	김미나	금융정보과	010-7414-5254	서울 강서구 강서로	우수 봉사 학생
201821278	이소연	관광경영과	010-9874-3654	서울 송파구 충민로	우수 봉사 학생
201822553	박정은	금융정보과	010-7458-9437	서울 구로구 디지털로	
201829452	김민교	회계학과	010-7451-8746	경기 안양시 동안구 관악대로	우수 봉사 학생
201921587	정민섭	국제통상과	010-7894-3214	서울 강서구 공항대로	우수 봉사 학생
201922358	강경민	국제통상과	010-7452-9856	서울 도봉구 도봉로	우수 봉사 학생
201925483	민철호	관광경영과	010-1785-8745	서울 영등포구 당산로	
201926548	박준희	금융정보과	010-6457-5368	경기 성남시 분당구 정자일로	
201928458	전가은	회계학과	010-2147-8567	서울 관악구 승방길	

※ <우수봉사학생처리> 쿼리를 실행한 후의 <재학생> 테이블

02 기관별, 학과별로 봉사 횟수를 조회하는 <봉사횟수조회> 크로스탭 쿼리를 작성하시오. (7점)

▶ <봉사기관>, <봉사내역>, <재학생> 테이블을 이용하시오.

▶ 봉사횟수는 '봉사코드' 필드를 이용하시오.

▶ 봉사날짜가 2023년 7월 1일부터 2023년 12월 31일까지만 조회대상으로 하시오.

▶ Between 연산자 사용

▶ 쿼리 실행 결과 표시되는 필드와 필드명은 <그림>과 같이 표시되도록 설정하시오.

기관명	총횟수	관광경영과	국제통상과	금융정보과	회계학과
꿈나래 복지관	5	1	2		1
믿음 청소년관	4	1	1	1	1
반석 복지관	6	2	2	1	

03 학과별로 봉사활동을 한 학생들의 총 인원수와 총 시수를 조회하는 <학과별봉사현황> 쿼리를 작성하시오. (7점)

▶ <봉사내역>, <재학생> 테이블을 이용하시오.

▶ 봉사학생수는 '학번' 필드를 이용하시오.

▶ 총시수는 내림차순 정렬하시오.

▶ 학생당봉사시수 = 총시수 / 봉사학생수

▶ 학생당봉사시수는 [표시 예]와 같이 표시되도록 '형식' 속성을 설정하시오. [표시 예: 0 → 0.0, 1.234 → 1.2]

▶ 쿼리 실행 결과 표시되는 필드와 필드명은 <그림>과 같이 표시되도록 설정하시오.

학과	봉사학생수	총시수	학생당봉사시수
국제통상과	10	38	3.8
관광경영과	8	25	3.1
회계학과	6	20	3.3
금융정보과	6	19	3.2

04 <봉사현황> 쿼리를 이용하여 학과명의 일부를 매개 변수로 입력받고, 해당 학과의 봉사현황을 조회하여 새 테이블로 생성하는 <학과현황생성> 쿼리를 작성하고 실행하시오. (7점)

▶ 쿼리 실행 후 생성되는 테이블의 이름은 [조회학과봉사현황]으로 설정하시오.

▶ 쿼리 실행 결과 생성되는 테이블의 필드는 <그림>을 참고하여 수험자가 판단하여 설정하시오.

봉사날짜	기관명	시수	학번	이름	봉사내용
2023-12-24	반석 복지관	3	201725685	조은화	영어 멘토
2023-01-21	하늘 요양원	5	201821278	이소연	어르신 말벗
2023-05-14	희망 복지관	3	201821278	이소연	청소도우미
2023-05-21	희망 복지관	2	201821278	이소연	악기 연주
2023-09-10	꿈나래 복지관	3	201821278	이소연	급식도우미
2023-12-17	반석 복지관	2	201821278	이소연	수학 멘토
2023-03-12	하늘 요양원	3	201925483	민철호	어르신 말벗
2023-10-22	믿음 청소년관	4	201925483	민철호	영어 멘토

※ <학과현황생성> 쿼리의 매개 변수 값으로 '경영'을 입력하여 실행한 후의 <조회학과봉사현황> 테이블

05 <봉사내역> 테이블을 이용하여 도우미구분별 봉사건수와 시수의 합계를 조회하는 <도우미구분별현황> 쿼리를 작성하시오. (7점)

▶ 봉사건수는 '봉사코드' 필드를, 봉사시수는 '시수' 필드를 이용하시오.

▶ 도우미구분은 봉사내용의 마지막 2개의 문자가 '멘토'인 경우 '청소년도우미', 그 외는 '어르신도우미'로 설정하시오.

▶ IIf, Right 함수 사용

▶ 쿼리 실행 결과 표시되는 필드와 필드명은 <그림>과 같이 표시되도록 설정하시오.

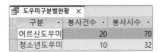

구분	봉사건수	봉사시수
어르신도우미	20	70
청소년도우미	10	32

최신유형문제 정답 및 해설

📁 **작업 파일** : C:₩2024_컴활1급₩데이터베이스₩작업파일₩최신유형문제따라하기₩최신유형따라하기_문제.accdb
💾 **완성 파일** : C:₩2024_컴활1급₩데이터베이스₩완성파일₩최신유형문제따라하기₩최신유형따라하기_정답.accdb

정답

문제 1 ▶ DB 구축 (25점)

01 <봉사기관>, <봉사내역>, <재학생> 테이블 완성

지시사항	테이블명	필드명	필드 속성	설정 값
①	봉사기관	기관코드	입력 마스크	>L-00;0
②	봉사내역	시수	유효성 검사 규칙	Between 1 And 8
③		봉사날짜	기본값	Date()
④	재학생	학과	인덱스	예(중복 가능)
⑤		연락처	빈 문자열 허용	예

02 외부 데이터 가져오기

① [외부 데이터]-[가져오기 및 연결] 그룹에서 [새 데이터 원본]-[파일에서]-[Excel]을 클릭

② 첫 번째 행은 열 머리글, 기본 키 없음

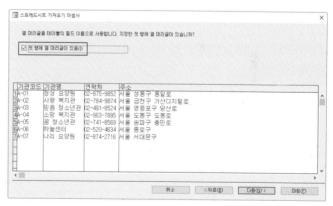

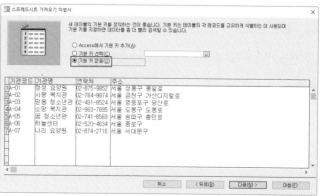

03 관계 설정

① [데이터베이스 도구]-[관계] 그룹의 [관계( )]를 클릭

② 관계 편집

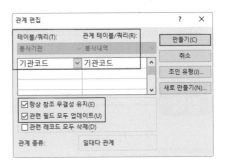

문제2 ▶ 입력 및 수정 기능 구현 (20점)

01 <봉사내역입력> 폼의 속성 시트 완성

지시사항	영역	개체명	탭	항목	설정 값
①			형식	기본 보기	단일 폼
②	폼		형식	레코드 선택기	예
				탐색 단추	예
③	폼 바닥글	txt총시수	데이터	컨트롤 원본	="총 시수:" & Sum([시수])

02 <봉사내역입력> 폼에 함수 설정

① 'txt봉사시수합계' 컨트롤을 선택한 후 [속성 시트]-[데이터] 탭의 '컨트롤 원본'을 선택

② **Shift**+**F2** 를 눌러 DSum 함수식 직접 입력

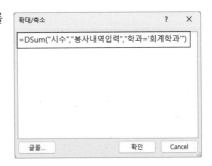

03 <봉사내역관리> 폼의 매크로 작성

① [만들기]-[매크로 및 코드] 그룹에서 [매크로( )]를 클릭

② [OpenForm] 매크로 작성

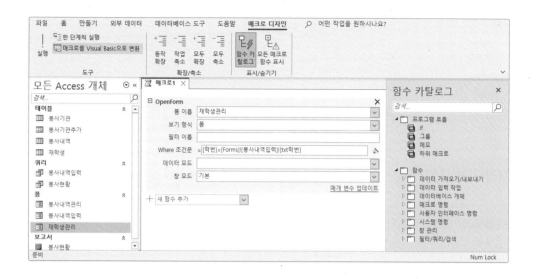

문제3 조회 및 출력 기능 구현 (20점)

01 <봉사현황> 보고서 완성

지시사항	영역	개체명	탭	항목	설정 값
①	[그룹, 정렬 및 요약]에서 '기관명' 필드의 '오름차순', [정렬 추가]하여 '학과' 필드의 '내림차순'				
②	페이지 머리글	txt날짜	형식	형식	yyyy년 m월
③	기관명 머리글 영역		형식	반복 실행 구역	예
④	본문	txt기관명	형식	중복 내용 숨기기	예
⑤	페이지 바닥글	txt페이지	데이터	컨트롤 원본	=[Pages] & "페이지 중 " & [Page] & "페이지"

02 <봉사내역관리> 폼에 이벤트 프로시저 작성

① <오름> 단추의 [속성 시트]–[이벤트] 탭의 'On Click'에서 코드 작성기

② VBA 코드 작성

```
Private Sub cmd오름_Click( )
OrderBy = "시수"
OrderByOn = True
End Sub
```

③ <내림> 단추의 [속성 시트]–[이벤트] 탭의 'On Click'에서 코드 작성기

④ VBA 코드 작성

```
Private Sub cmd내림_Click( )
OrderBy = "시수 desc"
OrderByOn = True
End Sub
```

01 <우수봉사학생처리> 업데이트 쿼리

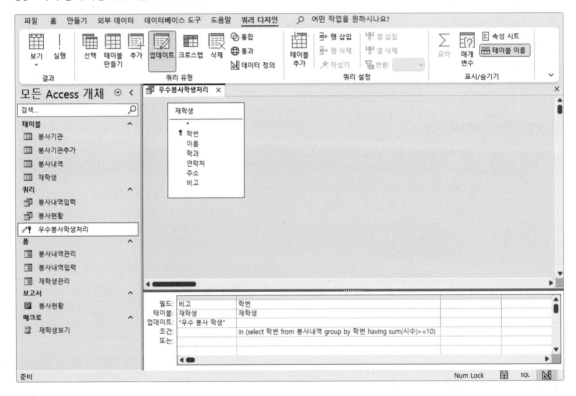

02 <봉사횟수조회> 크로스탭 쿼리

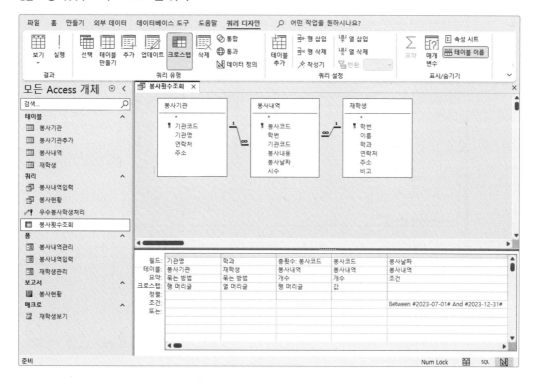

03 <학과별봉사현황> 요약 쿼리

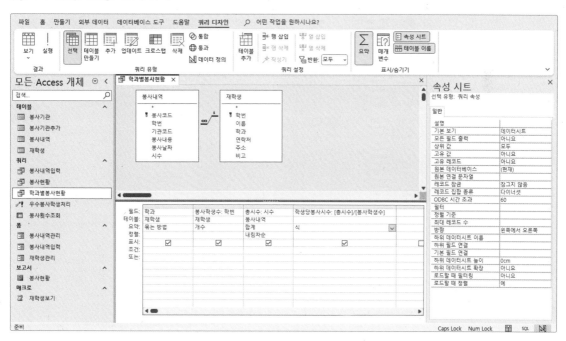

04 <학과현황생성> 매개 변수 쿼리

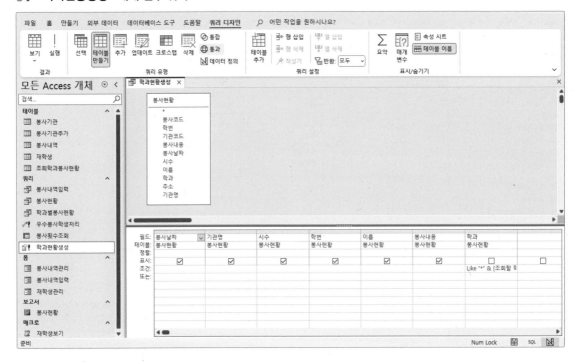

05 <도우미구분별현황> 조회 쿼리

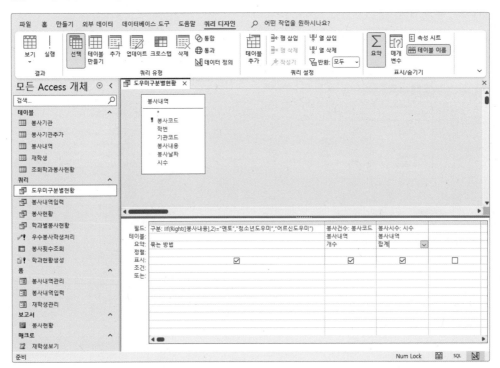

문제 1 ▶ DB 구축 (25점)

1 암호 입력하여 문제 파일 열기

① 주어진 문제 파일을 더블클릭하여 [Microsoft Access 2016]로 열기합니다.

② [암호 입력] 대화상자에서 문제에서 주어진 암호를 입력하고 <확인> 단추를 클릭합니다.

③ 액세스 작업 화면에 주어진 모든 개체들
이 화면에 표시됩니다. 이때 보안 경고
창이 표시되면 <콘텐츠 사용> 단추를
클릭합니다.

TIP

보안 경고 창

[파일]-[옵션]-[보안 센터]-[보안 센터 설정]-[메시지 표시
줄] 메뉴에서 '차단된 내용에 대한 정보 표시 안 함'을 선택
하고 <확인> 단추를 클릭합니다.

④ 액세스 저장 위치는 'C:\DB\수험번호. accdb'로 저장합니다.

※ 파일명 : 수험번호 8자리

TIP

암호 해제

● [파일]-[열기] 메뉴에서 '파일명'을 선택하고 '단독으로 열기'를 선택한 후 '암호'를 입력

● [파일]-[정보]-[데이터베이스 암호 해독]에서 기존의 '암호'를 입력하면 암호가 해제됨

2 <봉사기관>, <봉사내역>, <재학생> 테이블 완성하기

① <봉사기관> 테이블 위에서 마우스 오른쪽 단추를 눌러 <디자인 보기>를 클릭
합니다.

② '기관코드' 필드의 속성은 [입력 마스크]에 '>L-00;0'을 입력합니다.

③ <봉사내역> 테이블 위에서 마우스 오른쪽 단추를 눌러 <디자인 보기>를 클릭합니다.

④ '시수' 필드의 속성은 [유효성 검사 규칙]에 'Between 1 And 8'을 입력합니다.

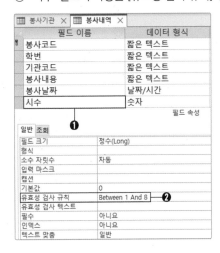

⑤ '봉사날짜' 필드의 속성은 [기본값]에 'Date( )'를 입력합니다.

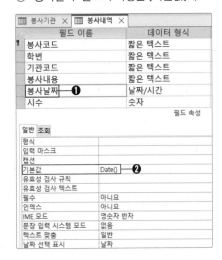

⑥ <재학생> 테이블 위에서 마우스 오른쪽 단추를 눌러 <디자인 보기>를 클릭합니다.

⑦ '학과' 필드의 속성은 [인덱스]에 '예(중복 가능)'을 선택합니다.

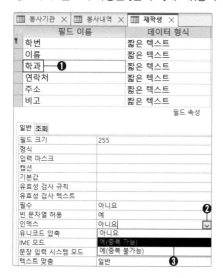

⑧ '연락처' 필드의 속성은 [빈 문자열 허용]에 '예'를 선택합니다.

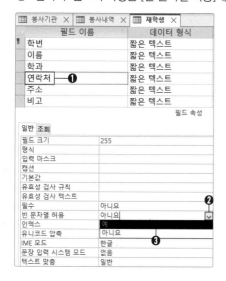

⑨ 빠른 실행 도구 모음에서 🖫(저장)을 클릭하여 각각의 테이블을 변경된 사항을 반드시 저장을 합니다.

⑩ 데이터 통합 규칙이 바뀌었다는 창에서 <예> 단추를 클릭합니다.

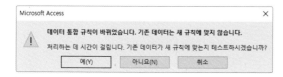

⑪ [테이블] 탭 위에서 마우스 오른쪽 단추를 눌러 <모두 닫기> 단추를 클릭합니다.

🔳 외부 데이터 가져오기 기능을 이용하여 <봉사기관추가> 테이블의 생성

① [외부 데이터] 탭-[가져오기 및 연결] 그룹-[새 데이터 원본]-[파일에서]-[Excel]를 클릭합니다.

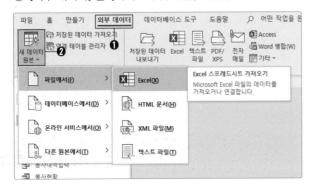

② [외부 데이터 가져오기 – Excel 스프레드시트] 대화상자에서 [데이터 원본 및 대상 선택] 창의 <찾아보기> 단추를 클릭하여 파일 이름은 'C:₩2024_컴활1급₩데이터베이스₩작업파일₩최신유형문제따라하기₩추가기관.xlsx'을 선택하고 <열기> 단추를 클릭합니다.

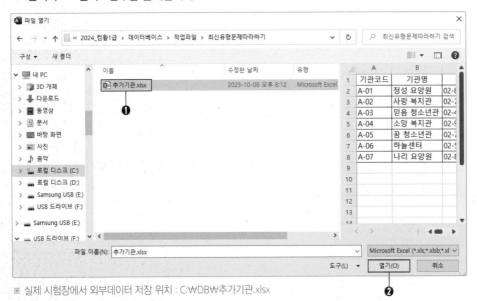

※ 실제 시험장에서 외부데이터 저장 위치 : C:₩DB₩추가기관.xlsx

③ 저장할 방법과 위치는 '현재 데이터베이스의 새 테이블로 원본 데이터 가져오기(I)'를 선택하고 <확인> 단추를 클릭합니다.

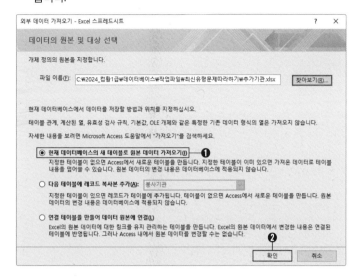

④ [스프레드시트 가져오기 마법사] 대화상자에서 '워크시트 표시'가 선택된 상태에서 <다음> 단추를 클릭합니다.

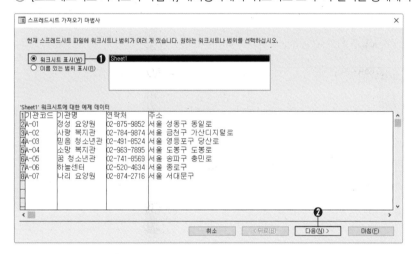

⑤ [스프레드시트 가져오기 마법사] 대화상자에서 '첫 행에 열 머리글이 있음'을 선택하고 <다음> 단추를 클릭합니다.

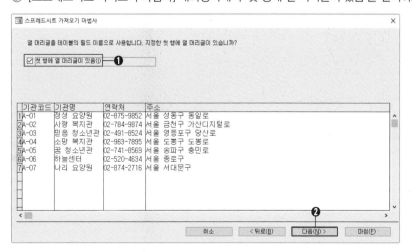

⑥ [필드 옵션]에서 <다음> 단추를 클릭합니다.

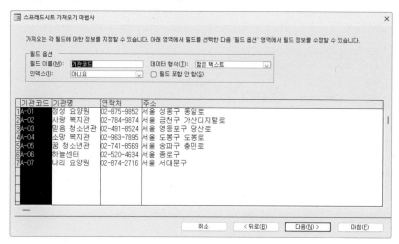

⑦ '기본 키 없음'을 선택하고 <다음> 단추를 클릭합니다.

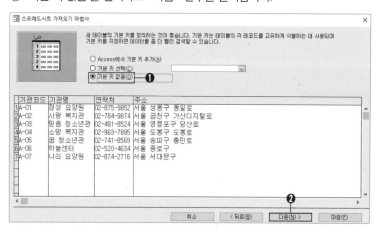

⑧ [테이블 이름]에 '봉사기관추가'를 입력하고 <마침> 단추를 클릭합니다.

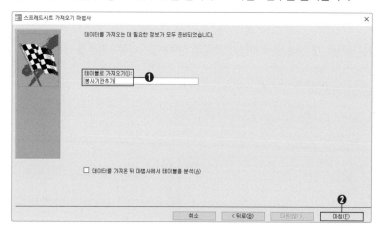

⑨ '가져오기 단계 저장'은 선택하지 않고 <닫기>
단추를 클릭합니다.

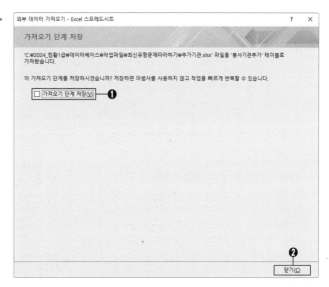

⑩ <봉사기관추가> 테이블이 생성되었고, 테이블의 바로 가기
메뉴에서 <열기>를 클릭하면 데이터가 표시됩니다.

4 관계 설정

① [데이터베이스 도구] 탭-[관계] 그룹-[관계]를 클릭합니다.

② [관계] 그룹-[테이블 추가]를 클릭하여 나오는 [테이블 추가] 대화상자의 [테이블] 탭
에서 <봉사기관> 테이블을 선택하고 <선택한 표 추가> 단추를 클릭합니다.

③ <봉사기관> 테이블의 '기관코드' 필드를 <봉사
내역> 테이블의 '기관코드' 필드로 드래그 앤 드
롭합니다.

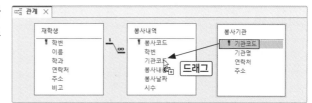

④ [관계 편집] 대화상자에서 '항상 참조 무결성 유지', '관련 필드 모두 업데이트'를 선택하고 <만들기> 단추를 클릭합니다.

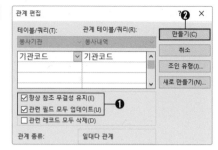

⑤ '일대다(1:M)'의 관계 편집이 완료됩니다.

※ 기존에 있는 관계 창은 편집하지 않습니다.

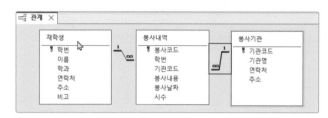

⑥ [관계 디자인] 탭-[관계] 그룹-[닫기]를 클릭합니다. ['관계' 형식에서 변경한 내용을 저장하시겠습니까?] 창에서 <예> 단추를 클릭합니다.

문제2 ▶ **입력 및 수정 기능 구현** (20점)

1 <봉사내역입력> 폼의 완성

① <봉사내역입력> 폼 위에서 마우스 오른쪽 단추를 눌러 <디자인 보기>를 클릭합니다.

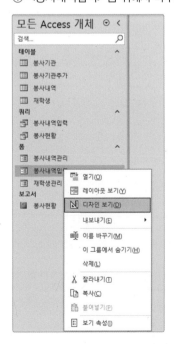

② [양식 디자인] 탭-[도구] 그룹-[속성 시트]를 눌러 나오는 속성 시트 창의 [형식] 탭 중 [기본 보기]에 '단일 폼'으로 선택합니다.

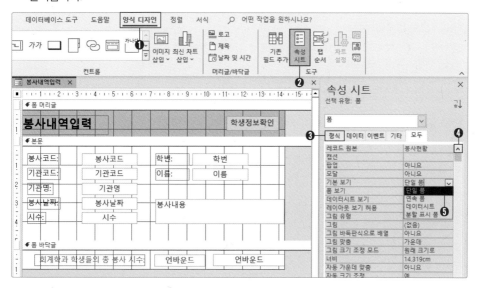

③ '폼' 영역 속성 시트 창의 [형식] 탭 중 [레코드 선택기]에 '예', [탐색 단추]에 '예'로 선택합니다.

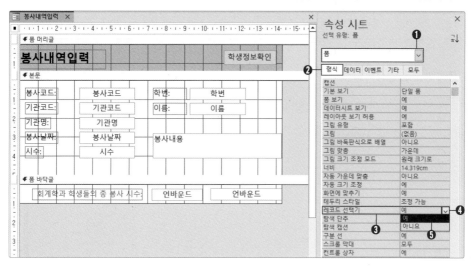

④ '폼 바닥글' 영역에서 'txt총시수' 컨트롤 속성 시트 창의 [데이터] 탭 중 [컨트롤 원본]에 '="총 시수: " & Sum([시수])' 로 입력합니다.

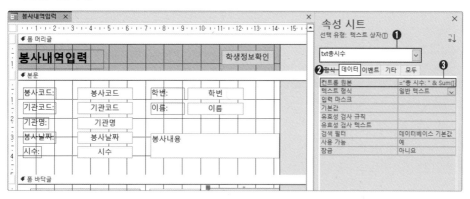

2 <봉사내역입력> 폼에 함수 설정

① '폼 바닥글' 영역에서 'txt봉사시수합계' 속성 시트 창의 [데이터] 탭 중 [컨트롤 원본]에 '=DSum("시수","봉사내역
입력","학과='회계학과'")'으로 입력합니다.

※ 이때 **Shift**+**F2** 키를 눌러 나오는 [확대/축소] 대화상자에서도 입력할 수 있습니다. [확대/축소] 대화상자를 이용하면 화면의 '글꼴'과
'크기'를 확대 또는 축소하여 표시할 수 있습니다.

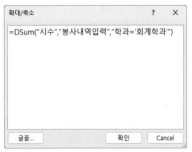

② 빠른 실행 도구 모음에서 🖫(저장)을 눌러 폼을 저장하고 바로 가기 메뉴에서 <닫기>을 클릭합니다.

TIP

DSum( ) 함수

● DSum("필드명","테이블명","조건식")의 형식으로 조건을 만족하는 특정 레코드의 합계를 구하는 함수

● 조건식을 입력할 때 문자 조건에는 ' '(홑따옴표)안에 입력

3 <봉사내역입력> 폼에 매크로 생성

① [만들기] 탭-[매크로 및 코드] 그룹-[매크로]를 클릭합니다.

② [새 함수 추가]에서 <OpenForm>를 선택합니다.

※ 또는 [함수 카탈로그]-[함수]-[데이터베이스 개체] 폴더를 열어 <OpenForm>를 더블클릭하여 선택
해도 됩니다.

③ [폼 이름]에 '재학생관리', [보기 형식]에 '폼'을 선택합니다.

④ [Where 조건문]에 '[학번]=[Forms]![봉사내역 입력]![txt학번]'을 입력합니다.

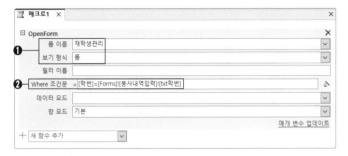

⑤ 빠른 실행 도구 모음에서 💾(저장)을 클릭합니다. [매크로 이름]에 '재학생보기'를 입력하고 <확인> 단추를 클릭합니다.

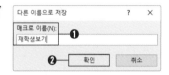

⑥ <봉사내역입력> 폼의 바로 가기 메뉴에서 <디자인 보기>를 클릭합니다.

⑦ '폼 머리글' 영역에서 '학생정보확인'(cmd보기) 단추 속성 시트 창의 [이벤트] 탭 중 [On Click]에 ☑을 클릭하고 '재학생보기'를 선택합니다.

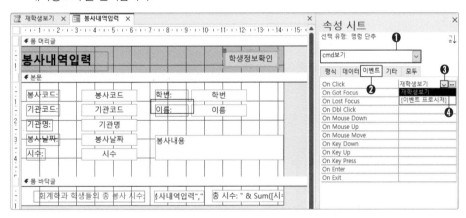

⑧ 빠른 실행 도구 모음에서 💾(저장)을 눌러 폼을 저장하고 바로가기 메뉴에서 <닫기>를 클릭합니다.

1 <봉사현황> 보고서 완성

① <봉사현황> 보고서 위에서 마우스 오른쪽 단추를 눌러 <디자인 보기>를 클릭합니다.

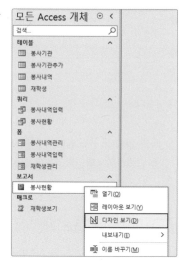

② [보고서 디자인] 탭-[그룹화 및 요약] 그룹-[그룹화 및 정렬]을 클릭합니다.

③ [그룹, 정렬 및 요약] 대화상자에서 '기관명' 필드는 [정렬]에 '오름차순'으로 선택하고 <정렬 추가>를 눌러 '학과' 필드를 추가한 다음 [정렬]에 '내림차순'으로 선택합니다.

④ '페이지 머리글' 영역에서 'txt날짜' 컨트롤 속성 시트 창의 [형식] 탭 중 [형식]에 'yyyy년 m월'을 입력합니다.

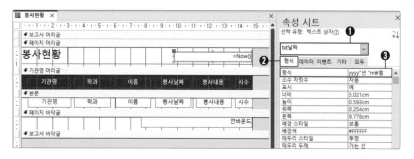

⑤ '기관명 머리글' 영역 속성 시트 창의 [형식] 탭 중 [반복 실행 구역]에 '예'를 선택합니다.

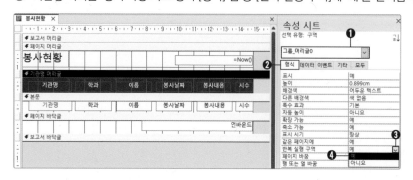

⑥ '본문' 영역에서 'txt기관명' 컨트롤 속성 시트 창의 [형식] 탭 중 [중복 내용 숨기기]에 '예'를 선택합니다.

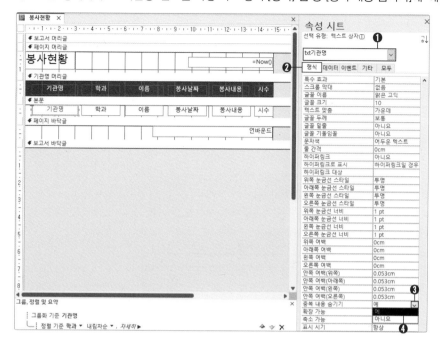

⑦ '페이지 바닥글' 영역에서 'txt페이지' 컨트롤 속성 시트 창의 [데이터] 탭 중 [컨트롤 원본]에 '=[Pages] & "페이지 중" & [Page] & "페이지"'로 입력합니다.

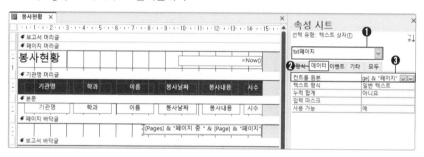

⑧ 빠른 실행 도구 모음에서 ■(저장)을 눌러 보고서를 저장하고 바로 가기 메뉴에서 <닫기>를 클릭합니다.

② <봉사내역관리> 폼에 이벤트 프로시저 작성

① <봉사내역관리> 폼 위에서 마우스 오른쪽 단추를 눌러 <디자인 보기>를 클릭합니다.

② '오름'(cmd오름) 버튼 속성 시트 창의 [이벤트] 탭 중 [On Click]에 (...)을 클릭합니다.

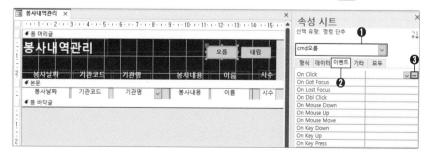

③ [작성기 선택] 대화상자에서 '코드 작성기'를 선택하고 <확인> 단추를 클릭합니다.

④ VBA(Visual Basic Application) 창에 다음의 코드를 입력합니다.

※ '시수' 필드를 기준으로 오름차순 정렬하는 코드입니다. 'OrderBy'를 사용할 때에는 반드시 'OrderByOn = True'와 함께 입력합니다.

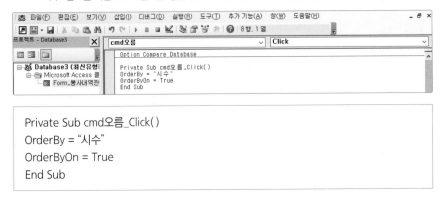

```
Private Sub cmd오름_Click( )
OrderBy = "시수"
OrderByOn = True
End Sub
```

⑤ VBA(Visual Basic Application) 창의 개체 선택에서 'cmd내림'을 선택합니다.

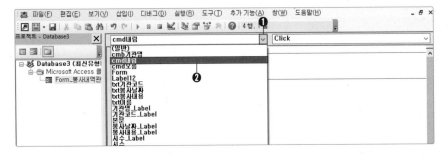

⑥ '내림'(cmd내림) 단추 프로시저에 다음의 코드를 작성합니다.

※ 내림차순이므로 '시수' 필드에 'desc'를 입력합니다.

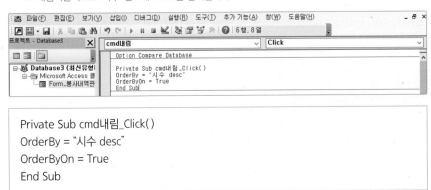

```
Private Sub cmd내림_Click( )
OrderBy = "시수 desc"
OrderByOn = True
End Sub
```

⑦ [파일]-[닫고 Microsoft Access(으)로 돌아가기] 또는 **Alt**+**Q** 를 눌러 액세스 창으로 돌아옵니다.

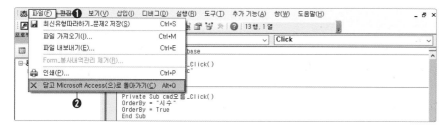

⑧ [양식 디자인] 탭-[보기] 그룹-[보기]-[폼보기]에서 '오름' 버튼을 누르면 '시수'의 오름차순으로 변경됩니다.

⑨ '내림' 버튼을 누르면 '시수'의 내림차순으로 변경되는 것을 확인합니다.

> **TIP**
>
> **이벤트 프로시저가 실행되지 않을 때**
>
> ● [파일]-[옵션]-[보안센터]-[보안 센터 설정]-[매크로 설정]-[모든 매크로 포함]을 선택합니다.

⑩ 빠른 실행 도구 모음에서 🖫(저장)을 눌러 폼을 저장하고 바로 가기 메뉴에서 <닫기>을 클릭합니다.

▮ <우수봉사학생처리> 업데이트 쿼리 작성

① [만들기] 탭-[쿼리] 그룹-[쿼리 디자인]을 클릭합니다.

② [테이블 추가] 대화상자에서 <재학생> 쿼리를 선택한 후 더블클릭 또는 <선택한 표 추가> 단추를 클릭합니다.

> **TIP**
>
> **액세스 개체 선택**
>
> 테이블 추가 창에서 액세스 개체를 선택할 때 연속적인 개체의 선택은 **Shift**와 함께 클릭하고, 비연속적인 개체의 선택은 **Ctrl**를 누른 상태에서 개체를 클릭합니다.

③ [재학생] 테이블에서 '비고', '학번' 필드를 선택합니다.

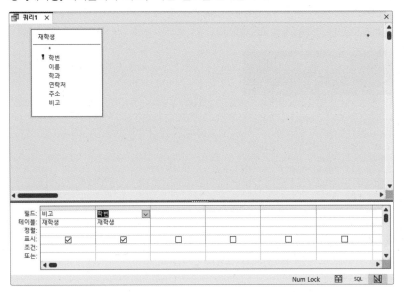

④ [쿼리 디자인] 탭-[쿼리 유형] 그룹-[업데이트]를 클릭합니다.

⑤ '비고' 필드는 [업데이트]에 '우수 봉사 학생', '학번'
필드에는 [조건]에 'In (select 학번 from 봉사내역
group by 학번 having sum(시수)>=10)'을 입력합
니다.

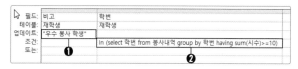

⑥ [빠른 실행 도구 모음에서 (저장)을 클릭하여 '우수봉사학생처'로 입력하고 [쿼리 디자인] 탭-[결과] 그룹 -[실행]을
클릭하고 "5 행을 새로 고칩니다." 메시지가 나오면 <예> 단추를 클릭합니다.
※ [홈] 탭-[보기] 그룹-[보기]를 누르면 [디자인 보기]와 [데이터 시트 보기]로 변경됩니다.

⑦ [홈] 탭-[보기] 그룹-[보기]-[데이터 시트보기]를 클릭하여 업데이트된 내용을
확인합니다.

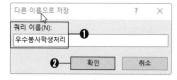

2 <봉사횟수조회> 크로스탭 쿼리 작성

① [만들기] 탭-[쿼리] 그룹-[쿼리 디자인]을 클릭합니다.

② [테이블 추가] 대화상자의 [테이블] 탭에서 Ctrl 키를 누른 채 차례대로 <봉사기관>,
<봉사내역>, <재학생> 테이블을 선택하고 <선택한 표 추가> 단추를 클릭합니다.

③ '기관명', '학과' 필드를 선택하고 '총횟수: 봉사
코드' 필드는 입력 후 '봉사코드', '봉사날짜'
필드를 선택합니다.

④ [쿼리 디자인] 탭-[쿼리 유형] 그룹-[크로스탭]을 클릭합니다.

⑤ [요약]에 '봉사코드', '총횟수: 봉사
코드' 필드는 '개수'로, '봉사날짜'
필드는 '조건'으로 선택합니다.

⑥ [크로스탭]에 '기관명', '총횟수: 봉사코드' 필드는 '행머리글', '학과' 필드는 '열 머리글', '봉사코드' 필드는 '값'으로
  선택합니다.

필드:	기관명	학과	총횟수: 봉사코드	봉사코드	봉사날짜
테이블:	봉사기관	재학생	봉사내역	봉사내역	봉사내역
요약:	묶는 방법	묶는 방법	개수	개수	조건
크로스탭:	행 머리글	열 머리글	행 머리글	값	
정렬:					
조건:					
또는:					

⑦ [조건]에 '봉사날짜' 필드는 'Between #2023-07-01# And #2023-12-31#'을 입력합니다.

⑧ 빠른 실행 도구 모음에서 ▦(저장)을 클릭합니다. [쿼리 이름]에 '봉사횟수조회'를 입력하고 <확인> 단추를 클릭
  합니다.

③ <학과별봉사현황> 요약 쿼리 작성

① [만들기] 탭-[쿼리] 그룹-[쿼리 디자인]을 클릭합니다.

② [테이블 추가] 대화상자의 [테이블] 탭에서 Ctrl 키를 누른 채 차례대로 <봉사내역>, <재학생> 테이블을 선택하고
  <선택한 표 추가> 단추를 클릭합니다.

③ '학과' 필드를 선택하고 '봉사학생수: 학번', '총시수: 시수', '학생당봉사시수: [총시수]/[봉사학생수]' 필드를 입력합
  니다.

필드:	학과	봉사학생수: 학번	총시수: 시수	학생당봉사시수: [총시수]/[봉사학생수]	∨
테이블:	재학생	재학생	봉사내역		
정렬:					
표시:	☑	☑	☑	☑	☐
조건:					
또는:					

④ [쿼리 디자인] 탭-[표시/숨기기] 그룹-[요약]을 클릭하고 [요약]에 '봉사학생수' 필드는 '개수', '총시수' 필드는 '합계-정렬: 내림차순', '학생당봉사시수' 필드는 '식'으로 선택합니다.

⑤ '학생당봉사시수' 필드를 선택한 후 [쿼리 디자인] 탭-[표시/숨기기] 그룹-[속성 시트]를 클릭하여 '형식'에 '0.0'을 입력합니다.

⑥ 빠른 실행 도구 모음에서 ▥(저장)을 클릭합니다. [쿼리 이름]에 '학과별봉사현황'을 입력하고 <확인> 단추를 클릭합니다.

⑦ [쿼리 디자인] 탭-[결과] 그룹-[실행]을 눌러 결과의 내용을 확인합니다.

학과	봉사학생수	총시수	학생당봉사시수
국제통상과	10	38	3.8
관광경영과	8	25	3.1
회계학과	6	20	3.3
금융정보과	6	19	3.2

4 <학과현황생성> 쿼리에서 테이블 만들기 쿼리 작성

① [만들기] 탭-[쿼리] 그룹-[쿼리 디자인]을 클릭합니다.

② [테이블 추가] 대화상자의 [쿼리] 탭에서 <봉사현황> 쿼리를 선택하고 < 선택한 표 추가> 단추를 클릭합니다.

③ '봉사날짜', '기관명', '시수', '학번', '이름', '봉사내용', '학과' 필드를 선택합니다.

④ '학과' 필드는 <표시>를 해제합니다.

필드:	봉사날짜	기관명	시수	학번	이름	봉사내용	학과
테이블:	봉사현황	봉사현황	봉사현황	봉사현황	봉사현황	봉사현황	봉사현황
정렬:							
표시:	☑	☑	☑	☑	☑	☑	☐
조건:							
또는:							

⑤ '학과' 필드는 [조건]에 'Like "*" & [조회할 학과명의 일부를 입력] & "*"'를 입력하고 <확인> 단추를 클릭합니다.

※ [쿼리 디자인] 탭-[쿼리 설정] 그룹-[작성기](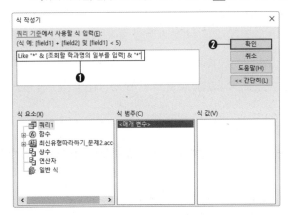)를 클릭하여 입력할 수 있습니다.

⑥ 빠른 실행 도구 모음에서 🖫(저장)을 클릭합니다. [쿼리 이름]에 '학과현황 생성'을 입력하고 <확인> 단추를 클릭합니다.

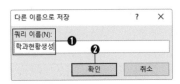

⑦ [쿼리 디자인] 탭-[쿼리 유형] 그룹-[테이블 만들기]를 클릭하고 테이블 이름을 '조회학과봉사현황'을 입력한 후 <확인> 단추를 클릭합니다.

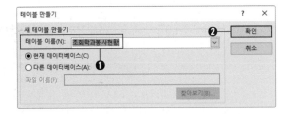

⑧ [쿼리 디자인] 탭-[결과] 그룹-[실행]을 클릭합니다.

⑨ [매개 변수 값 입력] 대화상자에서 조회할 학과명의 일부를 입력에 '경영'을 입력하고 <확인> 단추를 클릭합니다.

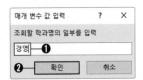

⑩ [8 행을 붙여 넣습니다.] 창에서 <예> 단추를 클릭합니다. 빠른 실행 도구 모음에서 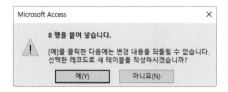(저장)을 클릭합니다.

⑪ <조회학과봉사현황> 테이블 위에서 마우스 오른쪽 단추를 눌러 <열기>를 클릭하면 테이블의 내용이 표시됩니다.

봉사날짜	기관명	시수	학번	이름	봉사내용
2023-12-24	반석 복지관	3	201725685	조은화	영어 멘토
2023-01-21	하늘 요양원	5	201821278	이소연	어르신 말벗
2023-05-14	희망 복지관	3	201821278	이소연	청소도우미
2023-05-21	희망 복지관	2	201821278	이소연	악기 연주
2023-09-10	꿈나래 복지관	3	201821278	이소연	급식도우미
2023-12-17	반석 복지관	2	201821278	이소연	수학 멘토
2023-03-12	하늘 요양원	3	201925483	민철호	어르신 말벗
2023-10-22	믿음 청소년관	4	201925483	민철호	영어 멘토

5 <도우미구분별현황> 쿼리 작성

① [만들기] 탭-[쿼리] 그룹-[쿼리 디자인]을 클릭합니다.

② [테이블 추가] 대화상자의 [쿼리] 탭에서 <봉사내역> 쿼리를 선택하고 <선택한 표 추가> 단추를 클릭합니다.

③ [쿼리 디자인]에서 [표시/숨기기] 그룹-[요약]을 클릭합니다.

④ '구분: IIf(Right([봉사내용],2)="멘토","청소년도우미","어르신도우미")', '봉사건수: 봉사코드', '행사시수: 시수'를 입력합니다.

⑤ '봉사건수: 봉사코드'에 요약은 '개수', '행사시수: 시수'에는 '합계'를 선택합니다.

⑥ 빠른 실행 도구 모음에서 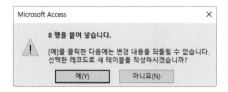(저장)을 클릭합니다. [쿼리 이름]에 '도우미구분별현황'을 입력하고 <확인> 단추를 클릭합니다.

⑦ [쿼리 디자인] 탭-[결과] 그룹-[실행]을 눌러 결과의 내용을 확인합니다.

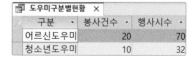

구분	봉사건수	행사시수
어르신도우미	20	70
청소년도우미	10	32

컴퓨터활용능력
1급 실기

PART 03
실전모의고사

※ 'C:₩2024. 컴활1급₩데이터베이스₩작업파일₩실전모의고사' 폴더를 이용하여 실전
모의고사 문제를 해결합니다.

컴퓨터활용능력
1급실기

컴퓨터활용능력 실전모의고사 1회

프로그램명	제한시간
ACCESS 2021	45분

수 험 번 호 :

성   명 :

1급 | A형

유의사항

● 인적 사항 누락 및 잘못 작성으로 인한 불이익은 수험자 책임으로 합니다.

● 화면에 암호 입력창이 나타나면 아래의 암호를 입력하여야 합니다.

  – 암호 : 782&33

● 작성된 답안은 주어진 경로 및 파일명을 변경하지 마시고 그대로 저장해야 합니다. 이를 준수하지 않으면 실격처리 됩니다.

  – 답안 파일명의 예 : C:₩DB₩수험번호 8자리.accdb

● 외부데이터 위치 : C:₩DB₩파일명

● 별도의 지시사항이 없는 경우, 다음과 같이 처리하면 실격 처리됩니다.

  – 제시된 개체의 이름을 임의로 변경한 경우
  – 제시된 개체의 속성을 임의로 변경한 경우
  – 제시된 개체를 임의로 삭제하거나 추가한 경우

● 별도의 지시사항이 없는 경우, 기능의 구현은 모듈이나 매크로 등을 이용하며, 예외적인 상황에 대해서는 고려하지 않아도 됩니다.

● 제시된 함수가 있을 경우 제시된 함수만을 사용하여야 하며, 그 외 함수 사용시 채점 대상에서 제외됩니다.

● 별도의 지시사항이 없는 경우, 주어진 각 개체의 속성은 설정값 또는 기본 설정값 (Default)으로 처리하십시오.

● 제시된 화면은 예시이며 나타난 값은 실제와 다를 수 있습니다.

● 저장 시간은 별도로 주어지지 아니하므로 제한된 시간 내에 저장을 완료해야 합니다.

● 본 문제의 용어는 MS Office LTSC Professional Plus 2021 기준으로 작성되었습니다.

01 기업의 납품 현황을 관리하기 위한 데이터베이스를 구축하고자 한다. 다음의 지시사항에 따라 각 테이블을 완성하시오. (각 3점)

① <제품납품내역> 테이블의 '접수번호' 필드를 기본 키(Primary Key)로 설정하시오.

② <제품납품내역> 테이블의 '납품처' 필드에는 값이 반드시 입력되도록 설정하시오.

③ <제품납품내역> 테이블의 '납품단가', '납품수량' 필드에는 반드시 0보다 큰 값이 입력되도록 설정하시오.

④ <제품납품내역> 테이블의 '제품코드' 필드는 중복 가능한 인덱스를 설정하시오.

⑤ <제품코드> 테이블의 '제품코드' 필드는 기본 키로 설정하고 'E-5'와 같은 형태로 영문 대문자 1개, '-' 기호 1개와 숫자 1개가 반드시 포함되어 입력되도록 입력 마스크를 설정하시오.
  ▶ 영문자 입력은 영어와 한글만 입력할 수 있도록 설정할 것
  ▶ 숫자 입력은 0~9까지의 숫자만 입력할 수 있도록 설정할 것
  ▶ '-' 문자도 테이블에 저장되도록 설정할 것

02 <제품납품내역> 테이블의 '제품코드' 필드는 <제품코드> 테이블의 '제품코드' 필드를, <제품납품내역> 테이블의 '납품처'는 <거래처> 테이블의 '거래처코드'를 참조하며, 각 테이블 간의 관계는 M:1이다. 다음과 같이 테이블 간의 관계를 설정하시오. (5점)

▶ 각 테이블 간에 항상 참조 무결성이 유지되도록 설정하시오.
▶ 참조 필드의 값이 변경되면 관련 필드의 값도 변경되도록 설정하시오.
▶ 다른 테이블에서 참조하고 있는 레코드는 삭제할 수 없도록 설정하시오.

03 외부 데이터 가져오기 기능을 이용하여 <거래처현황.xlsx> 파일의 내용을 가져와 <거래처현황> 테이블을 생성하시오. (5점)

▶ 첫 번째 행은 열 머리글임
▶ 기본 키는 없음으로 설정

01 <납품내역입력> 폼을 다음 지시사항에 따라 완성하시오. (각 3점)

① 폼 머리글의 배경색을 '교차 행'으로 변경하시오.

② 본문의 'txt납품단가'와 'txt납품수량'을 각각 '납품단가'와 '납품수량' 필드에 바운드시키시오.

③ 폼 바닥글의 'txt총계'에 제품의 총 금액을 표시하도록 계산 컨트롤로 작성하시오.

▶ 계산식 : ([납품단가] × [납품수량])의 합

02 <납품내역입력> 폼의 본문 영역에 다음과 같이 조건부 서식을 설정하시오. (6점)

▶ '납품수량'이 50 이상이고 100 이하인 본문 영역의 모든 컨트롤의 글꼴이 '굵게', '기울임꼴', 글꼴색은 '빨강'으로 표시되도록 설정하시오.

▶ 단, 하나의 규칙으로 작성하시오.

접수번호	납품일자	납품처	제품코드	납품단가	납품수량
1	23-08-15	충주전자	E-1	450	85
2	23-08-29	홍천전자	E-2	400	120
3	23-09-05	포천전자	E-9	650	110
4	23-10-11	양평전자	E-1	450	125
5	23-08-19	대구전자	E-3	550	131
6	23-10-12	군포전자	E-4	550	45
7	23-11-17	청주전자	E-8	380	105
8	23-12-15	구미전자	E-5	250	90
9	23-10-11	명촌전자	E-7	850	34
10	23-10-29	순천전자	E-3	550	58
11	23-09-13	남부전자	E-4	550	88
12	23-09-01	독도전자	E-2	400	14
13	23-10-18	군산전자	E-1	450	141
14	23-08-12	진주전자	E-5	250	65
15	23-08-21	구리전자	E-7	850	31
16	23-08-25	홍천전자	E-2	400	93
17	23-09-27	호주전자	E-8	380	201
18	23-09-14	구리전자	E-3	550	175
19	23-08-20	경호전자	E-4	550	88
20	23-09-11	군포전자	E-1	450	97
21	23-10-09	용인전자	E-5	250	31
22	23-08-12	충주전자	E-6	370	23
23	23-08-25	춘천전자	E-9	650	27
24	23-09-11	제주전자	E-1	450	81
25	23-10-12	진주전자	E-3	550	43
26	23-09-14	군산전자	E-2	400	22
			총 계		₩1,910,520

03 <제품별조회> 폼의 '납품내역보기'(cmd납품내역보기) 단추를 클릭하면 <납품내역조회> 폼을 '폼 보기' 형식으로 여는 <조회> 매크로를 생성하여 지정하시오. (5점)

▶ 매크로 조건 : '제품코드' 필드의 값이 'txt제품코드'에 해당하는 제품의 정보만 표시

		납품내역보기
제품코드: E-1 제품명: 콘덴서	제조사: 우진전자	제조국가: 한국

01 다음의 지시사항 및 화면을 참조하여 <제품별납품현황> 보고서를 완성하시오. (각 3점)

① <납품내역현황> 쿼리를 레코드 원본으로 설정하시오.

② '제품별' 오름차순으로 정렬하고 제품이 같으면 '납품일자' 필드를 기준으로 오름차순 정렬하여 표시하시오.

③ 제품명은 중복되지 않도록 설정하시오.

④ 제품별 바닥글의 'txt납품금액' 컨트롤에는 납품금액, 'txt이익' 컨트롤에는 이익의 총계를 표시하시오.

⑤ 매 페이지 아래에 다음과 같은 형식으로 현재 날짜와 페이지가 표시되도록 입력란 컨트롤을 완성하시오.

▶ 'txt날짜' 컨트롤의 날짜 표시형식 : 현재 날짜가 2020년 6월 27일이면 '2020년 6월 27일 토요일' 같이 표시

▶ 'txt페이지' 컨트롤의 페이지 표시형식 : 현재 페이지 1 / 전체페이지 5

납품내역현황

제품명	납품일자	납품단가	거래처명	납품수량	납품금액	세금	이익
감쇠기	23-08-12	380	금촌전자	26	₩9,880	₩543	₩9,337
	23-08-25	380	울산전자	43	₩16,340	₩899	₩15,441
	23-09-27	380	군산전자	65	₩24,700	₩1,359	₩23,342
	23-09-27	380	진해전자	156	₩59,280	₩3,260	₩56,020
	23-09-27	380	호주전자	201	₩76,380	₩4,201	₩72,179
	23-11-17	380	청주전자	105	₩39,900	₩2,195	₩37,706
	23-11-19	380	순천전자	80	₩30,400	₩1,672	₩28,728
	23-12-10	380	홍천전자	133	₩50,540	₩2,780	₩47,760

제품별 납품금액 ₩307,420 제품별 이익 ₩290,512

제품명	납품일자	납품단가	거래처명	납품수량	납품금액	세금	이익
어댑터	23-08-19	550	대구전자	131	₩72,050	₩3,963	₩68,087
	23-09-14	550	포천전자	200	######	₩6,050	₩103,950
	23-09-14	550	구리전자	175	₩96,250	₩5,294	₩90,956
	23-10-12	550	진주전자	43	₩23,650	₩1,301	₩22,349
	23-10-29	550	순천전자	58	₩31,900	₩1,755	₩30,146

제품별 납품금액 ₩333,850 제품별 이익 ₩315,488

제품명	납품일자	납품단가	거래처명	납품수량	납품금액	세금	이익
와이어	23-08-21	850	구리전자	31	₩26,350	₩1,449	₩24,901
	23-10-09	850	충주전자	30	₩25,500	₩1,403	₩24,098
	23-10-11	850	평촌전자	34	₩28,900	₩1,590	₩27,311
	23-12-15	850	선호전자	132	######	₩6,171	₩106,029

제품별 납품금액 ₩192,950 제품별 이익 ₩182,338

제품명	납품일자	납품단가	거래처명	납품수량	납품금액	세금	이익
점퍼	23-08-20	550	경호전자	88	₩48,400	₩2,662	₩45,738

2023년 11월 14일 화요일   현재페이지 1 / 전체페이지 3

02 <납품내역현황> 폼의 '납품수량' 컨트롤에 포커스가 이동(GotFocus)하면 다음과 같이 기능이 수행되도록 이벤트 프로시저를 구현하시오. (5점)

▶ 납품수량이 200 이상이면 '우수', 100 이상이면 '보통', 100 미만이면 '저조'를 표시하는 메시지 박스를 표시하시오.

▶ Select ~ Case문 사용

01 <납품내역현황> 쿼리를 이용하여 제품명이 커플러인 납품월이 10월인 거래 내역을 조회하는 <커플러10월 거래내역조회> 쿼리를 작성하시오. (7점)

▶ 거래처명을 기준으로 오름차순 정렬하여 표시하시오.

▶ 쿼리 실행 결과 표시되는 필드와 필드명은 <그림>과 같이 표시되도록 설정하시오.

거래처명	납품일자	제품명	납품수량	납품금액
용인전자	23-10-09	커플러	31	7750
제주전자	23-10-19	커플러	94	23500
호서전자	23-10-12	커플러	45	11250

02 다음과 같이 거래처별, 제품명별 납품수량의 총계를 구하는 쿼리를 작성하시오. (7점)

▶ <제품코드>, <거래처>, <제품납품내역> 테이블을 이용하시오.

▶ 쿼리의 이름은 <거래처별납품수량>으로 하시오.

▶ 매개 변수값 입력을 사용하시오.

거래처명	제품명	납품수량총계
홍천전자	감쇠기	133
홍천전자	커넥터	213

03 다음과 같은 기능을 수행하는 쿼리를 작성하시오. (7점)

▶ <납품내역현황> 쿼리를 사용하시오.

▶ 쿼리의 이름은 <제품별납품요약>으로 하시오.

▶ '제품명'별 내림차순으로 정렬하시오.

▶ 제품별 총납품수량평균과 총납품금액평균은 표준 형식의 소수 자릿수는 '0'으로 설정하시오.

제품명	총납품수량	총납품금액
PCB	33	12,025
파워코드	82	53,560
콘덴서	86	38,813
커플러	69	17,333
커넥터	61	24,467
점퍼	72	39,820
와이어	57	48,238
어댑터	121	66,770
감쇠기	101	38,428

04 거래처명과 제품코드별로 납품수량의 합을 조회하는 <거래처별10월납품수량> 크로스탭 쿼리를 작성하시오. (7점)

▶ <거래처>, <제품납품내역> 테이블을 이용하시오.

▶ 쿼리 실행 결과 표시되는 필드와 필드명은 <그림>과 같이 표시되도록 설정하시오.

거래처별10월납품수량						
거래처명 ▾	납품일자 ▾	E-1 ▾	E-3 ▾	E-4 ▾	E-5 ▾	E-7 ▾
군산전자	23-10-18	141				
군포전자	23-10-12			45		
순천전자	23-10-29		58			
양평전자	23-10-11	125				
용인전자	23-10-09				31	
제주전자	23-10-19				94	
진주전자	23-10-12		43			
충주전자	23-10-09					30
평촌전자	23-10-11					34
호서전자	23-10-12				45	

05 제품명이 '콘덴서'인 제품의 '납품단가'를 10% 인상하는 <콘덴서납품단가10%인상> 업데이트 쿼리를 작성하시오. (7점)

▶ <납품내역현황> 쿼리를 이용하시오.

▶ 쿼리 실행 결과 표시되는 필드와 필드명은 <그림>과 같이 표시하도록 설정하시오.

납품내역현황								
제품명 ▾	납품단가 ▾	납품일자 ▾	납품처 ▾	거래처명 ▾	납품수량 ▾	납품금액 ▾	세금 ▾	이익 ▾
콘덴서	450.00	23-08-15	42	충주전자	85	38250	2103.75	36146.25
커넥터	400.00	23-08-29	1	홍천전자	120	48000	2640	45360
파워코드	650.00	23-09-05	44	포천전자	110	71500	3932.5	67567.5
콘덴서	450.00	23-10-11	28	양평전자	125	56250	3093.75	53156.25
어댑터	550.00	23-08-19	12	대구전자	131	72050	3962.75	68087.25
점퍼	550.00	23-10-12	9	군포전자	45	24750	1361.25	23388.75
감쇠기	380.00	23-11-17	40	청주전자	105	39900	2194.5	37705.5
커플러	250.00	23-12-15	7	구미전자	90	22500	1237.5	21262.5
와이어	850.00	23-10-11	43	평촌전자	34	28900	1589.5	27310.5
어댑터	550.00	23-10-29	26	순천전자	58	31900	1754.5	30145.5
점퍼	550.00	23-09-13	11	남부전자	88	48400	2662	45738
커넥터	400.00	23-09-01	14	독도전자	14	5600	308	5292
콘덴서	450.00	23-10-18	8	군산전자	141	63450	3489.75	59960.25

<실행전>

납품내역현황								
제품명 ▾	납품단가 ▾	납품일자 ▾	납품처 ▾	거래처명 ▾	납품수량 ▾	납품금액 ▾	세금 ▾	이익 ▾
콘덴서	495.00	23-08-15	42	충주전자	85	42075	2314.125	39760.875
커넥터	400.00	23-08-29	1	홍천전자	120	48000	2640	45360
파워코드	650.00	23-09-05	44	포천전자	110	71500	3932.5	67567.5
콘덴서	495.00	23-10-11	28	양평전자	125	61875	3403.125	58471.875
어댑터	550.00	23-08-19	12	대구전자	131	72050	3962.75	68087.25
점퍼	550.00	23-10-12	9	군포전자	45	24750	1361.25	23388.75
감쇠기	380.00	23-11-17	40	청주전자	105	39900	2194.5	37705.5
커플러	250.00	23-12-15	7	구미전자	90	22500	1237.5	21262.5
와이어	850.00	23-10-11	43	평촌전자	34	28900	1589.5	27310.5
어댑터	550.00	23-10-29	26	순천전자	58	31900	1754.5	30145.5
점퍼	550.00	23-09-13	11	남부전자	88	48400	2662	45738
커넥터	400.00	23-09-01	14	독도전자	14	5600	308	5292
콘덴서	495.00	23-10-18	8	군산전자	141	69795	3838.725	65956.275

<실행후>

실전모의고사 1회 정답 및 해설

📁 **작업 파일** : C:₩2024_컴활1급₩데이터베이스₩작업파일₩실전모의고사₩실전모의고사 1회_문제.accdb
💾 **완성 파일** : C:₩2024_컴활1급₩데이터베이스₩완성파일₩실전모의고사₩실전모의고사 1회_정답.accdb

정답

문제 1 ▶ DB 구축 (25점)

01 <제품납품내역>, <제품코드> 테이블 완성

지시사항	테이블명	필드명	필드 속성 및 기본키	설정 값
①	제품납품내역	접수번호	기본 키 설정	
②		납품처	필수	예
③		납품단가	유효성 검사 규칙	>0
		납품수량		
④		제품코드	인덱스	예(중복 가능)
⑤	제품코드	제품코드	기본 키 설정	
			입력 마스크	>L-0 ; 0

02 관계 설정

① [데이터베이스 도구]-[관계] 그룹의 [관계( )]를 클릭

② 관계 편집

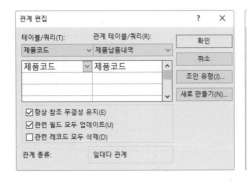
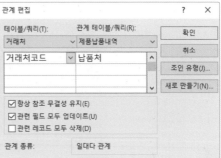

03 외부 데이터 가져오기

① [외부 데이터] 탭-[가져오기 및 연결] 그룹-[새 데이터 원본]-[파일에서]-[Excel]을 클릭

② 첫 번째 행은 열 머리글, 기본 키 없음

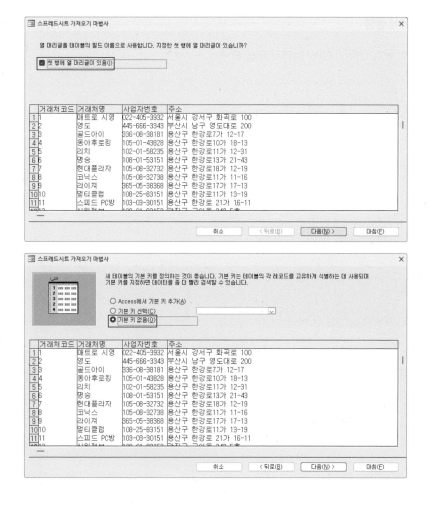

문제 2 ▶ 입력 및 수정 기능 구현 (20점)

01 <납품내역입력> 폼의 속성 시트 완성

지시사항	영역	개체명	탭	항목	설정 값
①	폼 머리글		형식	배경색	교차 행
②	본문	txt납품단가	데이터	컨트롤 원본	납품단가
		txt납품수량			납품수량
③	폼 바닥글	txt총계	데이터	컨트롤 원본	=Sum([납품단가] * [납품수량])

02 <납품내역입력> 폼의 조건부 서식 설정

① [서식]-[조건부 서식]-[조건부 서식 규칙 관리자] 창에서 [새 규칙]을 클릭

② [새 서식 규칙]

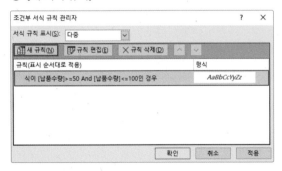

03 <제품별조회> 폼의 매크로 설정

① [만들기]-[만들기 및 코드] 그룹의 [매크로(　)]를 클릭

② [조회] 매크로 작성

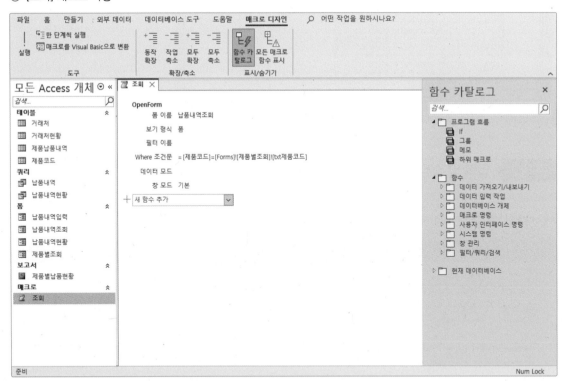

01 <제품별납품현황> 보고서 완성

지시사항	영역	개체명	탭	항목	설정 값
①	보고서		데이터	레코드 원본	납품내역현황
②	[그룹, 정렬 및 요약]에서 '제품명' 필드의 '오름차순'으로 하고 정렬을 추가하여 '납품일자' 필드의 '오름차순'으로 선택				

② (이미지)

지시사항	영역	개체명	탭	항목	설정 값
③	본문	제품명	형식	중복 내용 숨기기	예
④	제품명 바닥글	txt납품금액	데이터	컨트롤 원본	=Sum([납품금액])
		txt이익			=Sum([이익])
⑤	페이지 바닥글	txt날짜	모두	컨트롤 원본	=Date( )
				형식	자세한 날짜
		txt페이지	데이터	컨트롤 원본	="현재 페이지 " & [Page] & "/" & "전체 페이지 " & [Pages]

02 <납품내역현황> 폼에 이벤트 프로시저 작성

① [속성 시트]-[이벤트] 탭의 'On Got Focus'에서 코드 작성기

② VBA 코드 작성

```
Select Case 납품수량
Case Is >= 200
    MsgBox "우수", , "수량 정보"
Case Is >= 100
    MsgBox "보통", , "수량 정보"
Case Is < 100
    MsgBox "저조", , "수량 정보"
End Select
```

01 <커플러10월거래내역조회> 조회 쿼리

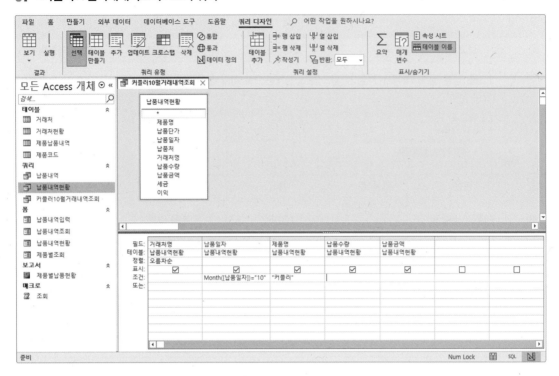

02 <거래처별납품수량> 매개변수 쿼리

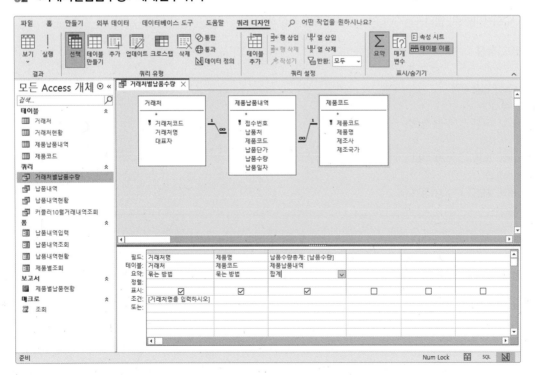

03 <제품별납품요약> 요약 쿼리

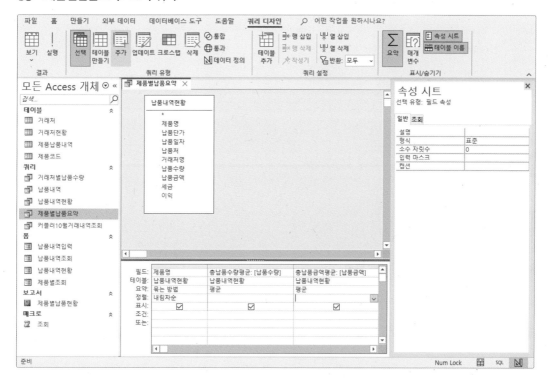

04 <거래처별10월납품수량> 크로스탭 쿼리

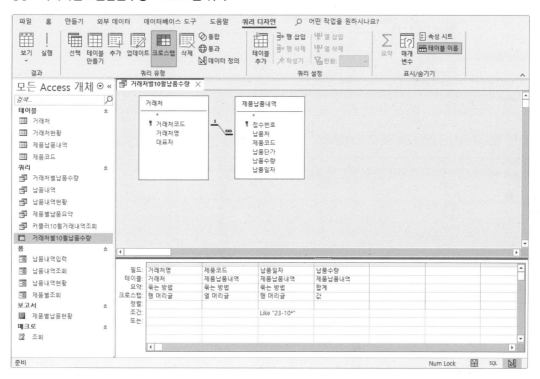

05 <콘덴서납품단가10%인상> 업데이트 쿼리

필드:	제품명	납품단가	
테이블:	납품내역현황	납품내역현황	
업데이트:		[납품단가]*1.1	
조건:	"콘덴서"		
또는:			

해설

문제 1 ▶ DB 구축 (25점)

■ <제품납품내역>, <제품코드> 테이블 완성

① <제품납품내역> 테이블 위에서 마우스 오른쪽 단추를 눌러 <디자인 보기>를 클릭합니다.

② '접수번호' 필드에서 [테이블 디자인] 탭-[도구] 그룹-[기본 키]를 클릭합니다.

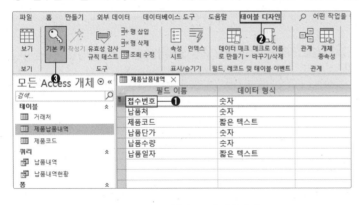

③ '납품처' 필드의 속성은 [필수]에 '예'로 선택합니다.

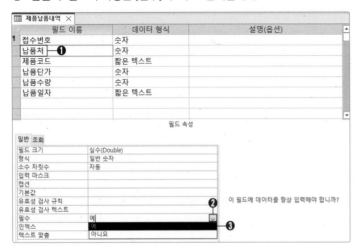

④ '납품단가'와 '납품수량' 필드의 속성은 [유효성 검사 규칙]에 '>0'을 입력합니다.

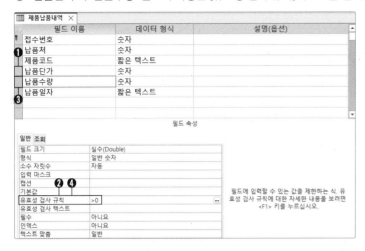

⑤ '제품코드' 필드의 속성은 [인덱스]에 '예(중복 가능)'으로 선택합니다.

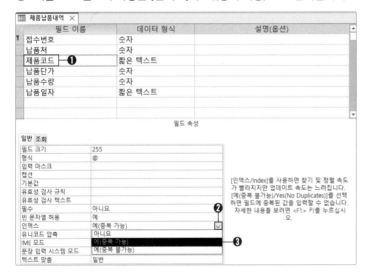

⑥ <제품코드> 테이블의 바로 가기 메뉴에서 <디자인 보기>를 클릭합니다.

⑦ '제품코드' 필드에서 [테이블 디자인] 탭-[도구] 그룹-[기본 키]를 클릭합니다.

⑧ '제품코드' 필드의 속성은 [입력 마스크]에 '>L-0;0'을 입력합니다.

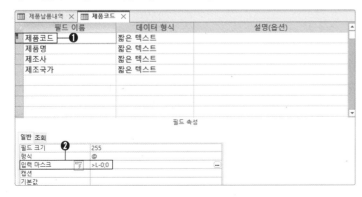

⑨ 빠른 실행 도구 모음에서 🔡(저장)을 눌러 테이블을 저장하고 다음 창에서 데이터 통합 규칙 바뀌었다는 메시지에서 <예> 단추를 클릭합니다.

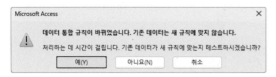

⑩ [테이블 디자인] 탭-[보기] 그룹-[보기] 메뉴-[데이터시트 보기]를 눌러 내용을 확인합니다.

2 관계 설정

① [데이터베이스 도구] 탭-[관계] 그룹-[관계]를 클릭합니다.

② [관계] 그룹-[테이블 추가]를 클릭합니다. [테이블 추가] 대화상자의 [테이블] 탭에서 **Ctrl** 키를 누른 채 차례대로 <거래처>, <제품납품내역>, <제품코드> 테이블을 선택하고 <선택한 표 추가> 단추를 클릭합니다.

③ <제품납품내역> 테이블의 '제품코드' 필드를 <제품코드> 테이블의 '제품코드' 필드로 드래그 앤 드롭 합니다.

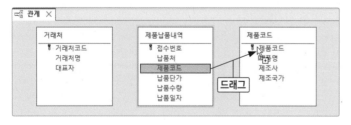

④ [관계 편집] 대화상자에서 '항상 참조 무결성 유지', '관련 필드 모두 업데이트'를 선택하고 <만들기> 단추를 클릭합니다.

※ '일대다(1:M)'의 관계가 설정됩니다.

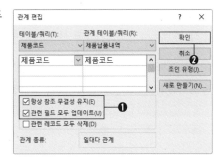

⑤ <제품납품내역> 테이블의 '납품처' 필드를 <거래처> 테이블의 '거래처코드' 필드로 드래그 앤 드롭 합니다.

⑥ [관계 편집] 대화상자에서 '항상 참조 무결성 유지', '관련 필드 모두 업데이트'를 선택하고 <만들기> 단추를 클릭합니다.

※ '일대다(1:M)'의 관계가 설정됩니다.

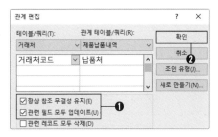

⑦ [관계] 창이 <그림>과 같이 표시됩니다. 빠른 실행 도구 모음에서 ⊞(저장)을 눌러 변경된 내용을 저장합니다. [관계 디자인] 탭-[관계] 그룹-[닫기]를 클릭합니다.

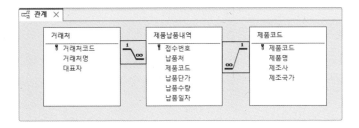

3 외부 데이터 가져오기

① [외부 데이터] 탭-[가져오기 및 연결] 그룹-[새 데이터 원본]-[파일에서]-[Excel]을 클릭

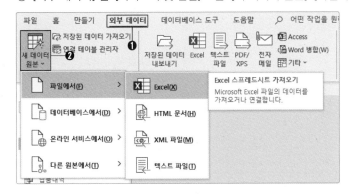

② [외부 데이터 가져오기 - Excel 스프레드시트] 대화상자에서 [데이터 원본 및 대상 선택] 창의 <찾아보기> 단추를 클릭합니다. [파일 열기] 대화상자에서 'C\2024_컴활1급\데이터베이스\작업파일\실전모의고사\거래처현황.xlsx'을 선택하고 <열기> 단추를 클릭합니다.

③ [외부 데이터 가져오기 – Excel 스프레드시트] 대화상자에서 저장할 방법과 위치는 '현재 데이터베이스의 새 테이블로 원본 데이터 가져오기(I)'를 선택하고 <확인> 단추를 클릭합니다.

④ [스프레드시트 가져오기 마법사] 대화상자에서 '첫 행에 열 머리글이 있음'을 선택하고 <다음> 단추를 클릭합니다.

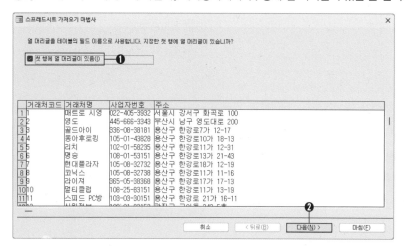

⑤ [스프레드시트 가져오기 마법사] 대화상자에서 필드에 대한 정보를 수정할 부분은 없으므로 <다음> 단추를 클릭합니다.

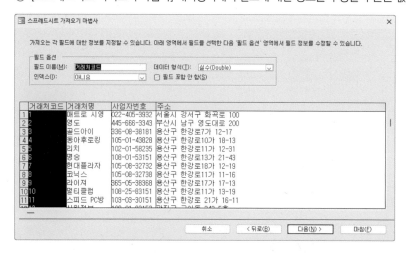

⑥ [스프레드시트 가져오기 마법사] 대화상자에서 '기본 키 없음'을 선택하고 <다음> 단추를 클릭합니다.

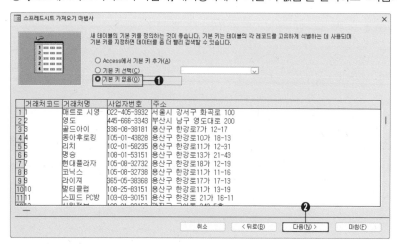

⑦ [스프레드시트 가져오기 마법사] 대화상자의 테이블 가져오기에 테이블 이름을 '거래처현황'을 입력하고 <마침> 단추를 클릭합니다.

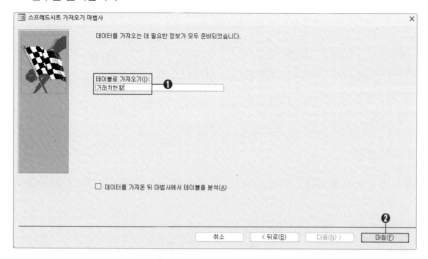

⑧ [외부 데이터 가져오기 – Excel 스프레드시트] 대화상자에서 '가져오기 단계 저장'이 선택되지 않은 것을 확인하고 <닫기> 단추를 클릭합니다.

⑨ <거래처현황> 테이블 위에서 마우스 오른쪽 단추를 눌러 <열기>를 눌러 내용을 확인합니다.

문제2 ▶ 입력 및 수정 기능 구현 (20점)

❶ <납품내역입력> 폼의 완성

① <납품내역입력> 폼 위에서 마우스 오른쪽 단추를 눌러 <디자인 보기>를 클릭합니다.

② '폼 머리글' 영역 속성 시트 창의 [형식] 탭 중 [배경색]에 '교차 행'으로 선택합니다.

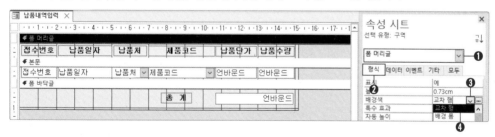

③ '본문' 영역에서 'txt납품단가' 컨트롤 속성 시트 창의 [데이터] 탭 중 [컨트롤 원본]에 '납품단가'로 선택하고 'txt납품수량' 컨트롤은 [컨트롤 원본]에 '납품수량'을 선택합니다.

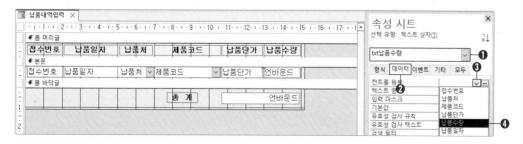

④ '폼 바닥글' 영역에서 'txt총계' 컨트롤 속성 시트 창의 [데이터] 탭 중 [컨트롤 원본]에 '=Sum([납품단가]*[납품수량])'
을 입력합니다.

2 <납품내역입력> 폼의 조건부 서식 설정

① '본문' 영역에서 모든 컨트롤을 드래그 앤 드롭 하여 선택하고 [서식] 탭-[컨트롤 서식] 그룹-[조건부 서식]을 클릭
합니다.

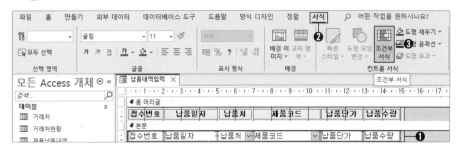

② [조건부 서식 규칙 관리자] 대화상자에서 <새 규칙> 단추를 클릭합니다.

③ [새 서식 규칙] 대화상자에서 '식이'를 선택하고 '[납품수량]>=50 And [납품수량]<=100'을 입력한 후 '굵게', '기울임
꼴', '빨강'을 선택하고 <확인> 단추를 클릭합니다.

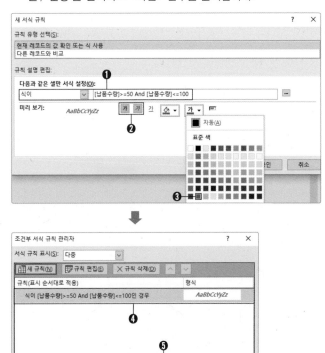

3 <제품별조회> 폼에 매크로 작성

① [만들기] 탭-[매크로 및 코드] 그룹-[매크로]를 클릭합니다.

② [새 함수 추가]에서 <OpenForm> 함수를 추가합니다.

③ [폼 이름]에 '납품내역조회', [보기 형식]에 '폼'을 선택합니다.

④ [Where 조건문]에 '[제품코드]=[Forms]![제품별조회]![txt제품코드]'을 입력합니다.

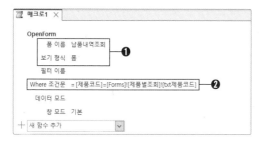

⑤ 빠른 실행 도구 모음에서 📙(저장)을 클릭합니다. [매크로 이름]에 '조회'를 입력
합니다.

⑥ <제품별조회> 폼의 바로가기 메뉴에서 <디자인 보기>를 클릭합니다.

⑦ '납품내역보기'(cmd납품내역보기) 버튼 속성 시트 창의 [이벤트] 탭 중 [On Click]에 '조회'를 선택합니다.

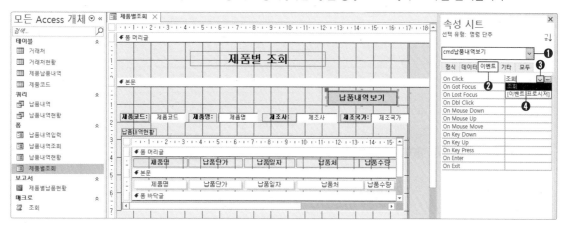

1 <제품별납품현황> 보고서 완성

① <제품별납품현황> 보고서 위에서 마우스 오른쪽 단추를 눌러 <디자인 보기>를 클릭합니다.

② '보고서' 영역 속성 시트 창의 [데이터] 탭 중 [레코드 원본]에 '납품내역현황'을 선택합니다.

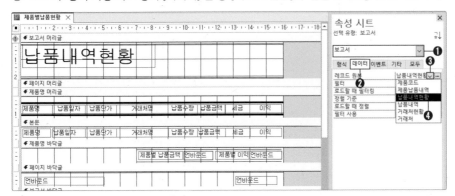

③ [보고서 디자인] 탭-[그룹화 및 요약] 그룹-[그룹화 및 정렬]을 클릭합니다.

④ '제품명' 필드는 [정렬]에 '오름차순'으로 선택하고 [정렬 추가]를 눌러 '납품일자' 필드를 추가한 다음 [정렬]에 '오름차순'을 선택합니다.

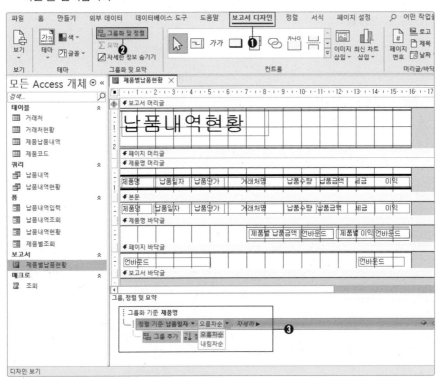

⑤ '본문' 영역에서 '제품명' 컨트롤 속성 시트 창의 [형식] 탭 중 [중복 내용 숨기기]에 '예'를 선택합니다.

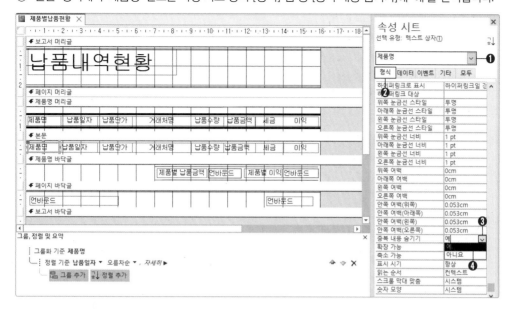

⑥ '제품별 바닥글' 영역에서 'txt납품금액' 컨트롤 속성 시트 창의 [데이터] 탭 중 [컨트롤 원본]에 '=Sum([납품금액])'을 입력하고 이와 같이 'txt이익' 컨트롤은 [컨트롤 원본]에 '=Sum([이익])'을 입력합니다.

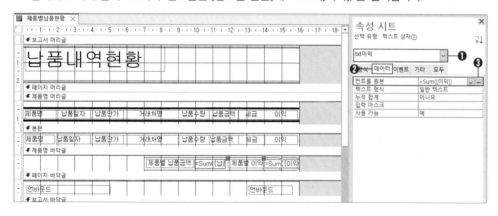

⑦ '페이지 바닥글' 영역에서 'txt날짜' 컨트롤 속성 시트 창의 [모두] 탭 중 [컨트롤 원본]에 '=Date( )'를 입력하고 [형식]에 '자세한 날짜'를 선택합니다.

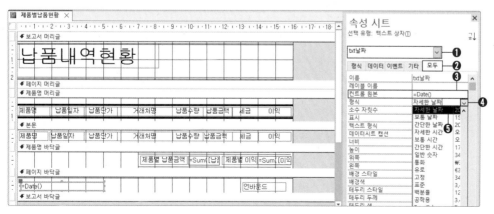

⑧ '페이지 바닥글'에서 'txt페이지' 컨트롤 속성 시트 창의 [데이터] 탭 중 [컨트롤 원본]에 '="현재페이지 " & [Page] & " / " & "전체페이지 " & [Pages]'을 클릭합니다.

※ txt페이지 컨트롤의 크기를 드래그하여 페이지 번호가 보일 수 있도록 조정합니다.

② <납품내역현황> 폼의 이벤트 프로시저 작성

① <납품내역현황> 폼 위에서 마우스 오른쪽 단추를 눌러 <디자인 보기>를 클릭합니다.

② '본문' 영역에서 '납품수량' 컨트롤 속성 시트 창의 [이벤트] 탭 중 [On Got Focus]에 ┄을 눌러 '코드 작성기'를 선택하고 <확인> 단추를 클릭합니다.

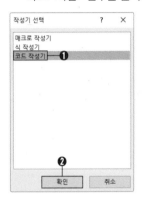

③ VBA 창에 다음과 같이 입력합니다.

※ '납품수량' 필드를 기준으로 납품수량이 '200' 이상이면 메시지 박스에 '우수'를 출력하고, '100' 이상이면 '보통'을 출력하고, '100' 미만이면 '저조'를 출력하는 코드입니다.

```
Private Sub 납품수량_GotFocus( )
Select Case 납품수량
    Case Is >= 200
        MsgBox "우수", , "수량 정보"
    Case Is >= 100
        MsgBox "보통", , "수량 정보"
    Case Else
        MsgBox "저조", , "수량 정보"
End Select
End Sub
```

1. MsgBox 형식

● MsgBox 메시지 박스 내용, [메시지 박스 타입], [메시지 박스 제목]

● 예) MsgBox "합격", vbOKOnly + 64, "조회 화면"

● 메시지 박스 타입 종류

내장상수	표시	반환 값
vbOKOnly	[확인] 버튼 표시. 생략 시 기본값	OK=1
vbOKCancel	[확인], [취소] 버튼 표시	Cancel=2
vbYesNo	[예], [아니요] 버튼 표시	Yes=6, No=7
vbYesNoCancel	[예], [아니요], [취소] 버튼 표시	
vbRetryCancel	[다시 시도], [취소] 버튼 표시	Retry=4
vbAbortRetryIgnore	[중단], [다시 시도], [무시] 버튼	Abort=3, Ignore=5

● 메시지 박스 아이콘

내장상수	값	그림	설명
vbCritical	16	⊗	중요
vbQuestion	32	❓	질의
vbExclamation	48	⚠	경고
vbInformation	64	ⓘ	정보

2. Select Case 형식

```
Select Case 식(변수)

    Case 값

        처리할 내용

    [Case 값]

[처리할 내용] ...

    [Case Else]

    [Case 문이 모두 거짓일 때 처리할 내용]

End Select
```

④ Alt + Q 키를 눌러 액세스 창으로 돌아옵니다.

1 <커플러10월거래내역조회> 조회 쿼리 작성

① [만들기] 탭-[쿼리] 그룹-[쿼리 디자인]을 클릭합니다.

② [테이블 추가] 대화상자의 [쿼리] 탭에서 <납품내역현황> 쿼리를 선택하고 <선택한 표 추가> 단추를 클릭합니다.

③ '거래처명', '납품일자', '제품명', '납품수량', '납품금액' 필드를 선택합니다.

필드:	거래처명	납품일자	제품명	납품수량	납품금액	
테이블:	납품내역현황	납품내역현황	납품내역현황	납품내역현황	납품내역현황	
정렬:						
표시:	☑	☑	☑	☑	☑	☐
조건:						
또는:						

④ '거래처명' 필드는 [정렬]에 '오름차순'으로 선택하고 '납품일자' 필드는 [조건]에 'Month([납품일자])="10"'을 입력하고 '제품명' 필드는 [조건]에 '"커플러"'라고 입력하고 <표시>를 해제합니다.

⑤ 빠른 실행 도구 모음에서 🖫(저장)을 클릭합니다. [쿼리 이름]에 '커플러10월거래내역조회'를 입력하고 <확인> 단추를 클릭합니다.

2 <거래처별납품수량> 매개 변수 쿼리 작성

① [만들기] 탭-[쿼리] 그룹-[쿼리 디자인]을 클릭합니다.

② [테이블 추가] 대화상자의 [테이블] 탭에서 **Ctrl** 키를 누른 채 차례대로 <거래처>, <제품납품내역>, <제품코드>
테이블을 선택하고 <선택한 표 추가> 단추를 클릭합니다.

③ '거래처명', '제품명' 필드를 선택하고 '납품수량총계: 납품수량' 필드는 입력합니다.

> **TIP**
> ● 필드 이름을 변경해서 입력하는 방법은 '납품수량: [납품수량]'으로 대괄호를 넣는 방식도 필드가 추가됩니다.

④ [쿼리 디자인] 탭-[표시/숨기기] 그룹-[요약]을 클릭합니다.

⑤ '거래처명' 필드는 [조건]에 '[거래처명을 입력하시오]'을 입력합니다.

⑥ '납품수량총계: 납품수량' 필드는 [요약]에 '합계'를 선택합니다.

⑦ 빠른 실행 도구 모음에서 🖫(저장)을 클릭합니다. [쿼리 이름]에 '거래처별납품수량'을 입력하고 <확인> 단추를
클릭합니다.

③ <제품별납품요약> 요약 쿼리 작성

① [만들기] 탭-[쿼리] 그룹-[쿼리 디자인]을 클릭합니다.

② [테이블 추가] 대화상자의 [쿼리] 탭에서 <납품내역현황> 쿼리를 선택하고 <선택한 표 추가> 단추를 클릭합니다.

③ '제품명' 필드를 선택하고, '총납품수량평균: [납품수량]', '총납품금액평균: [납품금액]' 필드는 입력합니다.

④ [쿼리 디자인] 탭-[표시/숨기기] 그룹-[요약]을 클릭합니다.

⑤ '제품명' 필드는 [정렬]에 '내림차순'으로 선택하고 '총납품수량평균: [납품수량]' 필드는 [요약]에 '평균'으로 선택하고 속성 시트 창의 [일반] 탭 중 [형식]에 '표준', [소수 자릿수]에 '0'으로 선택합니다.

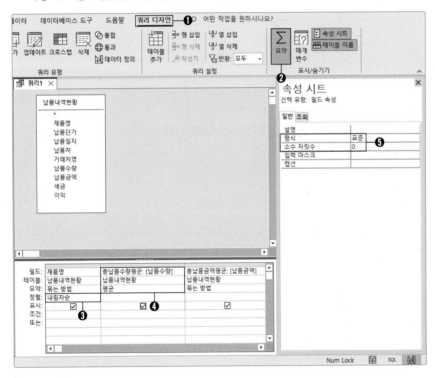

⑥ '총납품금액평균: [납품금액]' 필드는 [요약]에 '평균'을 선택하고 속성 시트 창의 [일반] 탭 중 [형식]에 '표준', [소수 자릿수]에 '0'을 선택합니다.

⑦ 빠른 실행 도구 모음에서 🖫(저장)을 클릭합니다. [쿼리 이름]에 '제품별납품요약'을 입력하고 <확인> 단추를 클릭 합니다.

4 <거래처별10월납품수량> 크로스탭 쿼리 작성

① [만들기] 탭-[쿼리] 그룹-[쿼리 디자인]을 클릭합니다.

② [테이블 추가] 대화상자의 [테이블] 탭에서 **Ctrl** 키를 누른 채 차례대로 <거래처>, <제품납품내역> 테이블을 선택 하고 <선택한 표 추가> 단추를 클릭합니다.

③ '거래처명', '제품코드', '납품일자', '납품수량' 필드를 선택합니다.

④ [쿼리 디자인] 탭-[쿼리 유형] 그룹-[크로스탭]을 클릭합니다.

⑤ '납품일자' 필드는 [조건에]에 'Like "23-10*"'을 입력하고 '납품수량' 필드는 [요약]에 합계를 선택합니다.

⑥ [크로스탭]에 '거래처명' 필드는 '행 머리글', '제품코드' 필드는 '열 머리글', '납품일자' 필드는 '행 머리글', '납품수량' 필드는 '값'을 선택합니다.

⑦ 빠른 실행 도구 모음에서 🖫(저장)을 클릭합니다. [쿼리 이름]에 '거래처별10월납품수량'을 입력하고 <확인> 단추를
클릭합니다.

5 <콘덴서납품단가10%인상> 업데이트 쿼리 작성

① [만들기] 탭-[쿼리] 그룹-[쿼리 디자인]을 클릭합니다.

② [테이블 추가] 대화상자의 [쿼리] 탭에서 <납품내역현황> 쿼리를 선택하고 <선택한 표 추가> 단추를 클릭합니다.

③ '제품명', '납품단가' 필드를 선택합니다.

④ [쿼리 디자인] 탭-[쿼리 유형] 그룹-[업데이트(🖾)]를 클릭합니다.

⑤ '제품명' 필드의 조건에 '콘덴서'를 입력하고 '납품단가' 필드의 [업데이트]에 '[납품단가]*1.1'을 입력합니다.

⑥ 빠른 실행 도구 모음에서 🖫(저장)을 클릭합니다. [쿼리 이름]에 '콘덴서납품단가10%인상'을 입력하고 <확인>
단추를 클릭합니다.

⑦ [쿼리 디자인] 탭-[결과] 그룹-[실행]을 클릭하고 다음 대화상자에서 <예> 단추를 클릭하면 업데이트되어 쿼리에
저장됩니다.

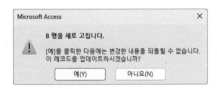

⑧ <납품내역현황> 쿼리를 <열기>하여 결과를 확인합니다.

컴퓨터활용능력
1급실기

컴퓨터활용능력 실전모의고사 2회

프로그램명	제한시간
ACCESS 2021	45분

수 험 번 호 :

성   명 :

1급 │ A형

01 일일 소비 내역을 관리하기 위한 데이터베이스를 구축하고자 한다. 다음의 지시사항에 따라 <소비> 테이블과 <분류> 테이블을 완성하시오. (각3점)

① <소비> 테이블에 일련 번호 형태의 '번호' 필드를 추가하고, 기본 키로 설정하시오.

② <소비> 테이블의 '날짜' 필드는 날짜와 요일이 표시되도록 설정하시오.
   ▶예) 2023년 10월 22일 일요일

③ <소비> 테이블의 '분류코드' 필드는 1부터 99 사이의 정수가 들어가도록 지정하시오.

④ <분류> 테이블의 '분류명' 필드의 크기는 '20'으로 설정하시오.

⑤ <분류> 테이블의 '대분류' 필드는 '공과금', '경조사', '교육비', '생활비', '용돈', '특별비' 값만 입력될 수 있도록 설정하시오.

02 <소비> 테이블의 '분류코드' 필드는 <분류> 테이블의 '분류코드' 필드를 참조하고 테이블 간의 관계는 1:M 이다. 두 테이블에 대해 다음과 같이 관계를 설정하시오. (5점)

▶ '분류'에서는 모든 레코드를 포함하고 '소비'에서는 조인된 필드가 일치하는 레코드만 포함하도록 조인 속성을 설정하시오.

03 <소비> 테이블의 '출금항목' 필드의 조회 속성을 다음과 같이 설정하시오. (5점)

▶ 해당 필드에 값을 입력하는 경우, 콤보 상자의 형태로 '비씨', '이체', '국민'의 순서대로 값이 목록으로 나타나도록 하시오.

▶ 목록 값 이외에는 나타나지 않도록 하시오.

20점_ 입력 및 수정 기능 구현

01 소비내역을 입력하는 <일일소비입력> 폼에 대하여 다음의 화면과 지시사항에 따라 완성하시오. (각 3점)

① 폼의 <그림>과 같은 형태로 표시되도록 '기본 보기' 속성을 설정하시오.

② 'txt오늘날짜' 컨트롤에 오늘의 날짜가 표시되도록 설정하시오.

③ 제목 '소비 내역 출력 리스트' 컨트롤의 이름은 'lbl제목', 테두리 두께는 '2pt', 글꼴 이름은 '맑은 고딕'으로 설정하시오.

02 <일일소비입력> 폼의 폼 바닥글 영역에서 'txt평균' 컨트롤에는 분류가 '전기요금' 항목의 평균이 표시되도록 설정하시오. (6점)

▶ <분류항목> 쿼리와 DAvg 함수 사용

▶ Format( ) 과 & 사용

▶ 문제 2 '입력 및 수정 기능 구현' 1번 문제의 <그림> 참조

03 <일일소비입력> 폼의 '보고서보기'(cmd보고서)을 클릭할 때 다음과 같은 기능을 수행하도록 <보고서보기> 매크로를 구현하시오. (5점)

▶ '소비내역리스트' 보고서를 '인쇄 미리 보기'의 형태로 여시오.

▶ '조회날짜'(txt날짜)에 입력된 해당 월의 소비 내역만 표시하도록 설정하시오.

01 다음의 지시사항 및 그림을 참조하여 <소비내역리스트> 보고서를 완성하시오. (각 3점)

① 페이지 머리글의 'lbl제목' 컨트롤의 글꼴은 '휴먼매직체', 글꼴 크기는 '18', '굵게'로 설정하시오.

② 페이지 머리글의 'txt년도' 컨트롤에 현재의 년도만을 표시하도록 설정하시오.

③ 날짜 머리글 영역의 'txt월' 컨트롤에는 해당 날짜의 년도와 월이 표시되도록 하고 월별 내림차순으로 설정하시오.
   예) 월 : 2023년 10

④ 본문의 'txt누계' 컨트롤에는 해당 월에 대한 금액의 누계를 표시하도록 설정하시오.

⑤ 날짜 바닥글의 'txt합계' 컨트롤에 월별 합계가 표시되도록 설정하시오.

소비 내역 리스트

소비 내역 리스트   판매년도: 2023

월 : 2023년 11

날짜	코드	대분류	분류명	항목	금액	누계	등록항목
2023-11-04	42	생활비	식료품	유기농두유-라니프	74,670	74,670	비씨
2023-11-02	42	생활비	식료품	아점저녁식단 /	53,000	127,670	모빌
2023-11-01	32	교통비	과태료	문자도드	9,000	136,670	이천
2023-11-06	11	공과금	전기요금	서초 전기요금	18,430	155,100	이천
2023-11-01	51	통신	납입통신	통 대구 렌트폰비	34,000	189,100	비씨
2023-11-04	43	생활비	유류비	유기농두유-라니프	50,000	239,100	비씨

결과 소비 합계: 239,100

월 : 2023년 10

날짜	코드	대분류	분류명	항목	금액	누계	등록항목
2023-10-24	31	교통비	렌비	11월 렌비	346,300	346,300	이천
2023-10-03	44	생활비	외식비	한촌설렁탕(서초)	16,000	362,300	비씨
2023-10-03	44	생활비	외식비	김밥모카가격	14,400	376,700	비씨
2023-10-01	42	생활비	식료품	현차소주통	26,280	402,980	비씨
2023-10-01	42	생활비	식료품	과자반계동 남관	5,520	408,440	비씨
2023-10-01	44	생활비	외식비	화식(서초)	24,500	432,940	이천
2023-10-26	32	교통비	과태료	농비리	39,000	471,940	이천
2023-10-06	51	통신	납입통신	렌즈송대(보더)	14,000	485,940	비씨
2023-10-26	11	공과금	전기요금	남관 전기요금	54,280	540,220	이천
2023-10-09	44	생활비	외식비	알볼김밥탕(동원)	10,000	550,220	비씨
2023-10-24	16	공과금	인터넷요금	10월 인터넷 비	21,770	571,990	이천
2023-10-26	13	공과금	경차요금	남관 경차	51,770	623,760	이천
2023-10-22	51	통신	납입통신	실 모토놀 티동	10,100	633,860	이천
2023-10-07	51	통신	납입통신	통 (SH고 공주물)	15,000	648,860	비씨
2023-10-10	89	업조사	기타업조사	포트 무료 -롤딩	50,000	698,860	비씨
2023-10-09	44	생활비	외식비	가낭쌀탕(동원)	16,000	714,860	비씨
2023-10-14	51	통신	납입통신	수회(복년기)	26,000	740,860	비씨

02 <일일소비입력> 폼의 '출금항목'(cmd출금항목)을 클릭할 때 다음과 같은 기능을 수행하도록 이벤트 프로시저를 구현하시오. (5점)

▶ 현재의 출금항목에 대한 메시지 창이 표시되도록 하시오.

01 <소비내역> 테이블의 데이터를 <소비> 테이블에 추가하는 소비내역추가 쿼리를 작성하시오. (7점)

▶ <소비> 테이블의 '번호' 필드의 값은 자동적으로 입력되므로 무시하시오.

▶ 추가 쿼리를 이용하여 처리하고 쿼리의 이름은 <소비내역추가>로 지정하시오.

번호	날짜	분류코	항목	금액	출금홍
1	2023년 11월 5일 일요일	11	서초 전기요금	18430	이체
2	2023년 10월 31일 화요일	21	강사모 회비	200000	이체
3	2023년 10월 5일 목요일	11	서초 전기요금	19840	이체
4	2023년 10월 25일 수요일	51	수작 (w/박선기)	25000	비씨
5	2023년 10월 24일 화요일	51	식사 (w친구)	15000	비씨
6	2023년 10월 23일 월요일	44	항아리수제비(수	46000	비씨
7	2023년 10월 22일 일요일	51	우리마트(회&맥ㅜ	12220	비씨
8	2023년 10월 21일 토요일	51	수작(박선기)	29000	비씨
9	2023년 10월 14일 토요일	44	동촌칼국수(?)	20000	비씨
10	2023년 10월 14일 토요일	51	수작(박선기)	26000	비씨
11	2023년 10월 9일 월요일	44	가마솥곰탕(춘천	16000	비씨
12	2023년 10월 9일 월요일	44	양평해장국(춘천)	10000	비씨
13	2023년 10월 7일 토요일	51	놀러와(고대후배	15000	비씨
14	2023년 10월 7일 토요일	51	돼랑이숯돌생고ㅜ	23400	비씨
15	2023년 10월 5일 목요일	51	한국순대(박선	14000	비씨
16	2023년 10월 3일 화요일	44	함흥냉면집(서초	16000	비씨
17	2023년 10월 3일 화요일	44	김영모과자점	14400	비씨
18	2023년 10월 1일 일요일	42	플러스유통	26220	비씨
19	2023년 10월 1일 일요일	42	파리바게트 난곡	5520	비씨
20	2023년 10월 1일 일요일	44	와바(서초)	24500	이체
21	2023년 10월 26일 목요일	32	눈높이	39000	이체
22	2023년 10월 26일 목요일	13	난곡 전화	51770	이체
23	2023년 10월 26일 목요일	11	난곡 전기료	54280	이체
24	2023년 10월 24일 화요일	31	11월 원비	346300	이체
25	2023년 10월 24일 화요일	16	10월 인터넷비	21770	이체
26	2023년 10월 22일 일요일	51	성모병원 인출	10100	이체
27	2023년 10월 15일 일요일	52	현금인출	200000	이체
28	2023년 10월 11일 수요일	52	현금인출	101200	이체
29	2023년 10월 10일 화요일	42	사과 구입	60000	이체
30	2023년 10월 10일 화요일	29	직원 부조 -용인	50000	비씨
31	2023년 10월 8일 일요일	42	현금인출(관악)	200000	이체

레코드: I◀ 1/368 ▶ ▶I ▶* ▽필터 없음 검색 ◀

02 <분류> 테이블에 존재하지 않는 <소비> 테이블의 자료를 '분류코드', '항목', '금액' 필드만 조회하는 쿼리를 작성하시오. (7점)

▶ 쿼리의 이름은 <분류코드에없는소비금액>로 설정하시오.

▶ 조건에 is Null을 사용하시오.

분류코	항목	금액
69	항암치료	517403
61	건어물및생선	100000
61	정육점(양지살)	36000
61	추석 인사	300000
61	추석맥주값	17550
61	추석커피값	10050
61	롯데상품권(서무ㅜ	100000
61	롯데양말(기사님)	10000
61	화과방(교장.교감	36000
69	항암치료	517403
61	건어물및생선	100000
61	정육점(양지살)	36000

03 <소비> 테이블을 이용하여 특정 월에 대한 월별금액의 합계를 조회하는 <월별금액> 쿼리를 작성하시오. (7점)

▶ 쿼리를 실행하면 다음과 같이 '월을 입력하시오'를 매개변수에 조회할 월을 입력할 수 있도록 하시오.

날짜	항목	금액총계
2023년 11월 1일 수요일	북차일드	9000
2023년 11월 1일 수요일	원대구탕(후배)	34000
2023년 11월 2일 목요일	야채및사골	53000
2023년 11월 4일 토요일	㈜농협유통-하나.	74670
2023년 11월 4일 토요일	㈜농협유통-하나.	50000
2023년 11월 5일 일요일	서초 전기요금	18430

04 <예산> 테이블을 이용하여 분류코드와 월별 합계를 조회하는 <월별예산분류코드> 크로스탭 쿼리를 작성하시오. (7점)

▶ 쿼리 결과가 표시되는 필드와 필드명은 <그림>과 같이 표시되도록 설정하시오.

▶ 숫자 '0'인 경우는 표시하지 않도록 설정하시오.

분류코드	6	7	8	9	10	11
11			20,000	20,000	20,000	74,120
12	40,000		80,000	80,000	80,000	100,000
13			20,000	20,000	20,000	51,770
14			50,000	50,000	50,000	49,470
15			20,000	20,000	20,000	
16			20,000	20,000	20,000	21,770
19						
21			200,000	200,000	200,000	200,000
22						
29			100,000	100,000	100,000	50,000
31			346,000	346,000	346,000	346,300
32			74,000	74,000	74,000	67,850
33						20,000
41			50,000	50,000	50,000	50,000
42			179,000	179,000	179,000	300,000
43			100,000	100,000	100,000	
44			100,000	100,000	100,000	150,000
45						12,000
46			100,000	100,000	100,000	
47			50,000	50,000	50,000	
49						
51			200,000	200,000	200,000	200,000
52			200,000	200,000	200,000	200,000
91						100,000
99						

05 항목이 '가스요금'인 '출금항목'을 "비씨"로 변경하는 <가스요금출금항목변경> 업데이트 쿼리를 작성하시오. (7점)

▶ <소비내역> 테이블을 이용하시오.

▶ 쿼리 실행 결과 표시되는 필드와 필드명은 <그림>과 같이 표시하도록 설정하시오.

<실행전>　　　　　　　　　　<실행후>

실전모의고사 2회 정답 및 해설

📂 **작업 파일** : C:₩2024_컴활1급₩데이터베이스₩작업파일₩실전모의고사₩실전모의고사 2회_문제.accdb
💾 **완성 파일** : C:₩2024_컴활1급₩데이터베이스₩완성파일₩실전모의고사₩실전모의고사 2회_정답.accdb

정답

문제 1 ▶ DB 구축 (25점)

01 <소비>, <분류> 테이블 완성

지시사항	테이블명	필드명	필드 속성 및 기본키	설정 값
①	소비	번호	일련번호-기본 키 설정	
②		날짜	형식	자세한 날짜
③		분류코드	유효성 검사 규칙	Between 1 And 99
④	분류	분류명	필드 크기	20
⑤		대분류	유효성 검사 규칙	In ("공과금", "경조사", "교육비", "생활비", "용돈", "특별비")

02 관계 설정

① [데이터베이스 도구]-[관계] 그룹의 [관계( )]를 클릭

② [관계 편집]

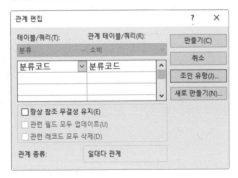

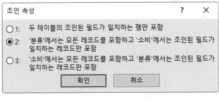

03 <소비> 테이블 조회 속성 설정

① [조회] 탭-[콤보 상자]

② 컨트롤 표시, 행 원본 유형, 행 원본 설정

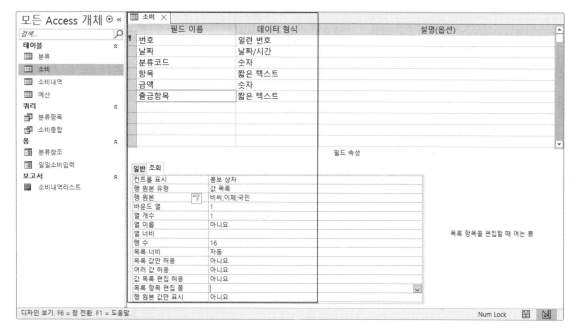

---

01 <일일소비입력> 폼의 완성

지시사항	영역	개체명	탭	항목	설정 값
①	폼		형식	기본 보기	연속 폼
②	폼 머리글	txt오늘날짜	데이터	컨트롤 원본	=Date( )
③	폼 머리글	'소비 내역 출력 리스트'	모두	이름	lbl제목
				테두리 두께	2pt
				글꼴 이름	맑은 고딕

02 <일일소비입력> 폼에 함수 작성

① [속성 시트]-[이벤트] 탭의 '컨트롤 원본'

② DAvg 함수 작성

```
=Format(DAvg("금액","분류항목","분류명='전기요금'"),"#,##0") & "원"
```

03 <일일소비입력> 폼의 매크로 작성

① [만들기]-[매크로 및 코드] 그룹에서 [매크로(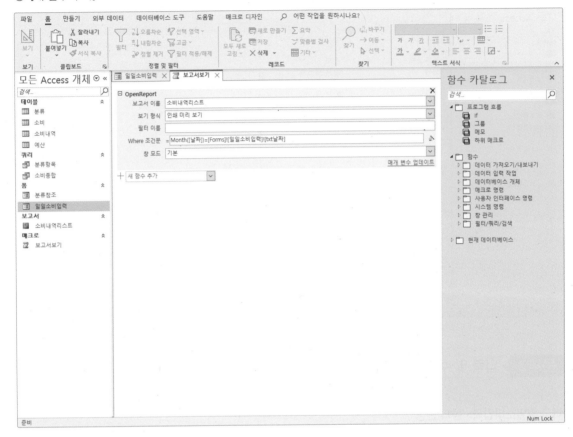)]를 클릭

② [새 함수 추가]

01 <소비내역리스트> 보고서 완성

지시사항	영역	개체명	탭	항목	설정 값
①	페이지 머리글	lbl제목	모두	글꼴 이름	휴먼매직체
				글꼴 크기	20
				글꼴 두께	굵게
②		txt년도	데이터	컨트롤 원본	=Year(Date( ))
③	날짜 머리글	txt월	데이터	컨트롤 원본	=Year([날짜]) & "년" & Month([날짜])
				[그룹, 정렬 및 요약]	날짜-내림차순
④	본문	txt누계	데이터	컨트롤 원본	금액
				누적 합계	그룹
⑤	날짜 바닥글	txt합계	데이터	컨트롤 원본	=Sum([금액])

02 <일일소비입력> 폼에 이벤트 프로시저 작성

① [속성 시트]–[이벤트] 탭의 'On Click'에서 [코드 작성기]를 클릭

② VBA 코드 작성

```
Private Sub cmd출금항목_Click( )
MsgBox "출금항목 : " & [출금항목], vbInformation, "출금형태"
End Sub
```

문제4 ▶ 처리 기능 구현 (35점)

01 <소비내역추가> 쿼리

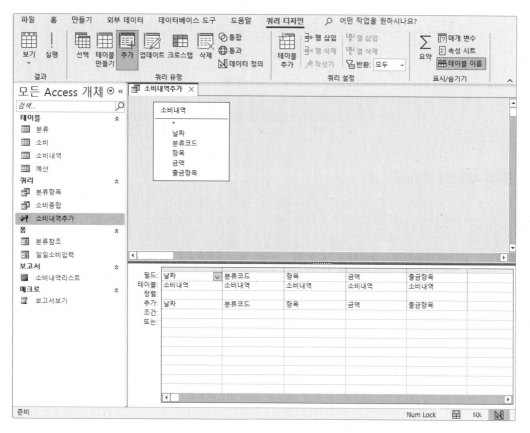

02 <분류코드에없는소비금액> 조회 쿼리

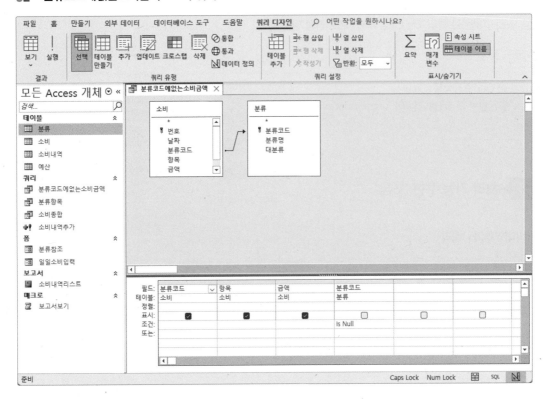

03 <월별금액> 매개 변수 쿼리

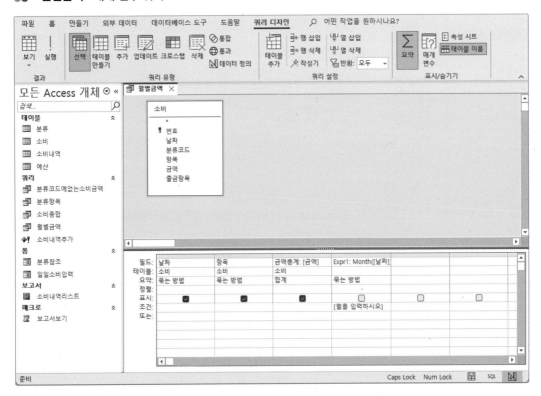

04 <월별예산분류코드> 크로스탭 쿼리

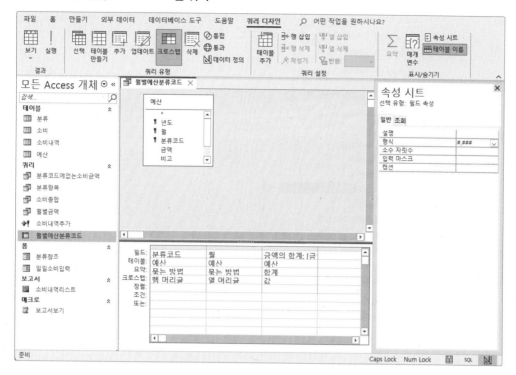

05 <가스요금출금항목변경> 업데이트 쿼리

필드:	출금항목	항목	
테이블:	소비내역	소비내역	
업데이트:	"비씨"		
조건:		"가스요금"	
또는:			

해설

문제 1 ▶ DB 구축 (25점)

■ <소비>, <분류> 테이블 완성

① <소비> 테이블 위에서 마우스 오른쪽 단추를 눌러 <디자인 보기>를 클릭합니다.

② '날짜' 필드에서 [테이블 디자인] 탭-[도구] 그룹-[행 삽입]을 클릭합니다.

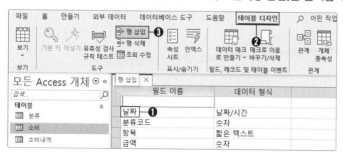

③ [필드 이름]에 '번호'로 입력하고 [데이터 형식]에 '일련번호'을 선택하고 [기본 키]를 클릭합니다.

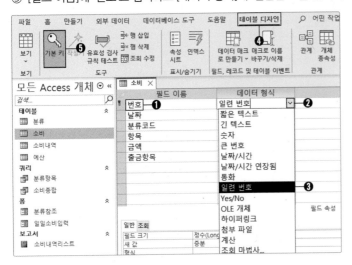

④ '날짜' 필드의 속성은 [형식]에 '자세한 날짜'를 선택합니다.

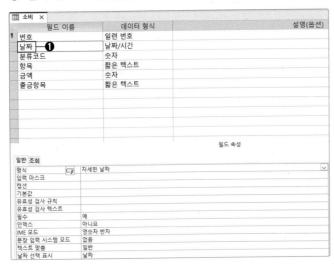

⑤ '분류코드' 필드의 속성은 [유효성 검사 규칙]에 'Between 1 And 99'를 입력합니다.

⑥ <분류> 테이블 위에서 마우스 오른쪽 단추를 눌러 <디자인 보기>를 클릭합니다.

⑦ '분류명' 필드의 속성은 [필드 크기]에 '20'을 입력합니다.

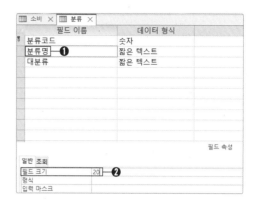

⑧ '대분류' 필드의 속성은 [유효성 검사 규칙]에 'In ("공과금", "경조사", "교육비", "생활비", "용돈", "특별비")'을 입력합니다.

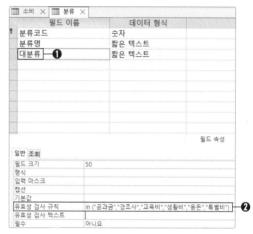

⑨ 빠른 실행 도구 모음에서 ▣(저장)을 눌러 테이블을 저장합니다.

2 관계 설정

① [데이터베이스 도구] 탭-[관계] 그룹-[관계]를 클릭합니다.

② [관계] 그룹-[테이블 추가]를 클릭합니다. [테이블 추가] 대화상자의 [테이블] 탭에서 **Ctrl** 키를 누른 채 차례대로 <분류>, <소비> 테이블을 선택하고 <선택한 표 추가> 단추를 클릭합니다.

③ <분류> 테이블의 '분류코드' 필드를 <소비> 테이블의 '분류코드' 필드로 드래그 앤 드롭 합니다.

④ [관계 편집] 대화상자에서 <조인 유형> 단추를 클릭하여 '2: '분류'에서는 모든 레코드를 포함하고 '소비'에서는 조인된 필드가 일치하는 레코드만 포함'을 선택하고 <확인> 단추를 클릭합니다.

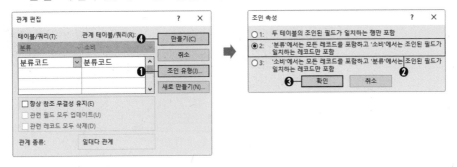

⑤ 다음과 같이 '일대다(1:M)'의 관계창이 만들어 집니다.

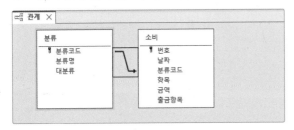

⑥ 빠른 실행 도구 모음에서 📙(저장)을 클릭합니다. [관계 디자인] 탭-[관계] 그룹-[닫기]를 클릭합니다.

3 <소비> 테이블에 조회 속성 설정

① <소비> 테이블 위에서 마우스 오른쪽 단추를 눌러 <디자인 보기>를 클릭합니다.

② '출금항목' 필드 속성 시트 창의 [조회] 탭 중 [컨트롤 표시]에 '콤보 상자'를 선택합니다.

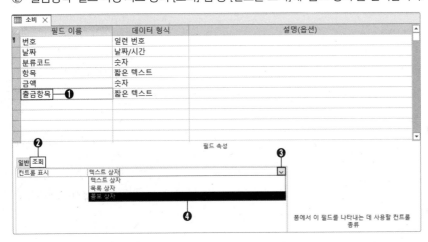

③ [행 원본 유형]에 '값 목록'을 선택합니다.

④ [행 원본]에 '비씨;이체;국민'을 입력합니다.

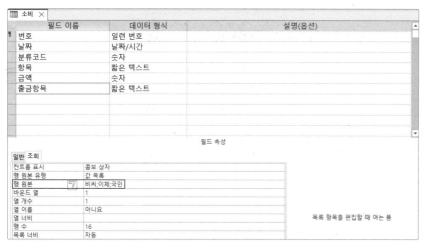

TIP

콤보상자/목록상자 주요 속성

컨트롤 표시	텍스트 상자, 목록 상자, 콤보 상자 유형 중 필드에 연결하여 표시할 유형을 선택
행 원본 유형	테이블/쿼리, 값 목록, 필드 목록 중 선택
행 원본	테이블에서 선택하여 표시할 필드명
바운드 열	필드에 표시되는 열 번호
열 개수	컨트롤에 표시할 열 개수를 지정
열 이름	필드 이름을 열 머리글로 표시할 것인지를 '예/아니요'로 표시
열 너비	열의 너비를 설정 [예] 4cm;0cm;5cm 에서 '0cm'열은 표시되지 않음

문제2 ▶ 입력 및 수정 기능 구현 (20점)

1 <일일소비입력> 폼의 완성

① <일일소비입력> 폼 위에서 마우스 오른쪽 단추를 눌러 <디자인 보기>를 클릭합니다.

② '폼' 영역 속성 시트 창의 [형식] 탭 중 [기본 보기]에 '연속 폼'을 선택합니다.

③ '폼 머리글' 영역에서 'txt오늘날짜' 컨트롤 속성 시트 창의 [데이터] 탭 중 [컨트롤 원본]에 '=Date( )'를 입력합니다.

④ '폼 머리글' 영역에서 '소비 내역 출력 리스트' 컨트롤 속성 시트 창의 [모두] 탭 중 [이름]에 'lbl제목', [테두리 두께]에 '2pt', [글꼴 이름]에 '맑은 고딕'을 선택합니다.

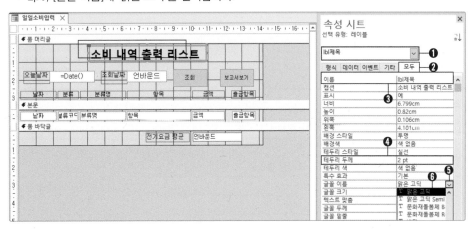

2 <일일소비입력> 폼의 함수 작성

① '폼 바닥글' 영역에서 'txt평균' 컨트롤 속성 시트 창의 [데이터] 탭 중 [컨트롤 원본]에 '=Format(DAvg("금액","분류항목","분류명='전기요금'"),"#,##0") & "원"'을 입력합니다.

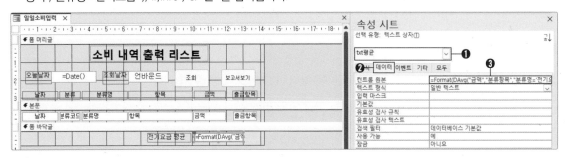

Format 함수 형식

● Format (식, [사용자 정의 서식])

● 사용자 정의 서식

종류	표시 형식	사용 예
숫자	• # : 0을 표시하지 않음 • 0 : 0을 표시함	Format(123456,#,##0) : 123,456
문자	@ : 문자 1자리	Format("12345678901", "@@@-@@@-@@@@") : 123-456-78901
날짜	• yyyy : 년도 4자리 표시 • mm : 월을 2자리 표시 • dd : 일을 2자리 표시	Format(Date( ),"yyyy-mm-dd") : 2020-07-05
시간	• hh : 시 • nn : 분 • ss : 초	Format(Time( ),"hh:nn:ss") : 12:23:05

3 <일일소비입력> 폼의 매크로 작성

① [만들기] 탭-[매크로 및 코드] 그룹-[매크로]를 클릭합니다.

② [새 함수 추가]에서 <OpenReport>를 클릭합니다.

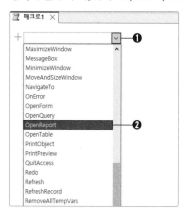

③ [보고서 이름]에 '소비내역리스트', [보기 형식]에 '인쇄 미리보기'를 선택합니다.

④ [Where 조건문]에 `Month([날짜])=[Forms]![일일소비입력]![txt날짜]`을 입력합니다.

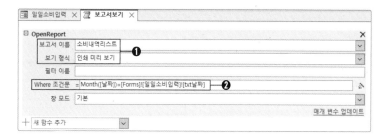

⑤ 빠른 실행 도구 모음에서 💾(저장)을 클릭합니다. [매크로 이름]에 '보고서보기'를 입력합니다.

⑥ '폼 머리글' 영역에서 '보고서보기'(cmd보고서) 버튼 속성 시트 창의 [이벤트] 탭 중 [On Click]에 '보고서보기'를 선택합니다.

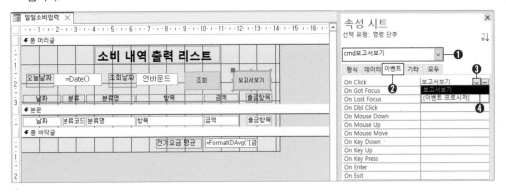

⑦ 빠른 실행 도구 모음에서 📊(저장)을 눌러 폼을 저장합니다.

① <소비내역리스트> 보고서 완성

① <소비내역리스트> 보고서 위에서 마우스 오른쪽 단추를 눌러 <디자인 보기>를 클릭합니다.

② '페이지 머리글' 영역에서 'lbl제목' 컨트롤 속성 시트 창의 [모두] 탭 중 [글꼴 이름]에 '휴먼매직체', [글꼴 크기]에 '18pt', [글꼴 두께]에 '굵게'를 선택합니다.

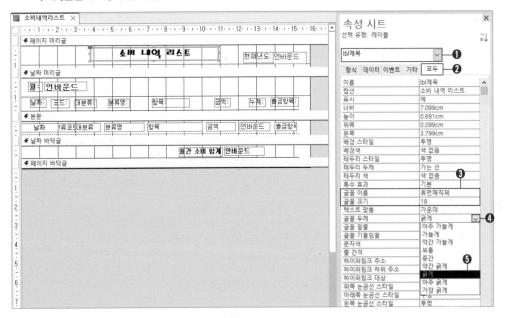

③ '페이지 머리글' 영역에서 'txt년도' 컨트롤 속성 시트 창의 [데이터] 탭 중 [컨트롤 원본]에 '=Year(Date( ))'을 입력합니다.

④ '날짜 머리글' 영역에서 'txt월' 컨트롤 속성 시트 창의 [데이터] 탭 중 [컨트롤 원본]에 '=Year([날짜]) & "년" & Month([날짜])'를 입력합니다.

⑤ [보고서 디자인] 탭-[그룹화 및 요약] 그룹-[그룹화 및 정렬]을 클릭합니다.

⑥ 그룹화 기준은 '날짜' 필드는 [정렬]에 '내림차순'을 선택합니다.

⑦ '본문' 영역에서 'txt누계' 컨트롤 속성 시트 창의 [데이터] 탭 중 [컨트롤 원본]에 '금액'를 선택하고 [누적 합계] 컨트롤은 '그룹'을 선택합니다.

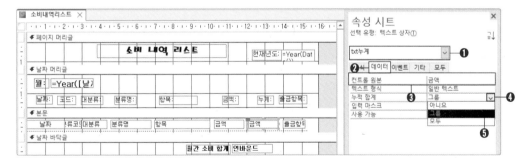

⑧ '날짜 바닥글' 영역에서 'txt합계' 컨트롤 속성 시트 창의 [데이터] 탭 중 [컨트롤 원본]에 '=Sum([금액])'을 입력합니다.

⑨ 빠른 실행 도구 모음에서 ⊞(저장)을 눌러 보고서를 저장합니다.

❷ <일일소비내역> 폼에 이벤트 프로시저 작성

① <일일소비내역> 폼 위에서 마우스 오른쪽 단추를 눌러 <디자인 보기>를 클릭합니다.

② '출금항목'(cmd출금항목) 버튼 속성 시트 창의 [이벤트] 탭 중 [On Click]에 '코드 작성기'를 선택하고 <확인> 단추를 클릭합니다.

③ VBA 창에 다음의 코드를 입력합니다.

> ※ 메시지 박스에 '출금항목' 필드의 값과 정보 표시의 '출금형태' 제목이 표시됩니다.

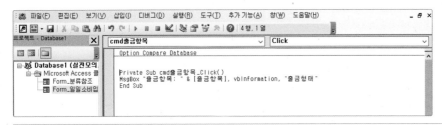

```
Private Sub cmd출금항목_Click( )
MsgBox "출금항목 : " & [출금항목], vbInformation, "출금형태"
End Sub
```

④ Alt + Q 키를 눌러 액세스 창으로 돌아옵니다.

문제4 ▶ 처리 기능 구현 (35점)

❶ <소비내역추가> 추가 쿼리 작성

① [만들기] 탭-[쿼리] 그룹-[쿼리 디자인]을 클릭합니다.

② [테이블 추가] 대화상자의 [테이블] 탭에서 <소비내역> 테이블을 선택하고 <선택한 표 추가> 단추를 클릭합니다.

③ '날짜', '분류코드', '항목', '금액', '출금항목' 필드를 선택합니다.

필드:	날짜	분류코드	항목	금액	출금항목	
테이블:	소비내역	소비내역	소비내역	소비내역	소비내역	
정렬:						
표시:	☑	☑	☑	☑	☑	☐
조건:						
또는:						

④ [쿼리 디자인] 탭-[쿼리 유형] 그룹-[추가]를 클릭합니다.

⑤ [추가] 대화상자에서 테이블 이름에 '소비'를 입력하고 <확인> 단추를 클릭합니다.

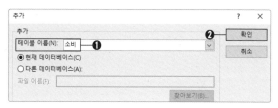

⑥ [쿼리 디자인] 탭-[결과] 그룹-[실행]을 클릭하빈다. [155행을 추가합니다.] 창에서 <예> 단추를 클릭합니다.

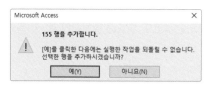

⑦ <소비> 테이블의 <데이터시트 보기>를 클릭하여 내용을 확인합니다.

⑧ 빠른 실행 도구 모음에서 🖫(저장)을 눌러 [쿼리 이름]에 '소비내역추가'를 입력합니다.

② <분류코드에없는소비금액> 쿼리 작성

① [만들기] 탭-[쿼리] 그룹-[쿼리 마법사]를 클릭합니다.

② [새 쿼리] 대화상자에서 '불일치 검색 쿼리 마법사'를 선택하고 <확인> 단추를 클릭합니다.
   ※ 'Is Null' 조건일 때 불일치 검색 쿼리 마법사를 사용하면 편리합니다.

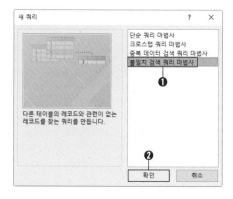

③ [불일치 검색 쿼리 마법사] 대화상자에서 '테이블 : 소비'를 선택하고 <다음> 단추를 클릭합니다.

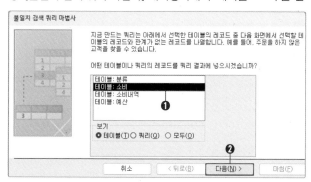

④ [불일치 검색 쿼리 마법사] 대화상자에서 '테이블 : 분류'를 선택하고 <다음> 단추를 클릭합니다.

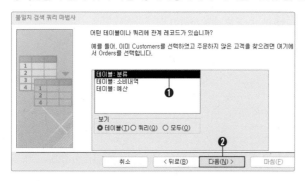

⑤ [불일치 검색 쿼리 마법사] 대화상자에서 [소비]의 '분류코드' 필드와 [분류]의 '분류코드' 필드를 일치시킨 후 <다음> 단추를 클릭합니다.

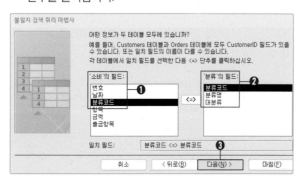

⑥ [불일치 검색 쿼리 마법사] 대화상자에서 '분류코드', '항목', '금액' 필드를 선택하고 <다음> 단추를 클릭합니다.

⑦ [불일치 검색 쿼리 마법사] 대화상자에서 [쿼리 이름]에 '분류코드에없는소비금액'을 입력하고 '디자인 수정'을 선택하고 <마침> 단추를 클릭합니다.

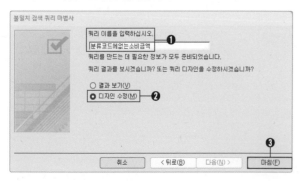

⑧ <분류코드에없는소비금액> 쿼리의 <디자인 보기>를 눌러 'Is Null' 조건을 확인합니다.

필드:	분류코드		항목	금액	분류코드	
테이블:	소비		소비	소비	분류	
정렬:						
표시:	☑		☑	☑	☐	☐
조건:					Is Null	
또는:						

③ <월별금액> 매개 변수 쿼리 작성

① [만들기] 탭-[쿼리] 그룹-[쿼리 디자인]을 클릭합니다.

② [테이블 추가] 대화상자의 [테이블] 탭에서 <소비> 테이블을 선택하고 <선택한 표 추가> 단추를 클릭합니다.

③ '날짜', '항목' 필드를 선택하고 '금액총계: [금액]', 'Month([날짜])' 필드는 입력합니다.

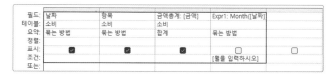

필드:	날짜	항목	금액총계: [금액]	Expr1: Month([날짜])	
테이블:	소비	소비	소비		
정렬:					
표시:	☑	☑	☑	☑	☐
조건:					
또는:					

④ [쿼리 디자인] 탭-[표시/숨기기] 그룹-[요약]을 클릭합니다.

⑤ '날짜', '항목' 필드는 [요약]에 '묶는 방법'으로 선택하고 '금액총계: [금액]' 필드는 [요약]에 '합계'를 선택합니다.

⑥ 'Month([날짜])' 필드는 [요약]에 '묶는 방법'으로 선택하고 <표시>를 해제하고 또한, [조건]에 '[월을 입력하시오]'를 입력합니다.

필드:	날짜	항목	금액총계: [금액]	Expr1: Month([날짜])	
테이블:	소비	소비	소비		
요약:	묶는 방법	묶는 방법	합계	묶는 방법	
정렬:					
표시:	☑	☑	☑	☐	☐
조건:				[월을 입력하시오]	
또는:					

⑦ 빠른 실행 도구 모음에서 🖫(저장)을 클릭합니다. [쿼리 이름]에 '월별금액'을 입력하고 <확인> 단추를 클릭합니다.

④ <월별예산분류코드> 크로스탭 쿼리 작성

① [만들기] 탭-[쿼리] 그룹-[쿼리 디자인]을 클릭합니다.

② [테이블 추가] 대화상자의 [테이블] 탭에서 <예산> 테이블을 선택하고 <선택한 표 추가> 단추를 클릭합니다.

③ '분류코드', '월' 필드를 선택하고 '금액의 합계: [금액]' 필드는 입력합니다.

필드:	분류코드	월	금액의 합계: [금액]	
테이블:	예산	예산	예산	
정렬:				
표시:	☑	☑	☑	☐
조건:				
또는:				

④ [쿼리 디자인] 탭-[쿼리 유형] 그룹-[크로스탭]를 클릭합니다.

⑤ [크로스탭]에 '분류코드' 필드는 '행 머리글', '월' 필드는 '열 머리글', '금액의 합계: [금액]' 필드는 [요약]에 '합계', [크로스탭]에 '값'을 선택합니다.

⑥ '금액의 합계: [금액]' 필드 속성 시트 창의 [일반] 탭 중 [형식]에 '#,###'을 입력합니다.

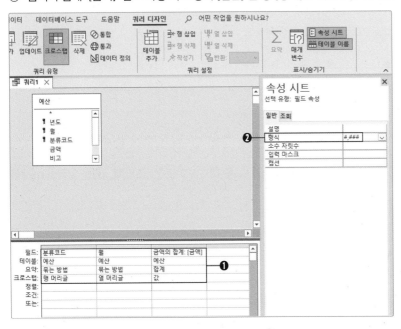

⑦ 빠른 실행 도구 모음에서 📙(저장)을 클릭합니다. [쿼리 이름]에 '월별예산분류코드'로 입력하고 <확인> 단추를 클릭합니다.

5 <가스요금출금항목변경> 업데이트 쿼리 작성

① [만들기] 탭-[쿼리] 그룹-[쿼리 디자인]을 클릭합니다.

② [테이블 추가] 대화상자의 [쿼리] 탭에서 <소비내역> 테이블을 선택하고 <선택한 표 추가> 단추를 클릭합니다.

③ '출금항목', '항목' 필드를 선택합니다.

④ [쿼리 디자인] 탭-[쿼리 유형] 그룹-[업데이트()]를 클릭합니다.

⑤ '출금항목' 필드의 [업데이트]에 '비씨'를 입력하고 '항목' 필드의 [조건]에 '가스요금'을 입력합니다.

필드:	출금항목	항목	
테이블:	소비내역	소비내역	
업데이트:	"비씨"		
조건:		"가스요금"	
또는:			

⑥ 빠른 실행 도구 모음에서 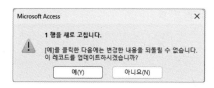(저장)을 클릭합니다. [쿼리 이름]에 '가스요금출금항목변경'을 입력하고 <확인> 단추를 클릭합니다.

⑦ [쿼리 디자인] 탭-[결과] 그룹-[실행]을 클릭하고 다음 대화상자에서 <예> 단추를 클릭하면 업데이트되어 쿼리에 저장됩니다.

Microsoft Access   ×

⚠ **1 행을 새로 고칩니다.**
[예]를 클릭한 다음에는 변경한 내용을 되돌릴 수 없습니다.
이 레코드를 업데이트하시겠습니까?

예(Y)   아니요(N)

⑧ <소비내역> 테이블을 <열기>하여 결과를 확인합니다.

컴퓨터활용능력 실전모의고사 3회

컴퓨터활용능력
1급실기

프로그램명	제한시간
ACCESS 2021	45분

수 험 번 호 :

성   명 :

1급 │ A형

문제 1 ▶ 25점_ DB 구축

01 안경점의 매출 관리를 위하여 데이터베이스를 구축하고자 한다. 다음의 지시사항에 따라 <거래처> 테이블과 <고객> 테이블을 완성하시오. (각 3점)

① <거래처> 테이블의 '거래처명' 필드에는 값이 반드시 입력되도록 설정하시오.

② <거래처> 테이블의 '전화번호' 필드의 캡션은 'TEL', '팩스번호' 필드의 캡션은 'FAX'로 설정하시오.

③ <고객> 테이블의 '성별' 필드에는 '남' 또는 '여' 이외의 문자는 입력될 수 없도록 설정하시오.

④ <고객> 테이블의 '렌즈착용' 필드는 렌즈를 착용하면 True, 그렇지 않으면 False가 입력되도록 하고, 새로운 레코드를 추가하면 기본적으로 렌즈를 착용하는 것(True)으로 입력되도록 설정하시오.

⑤ <고객> 테이블의 '연락처' 필드는 인덱스를 설정하되 중복된 값이 입력될 수 없도록 하시오.

02 외부 데이터 기능을 이용하여 <거래처리스트.htm> 파일을 가져오기 하시오. (5점)

▶ 첫 행은 열 머리글이 아님

▶ 기본 키는 없음으로 설정

▶ 테이블 이름은 <새로운거래처>

03 <제품> 테이블의 '제품번호' 필드는 <매출> 테이블의 '제품번호' 필드와 일대다(1:M)의 관계를 갖는다. 두 테이블에 대해서 다음과 같이 관계를 설정하시오. (5점)

▶ 두 테이블 간에 항상 참조 무결성을 유지하도록 설정하시오.

▶ 참조 필드의 값이 변경되면 관련 필드의 값도 변경되도록 설정하시오.

▶ 다른 테이블에서 참조하고 있는 레코드는 삭제할 수 없도록 설정하시오.

문제 2 ▶ 20점_ 입력 및 수정 기능 구현

01 매출 내역을 입력하는 <매출입력> 폼을 다음의 화면과 지시사항에 따라 완성하시오. (각 3점)

① 폼의 레코드 원본은 <매출정보> 쿼리로 설정하시오.

② 폼 바닥글의 'txt건수'와 'txt금액합' 컨트롤에 각각 매출 건수와 금액 필드의 합이 표시되도록 설정하시오.

③ 'txt전체매출합계' 컨트롤에는 <매출> 테이블의 '금액'의 합계가 표시되도록 설정하시오.

▶ <매출> 테이블과 DSum( ) 함수 사용

매출 입력

보고서 미리보기

매출번호	매출일자	고객	제품	수량	단가	금액
173	2019-11-18	오선환	C-BR렌즈	2	50000	100000
161	2019-11-18	조봉진	C-GR렌즈	3	10000	30000
162	2019-11-18	조덕준	바슈롬렌즈	1	7000	7000
164	2019-11-18	조형선	세척제A	3	35000	105000
160	2019-11-18	영선영	세척제A	2	170000	340000
166	2019-11-18	모영선	C-BR렌즈	4	35000	140000
167	2019-11-18	조형선	소프트렌즈	2	43000	86000
168	2019-11-18	모영선	C-BL렌즈	3	50000	150000
169	2019-11-18	방관형	아쿠아렌즈	1	55000	55000
170	2019-11-18	조봉진	무테A	2	80000	160000
171	2019-11-18	영성숙	무테C	4	35000	140000
172	2019-11-18	성은옥	C-BR렌즈	3	43000	129000
163	2019-11-18	모영선	안경테C	4	40000	160000
155	2019-11-17	김광복	선글래스A	1	20000	20000

매출건수	173	합계금액	20433000
전체매출의 건수	173	전체매출의 합계	₩20,433,000

02 <매출입력> 폼의 '제품이름'(txt제품이름) 컨트롤에 조건부 서식을 지정하시오. (6점)

▶ 제품 이름에 '무테'를 포함한 본문 영역의 모든 컨트롤의 글꼴은 '굵게', 글자색은 '빨강'색으로 설정하시오.

▶ '문제 2 입력 및 수정 기능 구현' 1번 문제의 <그림> 참조

03 <매출입력> 폼의 '보고서 미리보기'(cmd보고서)단추를 클릭하면 <제품명별매출내역> 보고서를 '보고서' 형태로 여는 <이동> 매크로를 생성하여 지정하시오. (5점)

▶ 보고서로 이동하기 전에 다음과 같은 메시지 창이 표시되어 <확인>하면 이동할 것

Microsoft Access ✕

보고서로 이동합니다

확인

01 다음의 지시사항 및 화면을 참조하여 <제품명별매출내역> 보고서를 완성하시오. (각 3점)

① 보고서 머리글에 오늘의 날짜를 표시하는 텍스트 상자를 작성하시오.

▶ 시스템의 현재 날짜가 2020년 3월 28일이면 '2020년 3월 28일 토요일'과 같이 표시

▶ 컨트롤 명 : txt날짜

② 매출일 머리글의 내용이 매 페이지마다 반복적으로 표시되어 인쇄되도록 설정하시오.

③ 본문의 'txt누계금액' 컨트롤에는 해당 매출일에 대한 금액의 누계가 표시되도록 설정하시오.

④ 매출일 바닥글의 'txt건수', 'txt평균' 컨트롤에 각각 매출 건수와 '금액' 필드의 평균이 표시되도록 설정하시오.

⑤ 페이지 바닥글의 'txt페이지' 컨트롤에 홀수 페이지만 페이지가 표시되도록 설정하시오.

▶ IIF, MOD 함수 사용

▶ 예) 1 page / 12 page

제품명별 매출 내역

조회날짜 : 2023년 11월 15일 수요일

제품이름 : 세척제A

매출일	고객	고객명	제품번호	수량	단가	금액	누계
2019-11-02	13	박효진	10	2	60,000	120,000	120,000
2019-11-02			18	1	35,000	35,000	155,000
2019-11-02	14	백승은	1	2	40,000	80,000	235,000
2019-11-02			13	1	25,000	25,000	260,000
2019-11-02	35	김은숙	14	1	15,000	15,000	275,000
2019-11-02			16	1	20,000	20,000	295,000
2019-11-02			10	1	50,000	50,000	345,000
2019-11-02	45	김상원	16	1	30,000	30,000	375,000

건수 : 8 금액평균 : 46,875

제품이름 : 하드렌즈

매출일	고객	고객명	제품번호	수량	단가	금액	누계
2019-11-03	6	조소연	17	2	35,000	70,000	70,000
2019-11-03	7	조효영	17	1	7,000	7,000	77,000
2019-11-03			14	2	100,000	200,000	277,000
2019-11-03			11	2	170,000	340,000	617,000
2019-11-03	9	노형택	15	3	40,000	120,000	737,000
2019-11-03	11	문창현	5	2	50,000	100,000	837,000
2019-11-03	19	서덕연	8	3	55,000	165,000	1,002,000
2019-11-03			14	1	10,000	10,000	1,012,000
2019-11-03	26	전광준	16	1	120,000	120,000	1,132,000
2019-11-03	33	조연형	11	1	35,000	35,000	1,167,000
2019-11-03			18	2	15,000	30,000	1,197,000

건수 : 11 금액평균 : 108,818

제품이름 : 무테B

매출일	고객	고객명	제품번호	수량	단가	금액	누계
2019-11-04	3	우선희	5	2	60,000	120,000	120,000
2019-11-04	8	조형선	20	1	35,000	35,000	155,000
2019-11-04	14	백승은	10	1	50,000	50,000	205,000
2019-11-04	17	서상형	6	3	50,000	150,000	355,000

1 page/8 page

02 <매출내역입력> 폼 바닥글의 '이전레코드'(cmd이전), '다음레코드'(cmd다음) 컨트롤을 다음과 같이 설정하시오. (5점)

▶ '이전레코드' 단추를 클릭하면 이전 레코드로 이동, '다음레코드' 단추를 클릭하면 다음레코드로 이동

▶ DoCmd, GotoRecord 개체를 사용

01 <매출정보> 쿼리를 이용하여 고객명단 중에 김씨들의 매출내역을 조회하는 <김씨성매출내역> 쿼리를 작성
하시오. (7점)

▶ 매출일을 기준으로 오름차순 정렬하여 표시하시오.

▶ 쿼리 실행 결과 표시되는 필드와 필드명은 <그림>과 같이 표시 되도록 설정하시오.

02 <매출정보> 쿼리를 이용하여 매개 변수 쿼리를 작성하시오. (7점)

▶ 매개변수 메시지는 '고객명을 입력하시오'로 표시하시오. 단, 고객명의 일부를 입력해도 쿼리를 실행하도록
하시오.

▶ 고객명을 입력하면 고객명, 제품명, 매출일, 수량, 단가, 금액의 형태로 표시하되 매출일을 기준으로 내림
차순으로 정렬하시오.

▶ 쿼리 이름은 <고객관리쿼리>로 지정하시오.

03 <제품> 테이블을 이용하여 <단가상승> 업데이트 쿼리를 작성하시오. (7점)

▶ 제품 이름에 '세척제'가 들어가면 제품에 대해 단가를 '1000원' 더해주는 쿼리 작성

▶ 단, 업데이트는 한 번만 실행

04 제품이름별, 제품번호별로 총매출액을 조회하는 <제품별총매출액의수량> 크로스탭 쿼리를 작성하시오. (7점)

▶ <매출>, <제품> 테이블을 이용하시오.

▶ 쿼리 실행 결과 표시되는 필드와 필드명은 <그림>과 같이 표시되도록 설정하시오.

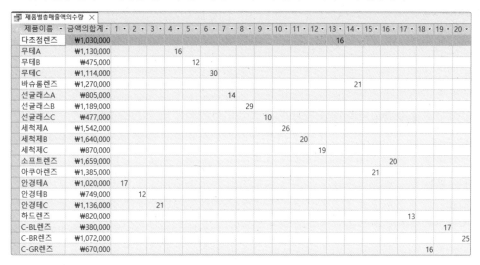

05 제품이름과 공급업체의 총수량과 총금액을 조회하는 <제품별매출내역> 작성하시오. (7점)

▶ <매출>, <제품> 테이블을 이용하시오.

▶ 수량은 20에서 30까지만 조회대상으로 하시오. (Between 연산자 사용)

▶ 금액을 기준으로 내림차순으로 정렬하시오.

▶ 쿼리 실행 결과 표시되는 필드와 필드명은 <그림>과 같이 표시 하도록 설정하시오.

제품이름	공급업체	총수량	총금액
소프트렌즈	㈜밝은세상	20	₩1,659,000
세척제B	㈜보이네	20	₩1,640,000
세척제A	㈜보이네	26	₩1,542,000
아쿠아렌즈	㈜밝은세상	21	₩1,385,000
바슈롬렌즈	㈜밝은세상	21	₩1,270,000
선글래스B	참아이㈜	29	₩1,189,000
안경테C	광명㈜	21	₩1,136,000
무테C	광명㈜	30	₩1,114,000
C-BR렌즈	㈜밝은세상	25	₩1,072,000

실전모의고사 3회 정답 및 해설

📂 **작업 파일** : C:₩2024_컴활1급₩데이터베이스₩작업파일₩실전모의고사₩실전모의고사 3회_문제.accdb
💾 **완성 파일** : C:₩2024_컴활1급₩데이터베이스₩완성파일₩실전모의고사₩실전모의고사 3회_정답.accdb

정답

문제 1 ▶ DB 구축 (25점)

01 <거래처>, <고객> 테이블 완성

지시사항	테이블명	필드명	필드 속성 및 기본키	설정 값
①	거래처	거래처명	필수	예
②		전화번호	캡션	TEL
		팩스번호	캡션	FAX
③	고객	성별	유효성 검사 규칙	In ("남","여")
④		렌즈착용	데이터 형식	Yes/No
			형식	True/False
			기본 값	True
⑤		연락처	인덱스	예(중복 불가능)

02 외부 데이터 가져오기

① [외부 데이터]-[가져오기 및 연결] 그룹에서 [새 데이터 원본]-[파일에서]-[HTML 문서]를 클릭

② 첫 행에 머리글 없음, 기본 키 없음

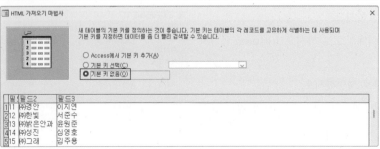

03 관계 설정

① [데이터베이스 도구]-[관계] 그룹의 [관계(관계)]를 클릭

② 관계 편집

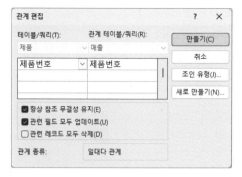

문제2 ▶ **입력 및 수정 기능 구현** (20점)

01 <매출입력> 폼의 완성

지시사항	영역	개체명	탭	항목	설정 값
①	폼		모두	레코드 원본	매출정보
②	폼 바닥글	txt건수	데이터	컨트롤 원본	=Count(*)
		txt금액합			=Sum([금액])
③		txt전체매출합계			=DSum("[금액]", "[매출]")

02 <매출입력> 폼에 조건부 서식 설정

① [서식]-[컨트롤 서식] 그룹의 [조건부 서식]을 클릭

② [새 서식 규칙]

03 <매출입력> 폼에 매크로 작성

① [만들기]-[매크로 및 코드] 그룹에서 [매크로(📋)]를 클릭

② [이동] 매크로

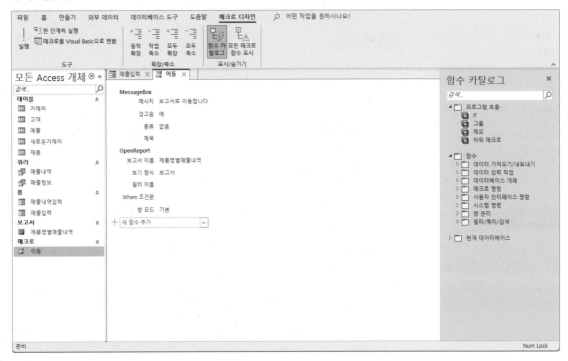

01 <제품명별매출내역> 보고서 완성

지시사항	영역	개체명	탭	항목	설정 값
①	보고서 머리글	텍스트 상자	모두	이름	txt날짜
				컨트롤 원본	=Date( )
				형식	자세한 날짜
②	매출일 머리글		형식	반복 실행 구역	예
③	본문	txt누계금액	데이터	컨트롤 원본	금액
				누적 합계	그룹
④	매출일 바닥글	txt건수	데이터	컨트롤 원본	=Count(*)
		txt평균			=Avg([금액])
⑤	페이지 바닥글	txt페이지	데이터	컨트롤 원본	=IIf([Page] Mod 2=1,[Page] & " page / " & [Pages] & " page")

02 <매출입력> 폼에 이벤트 프로시저 작성

① [속성 시트]-[이벤트] 탭의 'On Click'에서 [코드 작성기]를 선택

② VBA 코드 작성

```
Private Sub cmd이전_Click( )
DoCmd.GoToRecord , , acPrevious
End Sub
```

```
Private Sub cmd다음_Click( )
DoCmd.GoToRecord , , acNext
End Sub
```

문제4 ▶ 처리 기능 구현 (35점)

01 <김씨성매출내역> 조회 쿼리

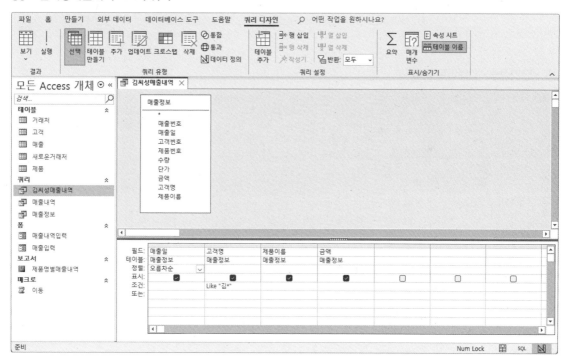

02 <고객관리쿼리> 매개 변수 쿼리

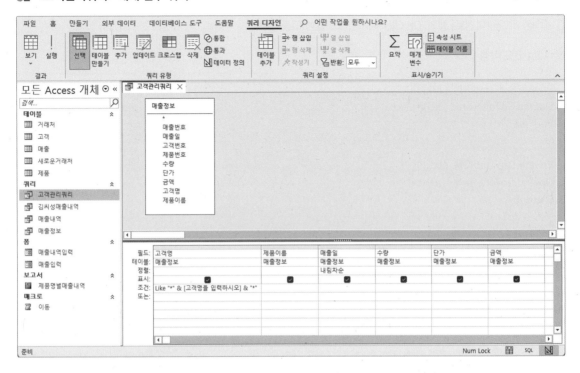

03 <단가상승> 업데이트 쿼리

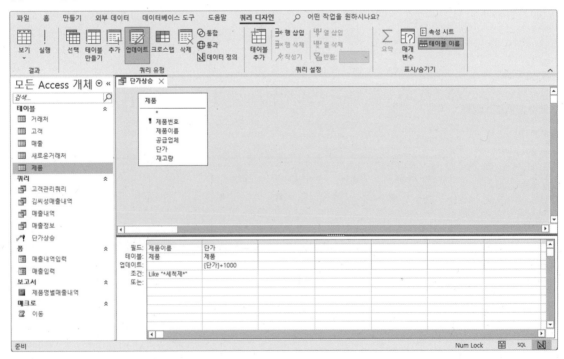

04 <제품별총매출액의수량> 크로스탭 쿼리

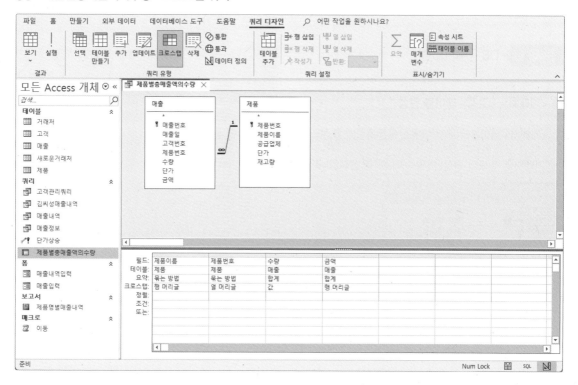

05 <제품별매출내역> 요약 쿼리

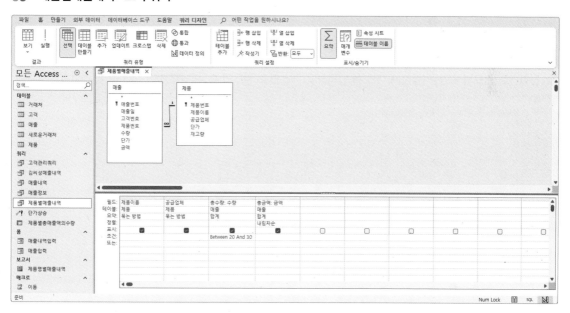

문제1 ▶ DB 구축 (25점)

■ <거래처>, <고객> 테이블 완성

① <거래처> 테이블 위에서 마우스 오른쪽 단추를 눌러 <디자인 보기>를 클릭합니다.

② '거래처명' 필드의 속성은 [필수]에 '예'를 선택합니다.

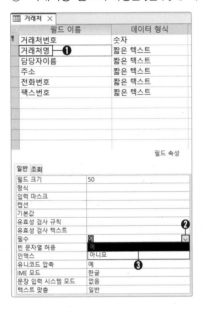

③ '전화번호' 필드의 속성은 [캡션]에 'TEL'을 입력하고 '팩스번호' 필드의 속성은 [캡션]에 'FAX'를 입력합니다.

④ <고객> 테이블 위에서 마우스 오른쪽 단추를 눌러 <디자인 보기>를 클릭합니다.

⑤ '성별' 필드의 속성은 [유효성 검사 규칙]에 'In ("남","여")'를 입력합니다.

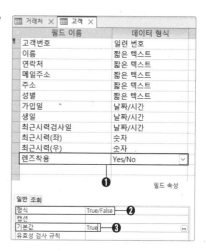

⑥ '렌즈착용' 필드의 속성은 [데이터 형식]에 'Yes/No', [형식]에 'True/False', [기본값]에 'True'를 선택합니다.

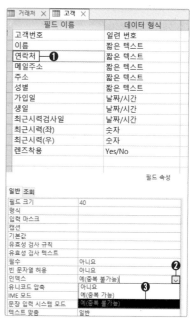

⑦ '연락처' 필드의 속성은 [인덱스]에 '예(중복 불가능)'을 선택합니다.

⑧ '빠른실행도구모음에서 🖫(저장)을 눌러 테이블을 저장합니다.

② 외부 데이터 가져오기

① [외부 데이터] 탭-[가져오기 및 연결] 그룹-[새
데이터 원본]-[파일에서]-[HTML 문서]를 클릭합
니다.

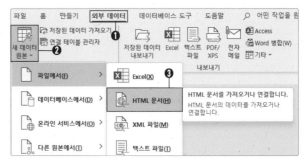

② [외부 데이터 가져오기 - HTML 문서] 대화상자에서 [데이터 원본 및 대상 선택] 창의 <찾아보기> 단추를 클릭하여
파일 이름은 "C₩2024_컴활1급₩데이터베이스₩작업파일₩실전모의고사₩거래리스트.html'을 선택합니다.

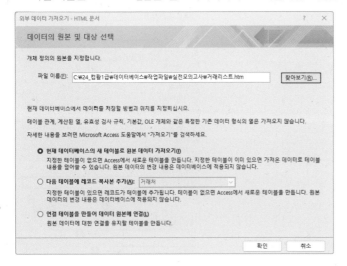

③ [외부 데이터 가져오기 - HTML 문서] 대화상자에서 저장할 방법과 위치는 '현재 데이터베이스의 새 테이블로 원본
데이터 가져오기(I)'를 선택하고 <확인> 단추를 클릭합니다.

④ [HTML 가져오기 마법사] 대화상자에서 '첫 행에 열 머리글이 있음'은 선택하지 않고 <다음> 단추를 클릭합니다.

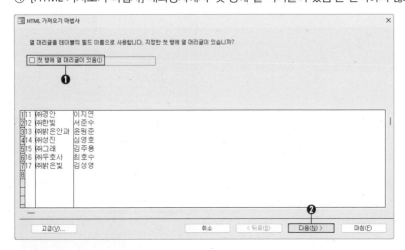

⑤ [HTML 가져오기 마법사] 대화상자에서 '첫 행에 열 머리글이 있음'은 선택하지 않고 <다음> 단추를 클릭합니다.

⑥ '기본 키 없음'을 선택하고 <다음> 단추를 클릭합니다.

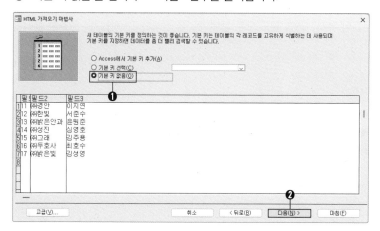

⑦ 테이블 가져오기에 '새로운거래처'를 입력하고 <마침> 단추를 클릭합니다.

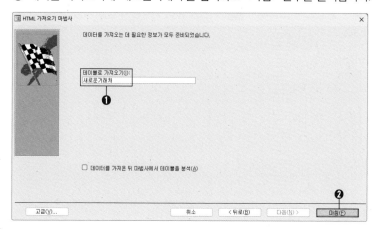

⑦ [외부 데이터 가져오기 – HTML] 대화상자에서 '가져오기 단계 저장'이 선택되지 않은 것을 확인하고 <닫기> 단추를
클릭합니다.

3 관계 설정

① [데이터베이스 도구] 탭-[관계] 그룹-[관계]를 클릭합니다.

② [관계] 그룹-[테이블 추가]를 클릭합니다. [테이블 추가] 대화상자의 [테이블] 탭에서
Ctrl 키를 누른 채 차례대로 <매출>, <제품> 테이블을 선택하고 <추가> 및 <닫기>
단추를 클릭합니다.

③ <제품> 테이블의 '제품번호' 필드를 <매출> 테이블의 '제품번호' 필드로 드래그 앤 드롭 합니다.

④ [관계 편집] 대화상자에서 '항상 참조 무결성 유지', '관련 필드 모두 업데이트'를 선택하고 <만들기> 단추를 클릭합니다.

※ '일대다(1:M)'의 관계가 설정됩니다.

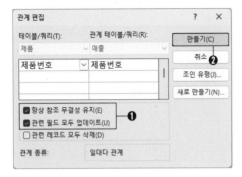

⑤ [관계] 창이 <그림>과 같이 표시됩니다. 빠른 실행 도구 모음에서 🖫(저장)을 눌러 변경된 내용을 저장합니다. [관계 디자인] 탭-[관계] 그룹-[닫기]를 클릭합니다.

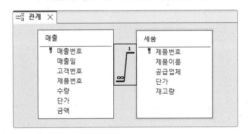

문제 2 **입력 및 수정 기능 구현** (20점)

Ⅰ <매출입력> 폼의 완성

① <매출입력> 폼 위에서 마우스 오른쪽 단추를 눌러 <디자인 보기>를 클릭합니다.

② '폼' 영역 속성 시트 창의 [모두] 탭 중 [레코드 원본]에 '매출정보'를 선택합니다.

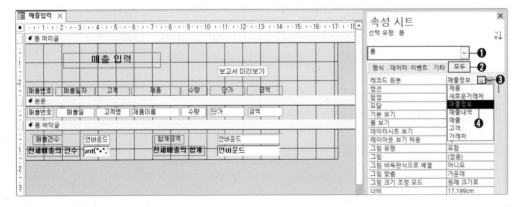

③ '폼 바닥글' 영역에서 'txt건수' 컨트롤 속성 시트 창의 [데이터] 탭 중 [컨트롤 원본]에 '=Count(*)'를 입력합니다.

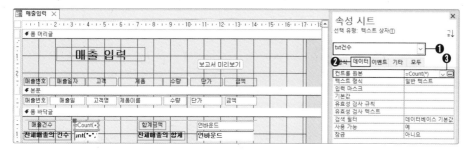

④ 'txt금액합' 컨트롤 속성 시트 창의 [데이터] 탭 중 [컨트롤 원본]에 '=Sum([금액])'을 입력합니다.

⑤ 'txt전체매출합계' 컨트롤 속성 시트 창의 [데이터] 탭 중 [컨트롤 원본]에 '=DSum("금액","매출")'을 입력합니다.

　※ 필드명이나 테이블명에서 [ ](대괄호)는 생략 가능합니다.

② <매출입력> 폼에 조건부 서식 작성

① <매출입력> 폼 위에서 마우스 오른쪽 단추를 눌러 <디자인 보기>를 클릭합니다.

② '본문' 영역에서 모든 컨트롤을 드래그 앤 드롭 하여 선택하고 [서식] 탭-[컨트롤 서식] 그룹-[조건부 서식]을 클릭합니다.

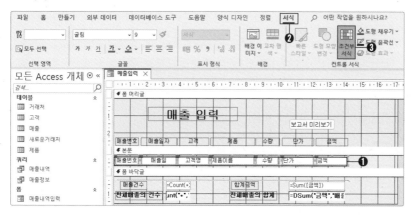

③ <새 규칙> 단추를 클릭합니다.

④ [새 서식 규칙] 대화상자에서 '식이'을 선택하고 [제품이름] Like "무테*"'을 입력하고 '굵게', '빨강'을 선택하고 <확인> 단추를 클릭합니다. 이어서, [조건부 서식 규칙 관리자] 대화상자에서 <확인> 단추를 클릭합니다.

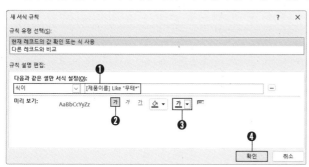

3 <매출입력> 폼에 매크로 작성

① [만들기] 탭-[매크로 및 코드] 그룹-[매크로]를 클릭합니다.

② [새 함수 추가]에서 <MessageBox>를 선택합니다.

③ [메시지]에 '보고서로 이동합니다.'를 입력합니다.

④ [새 함수 추가]에서 <OpenReport>를 선택합니다.

⑤ [보고서 이름]에 '제품명별매출내역', [보기 형식]에 '보고서'를 선택합니다.

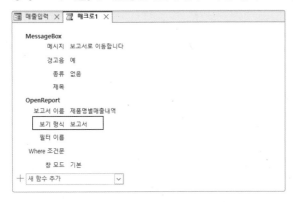

⑥ 빠른 실행 도구 모음에서 🖫(저장)을 클릭합니다. [매크로 이름]에 '이동'을 입력합니다.

⑦ <매출입력> 폼 위에서 마우스 오른쪽 단추를 눌러 <디자인 보기>를 클릭합니다.

⑧ '보고서 미리보기'(cmd보고서) 버튼 속성 시트 창의 [이벤트] 탭 중 [On Click]에 '이동'을 선택합니다.

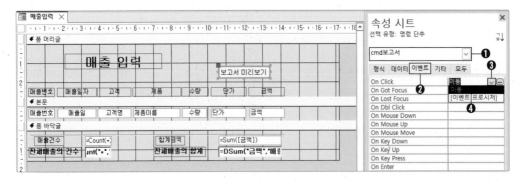

1 <제품명별매출내역> 보고서 완성

① <제품명별매출내역> 보고서 위에서 마우스 오른쪽 단추를 눌러 <디자인 보기>를 클릭합니다.

② [보고서 디자인] 탭-[컨트롤] 그룹-[텍스트 상자]를 '보고서 머리글' 영역에서 드래그 앤 드롭하여 작성합니다.

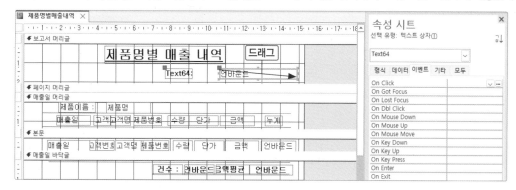

③ '왼쪽 레이블'을 클릭하여 '조회날짜:'를 입력합니다.

④ '오른쪽 텍스트 상자' 속성 시트 창의 [모두] 탭 중 [이름]에 'txt날짜' [컨트롤 원본]에 '=Date( )'을 입력하고 [형식]에 '자세한 날짜'를 선택합니다.

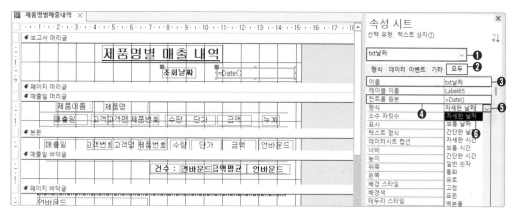

⑤ '매출일 머리글' 영역 속성 시트 창의 [모두] 탭 중 [반복 실행 구역]에 '예'를 선택합니다.

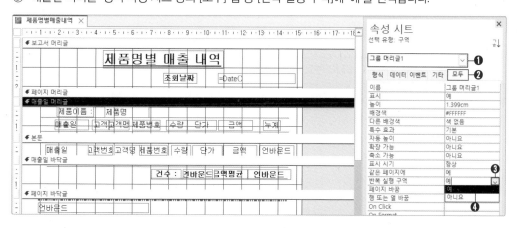

⑥ '본문' 영역에서 'txt누계금액' 컨트롤 속성 시트 창의 [데이터] 탭 중 [컨트롤 원본]에 '금액'을 선택하고 [누적 합계]에 '그룹'을 선택합니다.

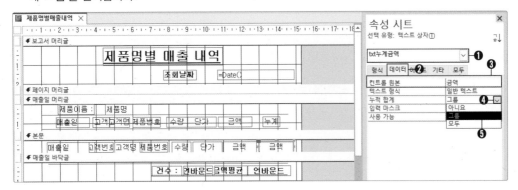

⑦ '매출일 바닥글' 영역에서 'txt건수' 컨트롤 속청 시트 창의 [데이터] 탭 중 [컨트롤 원본]에 '=Count(*)'를 입력합니다.

⑧ 'txt평균' 컨트롤 속성 시트 창의 [데이터] 탭 중 [컨트롤 원본]에 '=Avg([금액])'을 입력합니다.

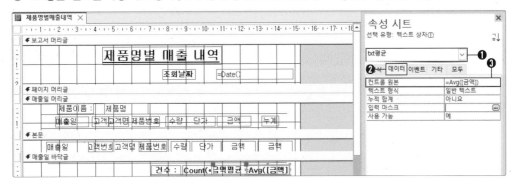

⑨ '페이지 바닥글' 영역에서 'txt페이지' 컨트롤 속성 시트 창의 [데이터] 탭 중 [컨트롤 원본]에 '=IIf([Page] Mod 2=1,[Page] & " page / " & [Pages] & " page")'를 입력합니다.

TIP

IIF 함수와 Mod 함수

● **IIF(조건, 참, 거짓)** : 조건에 따라 참과 거짓으로 구별하여 실행

● **값 Mod 수** : 값을 수로 나눈 나머지 구하기

2 <매출내역입력> 폼에 이벤트 프로시저 작성

① <매출내역입력> 폼 위에서 마우스 오른쪽 단추를 눌러 <디자인 보기>를 클릭합니다.

② '이전레코드'(cmd이전) 버튼 속성 시트 창의 [이벤트] 탭 중 [On Click]에 '코드 작성기'를 클릭하고 <확인> 단추를 클릭합니다.

③ VBA 창에 다음과 같이 입력합니다.

※ 'GoToRecord'는 레코드 이동 개체이고 'acPrevious'는 이전 레코드 속성입니다.

```
Private Sub cmd이전_Click( )
DoCmd.GoToRecord , , acPrevious
End Sub
```

④ [개체 선택기]에서 'cmd다음' 개체를 선택합니다.

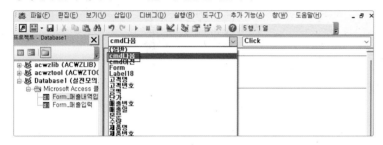

⑤ VBA 창에 다음과 같이 입력합니다.

※ "GoToRecord'의 'acNext'는 다음 레코드 속성입니다.

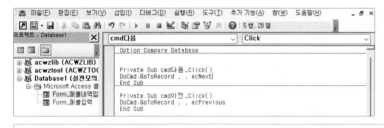

```
Private Sub cmd다음_Click( )
DoCmd.GoToRecord , , acNext
End Sub
```

⑥ Alt + Q 키를 눌러 액세스 창으로 돌아옵니다.

☐ <김씨성매출내역> 조회 쿼리 작성

① [만들기] 탭-[쿼리] 그룹-[쿼리 디자인]을 클릭합니다.

② [테이블 추가] 대화상자의 [쿼리] 탭에서 <매출정보> 쿼리를 선택하고 <선택한 표 추가> 단추를 클릭합니다.

③ '매출일', '고객명', '제품이름', '금액' 필드를 선택합니다.

필드:	매출일	고객명	제품이름	금액	
테이블:	매출정보	매출정보	매출정보	매출정보	
정렬:					
표시:	☑	☑	☑	☑	☐
조건:					
또는:					

④ '매출일' 필드는 [정렬]에 '오름차순'으로 선택하고 '고객명' 필드는 [조건]에 'Like "김*"'을 입력합니다.

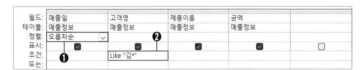

필드:	매출일	고객명	제품이름	금액	
테이블:	매출정보	매출정보	매출정보	매출정보	
정렬:	오름차순 ∨	❷			
표시:	☑	☑	☑	☑	☐
조건:	❶	Like "김*"			
또는:					

⑤ 빠른 실행 도구 모음에서 💾(저장)을 클릭합니다. [쿼리 이름]에 '김씨성매출내역'을 입력합니다.

☑ <고객관리쿼리> 매개 변수 쿼리 작성

① [만들기] 탭-[쿼리] 그룹-[쿼리 디자인]을 클릭합니다.

② [테이블 추가] 대화상자의 [쿼리] 탭에서 <매출정보> 쿼리를 선택하고 <선택한 표 추가> 단추를 클릭합니다.

③ '고객명', '제품이름', '매출일', '수량', '단가', '금액' 필드를 선택합니다.

필드:	고객명	제품이름	매출일	수량	단가	금액	
테이블:	매출정보	매출정보	매출정보	매출정보	매출정보	매출정보	
정렬:							
표시:	☑	☑	☑	☑	☑	☑	☐
조건:							
또는:							

④ '고객명' 필드는 [조건]에 'Like "*" & [고객명을 입력하시오] & "*"'을 입력합니다.

⑤ '매출일' 필드는 [정렬]에 '내림차순'을 선택합니다.

필드:	고객명		제품이름	매출일	수량	단가	금액
테이블:	매출정보		매출정보	매출정보	매출정보	매출정보	매출정보
정렬:				내림차순			
표시:	☑		☑	☑	☑	☑	☑
조건:	Like "*" & [고객명을 입력하시오] & "*"			❷			
또는:	❶						

⑥ 빠른 실행 도구 모음에서 🖫(저장)을 클릭합니다. [쿼리 이름]에 '고객관리쿼리'를 입력합니다.

3 <단가상승> 업데이트 쿼리 작성

① [만들기] 탭-[쿼리] 그룹-[쿼리 디자인]을 클릭합니다.

② [테이블 추가] 대화상자의 [테이블] 탭에서 <제품> 테이블을 선택하고 <선택한 표 추가> 단추를 클릭합니다.

③ '제품이름', '단가' 필드를 선택합니다.

필드:	제품이름	단가	
테이블:	제품	제품	
정렬:			
표시:	☑	☑	☐
조건:			
또는:			

④ [쿼리 디자인] 탭-[쿼리 유형] 그룹-[업데이트]를 클릭합니다.

⑤ '제품이름' 필드는 [조건]에 'Like "*세척제*"'를 입력합니다.

⑥ '단가' 필드는 [업데이트]에 '[단가]+1000'을 입력합니다.

필드:	제품이름	단가	
테이블:	제품	제품	
업데이트:		[단가]+1000	
조건:	Like "*세척제*"	❷	
또는:	❶		

⑦ [쿼리 디자인] 탭-[결과] 그룹-[실행]을 눌러 업데이트 쿼리를 실행합니다.

※ 이때 실행은 반드시 한 번만 클릭합니다.

⑧ 빠른 실행 도구 모음에서 🖫(저장)을 클릭합니다. [쿼리 이름]에 '단가상승'을 입력합니다.

4 **<제품별총매출액의수량> 크로스탭 쿼리 작성**

① [만들기] 탭-[쿼리] 그룹-[쿼리 디자인]을 클릭합니다.

② [테이블 추가] 대화상자의 [테이블] 탭에서 **Ctrl** 키를 누른 채 차례대로 <매출>, <제품> 테이블을 선택하고 <선택한 표 추가> 단추를 클릭합니다.

③ '제품이름', '제품번호', '수량', '금액' 필드를 선택합니다.

필드:	제품이름	제품번호	수량	금액	
테이블:	제품	제품	매출	매출	
정렬:					
표시:	☑	☑	☑	☑	☐
조건:					
또는:					

④ [쿼리 디자인] 탭-[쿼리 유형] 그룹-[크로스탭]을 클릭합니다.

⑤ '금액' 필드는 [이름]에 '총매출액:금액'으로 수정하고 [요약]에 '합계'를 선택하고, '수량' 필드도 [요약]에 '합계'를 선택합니다.

⑥ [크로스탭]에 '제품이름' 필드는 '행 머리글', '제품번호' 필드는 '열 머리글', '수량' 필드는 '값', '총매출액:금액' 필드는 '행 머리글'을 선택합니다.

필드:	제품이름	제품번호	수량	금액	
테이블:	제품	제품	매출	매출	
요약:	묶는 방법	묶는 방법	합계	합계	
크로스탭:	행 머리글	열 머리글	값	행 머리글	
정렬:					
조건:					
또는:					

⑦ 빠른 실행 도구 모음에서 🖫(저장)을 클릭합니다. [쿼리 이름]에 '제품별총매출액의수량'을 입력합니다.

5 **<제품별매출내역> 쿼리 작성**

① [만들기] 탭-[쿼리] 그룹-[쿼리 디자인]을 클릭합니다.

② [테이블 추가] 대화상자의 [쿼리] 탭에서 <매출>, <제품> 테이블을 선택하고 <선택한 표 추가> 단추를 클릭합니다.

③ '제품이름', '공급업체' 필드를 선택하고 '총수량: 수량', '총금액: 금액'을 입력합니다.

④ [쿼리 디자인] 탭-[표시/숨기기] 그룹-[요약]을 클릭합니다.

⑤ '총수량: 수량'과 '총금액: 금액' 필드는 [요약]에 '합계'를 선택하고 '총수량: 수량' 필드의 [조건]에 'Between 20 And 30'을 입력 후 '총금액: 금액' 필드의 [정렬]은 '내림차순'을 선택합니다.

필드:	제품이름	공급업체:	총수량: 수량	총금액: 금액
테이블:	제품	제품	매출	매출
요약:	묶는 방법	묶는 방법	합계	합계
정렬:				내림차순
표시:	☑	☑		☑
조건:			Between 20 And 30	
또는:				

⑥ 빠른 실행 도구 모음에서 🖫(저장)을 클릭합니다. [쿼리 이름]에 '제품별매출내역'을 입력하고 <확인> 단추를 클릭합니다.

컴퓨터활용능력 실전모의고사 4회

프로그램명	제한시간
ACCESS 2021	45분

수 험 번 호 :

성　　　명 :

1급　│　A형

유의사항

- 인적 사항 누락 및 잘못 작성으로 인한 불이익은 수험자 책임으로 합니다.

- 화면에 암호 입력창이 나타나면 아래의 암호를 입력하여야 합니다.
  - 암호 : 23%685

- 작성된 답안은 주어진 경로 및 파일명을 변경하지 마시고 그대로 저장해야 합니다. 이를 준수하지 않으면 실격처리 됩니다.
  - 답안 파일명의 예 : C:\DB\수험번호 8자리.accdb

- 외부데이터 위치 : C:\DB\파일명

- 별도의 지시사항이 없는 경우, 다음과 같이 처리하면 실격 처리됩니다.
  - 제시된 개체의 이름을 임의로 변경한 경우
  - 제시된 개체의 속성을 임의로 변경한 경우
  - 제시된 개체를 임의로 삭제하거나 추가한 경우

- 별도의 지시사항이 없는 경우, 기능의 구현은 모듈이나 매크로 등을 이용하며, 예외적인 상황에 대해서는 고려하지 않아도 됩니다.

- 제시된 함수가 있을 경우 제시된 함수만을 사용하여야 하며, 그 외 함수 사용시 채점 대상에서 제외됩니다.

- 별도의 지시사항이 없는 경우, 주어진 각 개체의 속성은 설정값 또는 기본 설정값 (Default)으로 처리하십시오.

- 제시된 화면은 예시이며 나타난 값은 실제와 다를 수 있습니다.

- 저장 시간은 별도로 주어지지 아니하므로 제한된 시간 내에 저장을 완료해야 합니다.

- 본 문제의 용어는 MS Office LTSC Professional Plus 2021 기준으로 작성되었습니다.

01 유치원생 관리를 위해 데이터베이스를 구축하였다. 다음 지시사항에 따라 각각의 테이블을 완성하시오. (각 3점)

① <원아> 테이블의 '원아번호'를 기본 키(Primary Key)로 설정하시오.

② <원아> 테이블의 '생년월일' 필드에는 2015년 이후 출생자만이 입력되도록 설정하고, 다른 값이 입력되면 '2015년 이후 출생자만 입력 가능합니다.'라고 메시지를 보내도록 설정하시오.

③ <원아> 테이블의 마지막 필드 위치에 '사진' 필드는 'OLE 개체' 데이터 형식으로 추가하시오.

④ <교사> 테이블의 '교사명' 필드는 필수로 입력하도록 설정하시오.

⑤ <교사> 테이블의 '전화번호' 필드에 대하여 입력 마스크를 설정하시오

▶ 필드에 숫자 3자리-4자리-4자리 형식으로 '-' 기호는 입력하지 않도록 하시오.

02 외부 데이터 가져오기 기능을 이용하여 <대기자명단.xlsx>에서 범위의 정의된 이름을 가져와 <대기자명단> 테이블을 생성하시오. (5점)

▶ 첫 번째 행은 열 머리글임

▶ Access에서 기본 키 추가를 설정

03 <원아> 테이블의 '반번호' 필드는 <반정보> 테이블의 '반번호' 필드를 참조하며, <원아> 테이블을 기준으로 <반정보> 테이블은 M:1 관계를 가진다. 또한, <교사> 테이블의 '교사번호' 필드가 <반정보> 테이블의 '담당 교사' 필드와 1:M의 관계를 가지도록 설정하시오. (5점)

▶ 각 테이블 간에 항상 참조 무결성을 유지하도록 설정하시오.

▶ 참조 필드의 값이 변경되면 관련 필드의 값도 변경되도록 설정하시오.

▶ 다른 테이블에서 참조하고 있는 레코드는 삭제할 수 없도록 설정하시오.

01 <원아정보> 폼을 다음의 지시사항에 따라 완성하시오. (각 3점)

① 폼 머리글 영역의 높이를 '2cm'로 설정하고 레이블을 추가하여 '캡션'은 '원 아 정 보', '이름'은 'lbl정보', '글꼴 크기'는 '24pt'로 설정하시오.

② 본문의 'txt원아번호', 'txt원아명', 'txt반번호', 'txt생년월일', 'txt주소', 'txt전화번호', 'txt특이사항'을 각각 '원아번호', '원아명', '반번호', '생년월일', '주소', '전화번호', '특이사항' 필드에 바운드시키시오.

③ 본문의 모든 컨트롤을 사용할 수 없도록 설정하시오.

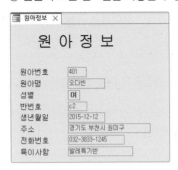

02 <원아데이터시트> 폼의 본문 영역에 다음과 같이 조건부 서식을 설정하시오. (6점)

▶ '특이사항'이 있는 경우에 본문의 모든 컨트롤의 바탕색을 '노랑'색으로 표시되도록 설정하시오.

▶ 단, 하나의 규칙으로 작성하시오.

▶ '문제 2의 입력 및 수정 기능 구현 3번' 문제의 <그림> 참조

03 <반정보> 폼에서 '조회'(cmd조회) 버튼을 클릭하면 해당 반의 정보가 표시되는 <반정보조회> 매크로를 구현하시오. (5점)

▶ 반을 선택하는 'cmb조회' 컨트롤에 저장된 반번호에 해당하는 반을 표시

▶ ApplyFilter 개체 이용

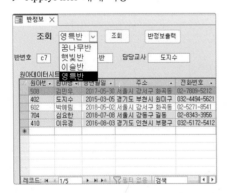

01 다음의 지시사항 및 화면을 참조하여 <반별원아리스트> 보고서를 완성하시오. (각 3점)

① 페이지 머리글에 레이블 컨트롤 생성 후 '반별 원아 리스트'로 제목을 표시하시오.

▶ 페이지 머리글의 높이 : 1cm

▶ 컨트롤 명 : 'lbl제목'

▶ 글꼴 이름은 '휴먼매직체', 글꼴 크기 '20pt', 글꼴 두께 '아주 굵게'로 설정

② '반명' 필드를 기준으로 내림차순으로 정렬하되 동일한 반에서는 '생년월일'을 기준으로 오름차순으로 정렬되어 표시되도록 설정하시오.

③ 본문의 'txt반명', 'txt교사명' 컨트롤이 이전 레코드와 동일한 값을 갖는 경우 표시되지 않도록 설정하시오.

④ '반명' 바닥글에 텍스트 상자 컨트롤 생성 후 인원수를 표시하시오.

▶ 컨트롤 명 : txt인원수

▶ 예 : 5명

⑤ 반명 머리글 부분을 반복 실행 구역으로 설정하시오.

02 <반정보> 폼 상단의 '반정보출력'(cmd출력) 버튼을 클릭하면 <반별원아리스트> 보고서를 '인쇄 미리 보기' 형태로 출력되도록 이벤트 프로시저를 작성하시오. (5점)

▶ '반번호를 입력하세요' 입력 대화상자에서 반번호를 입력받아 해당하는 해당 반번호만 미리보기로 표시하시오.

▶ InputBox 개체를 사용하시오.

01 <반정보>, <원아> 테이블을 이용하여 햇빛반 원아들의 명단을 조회하는 <햇빛반조회> 쿼리를 작성하시오. (7점)

▶ 원아명을 기준으로 오름차순 정렬하여 표시하시오.

▶ 쿼리 실행 결과 표시되는 필드와 필드명은 <그림>과 같이 표시되도록 설정하시오.

02 <반정보>와 <원아> 테이블을 이용하여 특이사항이 있는 원아를 조회하는 <특이사항있음> 쿼리를 작성하시오. (7점)

▶ 반명, 원아명, 전화번호, 성별, 특이사항이 표시되도록 하시오.

▶ Is Null 또는 Is Not Null 중 사용

03 <원아리스트> 쿼리를 이용하여 반별, 성별 원아수를 나타내는 크로스탭 질의를 <그림>과 같이 작성하시오. (7점)

▶ 쿼리 이름은 <성별인원수>로 하시오.

▶ 각 성별 전체 학생의 합계로 나타내시오.

▶ 인원수에 "명"을 함께 표시하시오.

성별	전체합	꿈나무반	영특반	이슬반	햇빛반
남	14 명	4 명	2 명	6 명	2 명
여	17 명	8 명	3 명	2 명	4 명

04 <교사>, <반정보>, <원아> 테이블을 이용하여 다음과 같은 기능을 수행하는 <원아찾기> 쿼리를 작성하시오. (7점)

▶ '원아명'의 일부를 입력하여 조회하는 쿼리를 작성하시오.

▶ 쿼리 실행 결과 표시되는 필드와 필드명은 <그림>과 같이 표시되도록 설정하시오.

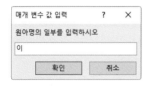

교사명	반명	원아명	생년월일	전화번호
이하늘	꿈나무반	이은비	2015-07-09	032-5857-9874
곽시원	이슬반	이하늘	2015-08-09	032-5595-4512
도지수	영특반	이유경	2016-08-03	032-5172-5412
이하늘	꿈나무반	이주비	2017-06-05	02-8594-2589
이하늘	꿈나무반	이한이	2017-06-30	032-8524-2458

05 생년월일과 주소에 따라 <전학인원삭제> 쿼리를 작성하시오. (7점)

▶ <원아> 테이블을 이용하시오.

▶ 생년월일이 2015년 1월 1일부터 2015년 12월 31일까지이면서 주소가 '서울'로 시작하는 데이터를 삭제하시오.

<실행전>

원아번호	원아명	생년월일	반번호	성별	주소	전화번호	특이사항	사진
407	김예원	2016-05-07	c3	여	경기도 인천시 부평구	032-5251-5421		
408	견태현	2016-03-07	c4	남	경기도 부천시 원미구	032-5286-6541		
409	곽예진	2015-09-09	c2	여	서울시 강서구 화곡동	02-5550-7621		
410	이유경	2016-08-03	c7	여	경기도 인천시 부평구	032-5172-5412	오후7시하원	
411	채다해	2015-08-12	c4	여	경기도 부천시 원미구	032-2184-7414		
412	김미희	2016-12-31	c2	여	서울시 강서구 화곡동	02-5492-5247	음악특기반	
413	한승희	2015-11-01	c3	여	경기도 부천시 원미구	032-2758-7894		
501	이은비	2015-07-09	c2	여	경기도 인천시 부평구	032-5857-9874	8월한달 휴원	
502	안주연	2015-05-15	c3	여	서울시 강서구 화곡동	02-5989-7894		

<실행후>

원아번호	원아명	생년월일	반번호	성별	주소	전화번호	특이사항	사진
407	김예원	2016-05-07	c3	여	경기도 인천시 부평구	032-5251-5421		
408	견태현	2016-03-07	c4	남	경기도 부천시 원미구	032-5286-6541		
410	이유경	2016-08-03	c7	여	경기도 인천시 부평구	032-5172-5412	오후7시하원	
411	채다해	2015-08-12	c4	여	경기도 부천시 원미구	032-2184-7414		
412	김미희	2016-12-31	c2	여	서울시 강서구 화곡동	02-5492-5247	음악특기반	
413	한승희	2015-11-01	c3	여	경기도 부천시 원미구	032-2758-7894		
501	이은비	2015-07-09	c2	여	경기도 인천시 부평구	032-5857-9874	8월한달 휴원	
503	이주비	2017-06-05	c2	여	서울시 강서구 화곡동	02-8594-2589		

실전모의고사 4회 정답 및 해설

📂 **작업 파일** : C:₩2024_컴활1급₩데이터베이스₩작업파일₩실전모의고사₩실전모의고사 4회_문제.accdb
💾 **완성 파일** : C:₩2024_컴활1급₩데이터베이스₩완성파일₩실전모의고사₩실전모의고사 4회_정답.accdb

정답

문제 1 ▶ DB 구축 (25점)

01 <원아>, <교사> 테이블 완성

지시사항	테이블명	필드명	필드 속성 및 기본키	설정 값
①	원아	원아번호	기본 키 설정	
②		생년월일	유효성 검사 규칙	>=#2015-01-01#
			유효성 검사 메시지	2015년 이후 출생자만 입력 가능합니다
③		사진	데이터 형식	OLE 개체
④	교사	교사명	필수	예
⑤		전화번호	입력 마스크	999-9999-9999

02 외부 데이터 가져오기

① [외부 데이터] 탭-[가져오기 및 연결] 그룹-[새 데이터 원본]-[파일에서]-[Excel]를 클릭합니다.

② 첫 행에 열 머리글 있음, Access에서 기본 키 추가

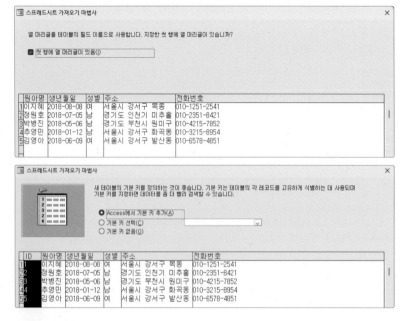

03 관계 설정

① [데이터베이스 도구]-[관계] 그룹의 [관계(□□)]를 클릭

② 관계 편집

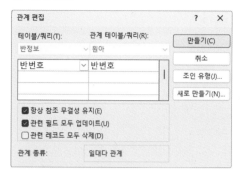 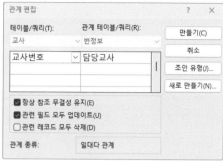

문제2 ▶ 입력 및 수정 기능 구현 (20점)

01 <원아정보> 폼의 완성

지시사항	영역	개체명	탭	항목	설정 값
①	폼 머리글		형식	높이	2cm
		lbl정보	모두	캡션	원 아 정 보
				이름	lbl 정보
				글꼴 크기	24
②	폼	txt원아번호	데이터	컨트롤 원본	원아번호
		txt원아명			원아명
		txt반번호			반번호
		txt생년월일			생년월일
		txt주소			주소
		txt전화번호			전화번호
		txt특이사항			특이사항
③	본문	모든 컨트롤	데이터	사용 가능	아니요

02 <원아데이터시트> 폼에 조건부 서식 설정

① [서식]-[컨트롤 서식] 그룹의 [조건부 서식]을 클릭

② [새 서식 규칙]

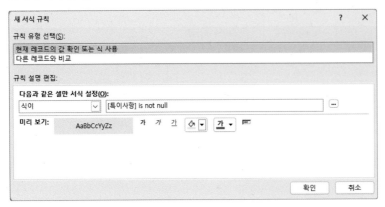

03 <매출입력> 폼에 매크로 작성

① [만들기]-[매크로 및 코드] 그룹에서 [매크로(📖)]를 클릭

② [반정보조회] 매크로

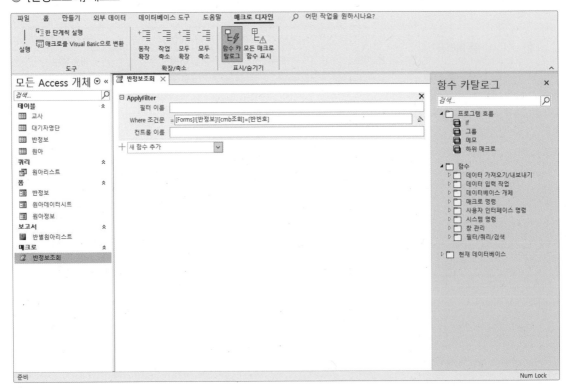

01 <반별원아리스트> 보고서 완성

지시사항	영역	개체명	탭	항목	설정 값
①	페이지 머리글		형식	높이	1cm
		lbl제목	모두	이름	lbl제목
				글꼴 이름	휴먼매직체
				글꼴 크기	20
				글꼴 두께	아주 굵게
②	[그룹, 정렬 및 요약]에서 '반명' 필드의 '내림차순'으로 하고 정렬을 추가하여 '생년월일' 필드의 '오름차순'으로 선택				

지시사항	영역	개체명	탭	항목	설정 값
③	본문	txt반명	형식	중복 내용 숨기기	예
		txt교사명			
④	반명 바닥글	txt인원수	기타	이름	txt인원수
				컨트롤 원본	=Count(*) & "명"
⑤	반명 머리글		형식	반복 실행 구역	예

02 <반정보> 폼에 이벤트 프로시저 작성

① '반정보출력(cmd출력)' 컨트롤을 선택한 후 [속성 시트]-[이벤트] 탭의 'On Click'에서 [코드 작성기]를 클릭

② VBA 코드 작성

```
Private Sub cmd출력_Click( )
DoCmd.OpenReport "반별원아리스트", acViewPreview, , "반번호= ' " & InputBox("반정보를 입력하세요") & " ' "
End Sub
```

01 <햇빛반조회> 조회 쿼리

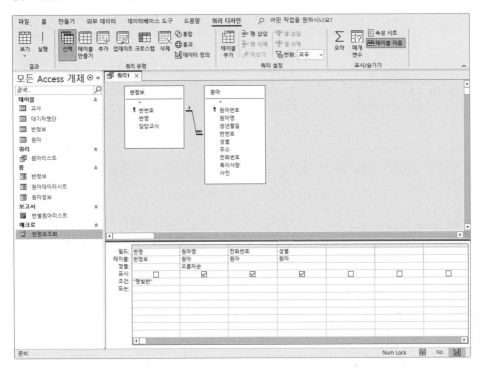

02 <특이사항있음> 조건 쿼리

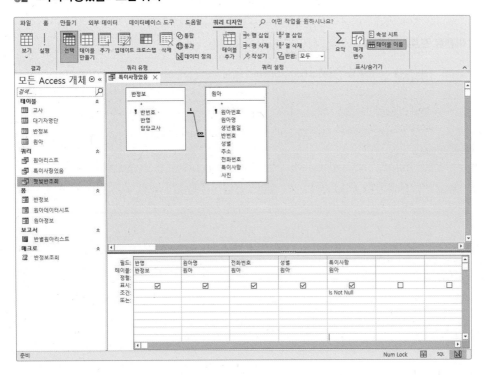

03 <성별인원수> 크로스탭 쿼리

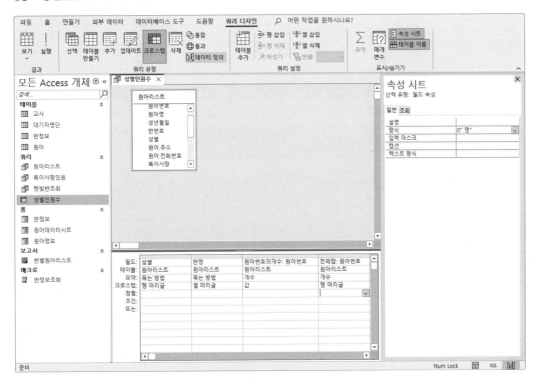

04 <원아찾기> 매개 변수 쿼리

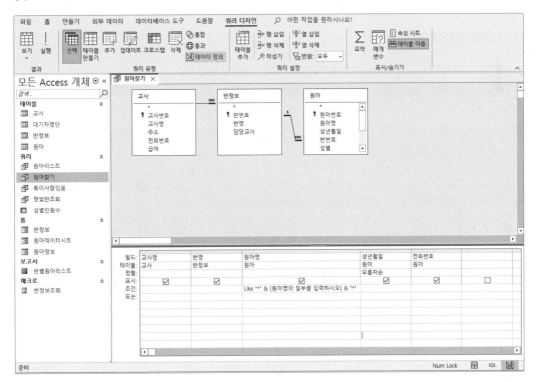

05 <전학인원삭제> 삭제 쿼리

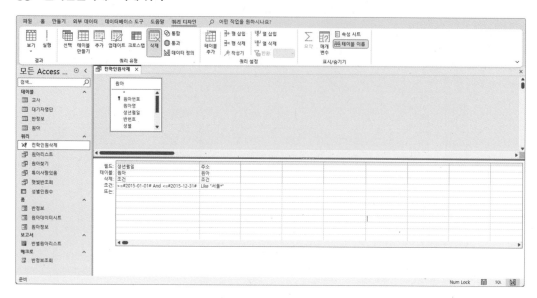

문제 1 ▶ DB 구축 (25점)

1 <원아>, <교사> 테이블 완성

① <원아> 테이블 위에서 마우스 오른쪽 단추를 눌러 <디자인 보기>를 클릭합니다.

② '원아번호' 필드에서 [테이블 디자인] 탭-[도구] 그룹-[기본 키]를 클릭합니다.

③ '생년월일' 필드의 속성은 [유효성 검사 규칙]에 '>=#2015-01-01#', [유효성 검사 메시지]에 '2015년 이후 출생자만 입력 가능합니다.'로 입력합니다.

　※ '날짜' 필드에는 왼쪽·오른쪽에 '#'을 입력합니다.

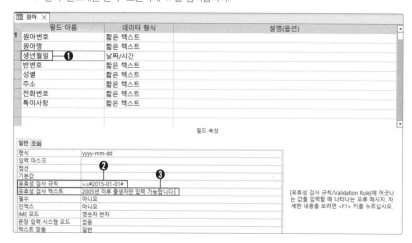

④ 마지막 필드의 [필드 이름]에 '사진'을 입력하고 [데이터 형식]에 'OLE 개체'를 선택합니다.

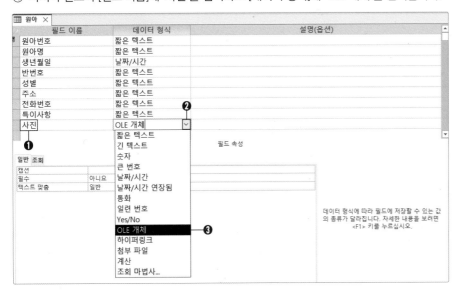

⑤ <교사> 테이블 위에서 마우스 오른쪽 단추를 눌러 <디자인 보기>를 클릭합니다.

⑥ '교사명' 필드의 속성은 [필수]에 '예'를 선택합니다.

⑦ '전화번호' 필드의 속성은 [입력 마스크]에 '999-9999-9999'를 입력합니다.

2 외부 데이터 가져오기

① [외부 데이터] 탭-[가져오기 및 연결] 그룹-[새 데이터 원본]-[파일에서]-[Excel]를 클릭합니다.

② [외부 데이터 가져오기 - Excel 스프레드시트] 대화상자에서 [데이터 원본 및 대상 선택] 창의 <찾아보기> 단추를 클릭하여 파일 이름은 'C:\2024_컴활1급\데이터베이스\작업파일\실전모의고사\대기자명단.xlsx'을 선택합니다.

③ [외부 데이터 가져오기 - Excel 스프레드시트] 대화상자에서 저장할 방법과 위치는 '현재 데이터베이스의 새 테이블로 원본 데이터 가져오기(I)'를 선택하고 <확인> 단추를 클릭합니다.

④ [스프레드시트 가져오기 마법사] 대화상자에서 '첫 행에 열 머리글이 있음'을 선택하고 <다음> 단추를 클릭합니다.

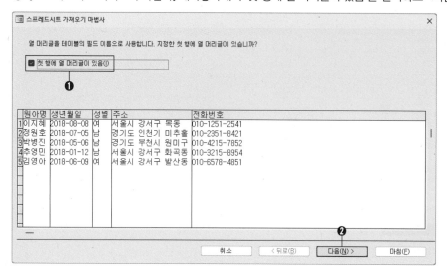

⑤ [스프레드시트 가져오기 마법사] 대화상자에서 필드 옵션을 확인하고 <다음> 단추를 클릭합니다.

⑥ [스프레드시트 가져오기 마법사] 대화상자에서 'Access에서 기본 키 추가'를 선택하고 <다음> 단추를 클릭합니다.

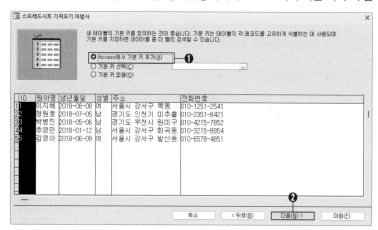

⑦ [스프레드시트 가져오기 마법사] 대화상자의 테이블 가져오기에 테이블 이름을 '대기자명단'으로 입력하고 <마침> 단추를 클릭합니다.

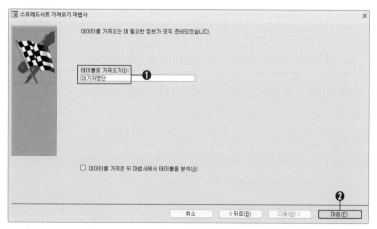

⑧ [외부 데이터 가져오기 – Excel 스프레드시트] 대화상자에서 '가져오기 단계 저장'이 선택되지 않은 것을 확인하고 <닫기> 단추를 클릭합니다.

3 관계 설정

① [데이터베이스 도구] 탭-[관계] 그룹-[관계]를 클릭합니다.

② 관계] 그룹-[테이블 추가]를 클릭합니다. [테이블 추가] 대화상자의 [테이블] 탭에서 **Ctrl** 키를 누른 채 차례대로 <교사>, <반정보>, <원아> 테이블을 선택하고 <선택한 표 추가> 단추를 클릭합니다.

③ <원아> 테이블의 '반번호' 필드를 <반정보> 테이블의 '반번호' 필드로 드래그 앤 드롭 합니다.

④ [관계 편집] 대화상자에서 '항상 참조 무결성 유지', '관련 필드 모두 업데이트'를 선택하고 <만들기> 단추를 클릭합니다.
  ※ '일대다(1:M)'의 관계가 설정됩니다.

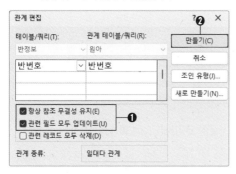

⑤ <교사> 테이블의 '교사번호' 필드를 <반정보> 테이블의 '담당교사' 필드로 드래그 앤 드롭 합니다.

⑥ [관계 편집] 대화상자에서 '항상 참조 무결성 유지', '관련 필드 모두 업데이트'를 선택하고 <만들기> 단추를 클릭합니다.
  ※ '일대다(1:M)'의 관계가 설정됩니다.

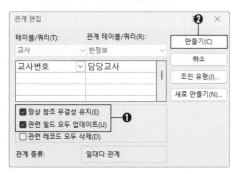

⑦ [관계] 창이 <그림>과 같이 표시됩니다. 빠른 실행 도구 모음에서 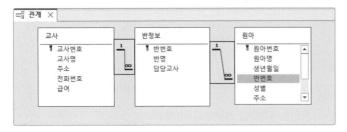(저장)을 눌러 변경된 내용을 저장합니다. [관계 디자인] 탭-[관계] 그룹-[닫기]를 클릭합니다.

문제2 ▶ 입력 및 수정 기능 구현 (20점)

1 <원아정보> 폼의 완성

① <원아정보> 폼 위에서 마우스 오른쪽 단추를 눌러 <디자인 보기>를 클릭합니다.

② '폼 머리글' 영역 속성 시트 창의 [형식] 탭 중 [높이]에 '2cm'을 입력합니다.

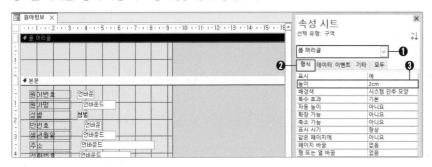

③ [양식 디자인] 탭-[컨트롤] 그룹-[가가 (레이블)]을 '폼 머리글' 영역으로 드래그 앤 드롭 합니다.

④ 속성 시트 창의 [모두] 탭 중 [이름]에 'lbl정보', [캡션]에 '원 아 정 보', [글꼴 크기]에 '24pt'를 입력합니다.

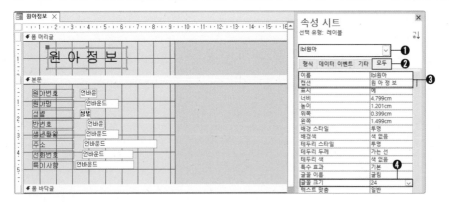

⑤ '폼' 영역에서 'txt원아번호' 컨트롤 속성 시트 창의 [데이터] 탭 중 [컨트롤 원본]에 '원아번호'를 선택합니다.

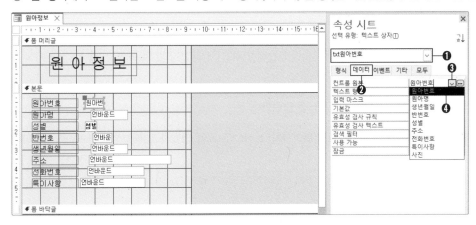

⑥ 이와 같이 'txt원아명' 컨트롤은 '원아명', 'txt반번호' 컨트롤은 '반번호', 'txt생년월일' 컨트롤은 '생년월일', 'txt주소' 컨트롤은 '주소', 'txt전화번호' 컨트롤은 '전화번호', 'txt특이사항' 컨트롤은 '특이사항' 필드에 연결합니다.

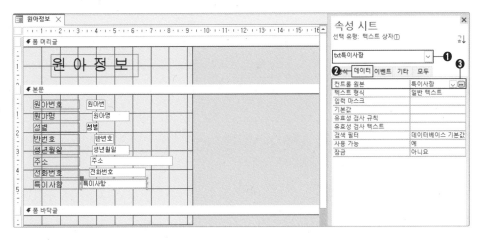

⑦ '본문' 영역에서 텍스트 상자 컨트롤을 선택하고 속성 시트 창의 [데이터] 탭 중 [사용 가능]에 '아니요'를 선택합니다.

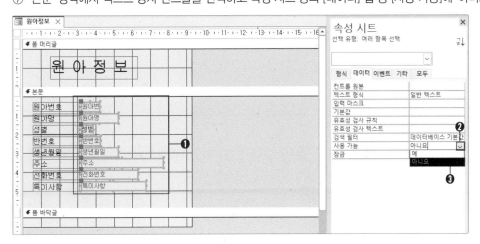

2 <원아데이터시트> 폼의 조건부 서식 설정

① <원아데이터시트> 폼 위에서 마우스 오른쪽 단추를 눌러 <디자인 보기>를 클릭합니다.

② '본문' 영역에서 텍스트 상자 컨트롤을 드래그 앤 드롭하여 선택합니다. [서식] 탭-[컨트롤 서식] 그룹-[조건부 서식]을 클릭합니다.

③ [조건부 서식 규칙 관리자] 대화상자에서 <새 규칙>을 클릭합니다.

④ [새 서식 규칙] 대화상자에서 '식이'을 선택하고 '[특이사항] Is Not Null'을 입력하고 [배경색]에 '노랑'을 선택하고 <확인> 단추를 클릭합니다.

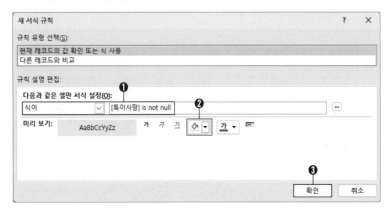

3 <반정보> 폼에 매크로 작성

① [만들기] 탭-[매크로 및 코드] 그룹-[매크로]를 클릭합니다.

② [새 함수 추가]에서 <ApplyFilter>를 선택합니다.

TIP

[ApplyFilter] 매크로 함수

● 테이블, 폼, 보고서에 필터, 쿼리 또는 SQL Where 절을 사용하여 레코드를 제한하거나 정렬할 수 있는 개체. 필터 이름은 생략

● **형식** : 필터이름, Where 조건문(a=b).

● 예) DoCmd.ApplyFilter ,"조건" 또는 매크로 함수를 사용

③ [Where 조건문]에 '[Forms]![반정보]![cmb조회]=[반번호]'을 입력합니다.

④ 빠른 실행 도구 모음에서 🖫(저장)을 클릭합니다. [매크로 이름]에 '반정보조회'를 입력합니다.

⑤ <반정보> 폼 위에서 마우스 오른쪽 단추를 눌러 <디자인 보기>를 클릭합니다.

⑥ '조회'(cmd조회) 버튼 속성 시트 창의 [이벤트] 탭 중 [On Click]에 '반정보조회'를 선택합니다.

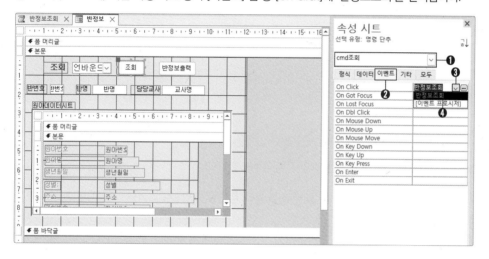

문제3 ▶ 조회 및 출력 기능 구현 (20점)

■ <반별원아리스트> 보고서 완성

① <반별원아리스트> 보고서 위에서 마우스 오른쪽 단추를 눌러 <디자인 보기>를 클릭합니다.

② '페이지 머리글' 구역 속성 시트 창의 [형식] 탭 중 [높이]에 '1cm'을 입력합니다.

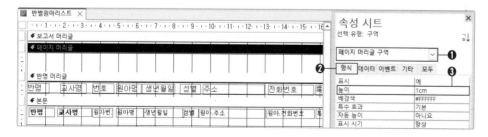

③ [보고서 디자인] 탭-[컨트롤] 그룹-[가가 (레이블)을 '페이지 머리글' 구역으로 드래그 앤 드롭 하여 '반별 원아리스트'를 입력합니다.

④ '제목' 레이블 속성 시트 창의 [모두] 탭 중 [이름]에 'lbl제목', [글꼴 이름]에 '휴먼매직체', [글꼴 크기]에 '20pt', [글꼴 두께]에 '아주 굵게'를 선택합니다.

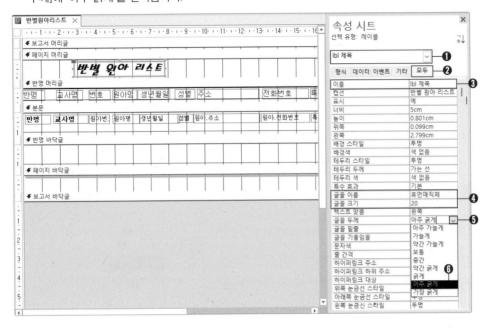

⑤ [보고서 디자인] 탭-[그룹화 및 요약] 그룹-[그룹화 및 정렬]을 클릭합니다.

⑥ '반명' 필드는 [정렬]에 '내림차순'으로 선택하고 [정렬 추가]를 눌러 '생년월일' 필드를 추가한 다음 [정렬]에 '오름차순'으로 선택합니다.

⑦ '본문' 영역에서 'txt반명', 'txt교사명' 컨트롤 속성 시트 창의 [형식] 탭 중 [중복 내용 숨기기]에 '예'을 선택합니다.

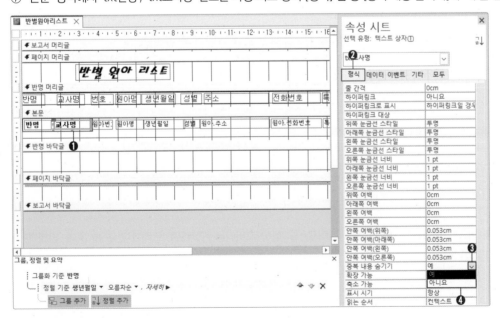

⑧ [보고서 디자인] 탭-[컨트롤] 그룹-[ﾃ￣ﾂ(텍스트 상자)]를 '반명 바닥글' 영역으로 드래그 앤 드롭 합니다.

⑨ 레이블 영역에서 [캡션]에 '인원수 : '를 입력하고, 텍스트 상자 속성 시트 창의 [모두] 탭 중 [이름]에 'txt인원수', [컨트롤 원본]에 '=Count(*) & "명"'을 입력합니다.

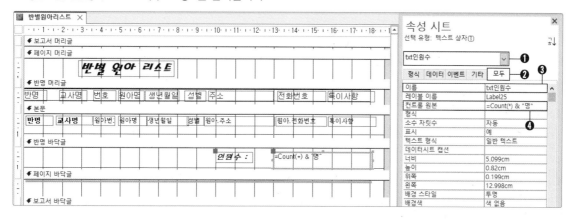

⑩ '반명 머리글' 영역 속성 시트 창의 [형식] 탭 중 [반복 실행 구역]에 '예'를 선택합니다.

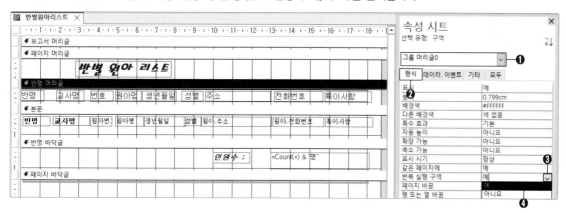

② <반정보> 폼에 이벤트 프로시저 작성

① <반정보> 폼 위에서 마우스 오른쪽 단추를 눌러 <디자인 보기>를 클릭합니다.

② '본문' 영역에서 '반정보출력'(cmd출력) 버튼 속성 시트 창의 [이벤트] 탭 중 [On Click]에 '코드 작성기'를 선택하고 <확인> 단추를 클릭합니다.

③ VBA 창에 다음과 같이 입력합니다.

※ InputBox에서 입력받은 반번호 자료에서 '반별원아리스트' 보고서(OpenReport)를 미리 보기(acViewPreview)로 열기합니다.

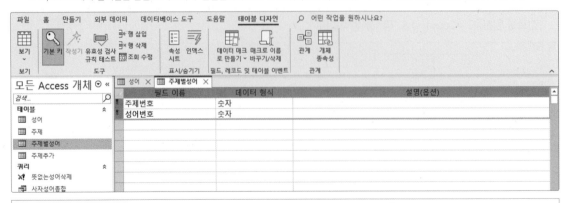

```
Private Sub cmd출력_Click( )
DoCmd.OpenReport "반별원아리스트", acViewPreview, , "반번호= ' " & InputBox("반정보를 입력하세요") & " ' "
End Sub
```

TIP

InputBox 형식

● InputBox("표시할 메시지", [제목], [기본값], [수평위치], [수직위치])

● 예) InputBox("점수를 입력하시오.", "점수 입력 화면", 0, 5,10)

문제 4 ▶ 처리 기능 구현 (35점)

1 <햇빛반조회> 조회 쿼리 작성

① [만들기] 탭-[쿼리] 그룹-[쿼리 디자인]을 클릭합니다.

② [테이블 추가] 대화상자의 [테이블] 탭에서 [Ctrl] 키를 누른 채 차례대로 <반정보>, <원아> 테이블을 선택하고 <선택한 표 추가> 단추를 클릭합니다.

③ '반명', '원아명', '전화번호', '성별' 필드를 선택합니다.

필드:	반명	원아명	전화번호	성별	
테이블:	반정보	원아	원아	원아	
정렬:					
표시:	☑	☑	☑	☑	☐
조건:					
또는:					

④ '반명' 필드는 [조건]에 '햇빛반'을 입력하고 <표시>를 해제합니다.

⑤ '원아명' 필드는 [정렬]에 '오름차순'으로 선택합니다.

필드:	반명	원아명	전화번호	성별	
테이블:	반정보	원아	원아	원아	
정렬:		오름차순			
표시:	☐	☑	☑	☑	☐
조건:	"햇빛반"				
또는:					

⑥ 빠른 실행 도구 모음에서 📙(저장)을 클릭합니다. [쿼리 이름]에 '햇빛반조회'로 입력합니다.

2 <특이사항있음> 쿼리 작성

① [만들기] 탭-[쿼리] 그룹-[쿼리 디자인]을 클릭합니다.

② [테이블 추가] 대화상자의 [테이블] 탭에서 Ctrl 키를 누른 채 차례대로 <반정보>, <원아> 테이블을 선택하고 <선택한 표 추가> 단추를 클릭합니다.

③ '반명', '원아명', '전화번호', '성별', '특이사항' 필드를 선택합니다.

④ '특이사항' 필드는 [조건]에 'Is Not Null'을 입력합니다.

필드:	반명	원아명	전화번호	성별	특이사항	
테이블:	반정보	원아	원아	원아	원아	
정렬:						
표시:	☑	☑	☑	☑	☑	☐
조건:					Is Not Null	
또는:						

TIP

● Is Null : Null인 것, 즉 비어 있는 필드

● Is Not Null : Null이 아닌 것, 즉 비어 있지 않은 필드

⑤ 빠른 실행 도구 모음에서 📙(저장)을 클릭합니다. [쿼리 이름]에 '특이사항있음'으로 입력합니다.

3 <성별인원수> 크로스탭 쿼리 작성

① [만들기] 탭-[쿼리] 그룹-[쿼리 디자인]을 클릭합니다.

② [테이블 추가] 대화상자의 [테이블] 탭에서 **Ctrl** 를 누른 채 차례대로 <반정보>, <원아> 테이블을 선택하고 <선택한 표 추가> 단추를 클릭합니다.

③ '성별', '반명' 필드는 선택하고, '원아번호의개수: 원아번호', '전체합: 원아번호' 필드는 입력합니다.

필드:	성별	반명	원아번호의개수: 원아	전체합: 원아번호	
테이블:	원아리스트	원아리스트	원아리스트	원아리스트	
정렬:					
표시:	☑	☑	☑	☑	☐
조건:					
또는:					

④ [쿼리 디자인] 탭-[쿼리 유형] 그룹-[크로스탭]을 클릭합니다.

⑤ '성별' 필드는 [요약]에 '묶는 방법', [크로스탭]에 '행 머리글'을 선택합니다.

⑥ '반명' 필드는 [요약]에 '묶는 방법', [크로스탭]에 '열 머리글'을 선택합니다.

⑦ '원아번호의개수: 원아번호' 필드는 [요약]에 '개수', [크로스탭]에 '값'을 선택합니다.

⑧ '전체합: 원아번호' 필드는 [요약]에 '개수', [크로스탭]에 '행 머리글'을 선택합니다.

필드:	성별	반명	원아번호의개수: 원아번호	전체합: 원아번호	
테이블:	원아리스트	원아리스트	원아리스트	원아리스트	
요약:	묶는 방법	묶는 방법	개수	개수	
크로스탭:	행 머리글	열 머리글	값	행 머리글	
정렬:					
조건:					
또는:					

⑨ '원아번호의개수: 원아번호' 필드 속성 시트 창의 [일반] 탭 중 [형식]에 '0 "명"'을 입력하고 이와 같이 '전체합: 원아
번호' 필드는 [형식]에 '0 "명"'을 입력합니다.

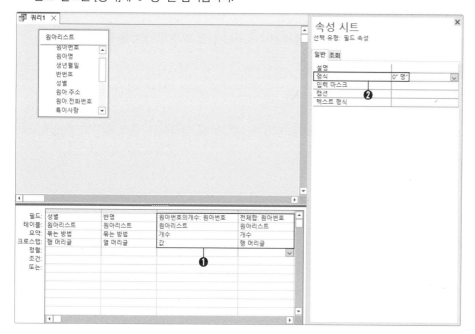

⑩ 빠른 실행 도구 모음에서 📁(저장)을 클릭합니다. [쿼리 이름]에 '성별인원수'를 입력합니다.

▣ <원아찾기> 매개 변수 쿼리 작성

① [만들기] 탭-[쿼리] 그룹-[쿼리 디자인]을 클릭합니다.

② [테이블 추가] 대화상자의 [테이블] 탭에서 **Ctrl** 키를 누른 채 차례대로 <교사>, <반정보>, <원아> 테이블을 선택
하고 <선택한 표 추가> 단추를 클릭합니다.

③ '교사명', '반명', '원아명', '생년월일', '전화번호' 필드를 선택합니다.

④ '원아명' 필드는 [조건]에 'Like "*" & [원아명의 일부를 입력하시오] & "*"'을 입력합니다.

⑤ '생년월일' 필드는 [정렬]에 '오름차순'을 선택합니다.

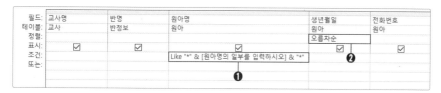

⑥ 빠른 실행 도구 모음에서 📁(저장)을 클릭합니다. [쿼리 이름]에 '원아찾기'를 입력합니다.

5 **<전학인원삭제> 삭제 쿼리 작성**

① [만들기] 탭-[쿼리] 그룹-[쿼리 디자인]을 클릭합니다.

② [테이블 추가] 대화상자의 [쿼리] 탭에서 <원아> 테이블을 선택하고 <선택한 표 추가> 단추를 클릭합니다.

③ '생년월일', '주소' 필드를 선택합니다.

④ [쿼리 디자인] 탭-[쿼리 유형] 그룹-[삭제()]를 클릭합니다.

⑤ '생년월일' 필드의 조건에 `>=#2015-01-01# And <=#2015-12-31#`를 입력하고 '주소' 필드의 조건에 `Like "서울*"`을 입력합니다.

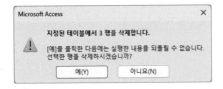

⑥ 빠른 실행 도구 모음에서 📙(저장)을 클릭합니다. [쿼리 이름]에 '전학인원삭제'를 입력하고 <확인> 단추를 클릭합니다.

⑦ [쿼리 디자인] 탭-[결과] 그룹-[실행]을 클릭하고 다음 대화상자에서 <예> 단추를 클릭하면 삭제가 되어 테이블에 저장됩니다.

> **Microsoft Access** ✕
>
> ⚠ 지정된 테이블에서 3 행을 삭제합니다.
>
> [예]를 클릭한 다음에는 실행한 내용을 되돌릴 수 없습니다.
> 선택한 행을 삭제하시겠습니까?
>
> [예(Y)] [아니요(N)]

⑧ <원아> 테이블을 <열기>하여 결과를 확인합니다.

컴퓨터활용능력 실전모의고사 5회

프로그램명	제한시간
ACCESS 2021	45분

수 험 번 호 :

성   명 :

1급 │ A형

01 일상생활에 유용한 사자성어를 관리하기 위하여 데이터베이스를 구축하고자 한다. 다음의 지시사항에 따라 각각 테이블을 완성하시오. (각 3점)

① <성어> 테이블의 '사자성어' 필드에는 중복된 값이 입력될 수 없도록 인덱스를 설정하시오.

② <성어> 테이블의 '사자성어' 필드에는 4글자의 문자만이 입력될 수 있도록 '유효성 검사 규칙'을 설정하시오.

③ <성어> 테이블의 '한자성어' 필드에는 값이 반드시 입력되도록 설정하고, 중복된 값이 입력될 수 없도록 인덱스를 설정하시오.

④ <성어> 테이블의 '뜻' 필드는 'IME 모드'를 '한글'로 설정하시오.

⑤ <주제별성어> 테이블에 대해 '주제번호'와 '성어번호' 필드를 기본키(Primary Key)로 설정하시오.

02 <주제> 테이블의 '주제번호' 필드는 <주제별성어> 테이블의 '주제번호' 필드를 참조하며, 테이블 간의 관계는 일대다(1:M)이다. 테이블에 대해 다음과 같이 관계를 설정하시오. (5점)

▶ 각 테이블 간에 항상 참조 무결성을 유지하도록 설정하시오.

▶ 참조 필드의 값이 변경되면 관련 필드의 값도 변경되도록 설정하시오.

▶ 다른 테이블에서 참조하고 있는 레코드는 삭제할 수 없도록 설정하시오.

03 <외부 데이터 가져오기> 기능을 이용하여 <사자성어.xlsx> 파일을 가져와 <사자성어> 테이블을 생성하시오. (5점)

▶ 첫 행에 열 머리글이 있음

▶ 번호 필드는 정수(Long) 형

▶ 기본 키는 없음

01 <주제별성어입력>, <주제별성어목록> 폼을 다음의 화면과 지시사항에 따라 완성하시오. (각 3점)

① 본문 상단에 '주제별 사자성어'라는 제목의 'lbl제목' 컨트롤에 글꼴 크기는 18, 아주 굵게 표시하시오.

② 본문의 'txt주제번호', 'txt주제', 'txt의미'에 각각 '주제번호', '주제', '의미' 필드를 바운드 시키시오.

③ 폼 바닥글의 'txt개수' 컨트롤이 레코드의 개수를 표시하도록 설정하시오.

▶ 예) 개수 : 5개

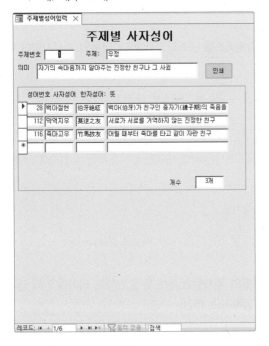

02 <성어참조> 폼의 '조회'(cmd조회) 버튼을 클릭하면 다음과 같이 조회 기능을 수행하도록 이벤트 프로시저를 구현하시오. (6점)

▶ '사자성어' 필드의 일부가 'txt조회'에 입력된 글자와 동일한 레코드를 표시하도록 설정하시오.

▶ 예) '새옹'으로 조회하는 경우 '새옹득실', '새옹지마'가 조회되도록 하시오.

▶ Filter와 FilterOn 속성을 이용하시오.

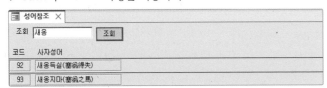

03 <주제별성어입력> 폼의 '인쇄'(cmd인쇄) 버튼을 클릭하면 다음과 같은 기능을 수행하도록 <주제별매크로> 매크로를 생성하여 지정하시오. (5점)

▶ <주제별사자성어> 보고서를 '인쇄 미리 보기'의 형태로 여시오.

▶ 단, 'txt주제번호'에 입력된 주제에 해당하는 사자성어만을 표시하도록 하시오.

01 다음의 지시사항 및 <그림>을 참조하여 <주제별사자성어> 보고서를 완성하시오. (각 3점)

① 보고서 머리글 영역의 'lbl제목'이 매 페이지마다 표시되도록 컨트롤을 이동하고 보고서 머리글 영역의 높이를 '0cm'으로 설정하시오.

② '주제' 필드를 기준으로 내림차순으로 정렬하고 같은 주제이면 '주제번호' 필드의 오름차순으로 정렬하여 표기하시오.

③ 주제 바닥글 영역에 실선(Line)으로 이름은 'line바닥선' 컨트롤을 작성하고 두께는 '2pt'로 설정하시오.

④ 본문 영역의 'txt순번' 컨트롤은 해당 그룹내에서의 일련번호를 표시하도록 설정하시오.

⑤ 주제 머리글 영역의 'txt개수' 컨트롤에는 <그림>과 같이 레코드 개수를 표시하도록 설정하시오.

▶ 레코드 개수가 2개이면 '총 2개'와 같이 표시

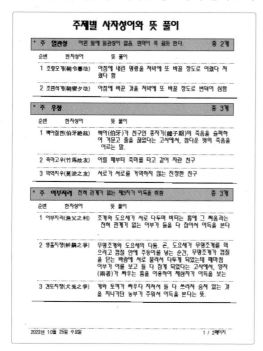

02 <성어참조> 폼의 'txt사자성어' 컨트롤에 포커스가 옮겨가는(GotFocus) 경우 현재 선택된 사자성어의 뜻을 표시하도록 이벤트 프로시저를 구현하시오. (5점)

▶ <그림>을 참조하여 메시지 박스로 표시

01 <성어> 테이블을 이용하여 사자성어중 'ㄱ'으로 시작되는 성어로부터 'ㅅ'이전까지의 성어를 조회하는 <ㄱ 에서ㅅ이전사자성어> 쿼리를 작성하시오. (7점)

▶ 사자성어를 기준으로 오름차순 정렬하여 표시하시오.

▶ 쿼리 실행 결과 표시되는 필드와 필드명은 <그림>과 같이 표시되도록 설정하시오.

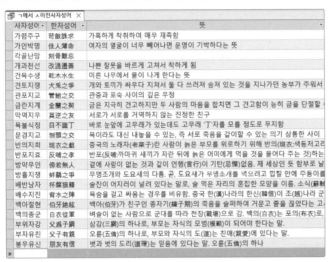

02 <성어> 테이블에서 '뜻' 필드의 값을 변경하는 업데이트(Update) 쿼리를 작성하시오. (7점)

▶ '뜻' 필드에 아무런 값이 들어있지 않은 경우 레코드의 '뜻' 필드에 '내용 없음'으로 문자를 입력하시오.

▶ 업데이트(Update) 질의를 작성하고 이를 실행하시오.

▶ 쿼리의 이름은 <뜻없는성어>로 설정하시오. 단, 한 번만 실행하시오.

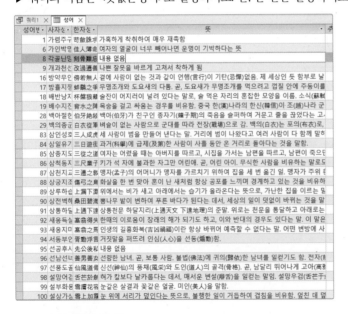

03 <사자성어종합> 쿼리를 이용하여 다음과 같은 기능을 수행하는 <검색어관련성어> 쿼리를 작성하시오. (7점)

▶ '검색어'를 매개 변수로 하는 쿼리를 작성하시오.

▶ 예를 들어 '뜻'에 '친구'라는 글자가 들어가는 성어의 '주제', '사자성어', '한자성어', '뜻'을 조회하시오.

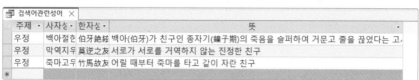

04 주제별, 의미별로 주제건수를 조회하는 <주제별건수조회> 크로스탭 쿼리를 작성하시오. (7점)

▶ <주제>, <주제별성어> 테이블을 이용하시오.

▶ 쿼리 실행 결과 표시되는 필드와 필드명은 <그림>과 같이 표시되도록 설정하시오.

의미	총개수	무식함	변화	불가능	어부지리	우정	일관성
불가능한 일을 굳이 하려함	3 건			3			
세상이 크게 변함, 10년이면 강산도 변	2 건		2				
아주 무식함. 낫 놓고 기역자도 모른다	4 건	4					
어떤 일에 일관성이 없음. 변덕이 죽 끓	2 건						2
자기의 속마음까지 알아주는 진정한 친	3 건					3	
전혀 관계가 없는 제3자가 이득을 취함	3 건				3		

05 <성어> 테이블을 이용하여 성어번호, 사자성어, 뜻을 조회하는 <효와관련된> 쿼리를 작성하시오. (7점)

▶ <성어> 테이블을 이용하시오.

▶ '사자성어'에 '효'가 들어가거나 '뜻'에 '부모'가 들어가는 내용을 조회대상으로 하시오.

▶ '글자수' 필드는 '뜻'의 공백을 포함한 글자수를 나타내고 오름차순 정렬하여 표시하시오. (Len 함수 사용)

▶ 쿼리 실행 결과 표시되는 필드와 필드명은 <그림>과 같이 표시하도록 설정하시오.

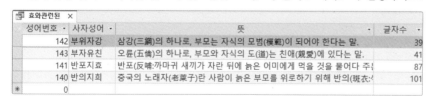

실전모의고사 5회 정답 및 해설

📁 작업 파일 : C:₩2024_컴활1급₩데이터베이스₩작업파일₩실전모의고사₩실전모의고사 5회_문제.accdb
💾 완성 파일 : C:₩2024_컴활1급₩데이터베이스₩완성파일₩실전모의고사₩실전모의고사 5회_정답.accdb

정답

문제 1 ▶ DB 구축 (25점)

01 <성어>, <주제별성어> 테이블 완성

지시사항	테이블명	필드명	필드 속성 및 기본키	설정 값
①	성어	사자성어	인덱스	예(중복 불가능)
②			유효성 검사 규칙	Len([사자성어])=4
③		한자성어	필수	예
			인덱스	예(중복 불가능)
④		뜻	IME 모드	한글
⑤	주제별 성어	주제번호	기본 키 설정	
		성어번호		

02 관계 설정

① [데이터베이스 도구]-[관계] 그룹의 [관계(🔲)]를 클릭

② 관계 편집

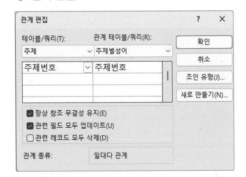

03 외부 데이터 가져오기

① [외부 데이터] 탭-[가져오기 및 연결] 그룹-[새 데이터 원본]-[파일에서]-[Excel]를 클릭합니다.

② '사자성어.xlsx'파일을 불러온 다음 첫 번째 행은 열 머리글, 기본 키 없음

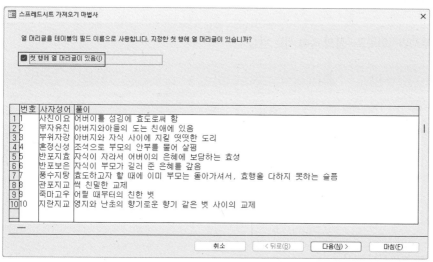

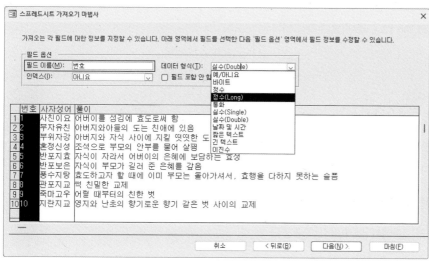

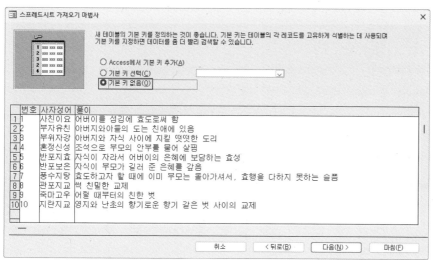

01 <주제별성어입력>, <주제별성어목록> 폼의 속성 시트 완성

지시사항	영역	개체명	탭	항목	설정 값
①	본문	lbl정보	형식	글꼴 크기	18
				글꼴 두께	아주 굵게
②	본문	txt주제번호	데이터	컨트롤 원본	주제번호
		txt주제			주제
		txt의미			의미
③	폼 바닥글	txt개수	데이터	컨트롤 원본	=Count(*)&"개"

02 <성어참조> 폼의 이벤트 프로시저 작성

① [속성 시트]–[이벤트] 탭의 'On Click'에서 [코드 작성기]

② VBA 코드 작성

```
Private Sub cmd조회_Click( )
Me.Filter = "사자성어 like '*" & txt조회 & "*'"
Me.FilterOn = True
End Sub
```

03 <성어참조> 폼의 이벤트 프로시저 작성

① [만들기]–[매크로 및 코드] 그룹에서 [매크로( )]를 클릭

② [주제별매크로] 작성

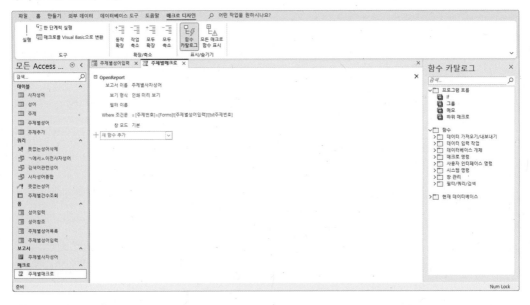

01 <주제별사자성어> 보고서 완성

지시사항	영역	개체명	탭	항목	설정 값
①	보고서 머리글	lbl제목		페이지 머리글로 이동	
			형식	높이	0
②	[그룹, 정렬 및 요약]에서 '주제'는 '내림차순', 정렬 추가하여 ' 주제번호'의 '오름차순'				
③	주제번호 바닥글	line바닥선	모두	이름	line바닥선
				테두리 두께	2pt
④	본문	txt순번	데이터	컨트롤 원본	=1
				누적합계	그룹
⑤	주제 머리글	txt개수	데이터	컨트롤 원본	="총" & Count(*) & "개"

②에 해당하는 [그룹, 정렬 및 요약] 대화상자:

그룹, 정렬 및 요약 ×

그룹화 기준 주제
　└ 정렬 기준 주제번호 ▼ 오름차순 ▼ , 자세히 ▶　　　　　　　 ⬆ ⬇ ✕
　　　📇 그룹 추가 🔽 정렬 추가

02 <성어참조> 폼에 이벤트 프로시저 작성

① [속성 시트]–[이벤트] 탭의 'On Got Focus'에서 [코드 작성기]를 클릭

② VBA 코드 작성

```
Private Sub txt사자성어_GotFocus( )
MsgBox 사자성어 & ":" & vbCrLf & 뜻, , "사자성어 뜻"
End Sub
```

문제4 ▶ 처리 기능 구현 (35점)

01 <ㄱ에서ㅅ이전사자성어> 조회 쿼리

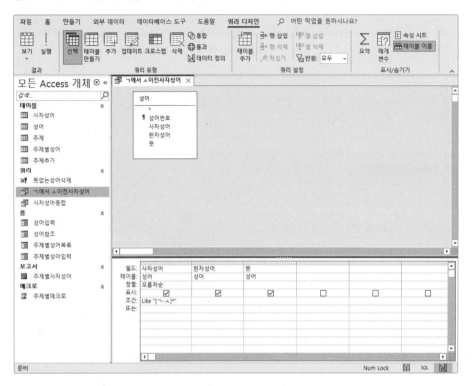

02 <뜻없는성어> 업데이트 쿼리

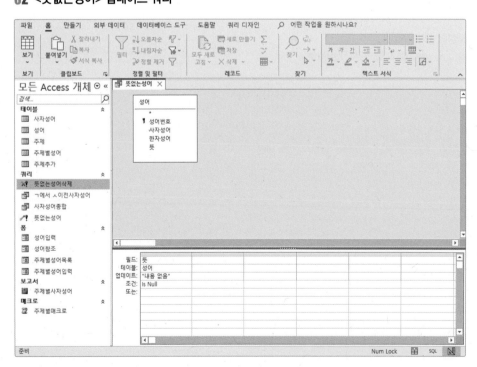

03 <검색어관련성어> 매개 변수 쿼리

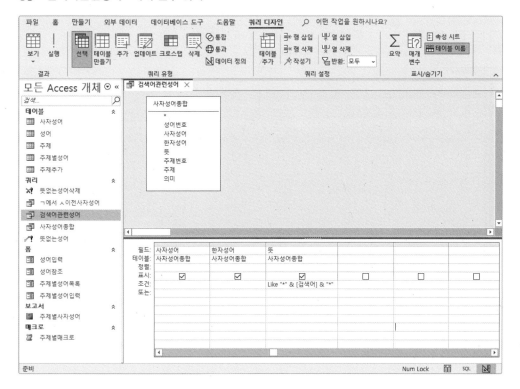

04 <주제별건수조회> 크로스탭 쿼리

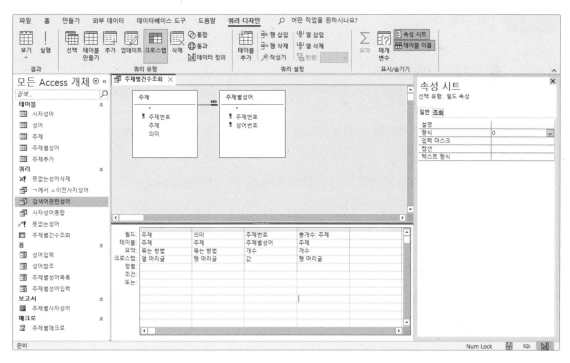

05 <효와관련된> 조회 쿼리

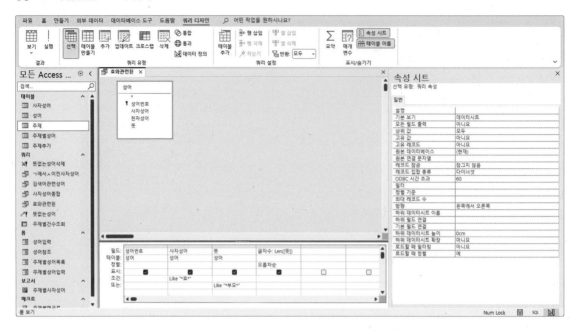

해설

문제 1 ▶ **DB 구축** (25점)

1 <성어>, <주제별성어> 테이블 완성

① <성어> 테이블 위에서 마우스 오른쪽 단추를 눌러 <디자인 보기>를 클릭합니다.

② '사자성어' 필드의 속성은 [인덱스]에 '예(중복 불가능)'으로 선택하고 [유효성 검사 규칙]에 'Len([사자성어])=4'를 입력합니다.

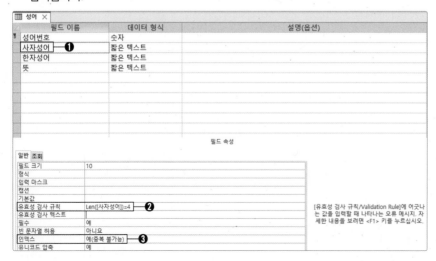

③ '한자성어' 필드의 속성은 [필수]에 '예', [인덱스]에 '예(중복 불가능)'을 선택합니다.

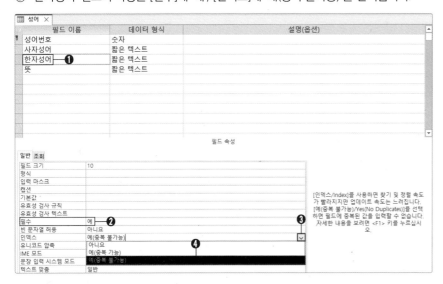

④ '뜻' 필드의 속성은 [IME 모드]에 '한글'을 선택합니다.

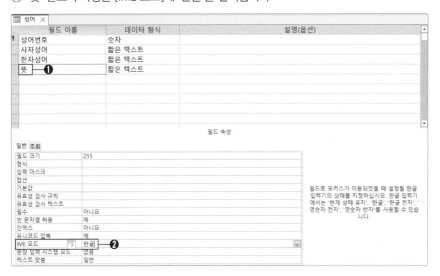

⑤ <주제별성어> 테이블의 바로 가기 메뉴에서 <디자인 보기>를 클릭합니다.

⑥ '주제번호' 필드와 '성어번호' 필드의 [행 선택기]를 드래그하여 선택하고 [테이블 디자인] 탭- [도구] 그룹-[기본 키]를 클릭합니다.

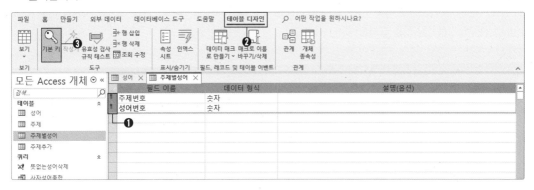

2 관계 설정

① [데이터베이스 도구] 탭-[관계] 그룹-[관계]를 클릭합니다.

② [관계] 그룹-[테이블 추가]를 클릭합니다. [테이블 추가] 대화상자의 [테이블] 탭에서 **Ctrl** 키를 누른 채 차례대로 <주제>, <주제별성어> 테이블을 선택하고 <선택한 표 추가> 단추를 클릭합니다.

③ <주제> 테이블의 '주제번호' 필드를 <주제별성어> 테이블의 '주제번호' 필드로 드래그 앤 드롭 합니다.

④ [관계 편집] 대화상자에서 '항상 참조 무결성 유지', '관련 필드 모두 업데이트'를 선택하고 <만들기> 단추를 클릭합니다.

※ '일대다(1:M)'의 관계가 설정됩니다.

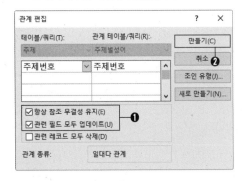

⑤ [관계] 창이 다음과 같이 표시됩니다. 빠른 실행 도구 모음에서 🖫(저장)을 눌러 변경된 내용을 저장합니다. [관계 디자인] 탭-[관계] 그룹-[닫기]를 클릭합니다.

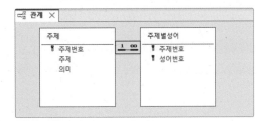

③ 외부 데이터 가져오기

① [외부 데이터] 탭-[가져오기 및 연결] 그룹-[새 데이터 원본]-[파일에서]-[Excel]을 클릭합니다.

② [외부 데이터 가져오기 – Excel 스프레드시트] 대화상자에서 [데이터 원본 및 대상 선택] 창의 <찾아보기> 단추를 클릭하여 파일 이름은 'C:₩2024_컴활1급₩데이터베이스₩작업파일₩실전모의고사₩사자성어.xlsx'를 선택합니다.

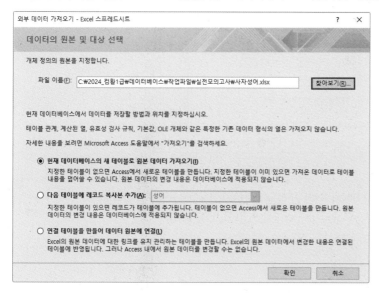

③ [외부 데이터 가져오기 – Excel 스프레드시트] 대화상자에서 저장할 방법과 위치는 '현재 데이터베이스의 새 테이블로 원본 데이터 가져오기(I)'를 선택하고 <확인> 단추를 클릭합니다.

④ [스프레드시트 가져오기 마법사] 대화상자에서 '첫 행에 열 머리글이 있음'를 선택하고 <다음> 단추를 클릭합니다.

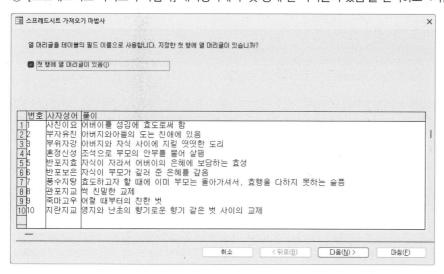

⑤ [스프레드시트 가져오기 마법사] 대화상자에서 필드 옵션의 필드 이름은 '번호', 데이터 형식은 '정수(Long)'를 선택하고 <다음> 단추를 클릭합니다.

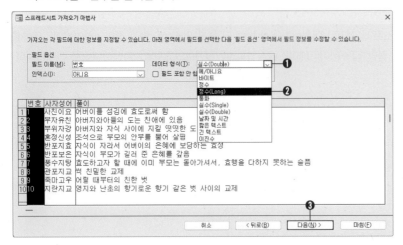

⑥ [스프레드시트 가져오기 마법사] 대화상자에서 '기본 키 없음'을 선택하고 <다음> 단추를 클릭합니다.

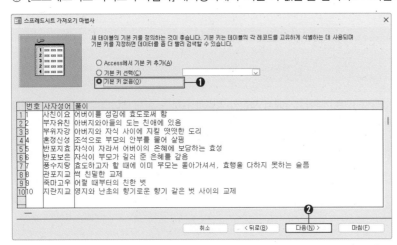

⑦ [스프레드시트 가져오기 마법사] 대화상자의 테이블 가져오기에 테이블 이름을 '사자성어'로 입력하고 <마침> 단추를 클릭합니다.

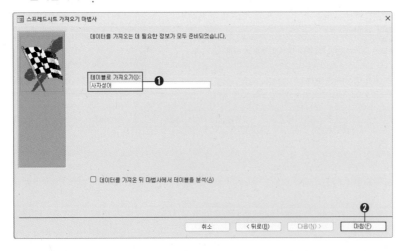

1 <주제별성어입력> 폼의 완성

① <주제별성어입력> 폼 위에서 마우스 오른쪽 단추를 눌러 <디자인 보기>를 클릭합니다.

② '본문' 영역에서 'lbl제목' 컨트롤 속성 시트 창의 [모두] 탭 중 [글꼴 크기]에 '18pt', [글꼴 두께]에 '아주 굵게'를 선택합니다.

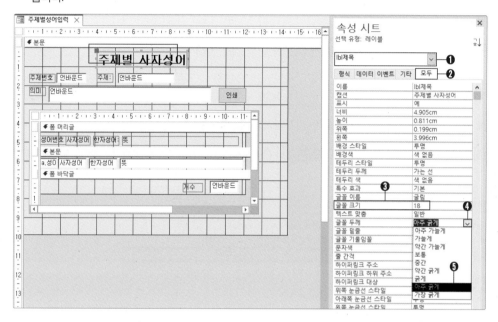

③ 'txt주제번호' 컨트롤 속성 시트 창의 [데이터] 탭 중 [컨트롤 원본]에 '주제번호'로 선택하고 이와 같이 'txt주제' 컨트롤은 [컨트롤 원본]에 '주제', 'txt의미' 컨트롤은 [컨트롤 원본]에 '의미'를 바운드합니다.

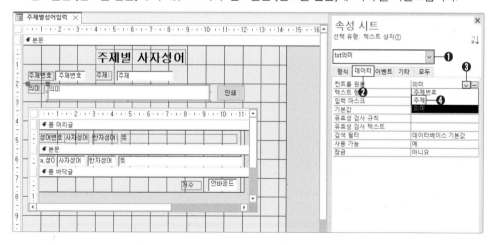

④ '폼 바닥글' 영역에서 'txt개수' 컨트롤 속성 시트 창의 [데이터] 탭 중 [컨트롤 원본]에 '=Count(*) & "개"'를 입력합니다.

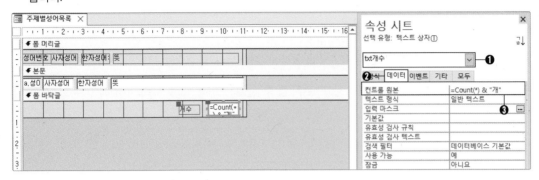

2 <성어참조> 폼에 이벤트 프로시저 작성

① <성어참조> 폼 위에서 마우스 오른쪽 단추를 눌러 <디자인 보기>를 클릭합니다.

② '조회'(cmd조회) 버튼 속성 시트 창의 [이벤트] 탭 중 [On Click]에 '코드 작성기'를 선택하고 <확인> 단추를 클릭합니다.

③ VBA 창에 다음과 같이 입력합니다.

```
Private Sub cmd조회_Click( )
Me.Filter = "사자성어 like '*" & txt조회 & "*'"
Me.FilterOn = True
End Sub
```

④ Alt + Q 키를 눌러 액세스 창으로 돌아옵니다.

※ 기존의 프로시저는 수정하지 않습니다.

③ <주제별성어입력> 폼의 이벤트 프로시저 작성

① [만들기] 탭-[매크로 및 코드] 그룹-[매크로]를 클릭합니다.

② [새 함수 추가]에서 <OpenReport>를 선택합니다.

③ [보고서 이름]에 '주제별사자성어', [보기 형식]에 '인쇄 미리 보기'를 선택합니다.

④ [Where 조건문]에 '[주제번호]=[Forms]![주제별성어입력]![txt주제번호]'를 입력합니다.

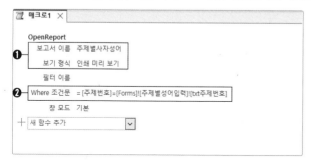

⑤ 빠른 실행 도구 모음에서 🔛(저장)을 클릭합니다. [매크로 이름]에 '주제별매크로'를 입력합니다.

⑥ <주제별성어입력> 폼 위에서 마우스 오른쪽 단추를 눌러 <디자인 보기>를 클릭합니다.

⑦ '인쇄'(cmd인쇄) 버튼 속성 시트 창의 [이벤트] 탭 중 [On Click]에 '주제별매크로'를 선택합니다.

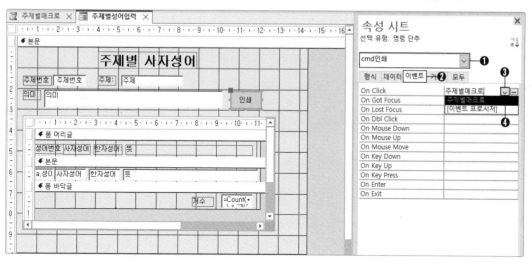

1 <주제별사자성어> 보고서 완성

① <주제별사자성어> 보고서 위에서 마우스 오른쪽 단추를 눌러 <디자인 보기>를 클릭합니다.

② '보고서 머리글' 영역에서 'lbl제목' 컨트롤을 드래그 앤 드롭 하여 '페이지 머리글' 영역을 이동합니다.

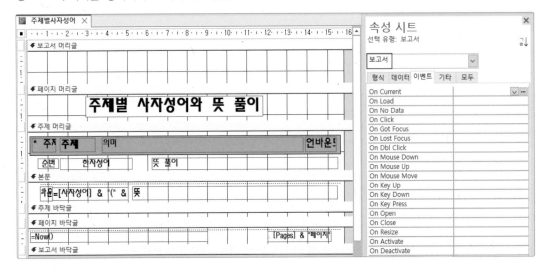

③ '보고서 머리글' 영역 속성 시트 창의 [형식] 탭 중 [높이]에 '0'을 입력합니다.

④ [보고서 디자인] 탭-[그룹화 및 요약] 그룹-[그룹화 및 정렬]을 클릭합니다.

⑤ '주제' 필드는 [정렬]에 '내림차순'으로 선택하고 [정렬 추가]를 눌러 '주제번호' 필드를 추가한 다음 [정렬]에 '오름차순'을 선택합니다.

⑥ [양식 디자인] 탭-[컨트롤] 그룹-[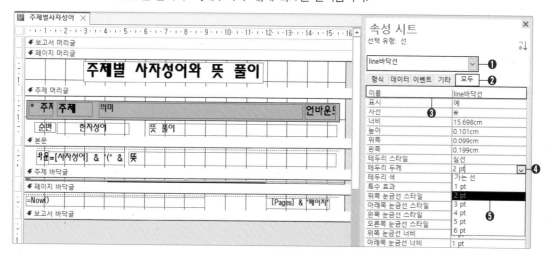(선)]을 '주제번호 바닥글' 영역에서 드래그합니다. 속성 시트 창의 [모두] 탭 중 [이름]에 'line바닥선'을 입력하고 [테두리 두께]에 '2pt'를 선택합니다.

⑦ '본문' 영역에서 'txt순번' 컨트롤 속성 시트 창의 [데이터] 탭 중 [컨트롤 원본]에 '=1'을 입력하고 [누적 합계]에 '그룹'을 선택합니다.

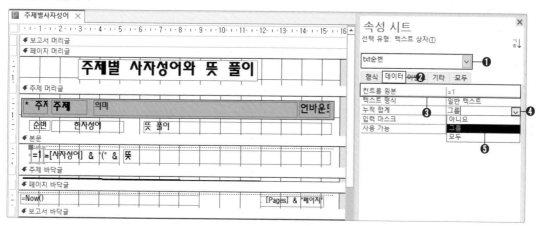

⑧ '주제 머리글' 영역에서 'txt개수' 컨트롤 속성 시트 창의 [데이터] 탭 중 [컨트롤 원본]에 '="총 " & Count(*) & "개"'를 입력합니다.

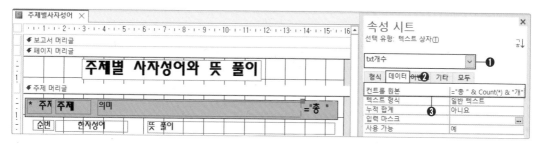

2 <성어참조> 폼에 이벤트 프로시저 작성

① <성어참조> 폼 위에서 마우스 오른쪽 단추를 눌러 <디자인 보기>를 클릭합니다.

② '본문' 영역에서 'txt사자성어' 컨트롤 속성 시트 창의 [이벤트] 탭 중 [On Got Focus]에 '코드 작성기'를 선택하고 <확인> 단추를 클릭합니다.

③ VBA 창에 다음과 같이 입력을 합니다.

※ 메시지 박스에 '사자성어' 필드를 표시하고 줄바꿈(vbCrLf)한 후 사자성어 '뜻'을 표시합니다.

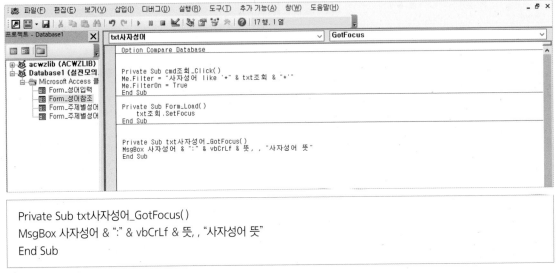

```
Private Sub txt사자성어_GotFocus( )
MsgBox 사자성어 & ":" & vbCrLf & 뜻, , "사자성어 뜻"
End Sub
```

TIP

vbCrLf : 줄 바꿈 개행 문자

④ Alt + Q 키를 눌러 액세스 창으로 돌아옵니다.

▓ <ㄱ에서ㅅ이전사자성어> 추가 쿼리 작성

① [만들기] 탭-[쿼리] 그룹-[쿼리 디자인]을 클릭합니다.

② [테이블 추가] 대화상자의 [테이블] 탭에서 <성어> 테이블을 선택하고 <선택한 표 추가> 단추를 클릭합니다.

③ '사자성어', '한자성어', '뜻' 필드를 선택합니다.

필드:	사자성어	한자성어	뜻	∨
테이블:	성어	성어	성어	
정렬:				
표시:	☑	☑	☑	☐
조건:				
또는:				

④ '사자성어' 필드는 [정렬]에 '오름차순'으로 선택하고 [조건]에 'Like "[ㄱ-ㅅ]*"'을 입력합니다.

※ 마지막 'ㅅ' 문자는 포함되지 않고 그 이전까지 포함됩니다.

⑤ 빠른 실행 도구 모음에서 🖫(저장)을 클릭합니다. [쿼리 이름]에 'ㄱ에서ㅅ이전사자성어'를 입력합니다.

② <뜻없는성어> 업데이트 쿼리 작성

① [만들기] 탭-[쿼리] 그룹-[쿼리 디자인]을 클릭합니다.

② [테이블 추가] 대화상자의 [테이블] 탭에서 <성어> 테이블을 선택하고 <선택한 표 추가> 단추를 클릭합니다.

③ '뜻' 필드를 선택하고 [조건]에 'Is Null'을 입력합니다.

④ [쿼리 디자인] 탭-[쿼리 유형] 그룹-[업데이트]를 클릭하고 [업데이트]에 '내용 없음'을 입력합니다.

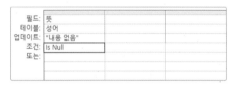

TIP

업데이트 쿼리의 필드명
쿼리를 실행하면 업데이트 대상이 되지 않는 필드는 선택하여도 표시되지 않습니다.

⑤ [쿼리 디자인] 탭-[결과] 그룹-[실행]을 눌러 실행시킵니다. 다음의 창에서 <예> 단루를 클릭합니다.
   ※ 단 업데이트는 한 번만 실행합니다.

> Microsoft Access   ×
>
> ⚠ **5 행을 새로 고칩니다.**
>
>   [예]를 클릭한 다음에는 변경한 내용을 되돌릴 수 없습니다.
>   이 레코드를 업데이트하시겠습니까?
>
>   예(Y)   아니요(N)

⑥ <성어> 테이블을 <열기>하여 업데이트된 내용을 확인합니다.

⑦ 빠른 실행 도구 모음에서 💾 (저장)을 클릭합니다. [쿼리 이름]에 '뜻없는성어'를 입력합니다.

③ <검색어관련성어> 매개 변수 쿼리 작성

① [만들기] 탭-[쿼리] 그룹-[쿼리 디자인]을 클릭합니다.

② [테이블 추가] 대화상자의 [쿼리] 탭에서 <사자성어종합> 쿼리를 선택하고 <선택한 표 추가> 단추를 클릭합니다.

③ '주제', '사자성어', "한자성어', '뜻' 필드를 선택합니다.

④ '뜻' 필드는 [조건]에 'Like "*" & [검색어] & "*"'을 입력합니다.

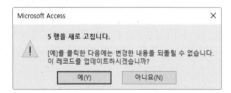

⑤ [쿼리 디자인] 탭-[결과] 그룹-[실행]을 눌러 검색어를 입력합니다.

⑥ 빠른 실행 도구 모음에서 📙(저장)을 클릭합니다. [쿼리 이름]에 '검색어관련성어'를 입력합니다.

4 <주제별건수조회> 크로스탭 쿼리 작성

① [만들기] 탭-[쿼리] 그룹-[쿼리 디자인]을 클릭합니다.

② [테이블 추가] 대화상자의 [테이블] 탭에서 **Ctrl** 키를 누른 채 차례대로 <주제>, <주제별성어> 테이블을 선택하고 <선택한 표 추가> 단추를 클릭합니다.

③ '주제', '의미', '주제번호' 필드를 선택하고, '총개수:주제' 필드는 입력합니다.

④ [쿼리 디자인] 탭-[쿼리 유형] 그룹-[크로스탭]를 클릭합니다.

⑤ [요약]에 '주제번호', '총개수:주제' 필드는 '개수'를 선택합니다.

⑥ [크로스탭]에 '주제' 필드는 '열 머리글', '의미' 필드는 '행 머리글', '주제번호' 필드는 '값', '총개수:주제' 필드는 '행 머리글'을 선택합니다.

⑦ '총개수: 주제' 필드 속성 시트 창의 [일반] 탭 중 [형식]에 '0" 건"'으로 입력합니다.

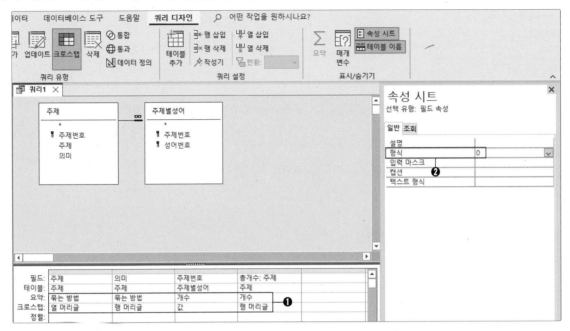

⑧ 빠른 실행 도구 모음에서 📊(저장)을 클릭합니다. [쿼리 이름]에 '주제별건수조회'를 입력합니다.

5 <효와관련된> 쿼리 작성

① [만들기] 탭-[쿼리] 그룹-[쿼리 디자인]을 클릭합니다.

② [테이블 추가] 대화상자의 [쿼리] 탭에서 <성어> 테이블을 선택하고 <선택한 표 추가> 단추를 클릭합니다.

③ '성어번호', '사자성어', '뜻' 필드를 선택하고 '글자수: Len([뜻])'을 입력합니다.

④ '사자성어' 필드의 [조건]에 'Like "*효*"'를 입력 후 '뜻' 필드의 [또는]에 'Like "*부모*"'를 입력하고 '글자수' 필드의 [정렬]은 '오름차순'을 선택합니다.

⑤ 빠른 실행 도구 모음에서 📊(저장)을 클릭합니다. [쿼리 이름]에 '효와관련된'을 입력하고 <확인> 단추를 클릭합니다.

컴퓨터활용능력
1급 실기

PART 04
최신기출유형

※ 'C:₩2024_컴활1급₩데이터베이스₩작업파일₩최신기출유형' 폴더를 이용하여 최신기출
  유형 문제를 해결합니다.

컴퓨터활용능력 최신기출유형 1회

프로그램명	제한시간
ACCESS 2021	45분

수 험 번 호 :

성   명 :

1급 | A형

유의사항

● 인적 사항 누락 및 잘못 작성으로 인한 불이익은 수험자 책임으로 합니다.

● 화면에 암호 입력창이 나타나면 아래의 암호를 입력하여야 합니다.

– 암호 : 5745%2

● 작성된 답안은 주어진 경로 및 파일명을 변경하지 마시고 그대로 저장해야 합니다. 이를 준수하지 않으면 실격처리 됩니다.

– 답안 파일명의 예 : C:₩DB₩수험번호 8자리.accdb

● 외부데이터 위치 : C:₩DB₩파일명

● 별도의 지시사항이 없는 경우, 다음과 같이 처리하면 실격 처리됩니다.

– 제시된 개체의 이름을 임의로 변경한 경우
– 제시된 개체의 속성을 임의로 변경한 경우
– 제시된 개체를 임의로 삭제하거나 추가한 경우

● 별도의 지시사항이 없는 경우, 기능의 구현은 모듈이나 매크로 등을 이용하며, 예외적인 상황에 대해서는 고려하지 않아도 됩니다.

● 제시된 함수가 있을 경우 제시된 함수만을 사용하여야 하며, 그 외 함수 사용시 채점 대상에서 제외됩니다.

● 별도의 지시사항이 없는 경우, 주어진 각 개체의 속성은 설정값 또는 기본 설정값 (Default)으로 처리하십시오.

● 제시된 화면은 예시이며 나타난 값은 실제와 다를 수 있습니다.

● 저장 시간은 별도로 주어지지 아니하므로 제한된 시간 내에 저장을 완료해야 합니다.

● 본 문제의 용어는 MS Office LTSC Professional Plus 2021 기준으로 작성되었습니다.

01 씨앗을 판매하는 업무를 수행하기 위한 데이터베이스를 구축하고자 한다. 다음의 지시사항에 따라 각 테이블을 완성하시오. (각 3점)

    ① <씨앗> 테이블의 '씨앗코드' 필드는 'A0000'과 같은 형태로 영문 대문자 1개와 숫자 4개가 반드시 입력되도록 입력 마스크를 설정하시오.

    ▶ 영문자 입력은 영어와 한글만 입력할 수 있도록 설정할 것

    ▶ 숫자 입력은 0 ~ 9까지의 숫자만 입력할 수 있도록 설정할 것

    ② <씨앗> 테이블의 '씨앗명' 필드는 필드 크기를 10으로 설정하고, 반드시 입력되도록 설정하시오.

    ③ <회원> 테이블의 '전화번호' 필드에는 중복된 값이 입력될 수 없도록 인덱스를 설정하시오.

    ④ <회원> 테이블의 'E-Mail' 필드에는 '@'문자가 반드시 포함되도록 유효성 검사 규칙을 설정하시오.

    ⑤ <씨앗입고> 테이블의 '입고수량' 필드는 새로운 레코드를 추가하면 '20'이 기본적으로 입력되도록 설정하시오.

02 외부 데이터 가져오기 기능을 이용하여 <B2B납품.xlsx> 파일의 내용을 가져와 <B2B납품> 테이블을 생성하시오. (5점)

    ▶ 첫 번째 행은 열 머리글임

    ▶ 기본 키는 없음으로 설정

03 <씨앗> 테이블의 '씨앗코드' 필드는 <씨앗입고> 테이블의 '씨앗코드' 필드를, <주문> 테이블의 '씨앗코드' 필드는 <씨앗> 테이블의 '씨앗코드' 필드를 참조하며, 각 테이블 간의 관계는 M:1이다. 다음과 같이 테이블 간의 관계를 설정하시오. (5점)

    ※ 액세스 파일에 이미 설정되어 있는 관계는 수정하지 마시오.

    ▶ 각 테이블 간에 항상 참조 무결성이 유지되도록 설정하시오.

    ▶ 참조 필드의 값이 변경되면 관련 필드의 값도 변경되도록 설정하시오.

    ▶ 다른 테이블에서 참조하고 있는 레코드는 삭제할 수 없도록 설정하시오.

01 <씨앗입고현황> 폼을 다음의 화면과 지시사항에 따라 완성하시오. (각 3점)

    ① 폼의 '기본 보기' 속성을 <그림>과 같이 설정하시오.

② 본문 영역에서 탭이 다음의 순서대로 정지하도록 관련 속성을 설정하시오.

▶ txt판매단가, txt입고단가, txt입고수량, txt씨앗명, txt씨앗코드, txt입고일자, txt상품입고번호

③ 폼 바닥글 영역의 'txt총입고수량' 컨트롤에는 입고수량의 합계가 표시되도록 컨트롤 원본 속성을 설정하시오.

02 <씨앗입고현황> 폼의 본문 영역에 다음과 같이 조건부 서식을 설정하시오. (5점)

▶ '입고수량'이 50 이상인 경우 본문 영역의 모든 컨트롤의 글꼴이 '굵게', '밑줄'로 표시되도록 설정하시오.

▶ 단, 하나의 규칙으로 작성하시오.

03 <씨앗코드별주문현황> 보고서를 '인쇄미리 보기'의 형식으로 연 후 <씨앗정보찾기> 폼을 닫는 <보고서출력> 매크로를 생성하고, <씨앗정보찾기> 폼의 '보고서(cmd보고서) 단추를 클릭하면 <보고서출력> 매크로가 실행되도록 지정하시오. (5점)

▶ 매크로 조건 : '씨앗코드' 필드의 값이 'txt씨앗코드'에 해당하는 씨앗 정보만 표시

01 다음의 지시사항 및 화면을 참조하여 <씨앗코드별주문현황> 보고서를 완성하시오. (각 3점)

① 씨앗코드 머리글 영역에서 머리글의 내용이 페이지마다 반복적으로 표시되도록 설정하고, '씨앗코드'가 변경되면 매 구역 전에 페이지도 변경되도록 설정하시오.

② 동일한 '씨앗코드' 내에서는 '주문일자'를 기준으로 오름차순 정렬되어 표시되도록 정렬을 추가하시오.

③ 본문 영역에서 '씨앗코드' 필드의 값이 이전 레코드와 동일한 경우에는 표시되지 않도록 설정하시오.

④ 본문 영역의 배경색을 '교차 행'으로 변경하시오.

⑤ 씨앗코드 바닥글 영역의 'txt주문횟수' 컨트롤에는 씨앗코드별 전체 레코드 수가 표시되도록 컨트롤 원본 속성을 설정하시오.

  ▶ 표시 예 : 5회

  ▶ & 연산자 이용

주문현황				2023-11-15
씨앗코드	주문일자	이름	전화번호	수량
A0077	2023-04-14	최다희	010-9984-2585	8
	2023-04-17	노현수	010-1477-7414	1
	2023-04-21	노현수	010-1477-7414	10
	2023-04-23	이창수	010-0003-2576	9
			주문횟수 :	4회

1/12페이지

02 <주문현황> 폼에서 'txt수량' 컨트롤에 포커스가 이동하면(GotFocus) <그림>과 같은 메시지 상자를 출력하는 이벤트 프로시저를 구현하시오. (5점)

  ▶ 'txt수량' 컨트롤에 표시된 값이 10 이상이면 '인기품종', 10 미만 6 이상이면 '보통품종', 그 외에는 '비인기품종'으로 표시하시오.

  ▶ If ~ ElseIf 문 사용

01 <회원>, <주문> 테이블을 이용하여 최근 주문이 없는 고객에 대해 <회원> 테이블의 '비고' 필드의 값을 '★관리대상회원'으로 변경하는 <관리대상회원처리> 업데이트 쿼리를 작성한 후 실행하시오. (7점)

- ▶ 최근 주문이 없는 고객이란 주문일자가 2023년 4월 10일부터 2023년 4월 30일까지 중에서 <회원> 테이블에는 '고객ID'가 있으나 <주문> 테이블에는 '고객ID'가 없는 고객임.
- ▶ Not In 과 하위 쿼리 사용

고객ID	이름	전화번호	우편번호	주소	E-Mail	비고
⊞ 20170729	최다영	010-2000-3635	136-802	서울특별시 성북구 길음로	cdy@ho.net	★ 관리대상회원
⊞ 20171010	김철수	010-1542-3658	712-862	경상북도 경산시 남산면 갈지로	kcs@nm.com	
⊞ 20171120	이찬영	010-9654-3695	132-820	서울특별시 도봉구 도담로	lcy@jo.com	
⊞ 20171214	박삼수	010-8888-3252	368-905	충청북도 증평군 증평읍 중앙로	pss@gol.com	
⊞ 20171220	조성민	010-6547-6542	480-841	경기도 의정부시 평화로	jsm@go.co.kr	
⊞ 20190131	이지영	010-9874-1245	367-893	충청북도 괴산군 감물면 감물로	lgy@aol.com	
⊞ 20190227	박지수	010-6321-8411	417-802	인천광역시 강화군 강화읍 갑룡길	pjs@niver.com	
⊞ 20190411	김혜원	010-7878-0107	506-358	광주광역시 광산구 고봉로	khw@dim.co	
⊞ 20190428	김민철	010-9696-9632	151-801	서울특별시 관악구 과천대로	kmc@sangor	
⊞ 20190808	정찬수	010-7474-2145	306-160	대전광역시 대덕구 대청호수로	jcs@do.co.kr	
⊞ 20190930	노현수	010-1477-7414	143-803	서울특별시 광진구 광나루로	nhs@chul.ne	
⊞ 20191124	김민규	010-0012-7411	680-130	울산광역시 남구 용잠로	kmk@gol.com	★ 관리대상회원
⊞ 20200702	최다희	010-9984-2585	477-803	경기도 가평군 가평읍 가랫골길	cdh@korea.c	
⊞ 20200711	이창수	010-0003-2576	158-811	서울특별시 양천구 공항대로	lcs@mu.net	

※ <관리대상회원처리> 쿼리를 실행한 후의 <회원> 테이블

02 입고월별 생산지별로 입고수량의 합계를 조회하는 <입고현황> 크로스탭 쿼리를 작성하시오. (7점)

- ▶ <씨앗>, <씨앗입고> 테이블을 이용하시오.
- ▶ 입고품종수는 '씨앗코드' 필드를 이용하시오.
- ▶ 입고월은 입고일자의 월로 설정하시오.
- ▶ 생산지는 원산지가 한국이면 '국내산', 그 외는 '수입산'으로 설정하시오.
- ▶ Iif, Month 함수 사용
- ▶ 쿼리 결과 표시되는 필드와 필드명은 <그림>과 같이 표시되도록 설정하시오.

입고월	입고품종수	국내산	수입산
1월	10	65	245
2월	15	150	375
3월	5	15	125

03 <씨앗>과 <씨앗입고> 테이블을 이용하여 검색할 씨앗명의 일부를 매개 변수로 입력받아 해당 제품의 입고 정보를 조회하는 <씨앗입고조회> 매개변수 쿼리를 작성하시오. (7점)

- ▶ '부가세' 필드는 '입고단가'가 10000 이하이면 '판매단가'의 10%로, 10000초과 50000이하이면 '판매단가'의 20%로, 50000초과이면 '판매단가'의 30%로 계산하시오.
- ▶ '입고일자' 필드를 기준으로 내림차순 정렬하여 표시하시오.
- ▶ Switch 함수 사용

▶ 쿼리 결과 표시되는 필드와 필드명, 필드의 형식은 <그림>과 같이 표시되도록 설정하시오.

입고일자	씨앗명	입고수량	입고단가	판매단가	부가세
2023-03-07	레국화	20	₩4,500	₩5,000	₩500
2023-02-14	금계국	10	₩40,000	₩45,000	₩9,000

04 <씨앗입고>, <씨앗>, <주문> 테이블을 이용하여 씨앗명별 최근입고일자, 총입고량, 총주문량을 조회하는 <재고현황> 쿼리를 작성하시오. (7점)

▶ '최근입고일자'는 '입고일자'의 최대값, '총입고량'은 '입고수량'의 합계, '총주문량'은 <주문> 테이블 '수량' 필드의 합계로 처리하시오.

▶ 씨앗코드가 A부터 B까지의 문자 중 하나로 시작하는 것만 조회대상으로 하시오.

▶ 재고비율 = 총주문량 / 총입고량

▶ 재고비율은 [표시 예]와 같이 표시되도록 '형식' 속성을 설정하시오. [표시 예 : 0 → 0.0%, 0.34523 → 34.5%]

▶ Like 연산자 사용

▶ 쿼리 결과 표시되는 필드와 필드명은 <그림>과 같이 표시되도록 설정하시오.

씨앗명	최근입고일자	총입고량	총주문량	재고비율
금계국	2023-02-14	40	28	70.0%
끈끈이대나물	2023-02-07	135	15	11.1%
나팔꽃	2023-02-07	165	50	30.3%
메밀꽃	2023-02-07	220	48	21.8%
물망초	2023-02-07	195	54	27.7%
양귀비	2023-02-14	510	138	27.1%
자운영	2023-02-14	110	11	10.0%
한련화	2023-03-07	260	42	16.2%

05 <씨앗>, <씨앗입고> 쿼리를 이용하여 다음 씨앗입고일을 조회하여 새 테이블로 생성하는 <다음입고일 생성> 쿼리를 작성하고 실행하시오. (7점)

▶ 판매단가가 10000이하인 경우만 조회대상으로 설정하시오.

▶ 다음입고일자는 입고일자로부터 15일후로 계산하시오.

▶ 필요수량은 입고수량의 2배로 계산하시오.

▶ 쿼리 실행 후 생성되는 테이블의 이름은 [다음씨앗입고관리]로 설정하시오.

▶ DateAdd 함수 사용

▶ 쿼리 실행 결과 생성되는 테이블의 필드는 그림을 참고하여 수험자가 판단하여 설정하시오.

씨앗코드	씨앗명	다음입고일	필요수량
B0001	물망초	2023-01-18	70
P0005	치커리	2023-01-18	110
B3500	달맞이꽃	2023-01-18	80
P2500	샤스타데이지	2023-01-30	60
P6001	별노랑이	2023-02-22	90
A3200	나팔꽃	2023-02-22	110
B0001	물망초	2023-02-22	60
P3170	쑥부쟁이	2023-02-22	60
B6211	끈끈이대나물	2023-02-22	90
B3500	달맞이꽃	2023-02-22	30
P0005	치커리	2023-03-01	30
B1355	수레국화	2023-03-22	40
P2500	샤스타데이지	2023-03-22	50

※ <다음입고일생성> 쿼리를 실행한 후의 <다음씨앗입고관리> 테이블

최신기출유형 1회 정답 및 해설

📂 **작업 파일** : C:₩2024_컴활1급₩데이터베이스₩작업파일₩최신기출유형₩최신기출유형 1회_문제.accdb
💾 **완성 파일** : C:₩2024_컴활1급₩데이터베이스₩완성파일₩최신기출유형₩최신기출유형 1회_정답.accdb

정답

문제 1 ▶ DB 구축 (25점)

01 <씨앗>, <회원>, <씨앗입고>, 테이블 완성

지시사항	테이블명	필드명	필드 속성	설정 값
①	씨앗	씨앗코드	입력 마스크	>L0000
②		씨 앗 명	필드 크기	10
③			필수	예
④	회원	전화번호	인덱스	예(중복 불가능)
		E-Mail	유효성 검사 규칙	Like "*@*"
⑤	씨앗입고	입고수량	기본값	20

02 외부 데이터 가져오기

① [외부 데이터]-[가져오기 및 연결] 그룹에서 [새 테이블 원본]-[파일에서]-[Excel]을 클릭

② 첫 번째 행은 열 머리글, 기본 키 없음

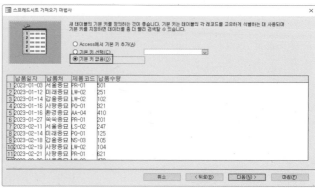

03 관계 설정

① [데이터베이스 도구]-[관계] 그룹의 [관계(⬚)]를 클릭

② 관계 편집

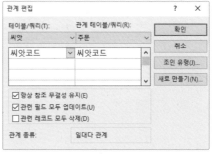

01 <씨앗입고현황> 폼의 완성

지시사항	영역	개체명	탭	항목	설정 값
①	폼		형식	기본 보기	연속 폼
②		[양식 디자인]-[탭 순서] 탭 순서 구역: 폼 머리글 / 본문 / 폼 바닥글 사용자 지정 순서: txt판매단가 txt입고단가 txt입고수량 txt씨앗명 txt씨앗코드 txt입고일자 txt상품입고번호			
③	폼 바닥글	txt총입고수량	데이터	컨트롤 원본	=Sum([입고수량])

02 <씨앗입고현황> 폼의 조건부 서식

① [서식]-[컨트롤 서식] 그룹에서 [조건부 서식]을 클릭

② 서식 규칙 편집

03 <씨앗입고찾기> 폼의 매크로 작성

① [만들기]-[매크로 및 코드] 그룹에서 [매크로( )]를 클릭

② [보고서출력] 매크로 작성

01 <씨앗코드별주문현황> 보고서 완성

지시사항	영역	개체명	탭	항목	설정 값
①	씨앗코드 머리글		형식	반복 실행 구역	예
				페이지 바꿈	구역 전
②	[그룹, 정렬 및 요약]에서 그룹화 기준은 '씨앗코드' 필드의 '오름차순', 정렬 추가하여 '주문일자'의 '오름차순'				
③	본문	씨앗코드	형식	중복 내용 숨기기	예
④	본문		형식	배경색	교차 행
⑤	씨앗코드 바닥글	txt주문횟수	데이터	컨트롤 원본	=Count(*) & "회"

②

그룹, 정렬 및 요약 ×

그룹화 기준 씨앗코드 ▾ 오름차순 ▾ , 자세히 ▶   ⬥ ⬥ ✕
정렬 기준 주문일자
그룹 추가 정렬 추가

02 <주문현황> 폼에 이벤트 프로시저 작성

① 'txt수량' 컨트롤을 선택하여 [속성 시트]–[이벤트] 탭의 'On Got Focus'에서 ⋯ 를 눌러 [코드 작성기]를 선택

② VBA 코드 작성

```
Private Sub txt수량_GotFocus( )
If txt수량 >= 10 Then
MsgBox "인기품종", , "인기도분석"
ElseIf txt수량 >= 6 Then
MsgBox "보통품종", , "인기도분석"
Else
MsgBox "비인기품종", , "인기도분석"
End If
End Sub
```

01 <관리대상회원처리> 업데이트 쿼리

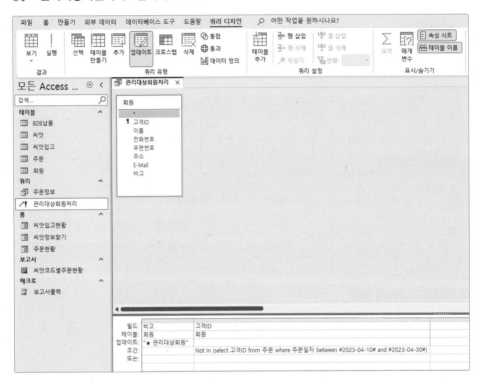

02 <입고현황> 크로스탭 쿼리

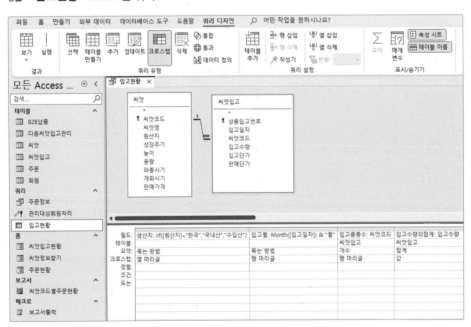

03 <씨앗입고조회> 매개변수 쿼리

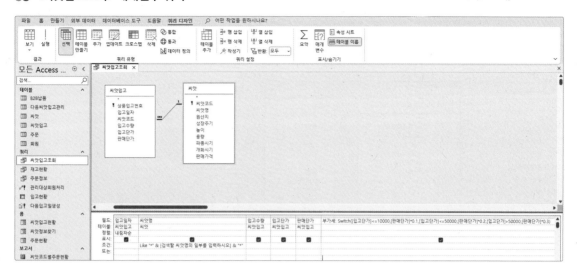

04 <재고현황> 요약 쿼리

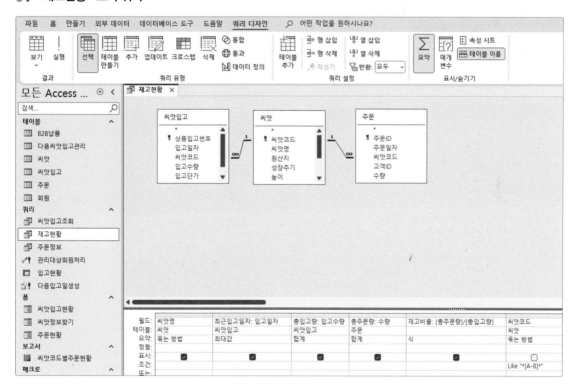

05 <다음입고일생성> 테이블 만들기 쿼리

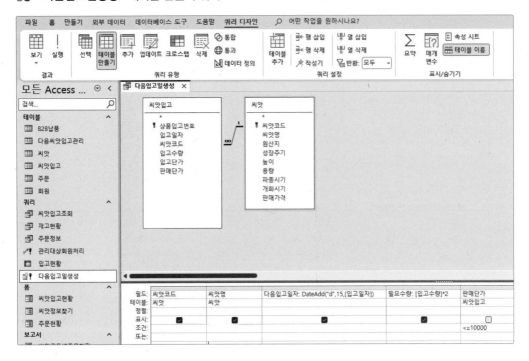

문제 1 DB 구축 (25점)

1 <씨앗>, <회원>, <씨앗입고> 테이블 완성

① <씨앗> 테이블 위에서 마우스 오른쪽 단추를 눌러 <디자인 보기>를 클릭합니다.

② '씨앗코드' 필드의 속성은 [입력 마스크]에 '>L0000'을 입력합니다.

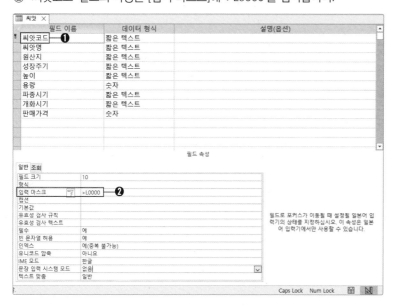

③ '씨앗명' 필드의 속성은 [필드 크기]에 '10'을 입력하고 [필수]에 '예'를 선택합니다.

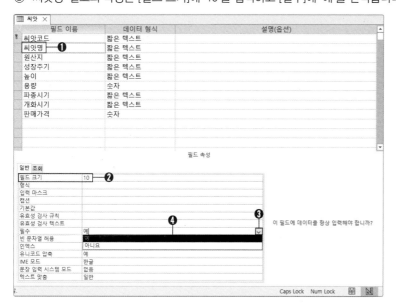

④ <회원> 테이블 위에서 마우스 오른쪽 단추를 눌러 <디자인 보기>를 클릭합니다.

⑤ '전화번호' 필드의 속성은 [인덱스]에 '예(중복 불가능)'을 선택합니다.

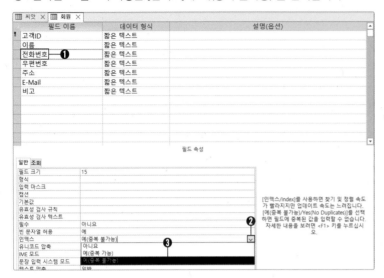

⑥ 'E-Mail' 필드의 속성은 [유효성 검사 규칙]에 'Like "*@*"'을 입력합니다.

TIP

'Like "*@*"'에서 "*@*"는 @기호를 포함하는 모든 문자열을 의미합니다.

⑦ <씨앗입고> 테이블 위에서 마우스 오른쪽 단추를 눌러 <디자인 보기>를 클릭합니다.

⑧ '입고수량' 필드의 속성은 [기본값]에 '20'을 입력합니다.

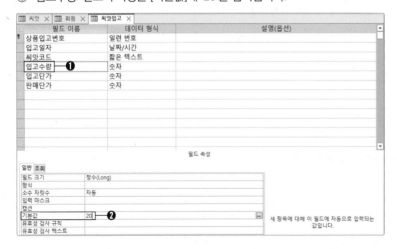

⑨ 빠른 실행 도구 모음에서 🖫(저장)을 클릭합니다. [데이터 통합 규칙이 바뀌었습니다.] 경고 창에서 <예> 단추를 클릭합니다.

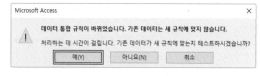

⑩ [테이블] 탭 위에서 마우스 오른쪽 단추를 눌러 <모두 닫기>를 클릭합니다.

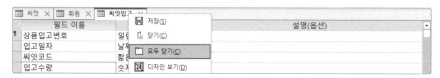

2 외부 데이터 가져오기 기능을 이용하여 <B2B납품> 테이블의 생성

① [외부 데이터] 탭-[가져오기 및 연결] 그룹-[새 데이터 원본]-[파일에서]-[Excel]을 클릭합니다.

② [외부 데이터 가져오기-Excel 스프레드시트] 대화상자에서 [데이터 원본 및 대상 선택] 창의 <찾아보기> 단추를 클릭하여 파일 이름은 'C:₩2024_컴활1급₩데이터베이스₩작업파일₩최신기출유형₩B2B납품.xlsx'을 선택합니다.

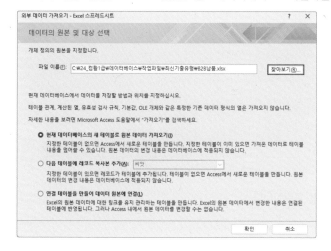

③ [외부 데이터 가져오기-Excel 스프레드시트] 대화상자에서 저장할 방법과 위치는 '현재 데이터베이스의 새 테이블로 원본 데이터 가져오기(I)'를 선택하고 <확인> 단추를 클릭합니다.

④ [스프레드시트 가져오기 마법사] 대화상자에서 '첫 행에 열 머리글이 있음'을 선택하고 <다음> 단추를 클릭합니다.

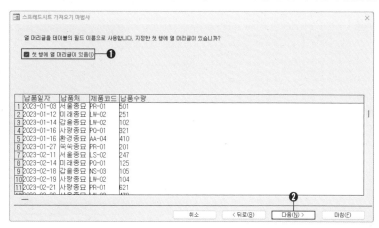

⑤ [스프레드시트 가져오기 마법사] 대화상자의 필드 옵션에서 <다음> 단추를 클릭합니다.

⑥ [스프레드시트 가져오기 마법사] 대화상자에서 '기본 키 없음'을 선택하고 <다음> 단추를 클릭합니다.

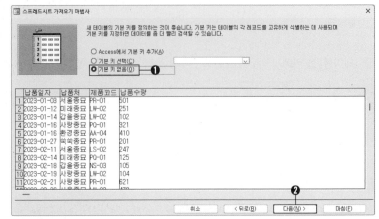

⑦ [스프레드시트 가져오기 마법사] 대화상자의 테이블 가져오기에 테이블 이름을 'B2B납품'로 입력하고 <마침> 단추를 클릭합니다.

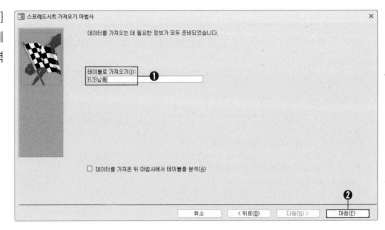

⑧ '가져오기 단계 저장'은 선택하지 않고 <닫기> 단추를 클릭합니다.

3 관계 설정

① [데이터베이스 도구] 탭-[관계] 그룹-[관계]를 클릭합니다.

② [관계 디자인] 탭-[관계] 그룹-[테이블 추가] 대화상자의 [테이블] 탭에서 <주문>, <회원> 테이블을 선택하고 <선택한 표 추가> 단추를 클릭합니다.

※ <씨앗입고>, <씨앗> 테이블은 이미 관계 설정이 되어있는데 이 관계 설정은 수정하지 않습니다.

③ <회원> 테이블의 '고객ID' 필드를 <주문> 테이블의 '고객ID' 필드로 드래그 앤 드롭 합니다.

④ [관계 편집] 대화상자에서 '항상 참조 무결성 유지', '관련 필드 모두 업데이트'를 선택하고 <만들기> 단추를 클릭합니다.

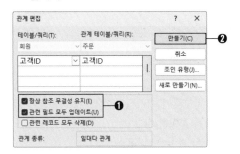

⑤ <주문> 테이블의 '씨앗코드' 필드를 <씨앗> 테이블의 '씨앗코드' 필드로 드래그 앤 드롭 합니다.

⑥ [관계 편집] 대화상자에서 '항상 참조 무결성 유지', '관련 필드 모두 업데이트'를 선택하고 <만들기> 단추를 클릭합니다.

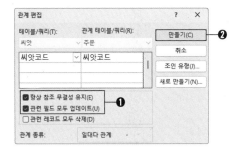

⑦ <씨앗입고>, <씨앗>, <주문>, <회원> 4개 테이블의 관계 설정이 '일대다(1:M)'로 표시됩니다.

⑧ 빠른 실행 도구 모음에서 🖫(저장)을 눌러 변경된 내용을 저장합니다. [관계 디자인] 탭-[관계] 그룹-[닫기]를 클릭합니다.

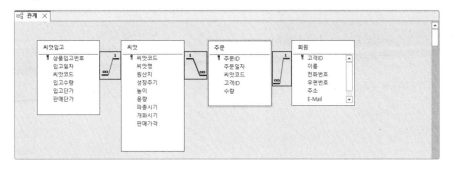

1 <씨앗입고현황> 폼의 완성

① <씨앗입고현황> 폼 위에서 마우스 오른쪽 단추를 눌러 <디자인 보기>를 클릭합니다.

② '폼' 영역 속성 시트 창의 [형식] 탭 중 [기본 보기]에 '연속 폼'을 선택합니다.

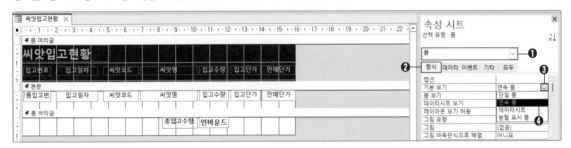

③ [양식 디자인] 탭-[도구] 그룹-[탭 순서]를 클릭합니다.

④ '본문' 영역에서 [컨트롤 선택기]를 드래그 앤 드롭하여 'txt판매단가', 'txt입고단가', 'txt입고수량', 'txt씨앗명', 'txt 씨앗코드', 'txt입고일자', 'txt상품입고번호' 순으로 바꾼 다음 <확인> 단추를 클릭합니다.

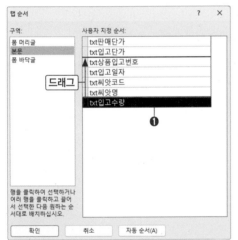
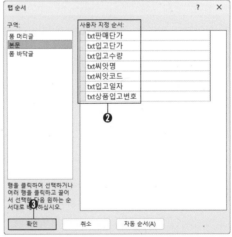

⑤ '폼 바닥글' 영역에서 'txt총입고수량' 컨트롤 속성 시트 창의 [데이터] 탭 중 [컨트롤 원본]에 '=Sum([입고수량])'을 입력합니다.

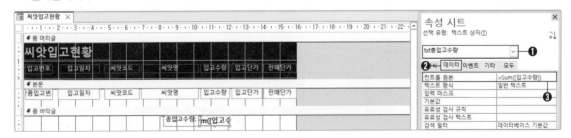

☑ <씨앗입고현황> 폼의 조건부 서식 설정

① <씨앗입고현황> 폼 위에서 마우스 오른쪽 단추를 눌러 <디자인 보기>를 클릭합니다.

② '본문' 영역에서 모든 컨트롤을 드래그 앤 드롭 하여 선택하고 [서식] 탭-[컨트롤 서식] 그룹-[조건부 서식]을 클릭합니다.

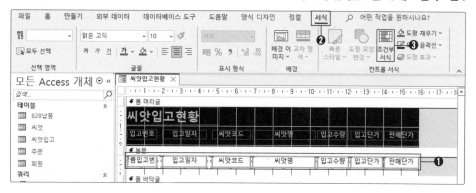

③ [조건부 서식 규칙 관리자] 대화상자에서 <새 규칙> 단추를 클릭합니다.

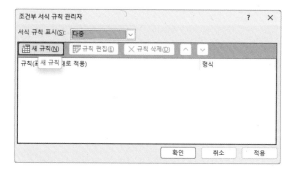

④ [서식 규칙 편집] 대화상자에서 '식이'를 선택하고 [조건]에 '[txt입고수량]>=50'을 입력하고 [글꼴]에 '굵게', '밑줄'을 선택하고 <확인> 단추를 클릭합니다.

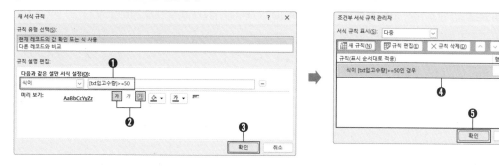

3 <씨앗입고찾기>폼의 매크로 생성

① [만들기] 탭-[매크로 및 코드] 그룹-[매크로]를 클릭합니다.

② [새 함수 추가]에서 <OpenReport>를 선택합니다

③ [보고서 이름]에 '씨앗코드별주문현황', [보기 형식]에 '인쇄 미리 보기'를 선택합니다.

④ [Where 조건문]에 '[씨앗코드]=[Forms]![씨앗정보찾기]![txt씨앗코드]'를 입력합니다.

⑤ 빠른 실행 도구 모음에서 📰(저장)을 클릭합니다. [매크로 이름]에 '보고서출력'으로 입력합니다.

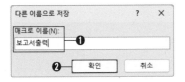

⑥ <씨앗정보찾기> 폼 위에서 마우스 오른쪽 단추를 눌러 <디자인 보기>를 클릭합니다.

⑦ '보고서'(cmd보고서) 단추 속성 시트 창의 [이벤트] 탭 중 [On Click]에 '보고서출력'으로 선택합니다.

⑧ [양식 디자인] 탭-[보기] 그룹-[보기]-[폼 보기]를 누른 다음 '보고서' 단추를 클릭하여 씨앗코드에 해당하는 '인쇄 미리 보기'가 실행되는지 확인합니다.

■ <씨앗코드별주문현황> 보고서 완성

① <씨앗코드별주문현황> 보고서 위에서 마우스 오른쪽 단추를 눌러 <디자인 보기>를 클릭합니다.

② '씨앗코드 머리글' 영역 속성 시트 창의 [형식] 탭 중 [반복 실행 구역]에 '예', [페이지 바꿈]에 '구역 전'으로 선택합니다.

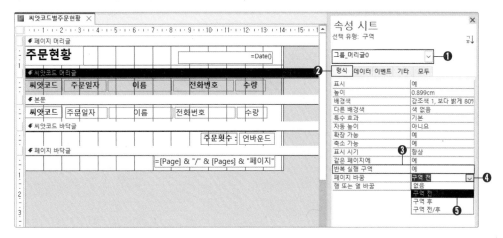

③ [보고서 디자인] 탭-[그룹화 및 요약] 그룹-[그룹화 및 정렬]을 클릭합니다. [정렬 추가]을 눌러 '주문일자' 필드를 추가한 다음 [정렬]에 '오름차순'을 선택합니다.

④ '본문' 영역에서 'txt씨앗코드' 필드 속성 시트 창의 [형식] 탭 중 [중복 내용 숨기기]에 '예'를 선택합니다.

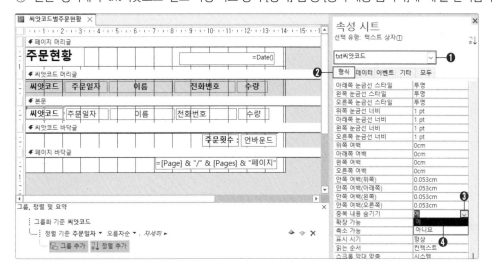

⑤ '본문' 영역 속성 시트 창의 [형식] 탭 중 [배경색]에 '교차 행'을 선택합니다.

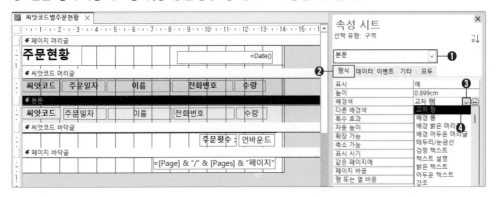

⑥ '씨앗코드 바닥글' 영역에서 'txt주문횟수' 컨트롤 속성 시트 창의 [데이터] 탭 중 [컨트롤 원본]에 '=Count(*) & "회"'를 입력합니다.

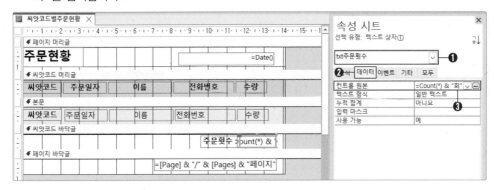

2 <주문현황> 폼의 이벤트 프로시저 작성

① <주문현황> 폼 위에서 마우스 오른쪽 단추를 눌러 <디자인 보기>를 클릭합니다.

② 'txt수량' 컨트롤 속성 시트 창의 [이벤트] 탭 중 [On Got Focus]에 ⋯를 눌러 '코드 작성기'를 선택하고 <확인> 단추를 클릭합니다.

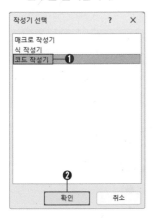

③ VBA 창에 다음과 같이 코드를 입력합니다.

※ 메시지 박스에 'txt수량' 필드의 값이 10 이상이면 '인기품종'을 표시하고 6 이상이면 '보통품종', 6 미만이면 '비인기품종'을 표시합니다.

```
Private Sub txt수량_GotFocus( )

    If txt수량 >= 10 Then
        MsgBox "인기품종", , "인기도분석"
    ElseIf txt수량 >= 6 Then
        MsgBox "보통품종", , "인기도분석"
    Else
        MsgBox "비인기품종", , "인기도분석"
    End If

End Sub
```

TIP

If ~ ElseIf 문 형식

If 조건 Then
   실행할 문장
    [ElseIf 조건 Then]
   실행할 문장

    ....

    [Else]
   위의 조건이 모두 거짓일 때 실행할 문장
End If

```
Private Sub txt수량_GotFocus( )
If txt수량 >= 10 Then
MsgBox "인기품종", , "인기도분석"
ElseIf txt수량 >= 6 Then
MsgBox "보통품종", , "인기도분석"
Else
MsgBox "비인기품종", , "인기도분석"
End If
End Sub
```

---

④ **Alt**+**Q** 키를 눌러 액세스 창으로 돌아옵니다.

⑤ [양식 디자인] 탭-[보기] 그룹-[보기]-[폼 보기]를 누른 다음 '수량' 필드에 커서를 이동하여 이벤트 프로시저를 확인합니다.

문제4 ▶ 처리 기능 구현 (35점)

---

1 <관리대상회원처리> 업데이트 쿼리 작성

① [만들기] 탭-[쿼리] 그룹-[쿼리 디자인]을 클릭합니다.

② [테이블 추가] 대화상자의 [테이블] 탭에서 **Ctrl** 키를 누른 채 차례대로 <회원>, <주문> 테이블을 선택하고 <선택한 표 추가> 단추를 클릭합니다.

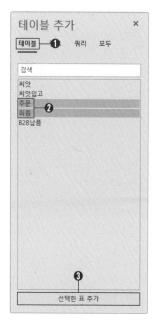

③ '비고', '고객ID' 필드를 선택합니다.

④ [쿼리 디자인] 탭-[쿼리 유형] 그룹-[업데이트]를 클릭합니다.

⑤ '비고' 필드는 업데이트에 '★ 관리대상회원', '고객ID' 필드는 조건에 'Not In (select 고객ID from 주문 where 주문
일자 between #2023-04-10# and #2023-04-30#)'을 입력합니다.

⑥ 빠른 실행 도구 모음에서 🔳(저장)을 클릭합니다. [쿼리 이름]에 '관리대상회원처리'로 저장합니다.

⑦ [쿼리 디자인] 탭-[결과] 그룹-[실행]을 클릭하고 [2 행을 새로 고칩니다] 창에서 <예> 단추를 클릭합니다.

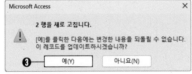

2 <입고현황> 크로스탭 쿼리 작성

① [만들기] 탭-[쿼리] 그룹-[쿼리 디자인]을 클릭합니다.

② [테이블 추가] 대화상자의 [테이블] 탭에서 **Ctrl** 키를 누른 채 차례대로 <씨앗>, <씨앗입고> 테이블을 선택하고
<선택한 표 추가> 단추를 클릭합니다.

③ '입고일자', '씨앗코드', '원산지', '입고수량' 필드를 선택합니다.

④ [쿼리 디자인] 탭-[쿼리 유형] 그룹-[크로스탭]을 클릭한 후 '입고일자' 필드는 '입고월: Month([입고일자]) & "월"', '씨앗코드' 필드는 '입고품종수: 씨앗코드', '원산지' 필드는 '생산지: IIf([원산지]="한국","국내산","수입산")'을 입력합니다.

⑤ [크로스탭]에 '입고월', '입고품종수' 필드는 '행머리글', '생산지' 필드는 '열머리글', '입고수량' 필드는 '값'을 선택하고, [요약]에 '입고품종수' 필드는 '개수', '입고수량' 필드는 '합계'를 선택합니다.

필드:	입고월: Month([입고일자]) & "월"	입고품종수: 씨앗코드	생산지: IIf([원산지]="한국","국내산","수입산")	입고수량
테이블:		씨앗		씨앗입고
요약:	묶는 방법	개수	묶는 방법	합계
크로스탭:	행 머리글	행 머리글	열 머리글	값
정렬:				
조건:				
또는:				

⑥ 빠른 실행 도구 모음에서 📷(저장)을 클릭합니다. [쿼리 이름]에 '입고현황'을 입력하고 <확인> 단추를 클릭합니다.

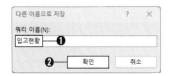

③ <씨앗입고조회> 매개 변수 쿼리 작성

① [만들기] 탭-[쿼리] 그룹-[쿼리 디자인]을 클릭합니다.

② [테이블 추가] 대화상자의 [테이블] 탭에서 Ctrl 키를 누른 채 차례대로 <씨앗>, <씨앗입고> 테이블을 선택하고 <선택한 표 추가> 단추를 클릭합니다.

③ '입고일자', '씨앗명', '입고수량', '입고단가', '판매단가' 필드를 선택하여 추가합니다.

④ '입고일자' 필드는 [정렬]에 '내림차순', '씨앗명' 필드는 [조건]에 'Like "*" & [검색할 씨앗명의 일부를 입력하시오] & "*"', '부가세' 필드는 'Switch([입고단가]<=10000,[판매단가]*0.1,[입고단가]<=50000,[판매단가]*0.2,[입고단가]>50000,[판매단가]*0.3)'을 입력합니다.

⑤ '입고단가', '판매단가', '부가세' 필드에 각각 속성 시트 창의 [일반] 탭 중 [형식]에서 '통화'를 선택합니다.

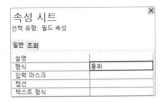

⑥ [쿼리 디자인] 탭-[결과] 그룹-[실행]을 눌러 '국'을 입력하고 <확인> 단추를 클릭합니다.

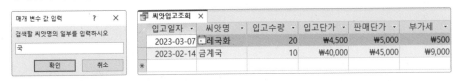

⑦ 빠른 실행 도구 모음에서 ▣(저장)을 클릭합니다. [쿼리 이름]에 '씨앗입고조회'로 입력합니다.

④ <재고현황> 요약 쿼리 작성

① [만들기] 탭-[쿼리] 그룹-[쿼리 디자인]을 클릭합니다.

② [테이블 추가] 대화상자의 [테이블] 탭에서 Ctrl 키를 누른 채 차례대로 <씨앗>, <씨앗입고>, <주문> 테이블을 선택하고 <선택한 표 추가> 단추를 클릭합니다.

③ '씨앗명', '입고일자', '입고수량', '수량' 필드를 선택하여 추가합니다.

④ [쿼리 디자인] 탭-[표시/숨기기] 그룹-[요약]을 클릭합니다.

⑤ '입고일자' 필드는 '최근입고일자: 입고일자', '입고수량' 필드는 '총입고량: 입고수량', '수량' 필드는 '총주문량: 수량', '재고비율: [총주문량]/[총입고량]'으로 입력하고, [요약]에는 '최근입고일자' 필드는 '최대값', '총입고량', '총주문량' 필드는 '합계', '재고비율' 필드는 '식'을 입력합니다.

필드:	씨앗명	최근입고일자: 입고일자	총입고량: 입고수량	총주문량: 수량	재고비율: [총주문량]/[총입고량]
테이블:	씨앗	씨앗입고	씨앗입고	주문	
요약:	묶는 방법	최대값	합계	합계	식
정렬:					
표시:	☑	☑	☑	☑	☑
조건:					
또는:					

⑥ '씨앗코드' 필드를 선택하여 추가하고 [표시]를 해제한 후 [조건]에 'Like "[A-B]*"'를 입력합니다.

필드:	씨앗명	최근입고일자: 입고일자	총입고량: 입고수량	총주문량: 수량	재고비율: [총주문량]/[총입고량]	씨앗코드
테이블:	씨앗	씨앗입고	씨앗입고	주문		씨앗
요약:	묶는 방법	최대값	합계	합계	식	묶는 방법
정렬:						
표시:	☑	☑	☑	☑	☑	☐
조건:						Like "*[A-B]*"
또는:						

⑦ '재고비율' 필드를 선택하고 [속성 시트]의 '형식'에 0.0%를 입력합니다.

⑧ [쿼리 디자인] 탭-[결과] 그룹-[실행]을 눌러 결과를 확인합니다.

⑨ 빠른 실행 도구 모음에서 🖫(저장)을 클릭합니다. [쿼리 이름]에 '재고현황'을 입력합니다.

5 <다음입고일생성> 새 테이블 만들기

① [만들기] 탭-[쿼리] 그룹-[쿼리 디자인]을 클릭합니다.

② [테이블 추가] 대화상자의 [테이블] 탭에서 **Ctrl** 키를 누른 채 차례대로 <씨앗>, <씨앗입고> 테이블을 선택하고 <선택한 표 추가> 단추를 클릭합니다.

③ '씨앗코드', '씨앗명', '입고일자', '입고수량', '판매단가' 필드를 선택하여 추가합니다.

④ '입고일자' 필드는 '다음입고일자: DateAdd("d",15,[입고일자])', '입고수량' 필드는 '필요수량: [입고수량]*2', '판매
단가' 필드는 [조건]에 '<=10000'을 입력합니다.

필드:	씨앗코드	씨앗명	다음입고일자: DateAdd("d",15,[입고일자])	필요수량: [입고수량]*2	판매단가
테이블:	씨앗	씨앗			씨앗입고
정렬:					
표시:	☑	☑	☑	☑	☐
조건:					<=10000
또는:					

⑤ [쿼리 디자인] 탭-[쿼리 유형] 그룹-[테이블 만들기]을 클릭하여 '다음씨앗입고관리'를 입력하고 <확인> 단추를
클릭합니다.

⑥ 빠른 실행 도구 모음에서 ⊞(저장)을 클릭합니다. [쿼리 이름]에 '다음입고일생성'을 입력합니다.

⑦ [쿼리 디자인] 탭-[결과] 그룹-[실행]을 눌러 결과를 확인합니다.

⑧ [13 행을 붙여 넣습니다.] 창에서 <예>를 클릭합니다.

MEMO

컴퓨터활용능력 최신기출유형 2회

프로그램명	제한시간
ACCESS 2021	45분

수 험 번 호 :

성　　명 :

1급 │ A형

유의사항

- 인적 사항 누락 및 잘못 작성으로 인한 불이익은 수험자 책임으로 합니다.

- 화면에 암호 입력창이 나타나면 아래의 암호를 입력하여야 합니다.
  - 암호 : 2564%?

- 작성된 답안은 주어진 경로 및 파일명을 변경하지 마시고 그대로 저장해야 합니다. 이를 준수하지 않으면 실격처리 됩니다.
  - 답안 파일명의 예: C:\DB\수험번호 8자리.accdb

- 외부데이터 위치: C:\DB\파일명

- 별도의 지시사항이 없는 경우, 다음과 같이 처리하면 실격 처리됩니다.
  - 제시된 개체의 이름을 임의로 변경한 경우
  - 제시된 개체의 속성을 임의로 변경한 경우
  - 제시된 개체를 임의로 삭제하거나 추가한 경우

- 별도의 지시사항이 없는 경우, 기능의 구현은 모듈이나 매크로 등을 이용하며, 예외적인 상황에 대해서는 고려하지 않아도 됩니다.

- 제시된 함수가 있을 경우 제시된 함수만을 사용하여야 하며, 그 외 함수 사용시 채점 대상에서 제외됩니다.

- 별도의 지시사항이 없는 경우, 주어진 각 개체의 속성은 설정값 또는 기본 설정값 (Default)으로 처리하십시오.

- 제시된 화면은 예시이며 나타난 값은 실제와 다를 수 있습니다.

- 저장 시간은 별도로 주어지지 아니하므로 제한된 시간 내에 저장을 완료해야 합니다.

- 본 문제의 용어는 MS Office LTSC Professional Plus 2021 기준으로 작성되었습니다.

문제1 ▶ 25점 _ DB **구축**

01 고속도로 서울요금소의 통행차량을 관리하기 위하여 데이터베이스를 구축하였다. 다음의 지시사항에 따라 테이블을 완성하시오. (각 3점)

① <통행목록> 테이블의 첫 번째 필드로 '통행번호' 필드를 추가하고, 데이터 형식을 '일련 번호'로 지정한 후 기본 키로 설정하시오.

② <통행목록> 테이블의 '차량번호' 필드는 다음과 같은 형태로 입력되도록 입력 마스크를 설정하시오.

▶ '02마1234'와 같이 7자리의 데이터가 입력되며, 반드시 앞의 두 자리는 숫자, 세 번째 자리는 한글, 뒤의 네 자리는 숫자로 입력되어야 함

▶ 한글 입력은 영어와 한글만 입력할 수 있도록 설정할 것

▶ 숫자 입력은 0~9까지의 숫자만 입력할 수 있도록 설정할 것

③ <통행목록> 테이블의 '진입시간' 필드는 새 레코드가 추가되는 경우 기본적으로 시스템의 오늘 날짜와 시간이 입력되도록 설정하시오.

④ <통행목록> 테이블의 '경차유무' 필드는 데이터 형식을 '예/아니오'로 설정하시오.

⑤ <통행목록> 테이블의 '할인구분' 필드는 '경차할인', '출퇴근할인', '화물차심야할인'만 입력되도록 유효성 검사 규칙을 설정하시오.

02 <통행목록> 테이블의 '입구ID' 필드에 조회 속성을 설정하시오. (5점)

▶ <지역정보> 테이블의 '지역코드', '지역명' 필드의 값들이 콤보 상자 형태로 표시되도록 설정하시오.

▶ 필드에는 '지역코드'가 저장되도록 설정하시오.

▶ 열 너비는 각각 2cm로 설정하고, 목록 너비는 4cm로 설정하시오.

통행번호	입구ID	차종	차량번호	진입시간	경차유무	통행료	할인율	할인구분	납입액
1	108	1종	01수9020	2023-01-05 13:01:00	☐	4,300			4,300
2	108	천안	04가1289	2023-01-05 10:10:00	☑	7,700	50%	경차할인	3,850
3	115	대전	41나3333	2023-01-05 12:45:00	☐	19,100			19,100
4	123	구미	04모8421	2023-01-05 7:03:00	☐	4,600	20%	출퇴근할인	3,680
5	135	경주	22사5432	2023-01-05 3:10:00	☐	24,300			24,300
6	140	부산	89라3614	2023-01-05 11:50:00	☐	7,700			7,700
7	155	논산	47아2034	2023-01-06 0:05:00	☐	31,000	50%	화물차심야할인	15,500
8	156	익산	67어2066	2023-05-06 10:23:00	☐	10,900			10,900
9	158	전주	54두2398	2023-01-06 13:52:00	☐	11,500			11,500
10	167	광주	90바6565	2023-01-06 20:00:00	☐	31,000			31,000
11	174	춘천	29바2111	2023-01-05 23:07:00	☐	5,800	50%	화물차심야할인	2,900
12	189	강릉	48도1325	2023-01-05 2:30:00	☐	17,700			17,700
13	190	동서울	58조5892	2023-01-06 20:05:00	☐	7,700			7,700
14	216	횡성	26고6942	2023-01-06 13:12:00	☐	11,500			11,500
15	247	남원	75로8184	2023-01-06 9:20:00	☐	17,400			17,400
16	249	담양	21서4953	2023-01-06 15:20:00	☐	13,800			13,800
17	271	순천	11영7878	2023-01-06 6:08:00	☐	14,900			14,900
18	115	2종	25다5781	2023-01-06 22:41:00	☐	7,900			7,900
19	167	1종	94머1384	2023-01-06 10:40:00	☑	14,400	50%	경차할인	7,200
20	216	1종	76도2351	2023-01-05 9:30:00	☐	6,200			6,200
21	167	4종	11아2222	2023-01-05 8:20:00	☐	20,000			20,000
22	158	2종	32구7511	2023-01-06 18:30:00	☐	11,000			11,000
23	189	2종	55거6303	2023-01-06 20:13:00	☐	10,300			10,300
24	189	4종	54베1234	2023-01-05 17:34:00	☐	14,000			14,000
25	140	2종	10조8654	2023-01-05 23:51:00	☐	19,100			19,100
26	622	1종	05두7804	2023-01-05 15:27:00	☐	13,500			13,500
27	158	5종	31사9999	2023-01-06 3:08:00	☐	17,600	50%	화물차심야할인	8,800
28	140	1종	01부9594	2023-01-06 19:55:00	☑	18,800	50%	경차할인	9,400
29	641	1종	90노6809	2023-01-06 9:23:00	☐	17,400			17,400
30	115	1종	54부7841	2023-01-05 8:10:00	☐	7,700	20%	출퇴근할인	6,160
* (새 항목)				2023-10-27 13:57:17	☐				

레코드: ◄ 1/30 ► ►I ►* 필터 없음 검색

Caps Lock   Num Lock

03 <통행목록> 테이블의 '입구ID' 필드는 <지역정보> 테이블의 '지역코드' 필드를 참조하고, 각 테이블 간의 관계는 M:1이다. 두 테이블에 대해 다음과 같이 관계를 설정하시오. (5점)

▶ 두 테이블 간에 항상 참조 무결성을 유지하도록 설정하시오.

▶ 참조 필드의 값이 변경되면 관련 필드의 값도 변경되도록 설정하시오.

▶ 다른 테이블에서 참조하고 있는 레코드는 삭제할 수 없도록 설정하시오.

문제 2 20점_ **입력 및 수정 기능 구현**

01 <영업소이용관리> 폼을 다음의 화면과 지시사항에 따라 완성하시오. (각 3점)

① 폼 머리글 영역에 '서울요금소의 입구영업소관리'라는 제목을 표시하는 레이블 컨트롤을 생성하시오.

▶ 이름 : 'lbl제목'

▶ 글꼴 크기 '20', 문자색 '어두운 텍스트'로 설정

② 기본 폼과 하위 폼의 레코드 원본 및 관계를 참조하여 적절한 필드를 기준으로 두 폼을 연결하시오.

③ 하위 폼 바닥글의 'txt통행차량수' 컨트롤에는 전체 통행차량의 수가 <그림>과 같이 표시되도록 컨트롤 원본과 형식 속성을 설정하시오.

▶ 표시 예 : 9 → 9 건, 0 → 0 건

02 <영업소이용관리> 폼의 'cmb지역조회' 컨트롤에서 지역코드를 선택하면(Change) 다음과 같은 조회기능을 수행하는 이벤트 프로시저를 작성하시오. (6점)

▶ '지역코드'가 'cmb지역조회'에서 선택한 지역과 같은 레코드만을 표시하도록 설정하시오.

▶ 폼의 Filter와 FilterOn 속성 사용

03 <통행차량보기> 폼에 대하여 다음과 같이 조건부 서식을 설정하시오. (5점)

- ▶ '할인구분'의 값이 NULL이 아닌 경우 본문 영역의 모든 텍스트 상자 컨트롤에 '굵게', '기울임꼴' 서식이 적용되도록 설정하시오.
- ▶ 단, 하나의 규칙으로 작성하시오.

문제 3 ── 20점_ 조회 및 출력 기능 구현

01 다음의 지시사항 및 화면을 참조하여 <출발지별통행내역> 보고서를 완성하시오. (각 3점)

① 입구ID 머리글 영역의 'txt입구ID' 컨트롤에는 '입구ID'와 '지역명'을 함께 표시하시오.

- ▶ 입구ID가 '115' 이고, 지역명이 '대전'인 경우 [표시 예 : 115-대전]

② 본문 영역의 'txt순번' 컨트롤에는 그룹별로 일련번호가 표시되도록 설정하시오.

③ 본문 영역의 'txt차종' 컨트롤에는 '차종' 필드의 값이 이전 레코드와 동일한 경우에는 표시되지 않도록 설정하시오.

④ 입구ID 바닥글 영역의 'txt총납입액' 컨트롤에는 납입액의 합계가 표시되도록 설정하시오.

⑤ 페이지 바닥글의 'txt페이지' 컨트롤에는 <그림>과 같이 페이지 번호가 표시되도록 설정하시오.

- ▶ 표시 예 : 1/4

02 <영업소이용관리> 폼의 '단추'(cmd닫기)를 클릭하면 다음과 같은 기능을 수행하도록 이벤트 프로시저를 구현하시오. (5점)

▶ <그림>과 같은 메시지 상자를 표시하고, 메시지 상자의 <예> 단추를 클릭하면 폼이 종료되도록 설정하시오

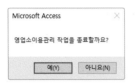

문제4 35점_ 처리 기능 구현

---

01 <지역정보>와 <통행목록> 테이블을 이용하여 '아'를 포함한 차량번호를 조회하는 <차량조회> 쿼리를 작성하시오. (7점)

▶ 차량번호를 기준으로 오름차순 정렬하여 표시하시오.

▶ Like 연산자 사용

▶ 쿼리 실행 결과 표시되는 필드와 필드명은 <그림>과 같이 표시되도록 설정하시오.

02 영업소주소별 지역명별로 통행료횟수와 통행료합계를 조회하는 <통행료횟수조회> 크로스탭 쿼리를 작성하시오. (7점)

▶ <지역정보>, <통행목록> 테이블을 이용하시오.

▶ 통행료횟수는 '통행료' 필드를 이용하시오.

▶ 쿼리 실행 결과 표시되는 필드와 필드명은 <그림>과 같이 표시되도록 설정하시오.

03 영업소 주소의 일부를 매개 변수로 입력받아 해당하는 주소의 통행요금 정보를 표시하는 <통행요금조회> 쿼리를 작성하시오. (7점)

▶ <통행요금>과 <지역정보> 테이블을 이용하며, 두 테이블의 조인된 필드(출발지코드와 지역코드)가 일치하는 행만 포함되도록 설정하시오.

▶ 출퇴근할인요금은 요금에 20% 할인율을 적용한 금액으로 나타내시오.

▶ 쿼리 결과 표시되는 필드와 필드명, 필드의 형식은 <그림>과 같이 표시되도록 설정하시오.

영업소주소	차종	요금	출퇴근할인
전남 장성군 남면 호남고속도로 90	1종	₩14,400	₩11,520
전남 장성군 남면 호남고속도로 90	2종	₩14,600	₩11,680
전남 장성군 남면 호남고속도로 90	3종	₩15,200	₩12,160
전남 장성군 남면 호남고속도로 90	4종	₩20,000	₩16,000
전남 장성군 남면 호남고속도로 90	5종	₩23,500	₩18,800
전남 장성군 남면 호남고속도로 90	6종	₩7,200	₩5,760

04 <지역정보>, <통행목록> 테이블을 이용하여 지역별 '통행료'의 합계를 조회하는 <지역별합계> 쿼리를 작성하시오. (7점)

▶ '지역명' 필드를 기준으로 내림차순 정렬되어 표시되도록 설정하시오.

▶ 쿼리 결과 표시되는 필드와 필드명은 <그림>과 같이 표시되도록 설정하시오.

지역명	영업소주소	전화번호	통행료합계
횡성	강원 횡성군 횡성읍 중앙고속도로 51	033-434-7292	6200
천안	충남 천안시 동남구 만남로 164-1	041-564-2504	14700
전주	전북 전주시 덕진구 동부대로 1723	063-212-9772	62500
울산	울산 울주군 범서읍 백천2길 43	052-254-8800	76800
부산	부산광역시 금정구 고분로 148	051-973-1700	119000
대전	대전광역시 대덕구 동서대로 1855	042-636-2504	38700
대구	대구 달서구 중부내륙지선고속도로 23	053-591-2504	27300
구미	경북 구미시 경부고속도로 172	054-462-8800	14900
광주	전남 장성군 남면 호남고속도로 90	061-392-9772	34400
강릉	강원 강릉시 성산면 소목길 123-7	033-643-2727	24300

05 <통행목록> 테이블을 이용하여 할인받은차량을 조회하여 새 테이블로 생성하는 <할인받은차량정보> 쿼리를 작성하고 실행하시오. (7점)

▶ <통행목록> 테이블을 이용할 것

▶ 할인 구분이 적용되어있는 대상만 조회대상으로 설정하시오.

▶ Is Not Null 연산자 사용

▶ 할인요금 = 통행료 * 할인율

▶ 쿼리 실행 후 생성된 테이블의 이름은 [할인적용차량관리]로 설정하시오.

▶ 쿼리 실행 결과 생성되는 테이블의 필드는 그림을 참고하여 수험자가 판단하여 설정하시오.

차량번호	할인받은금	할인구분
01부9594	9400	경차할인
04가1289	3850	경차할인
04모8421	920	출퇴근할인
29바2111	2900	화물차심야할
31사9999	8800	화물차심야할
47아2034	15500	화물차심야할
54부7841	1540	출퇴근할인
94머1384	7200	경차할인

※ <할인받은차량정보> 쿼리를 실행한 후의 <할인적용차량관리> 테이블

최신기출유형 2회 정답 및 해설

📁 작업 파일 : C:₩2024_컴활1급₩데이터베이스₩작업파일₩최신기출유형₩최신기출유형 2회_문제.accdb
💾 완성 파일 : C:₩2024_컴활1급₩데이터베이스₩작업파일₩최신기출유형₩최신기출유형 2회_정답.accdb

정답

문제 1 ▶ DB 구축 (25점)

01 <통행목록> 테이블 완성

지시사항	데이터형식	필드명	필드 속성	설정 값
①	일련번호	통행번호	행삽입	기본 키
②		차량번호	입력 마스크	00L0000
③		진입시간	기본 값	Now( )
④	Yes / No	경차유무		
⑤		할인구분	유효성 검사 규칙	In("경차할인", "출퇴근할인", "화물차심야할인")

02 <통행목록> 테이블에 조회 속성 설정

① '입구ID' 필드의 [필드 속성]–[조회] 탭에서 '컨트롤 표시'를 '콤보상자'로 선택

② 행 원본과 열 너비를 설정

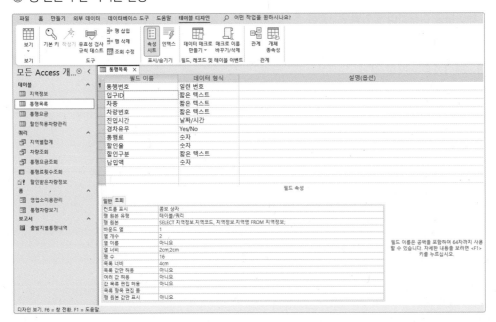

03 관계 설정

① [데이터베이스 도구]-[관계] 그룹의 [관계( )]를 클릭

② 관계 편집

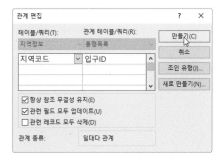

문제 2 **입력 및 수정 기능 구현** (20점)

01 <영업소이용관리> 폼의 완성

지시사항	영역	개체명	탭	항목	설정 값
①	폼 머리글	lbl제목	모두	이름	lbl제목
				글꼴 크기	20
				문자색	어두운 텍스트
②	본문 영역	통행차량목록	데이터	기본 필드 연결	지역코드
				하위 필드 연결	입구ID
③	하위 폼 바닥글	txt통행차량수	데이터	컨트롤 원본	=Count(*)&"건"

02 <영업소이용관리> 폼에 이벤트 프로시저 작성

① 'cmb지역조회' 컨트롤의 [속성시트]-[이벤트] 탭의 'On Change'에서 [코드 작성기]를 클릭

② VBA 창에 다음의 코드 입력

```
Private Sub cmb지역조회_Change( )
Me.Filter = "지역코드 = '" & cmb지역조회 & "'"
Me.FilterOn = True
End Sub
```

03 <통행차량보기> 폼의 조건부 서식 설정

① [서식]-[컨트롤 서식] 그룹의 [조건부 서식]을 클릭

② 서식 규칙 편집

문제 3 ▶ 조회 및 출력 기능 구현 (20점)

01 <출발지별통행내역> 보고서 완성

지시사항	영역	개체명	탭	항목	설정 값
①	입구ID 머리글	txt입구ID	데이터	컨트롤 원본	=[입구ID] & "-" & [지역명]
②	본문	txt순번	데이터	컨트롤 원본	=1
				누적 합계	그룹
③	본문	txt차종	형식	중복 내용 숨기기	예
④	입구ID 바닥글	txt총납입액	데이터	컨트롤 원본	=Sum([납입액])
⑤	페이지 바닥글	txt페이지	데이터	컨트롤 원본	=[Page] & "/" & [Pages]

02 <영업소이용관리> 폼에 이벤트 프로시저 작성

① 'cmd닫기' 컨트롤의 [속성 시트]-[이벤트] 탭의 'On Click'에서 코드 작성기

② VBA 코드 작성

```
Private Sub cmd닫기_Click( )
If MsgBox("영업소이용관리 작업을 종료할까요?", vbYesNo) = vbYes Then
DoCmd.Close acForm, "영업소이용관리"
End If
End Sub
```

문제4 ▶ 처리 기능 구현 (35점)

01 <차량조회> 조회 쿼리

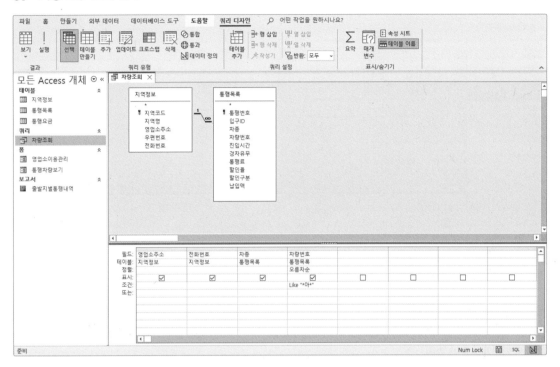

02 <통행료횟수조회> 크로스탭 쿼리

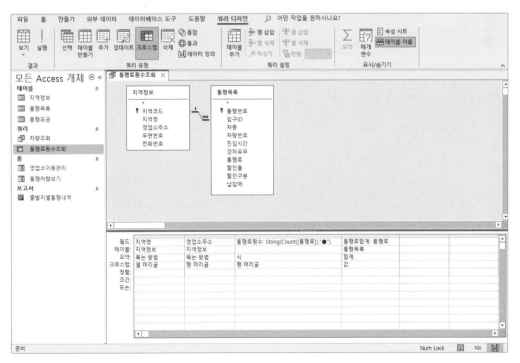

03 <통행요금조회> 매개 변수 쿼리

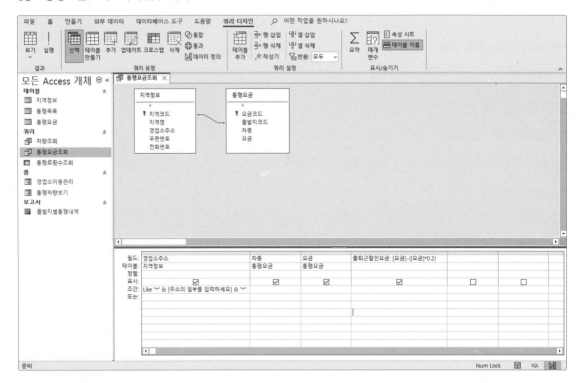

04 <지역별합계> 요약 쿼리

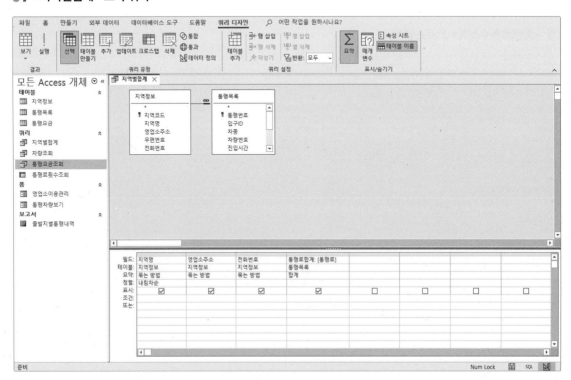

05 <할인받은차량정보> 테이블 만들기 쿼리

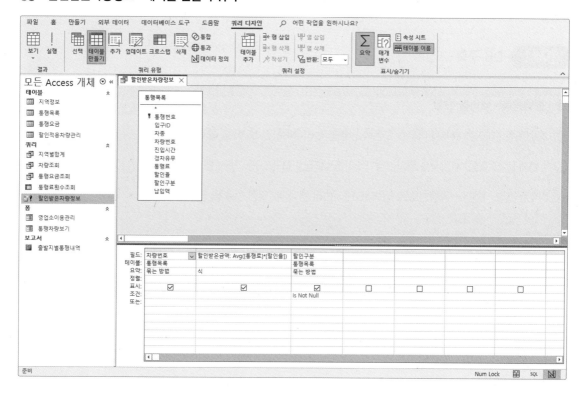

문제 1 ▶ DB 구축 (25점)

■ <통행목록> 테이블 완성

① <통행목록> 테이블 위에서 마우스 오른쪽 단추를 눌러 <디자인 보기>를 클릭합니다.

② 첫 번째 [필드 이름]에 커서를 위치한 후 [테이블 디자인] 탭-[도구] 그룹-[행 삽입]을 클릭합니다.

③ 추가된 [필드 이름]에 '통행번호'로 입력하고 [데이터 형식]에 '일련 번호'를 선택합니다.

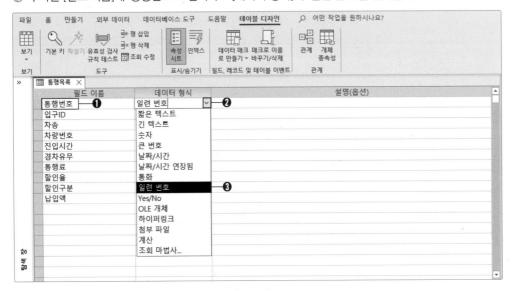

④ [테이블 디자인] 탭-[도구] 그룹-[기본 키]를 클릭합니다. [행 선택기]에 열쇠 모양이 표시됩니다.

※ 기본 키로 설정된 필드는 공백이나 중복된 값이 입력되면 안됩니다.

⑤ '차량번호' 필드의 속성은 [입력 마스크]에 '00L0000'을 입력합니다.

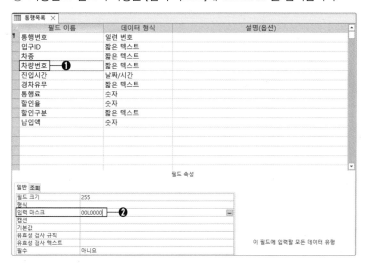

⑥ '진입시간' 필드의 속성은 [기본 값]에 'Now( )'를 입력합니다.

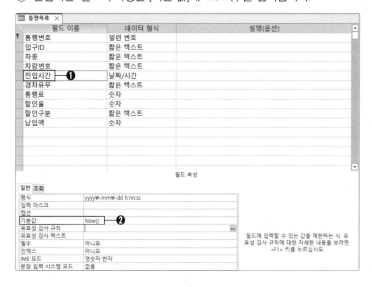

⑦ '경차유무' 필드의 속성은 [데이터 형식]에 'Yes/No'를 선택합니다.

⑧ '할인구분' 필드의 속성은 [유효성 검사 규칙]에 'In("경차할인", "출퇴근할인", "화물차심야할인")'을 입력합니다.

※ Shift + F2 키를 눌러 [확대/축소] 창에 입력할 수 있습니다.

② <통행목록> 테이블에 조회 속성 설정

① <통행목록> 테이블의 '입구ID' 필드를 클릭합니다.

② [입구ID] 필드 속성 시트 창의 [조회] 탭 중 [컨트롤 표시]에 '콤보 상자', [행 원본 유형]에 '테이블/쿼리'를 선택합니다.

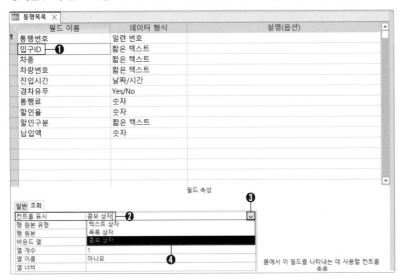

③ [행 원본]에 ┈ 을 눌러 나오는 [테이블 추가] 대화상자의 [테이블] 탭에서 <지역정보> 테이블을 선택하고 <선택한 표 추가> 단추를 클릭합니다.

④ <지역정보> 테이블에서 '지역코드', '지역명' 필드를 선택합니다.

필드:	지역코드	지역명		
테이블:	지역정보	지역정보		
정렬:				
표시:	☑	☑	☐	☐
조건:				
또는:				

⑤ [쿼리 디자인] 탭-[닫기] 그룹-[닫기]를 눌러 나오는 [SQL 변경 속성을 저장하고 속성을 업데이트하시겠습니까?]
경고창에서 <예> 단추를 클릭합니다.

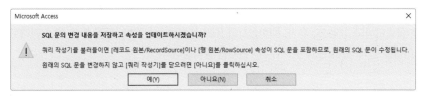

⑥ '입구ID' 필드의 속성은 [바운드 열]에 '1', [열 개수]에 '2', [열 너비]에 '2cm;2cm', [목록 너비]에 '4cm'을 입력합니다.

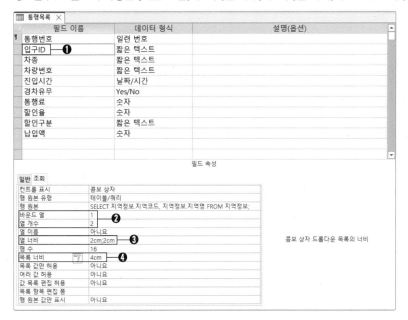

⑦ <통행목록> 테이블에서 빠른 실행 도구 모음의 🖫(저장)을 클릭합니다. [데이터의 일부가 손실될 수 있습니다] 경고
창에서 <예> 단추를 클릭합니다.

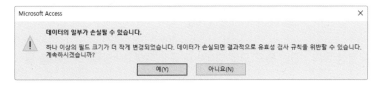

⑧ 데이터 통합 규칙이 바뀌었다는 경고 창에서 <예> 단추를 클릭합니다.

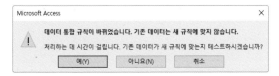

③ 관계 설정

① [데이터베이스 도구] 탭-[관계] 그룹-[관계]를 클릭합니다.

② [관계] 그룹-[테이블 추가]를 클릭합니다. [테이블 추가] 대화상자의 [테이블] 탭에서 **Ctrl** 키를 누른 채 차례대로 <통행목록>, <지역정보> 테이블을 선택하고 <선택한 표 추가> 단추를 클릭합니다.

③ <통행목록> 테이블의 '입구ID' 필드를 <지역정보> 테이블의 '지역코드' 필드로 드래그 앤 드롭 합니다.

④ [관계 편집] 대화상자에서 '항상 참조 무결성 유지', '관련 필드 모두 업데이트'를 선택하고 <만들기> 단추를 클릭합니다.

  ※ '일대다(1:M)'의 관계가 설정됩니다.

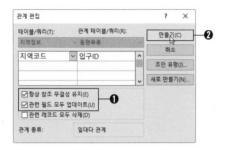

⑤ 빠른 실행 도구 모음에서 🖫(저장)을 눌러 변경된 내용을 저장합니다. [관계 디자인] 탭-[관계] 그룹-[닫기]를 클릭합니다.

1 <영업소이용관리> 폼의 완성

① <영업소이용관리> 폼 위에서 마우스 오른쪽 단추를 눌러 <디자인 보기>를 클릭합니다.

② [양식 디자인] 탭-[컨트롤] 그룹-[lbl.png(레이블)]을 '폼 머리글' 영역으로 드래그 앤 드롭하고 '서울요금소의 입구영업소관리'를 입력합니다.

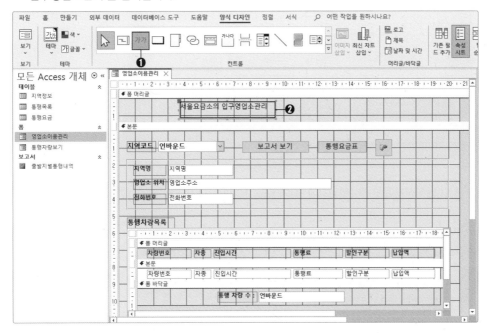

③ '제목' 레이블 속성 시트 창의 [모두] 탭 중 [이름]에 'lbl제목'으로 입력하고 [글꼴 크기]에 '20pt', [문자색]에 '어두운 텍스트'를 선택합니다.

※ '제목' 레이블의 조절점을 드래그하여 크기를 조절합니다.

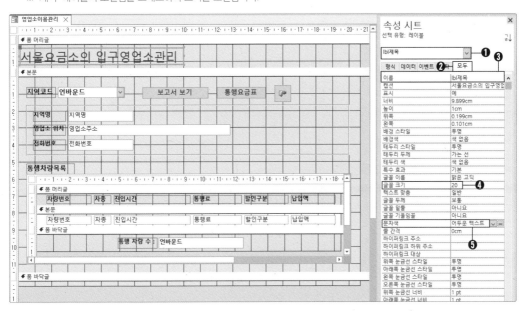

④ <통행차량목록> 하위 폼 속성 시트 창의 [데이터] 탭 중 [기본 필드 연결]에 ... 를 클릭합니다.

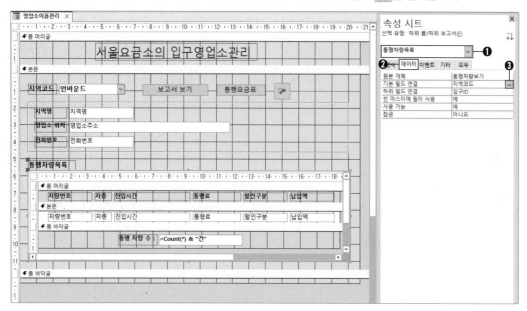

⑤ [하위 폼 필드 연결기] 대화상자에서 [기본필드]에 '지역코드', [하위필드]에 '입구ID'를 선택하고 <확인> 단추를 클릭합니다.

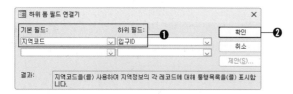

⑥ 하위 폼 '바닥글'에서 'txt통행차량수' 컨트롤 속성 시트 창의 [데이터] 탭 중 [컨트롤 원본]에 '=Count(*) & "건"'을 입력합니다.

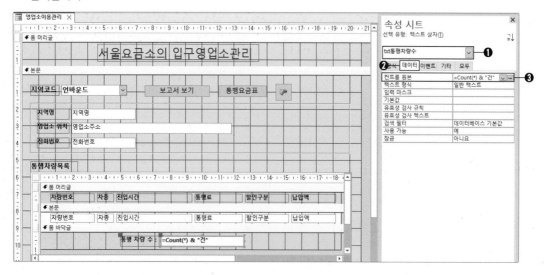

⑦ 폼 바닥글 영역에서 'txt통행차량수' 컨트롤 속성 시트 창의 [형식] 탭 중 [형식]에 '0 "건"'을 입력합니다.

❷ <영업소이용관리> 폼에 이벤트 프로시저 작성

① <영업소이용관리> 폼에서 'cmb지역조회' 버튼 속성 시트 창의 [이벤트] 탭 중 [On Change]에 ⋯ 를 눌러 '코드 작성기'를 선택하고 <확인> 단추를 클릭합니다.

② VBA 코드 작성기 창에 다음의 코드를 입력합니다.

```
Private Sub cmb지역조회_Change( )
Me.Filter = "지역코드 = '" & cmb지역조회 & "'"
Me.FilterOn = True
End Sub
```

> **TIP**
>
> **[Filter, FilterOn 속성에서 필드명이 문자일 경우 형식]**
> ● Me.Filter = "필드명 = '" & 필드명 & "'"   ● Me.FilterOn = True

③ Alt + Q 키를 눌러 액세스 창으로 돌아옵니다.

❸ <통행차량보기> 폼의 조건부 서식 설정

① <통행차량보기> 폼 위에서 마우스 오른쪽 단추를 눌러 <디자인 보기>를 클릭합니다.

② '본문' 영역에서 모든 컨트롤 개체를 드래그 앤 드롭 하여 선택하고 [서식] 탭-[컨트롤 서식] 그룹-[조건부 서식]을 클릭합니다.

③ [조건부 서식 규칙 관리자] 대화상자에서 <새 규칙>을 클릭합니다.

④ [새 서식 규칙] 대화상자에서 '식이'을 선택하고 '[txt할인구분] Is Not Null'을 입력하고 '굵게', '기울임꼴'을 선택하고 <확인> 단추를 클릭합니다.

⑤ [조건부 서식 규칙 관리자] 대화상자에서 <확인> 단추를 클릭합니다.

문제3 ▶ 조회 및 출력 기능 구현 (20점)

■ <출발지별통행내역> 보고서 완성

① <출발지별통행내역> 보고서 위에서 마우스 오른쪽 단추를 눌러 <디자인 보기>를 클릭합니다.

② '입구ID 머리글' 영역에서 'txt입구ID' 컨트롤 속성 시트 창의 [데이터] 탭 중 [컨트롤 원본]에 '=[입구ID] & "-" & [지역명]'을 입력합니다.

③ '본문' 영역에서 'txt순번' 컨트롤 속성 시트 창의 [데이터] 탭 중 컨트롤 원본에 '=1'을 입력하고 [누적 합계]에 '그룹'을 선택합니다.

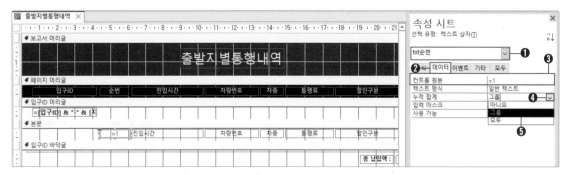

④ '본문' 영역에서 'txt차종' 컨트롤 속성 시트 창의 [형식] 탭 중 [중복 내용 숨기기]에 '예'를 선택합니다.

⑤ '입구ID 바닥글' 영역에서 'txt총납입액' 컨트롤 속성 시트 창의 [데이터] 탭 중 [컨트롤 원본]에 '=Sum([납입액])'을 입력합니다.

⑥ '페이지 바닥글' 영역에서 'txt페이지' 컨트롤 속성 시트 창의 [데이터] 탭 중 [컨트롤 원본]에 '=[Page] & "/" & [Pages]'를 입력합니다.

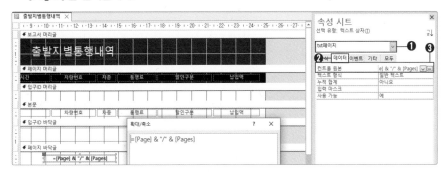

2 <영업소이용관리> 폼에 이벤트 프로시저 작성

① <영업소이용관리> 폼 위에서 마우스 오른쪽 단추를 눌러 <디자인 보기>를 클릭합니다.

② '본문' 영역에서 'cmd닫기' 버튼 속성 시트 창의 [이벤트] 탭 중 [On Click]에 [...]을 눌러 '코드 작성기'를 선택하고 <확인> 단추를 클릭합니다.

③ VBA 창에 다음과 같이 입력합니다.

※ 메시지 박스에서 <예> 단추를 클릭하면 현재 폼(영업소이용관리)을 종료합니다.

```
Private Sub cmd닫기_Click( )
If MsgBox("영업소이용관리 작업을 종료할까요?", vbYesNo) = vbYes Then
DoCmd.Close acForm, "영업소이용관리"
End If
End Sub
```

④ Alt + Q 키를 눌러 액세스 창으로 돌아옵니다.

1 <차량조회> 조회 쿼리 작성

① [만들기] 탭-[쿼리] 그룹-[쿼리 디자인]을 클릭합니다.

② [테이블 추가] 대화상자의 [테이블] 탭에서 Ctrl 키를 누른 채 차례대로 <지역정보>, <통행목록> 테이블을 선택하고 <선택한 표 추가> 단추를 클릭합니다.

③ <지역정보> 테이블에서 '영업소주소', '전화번호' 필드를 선택하고 <통행목록> 테이블에서 '차종', '차량번호' 필드를 선택합니다.

④ '차량번호' 필드는 [정렬]에 '오름차순'으로 선택하고 [조건]에 'Like "*아*"'을 입력합니다.

⑤ 빠른 실행 도구 모음에서 🖫(저장)을 클릭합니다. [쿼리 이름]에 '차량조회'를 입력합니다.

② <통행료횟수조회> 크로스탭 쿼리 작성

① [만들기] 탭-[쿼리] 그룹-[쿼리 디자인]을 클릭합니다.

② [테이블 추가] 대화상자의 [테이블] 탭에서 **Ctrl** 키를 누른 채 차례대로 <지역정보>, <통행목록> 테이블을 선택하고 <선택한 표 추가> 단추를 클릭합니다.

③ '지역명', '영업소주소' 필드를 선택하고 '통행료횟수: String(Count([통행료]),"●")', '통행료합계: 통행료' 필드는 입력합니다.

필드:	지역명	영업소주소	통행료횟수: String(Count([통행료]),"●")	통행료합계: 통행료	
테이블:	지역정보	지역정보		통행목록	
정렬:					
표시:	☑	☑	☑	☑	☐
조건:					
또는:					

④ [쿼리 디자인] 탭-[쿼리 유형] 그룹-[크로스탭]을 클릭합니다.

⑤ [요약]에 '통행료횟수' 필드는 '식', '통행료합계' 필드는 '합계'를 선택합니다.

⑥ [크로스탭]에 '지역명' 필드는 '열 머리글', '영업소주소', '통행료횟수' 필드는 '행 머리글', '통행료합계' 필드는 '값'을 선택합니다.

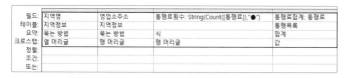

필드:	지역명	영업소주소	통행료횟수: String(Count([통행료]),"●")	통행료합계: 통행료
테이블:	지역정보	지역정보		통행목록
요약:	묶는 방법	묶는 방법	식	합계
크로스탭:	열 머리글	행 머리글	행 머리글	값
정렬:				
조건:				
또는:				

⑦ 빠른 실행 도구 모음에서 🖫(저장)을 클릭합니다. [쿼리 이름]에 '통행료횟수조회'로 입력합니다.

③ <통행요금조회> 매개 변수 쿼리 작성

① [만들기] 탭-[쿼리] 그룹-[쿼리 디자인]을 클릭합니다.

② [테이블 추가] 대화상자의 [테이블] 탭에서 **Ctrl** 키를 누른 채 차례대로 <통행요금>, <지역정보> 테이블을 선택하고 <선택한 표 추가> 단추를 클릭합니다.

③ <통행요금> 테이블의 '출발지코드' 필드를 <지역정보> 테이블의 '지역코드'로 드래그 앤 드롭 합니다.

④ 조인된 선을 더블클릭하고 [조인 속성] 대화상자에서 첫 번째 항목인 '두 테이블의 조인된 필드가 일치하는 행만 포함'을 선택하고 <확인> 단추를 클릭합니다.

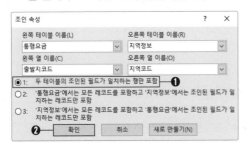

⑤ '영업소주소', '차종', '요금' 필드를 선택하고 '엉업소주소' 필드의 [조건]에 'Like "*" & [주소의 일부를 입력하세요] & "*"'를 입력합니다.

⑥ 마지막 필드에는 '출퇴근할인요금: [요금]-([요금]*0.2)'을 입력합니다. '요금'과, '출퇴근할인요금' 필드 속성 시트 창의 [일반] 탭 중 [형식]에 '통화'를 선택합니다.

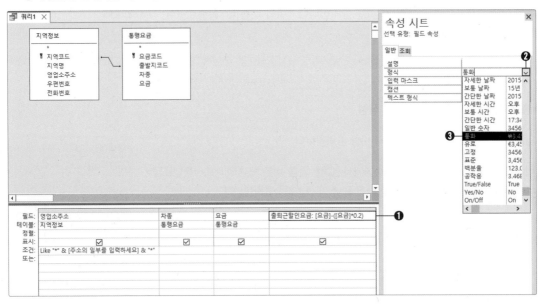

⑦ [쿼리 디자인] 탭-[결과] 그룹-[실행]을 클릭합니다. [매개 변수 값 입력] 대화상자에서 '남면'과 같이 단어를 입력하여 실행합니다.

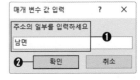

⑧ 빠른 실행 도구 모음에서 🖫(저장)을 클릭합니다. [쿼리 이름]에 '통행요금조회'를 입력합니다.

4 <지역별합계> 요약 쿼리 작성

① [만들기] 탭-[쿼리] 그룹-[쿼리 디자인]을 클릭합니다.

② [테이블 추가] 대화상자의 [테이블] 탭에서 **Ctrl** 키를 누른 채 차례대로 <지역정보>, <통행목록> 테이블을 선택하고 <선택한 표 추가> 단추를 클릭합니다.

③ '지역명', '영업소주소', '전화번호' 필드를 선택하고 '통행료합계:[통행료]' 필드는 입력합니다.

필드:	지역명	영업소주소	전화번호	통행료합계: [통행료]	
테이블:	지역정보	지역정보	지역정보	통행목록	
정렬:					
표시:	☑	☑	☑	☑	☐
조건:					
또는:					

④ '지역명' 필드는 [정렬]에 '내림차순'을 선택합니다.

⑤ [쿼리 디자인] 탭-[표시/숨기기] 그룹-[요약]을 클릭합니다. '통행료합계' 필드는 [요약]에 '합계'를 선택합니다.

필드:	지역명	영업소주소	전화번호	통행료합계: [통행료]	
테이블:	지역정보	지역정보	지역정보	통행목록	
요약:	묶는 방법	묶는 방법	묶는 방법	합계	
정렬:	내림차순				
표시:	☑ ❶	☑	☑	☑ ❷	☐
조건:					
또는:					

⑥ 빠른 실행 도구 모음에서 🖫(저장)을 클릭합니다. [쿼리 이름]에 '지역별합계'를 입력합니다.

5 <할인적용차량관리> 테이블 만들기 쿼리 작성

① [만들기] 탭-[쿼리] 그룹-[쿼리 디자인]을 클릭합니다.

② [테이블 추가] 대화상자의 [테이블] 탭에서 <통행목록> 테이블을 선택하고 <선택한 표 추가> 단추를 클릭합니다.

③ '차량번호', '할인구분' 필드를 선택하고 '할인받은금액: [통행료]*[할인율]' 필드는 입력합니다.

필드:	차량번호	할인받은금액: [통행료]*[할인율]	할인구분		
테이블:	통행목록		통행목록		
정렬:					
표시:	☑	☑	☑	☐	☐
조건:					
또는:					

④ [쿼리 디자인] 탭-[표시/숨기기] 그룹-[요약]을 클릭합니다.

⑤ [요약]에 '할인받은금액' 필드는 '평균'을 선택하고 [조건]에 '할인구분' 필드는 'Is Not Null'을 입력합니다.

필드:	차량번호	할인받은금액: [통행료]*[할인율]	할인구분	
테이블:	통행목록		통행목록	
요약:	묶는 방법	평균	묶는 방법	
정렬:				
표시:	☑	☑	☑	☐
조건:			Is Not Null	
또는:				

⑥ [쿼리 디자인] 탭-[쿼리 유형] 그룹-[테이블 만들기]을 클릭합니다.

⑦ [테이블 만들기] 대화상자에서 테이블 이름에 '할인적용차량관리'를 입력합니다.

⑧ 빠른 실행 도구 모음에서 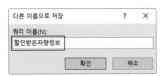 (저장)을 클릭합니다. [쿼리 이름]에 '할인받은차량정보'을 입력합니다.

⑨ <할인받은차량정보> 쿼리 위에서 마우스 오른쪽 단추를 눌러 [열기]를 클릭하고 경고 창이 표시되면 <예> 단추를 클릭합니다.

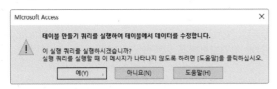

⑩ 다음 창에서 <예> 단추를 클릭하면 <할인적용차량관리> 테이블이 작성됩니다.

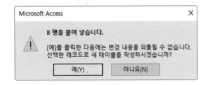

프로그램명	제한시간
ACCESS 2021	45분

수 험 번 호 :

성   명 :

1급 │ A형

01 커피 제품을 관리하기 위하여 데이터베이스를 구축하고자 한다. 다음의 지시사항에 따라 테이블을 완성하시오. (각 3점)

① <제품> 테이블의 '상품코드' 필드에 다음과 같이 입력 마스크를 설정하시오.

▶ 첫 글자는 영문 대문자, 나머지 4글자는 숫자로 입력받되, 반드시 값이 입력되도록 설정하시오.

② <제품> 테이블의 '원산지' 필드는 '케냐', '에디오피아', '코스타리카', '콜롬비아', '과테말라', '온두라스', '브라질', '베트남', '파나마'만 입력할 수 있도록 유효성 검사 규칙을 설정하시오.

③ <제품> 테이블의 '용량' 필드에는 기본적으로 100이 입력되도록 설정하시오.

④ <제품> 테이블의 '상품코드' 필드에 중복된 값이 입력될 수 없도록 인덱스를 설정하시오.

⑤ <판매관리> 테이블의 '수량' 필드에는 1부터 200 사이의 숫자만 입력할 수 있도록 유효성 검사 규칙을 설정하시오.

02 <판매관리> 테이블의 '상품코드' 필드는 <제품> 테이블의 '상품코드' 필드를 참조하고 테이블 간의 관계는 M:1 이다. 두 테이블에 대하여 다음과 같이 관계를 설정하시오. (5점)

▶ 각 테이블 간에 항상 참조 무결성을 유지하도록 설정하시오.

▶ 참조 필드의 값이 변경되면 관련 필드의 값도 변경되도록 설정하시오.

▶ 다른 테이블에서 참조하고 있는 레코드는 삭제할 수 없도록 설정하시오.

※ 기존에 설정되어 있는 관계는 절대로 해제하지 마시오.

03 외부 데이터 가져오기 기능을 이용하여 <결제수단.xlsx> 파일을 가져와 다음과 같이 <결제수단> 테이블을 작성하시오. (5점)

▶ 첫 번째 행은 필드 이름임

▶ 기본 키는 없음

01 <판매관리> 폼을 다음의 <그림>과 지시사항에 따라 완성하시오. (각 3점)

① 폼의 레코드 원본은 '판매현황' 쿼리로 설정하시오.

② 본문의 'txt판매일자'와 'txt수량' 컨트롤을 '판매일자', '수량'에 각각 바운드시키시오.

③ 폼 바닥글의 'txt합계' 컨트롤에는 수량의 합계가 표시되도록 설정하시오.

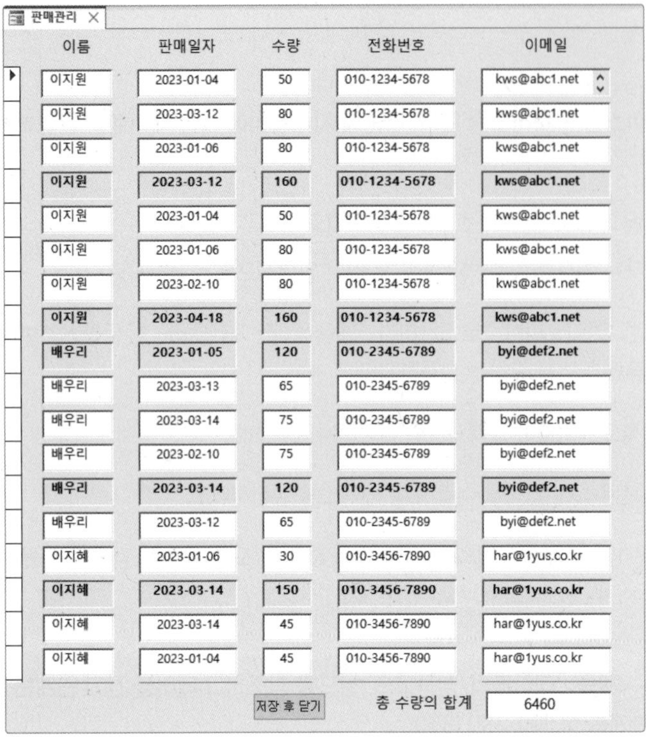

이름	판매일자	수량	전화번호	이메일
이지원	2023-01-04	50	010-1234-5678	kws@abc1.net
이지원	2023-03-12	80	010-1234-5678	kws@abc1.net
이지원	2023-01-06	80	010-1234-5678	kws@abc1.net
이지원	**2023-03-12**	**160**	**010-1234-5678**	**kws@abc1.net**
이지원	2023-01-04	50	010-1234-5678	kws@abc1.net
이지원	2023-01-06	80	010-1234-5678	kws@abc1.net
이지원	2023-02-10	80	010-1234-5678	kws@abc1.net
이지원	**2023-04-18**	**160**	**010-1234-5678**	**kws@abc1.net**
배우리	**2023-01-05**	**120**	**010-2345-6789**	**byi@def2.net**
배우리	2023-03-13	65	010-2345-6789	byi@def2.net
배우리	2023-03-14	75	010-2345-6789	byi@def2.net
배우리	2023-02-10	75	010-2345-6789	byi@def2.net
배우리	**2023-03-14**	**120**	**010-2345-6789**	**byi@def2.net**
배우리	2023-03-12	65	010-2345-6789	byi@def2.net
이지혜	2023-01-06	30	010-3456-7890	har@1yus.co.kr
이지혜	**2023-03-14**	**150**	**010-3456-7890**	**har@1yus.co.kr**
이지혜	2023-03-14	45	010-3456-7890	har@1yus.co.kr
이지혜	2023-01-04	45	010-3456-7890	har@1yus.co.kr

저장 후 닫기   총 수량의 합계   6460

02 <판매관리> 폼 본문의 모든 컨트롤에 대하여 위 그림(문제 1 참고)과 같이 조건부 서식을 설정하시오. (6점)

▶ '수량'이 100 이상이면, 모든 컨트롤에 배경색을 '노랑', '굵게'로 설정할 것
▶ 단, 하나의 규칙으로 작성하시오.
▶ '문제 2 입력 및 수정 기능 구현' 1번 문제의 <그림> 참조

03 <판매관리> 폼의 바닥글 영역에 컨트롤의 이름은 '저장 후 닫기'(cmd닫기)에 매크로를 설정하시오. (5점)

▶ 명령 단추를 클릭하면 현재 폼의 저장을 확인하고 닫히도록 설정
▶ 매크로 이름은 '닫기'로 설정
▶ '문제 2 입력 및 수정 기능 구현' 1번 문제의 <그림> 참조

문제3 20점_ 조회 및 출력 기능 구현

01 다음의 지시사항 및 <그림>을 참조하여 <일자별판매현황> 보고서를 완성하시오. (각 3점)

① 판매일자 머리글 영역이 매 페이지마다 반복하여 출력되도록 설정하고, 판매일자 머리글 영역이 시작되기 전에 페이지를 바꾸도록 '페이지 바꿈' 속성을 설정하시오.

② '판매일자' 필드를 기준으로 오름차순으로 정렬하고 판매일자가 같으면 이름의 오름차순으로 정렬하여 표시하시오.

③ '회원명'(txt회원명)이 이전 레코드와 동일한 경우에는 표시되지 않도록 설정하시오.

④ 본문 영역의 'txt순번' 컨트롤에는 그룹별로 일련번호가 표시되도록 설정하시오.

⑤ '판매일자 바닥글' 영역의 'txt날짜별판매건' 컨트롤에 "판매 : 8건"과 같이 개수가 표시되도록 설정하시오.

▶ Count 함수와 & 연산자 사용

02 <판매현황> 폼의 'txt조회' 컨트롤에 상품코드를 입력한 후 '조회'(cmd조회)를 클릭하면 다음의 기능이 수행되도록 이벤트 프로시저를 구현하시오. (5점)

▶ 'txt조회' 컨트롤에 입력된 상품코드의 자료만 표시할 것

▶ RecordSource 속성을 이용할 것

01 <판매현황> 쿼리를 이용하여 콜롬비아가 원산지인 판매 수량의 합계를 조회하는 <콜롬비아조회> 쿼리를 작성하시오. (7점)

▶ 이름을 기준으로 오름차순 정렬하여 표시하시오.

▶ 쿼리 실행 결과 표시되는 필드와 필드명은 <그림>과 같이 표시되도록 설정하시오.

02 <판매현황> 쿼리를 이용하여 판매일자별로 판매한 수량을 월단위로 조회하는 새 테이블을 생성하고 <월별판매수량> 쿼리를 작성하시오. (7점)

▶ 쿼리 실행 후 생성되는 테이블의 이름은 [월별수량합계]로 설정하시오.

▶ month 함수 사용

03 <제품>과 <판매관리> 테이블을 이용하여 <세금> 쿼리를 작성하시오. (7점)

▶ 원산지의 일부를 매개변수로 입력받아 <그림>과 같이 표시하시오.

▶ 세금의 금액이 100,000원 이상인 경우 금액의 5%, 나머지는 3%를 적용하시오.

▶ IIF 함수 사용

04 <거래처>, <판매관리>, <제품> 테이블을 이용하여 크로스탭 쿼리를 작성하시오. (7점)

▶ 이름과 판매건수별 판매수량의 합계를 구할 것

▶ 판매건수는 '이름' 필드를 이용할 것

▶ 쿼리 이름은 <상품판매내역>으로 지정할 것

이름	판매건수	과테말라	베트남	브라질	에디오피아	온두라스	케냐	코스타리키	콜롬비아	파나마
강진수	4 건								230	240
강현우	2 건						190			
강현후	2 건		240							
김미진	6 건					60			90	230
박미선	2 건					60				
박수용	4 건					100	50			
배우리	6 건					130	150		240	
신소미	4 건						250			
엄희정	6 건			160	320		50			
왕소연	6 건	150				130			230	
이기선	8 건		90	190		130				300
이미진	4 건							420		
이은수	2 건							100		
이지원	8 건			160			100	160		320
이지혜	6 건			60					90	300
이진호	6 건			240		50	150			
조영수	2 건							300		

05 <제품> 테이블을 이용하여 다음 기능을 수행하는 업데이트 쿼리를 작성하고 실행하시오. (7점)

▶ <제품> 테이블의 '상품코드'가 E~F로 시작하는 상품만 단가를 200원이 인상되도록 수정하시오.

▶ Like 연산자 사용

▶ 질의의 이름은 <단가인상>으로 할 것.

상품코드	원산지	볶음도	분쇄여부	용량	단가	
A2016	케냐	마일드	홀빈	100	1500	
B2015	콜롬비아	마일드	홀빈	200	2800	
C2015	브라질	다크	더치분쇄	220	3200	
D2016	에디오피아	다크	홀빈	100	1800	
E2016	과테말라	마일드	더치분쇄	100	2000	
F2015	베트남	마일드	드립분쇄	100	2000	
G2015	코스타리카	다크	드립분쇄	200	2500	
H2016	온두라스	다크	홀빈	200	3000	<실행전>
I2015	파나마	마일드	홀빈	200	3200	

상품코드	원산지	볶음도	분쇄여부	용량	단가	
A2016	케냐	마일드	홀빈	100	1500	
B2015	콜롬비아	마일드	홀빈	200	2800	
C2015	브라질	다크	더치분쇄	220	3200	
D2016	에디오피아	다크	홀빈	100	1800	
E2016	과테말라	마일드	더치분쇄	100	2200	
F2015	베트남	마일드	드립분쇄	100	2200	
G2015	코스타리카	다크	드립분쇄	200	2500	
H2016	온두라스	다크	홀빈	200	3000	<실행후>
I2015	파나마	마일드	홀빈	200	3200	

최신기출유형 3회 정답 및 해설

📁 **작업 파일** : C:₩2024_컴활1급₩데이터베이스₩작업파일₩최신기출유형₩최신기출유형 3회_문제.accdb
💾 **완성 파일** : C:₩2024_컴활1급₩데이터베이스₩완성파일₩최신기출유형₩최신기출유형 3회_정답.accdb

정답

문제 1 ▶ DB 구축 (25점)

01 <제품>, <판매관리> 테이블 완성

지시사항	테이블명	필드명	필드 속성	설정 값
①	제품	상품코드	입력 마스크	>L0000
②	제품	원산지	유효성 검사 규칙	In ("케냐", "에디오피아", "코스타리카", "콜롬비아", "과테말라", "온두라스", "브라질", "베트남", "파나마")
③	제품	용량	기본 값	100
④	제품	상품코드	인덱스	예(중복 불가능)
⑤	판매관리	수량	유효성 검사 규칙	Between 1 And 200

02 관계 설정

① [데이터베이스 도구]-[관계] 그룹의 [관계(📇)]를 클릭

② 관계 편집

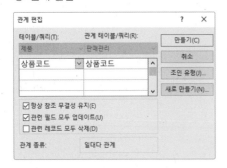

03 외부 데이터 가져오기

① [외부 데이터] 탭-[가져오기 및 연결] 그룹-[새 데이터 원본]-[파일]-[Excel]을 클릭합니다.

② 첫 번째 행은 열 머리글, 기본 키 없음

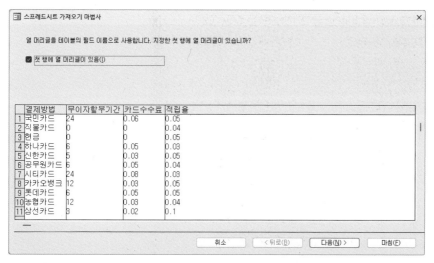

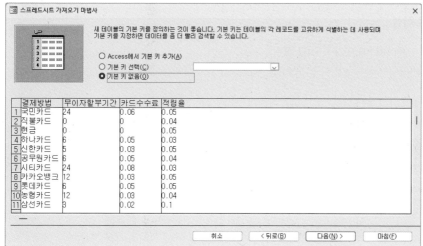

01 <판매관리> 폼의 완성

지시사항	영역	개체명	탭	항목	설정 값
①	폼		데이터	레코드 원본	판매현황
②	본문	txt판매일자	데이터	컨트롤 원본	판매일자
		txt수량			수량
③	폼 바닥글	txt합계	데이터	컨트롤 원본	=Sum([수량])

02 <판매관리> 폼에 조건부 서식 설정

① [서식]-[컨트롤 서식] 그룹의 [조건부 서식]을 클릭

② [새 서식 규칙]

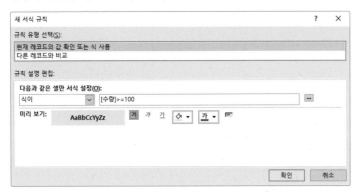

03 <판매관리> 폼의 매크로 작성

① [만들기]-[매크로 및 코드] 그룹에서 [매크로(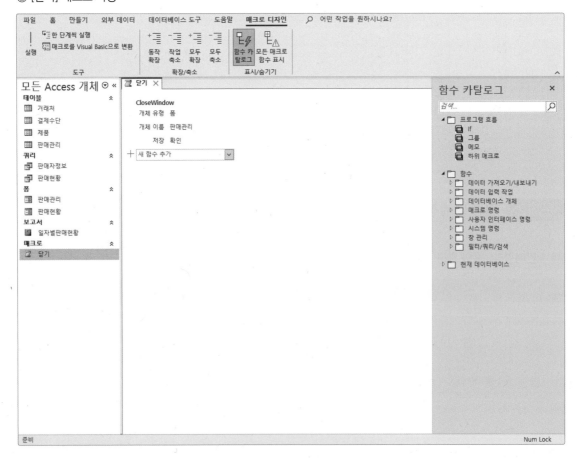)]를 클릭

② [닫기] 매크로 작성

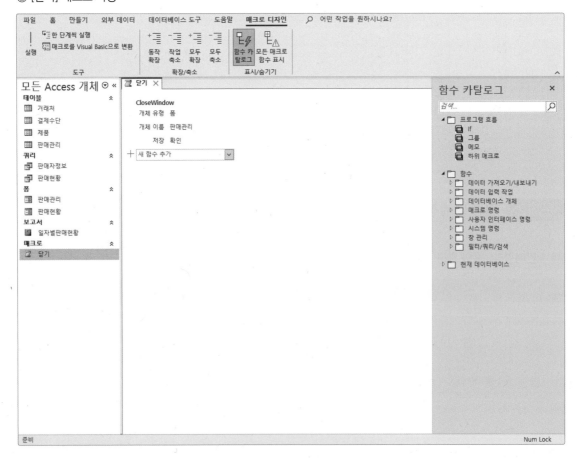

01 <일자별판매현황> 보고서 완성

지시사항	영역	개체명	탭	항목	설정 값
①	판매일자 머리글		형식	반복 실행 구역	예
				페이지 바꿈	구역 전
②		txt판매일자	[그룹, 정렬 및 요약]에서 '판매일자'의 '오름차순', [정렬 추가]하여 '이름'의 '오름차순' 그룹, 정렬 및 요약 그룹화 기준 판매일자 ▼ 오름차순 ▼ , 자세히 ▶ 정렬 기준 이름 그룹 추가 정렬 추가		
③	본문	txt회원명	형식	중복 내용 숨기기	예
④		txt순번	데이터	컨트롤 원본	=1
				누적 합계	그룹
⑤	판매일자 바닥글	txt날짜별 판매건	데이터	컨트롤 원본	="판매 : " & Count(*) & "건"

02 <판매현황> 폼에 이벤트 프로시저 작성

① <조회> 단추의 [속성 시트]–[이벤트] 탭의 'On Click'에서 코드 작성기

② VBA 코드 작성

```
Private Sub cmd조회_Click( )
Me.RecordSource = "Select * from 판매현황 where 상품코드 = '" & txt조회 & "'"
End Sub
```

01 <콜롬비아조회> 조회 쿼리

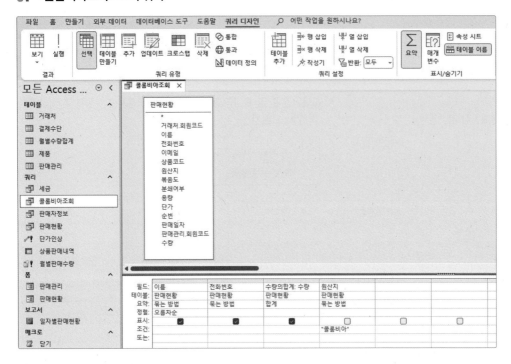

02 <월별판매수량> 쿼리에서 <월별수량합계> 테이블 만들기

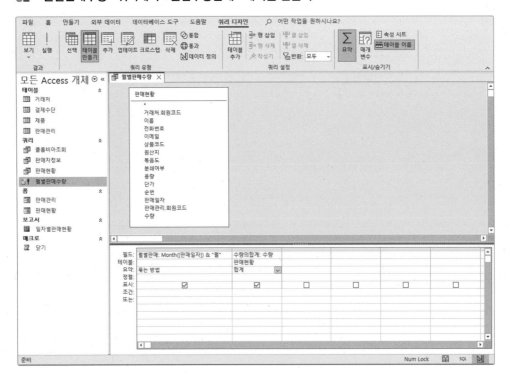

03 <세금> 매개 변수 쿼리

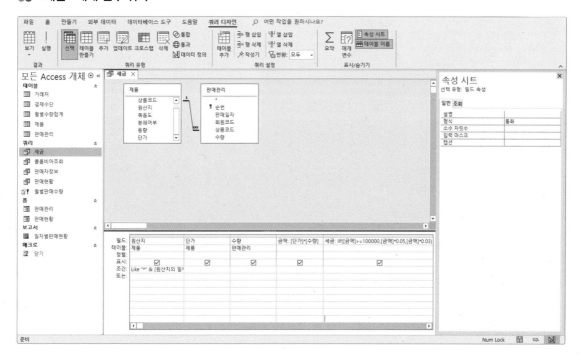

04 <상품판매내역> 크로스탭 쿼리

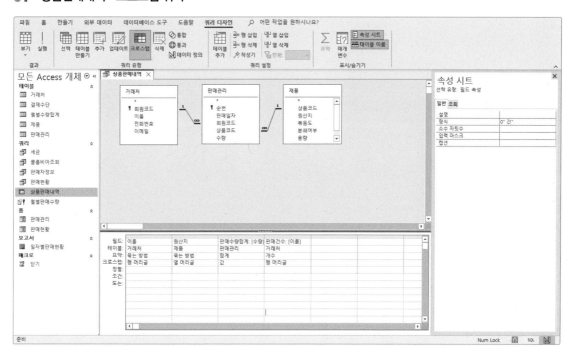

05 <단가인상> 업데이트 쿼리

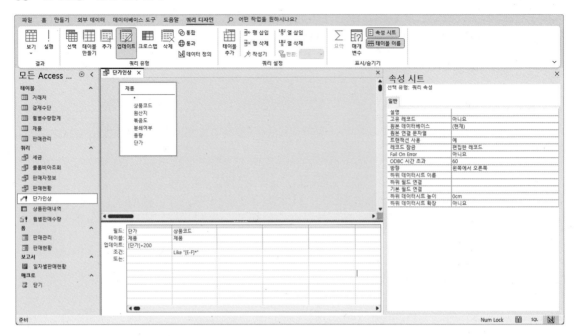

문제 1 ▶ DB 구축 (25점)

1 <제품>, <판매관리> 테이블 완성

① <제품> 테이블 위에서 마우스 오른쪽 단추를 눌러 <디자인 보기>를 클릭합니다.

② '상품코드' 필드의 속성은 [입력 마스크]에 '>L0000'을 입력한 후 [필수]에 '예'를 선택합니다.

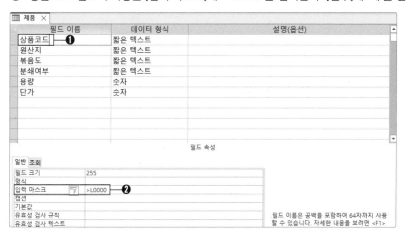

③ '원산지' 필드의 속성은 [유효성 검사 규칙]에 'In ("케냐","에디오피아","코스타리카","콜롬비아","과테말라","온두라스","브라질","베트남","파나마")'를 입력합니다.

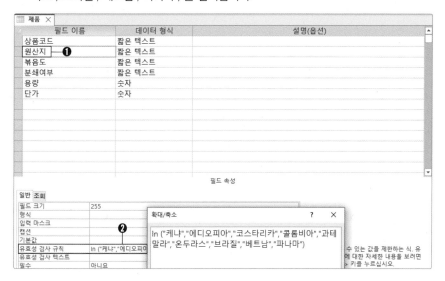

④ '용량' 필드의 속성은 [기본 값]에 '100'으로 입력합니다.

⑤ '상품코드' 필드의 속성은 [인덱스]에 '예(중복 불가능)'을 선택합니다.

⑥ <판매관리> 테이블 위에서 마우스 오른쪽 단추를 눌러 <디자인 보기>를 클릭합니다.

⑦ '수량' 필드의 속성은 [유효성 검사 규칙]에 'Between 1 And 200'을 입력합니다.

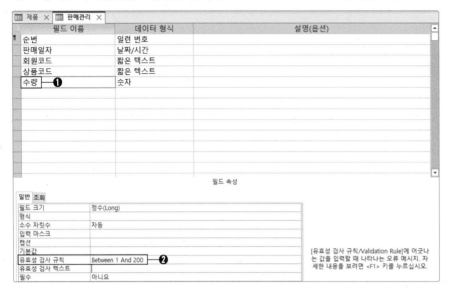

⑧ 빠른 실행 도구 모음에서 📳(저장)을 클릭합니다. 경고 창에서 반드시 <예> 단추를 눌러 저장합니다.

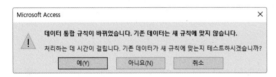

2 관계 설정

① [데이터베이스 도구] 탭-[관계] 그룹-[관계]를 클릭합니다.

② [관계] 그룹-[테이블 추가]를 클릭합니다. [테이블 추가] 대화상자의 [테이블]에서 <제품> 테이블을 선택하고 <선택한 표 추가> 단추를 클릭합니다.

③ <제품> 테이블의 '상품코드' 필드를 <판매관리> 테이블의 '상품코드' 필드로 드래그 앤 드롭 합니다.

④ [관계 편집] 대화상자에서 '항상 참조 무결성 유지', '관련 필드 모두 업데이트'를 선택하고 <만들기> 단추를 클릭합니다.

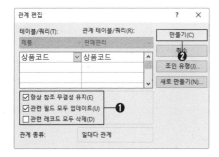

⑤ 기존의 테이블 관계를 그대로 유지하고 새로운 테이블 간의 'M:1'의 관계가 설정됩니다.

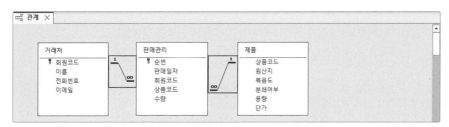

⑥ 빠른 실행 도구 모음에서 🖫 (저장)을 눌러 변경된 내용을 저장합니다. [관계 디자인] 탭-[관계] 그룹-[닫기]를 클릭합니다.

③ 외부 데이터 가져오기 기능을 이용하여 <결제수단> 테이블의 생성

① [외부 데이터] 탭-[가져오기 및 연결] 그룹-[새 데이터 원본]-[파일]-[Excel]을 클릭합니다.

② [외부 데이터 가져오기-Excel 스프레드시트] 대화상자에서 [데이터 원본 및 대상 선택] 창의 <찾아보기> 단추를 클릭하여 파일 이름은 'C:\2024_컴활1급\데이터베이스\작업파일\최신기출유형\결제수단.xlsx'을 선택합니다.

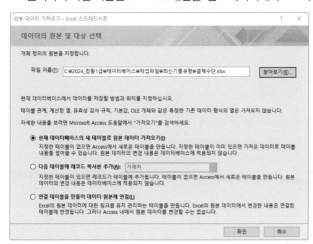

③ [외부 데이터 가져오기-Excel 스프레드시트] 대화상자에서 저장할 방법과 위치는 '현재 데이터베이스의 새 테이블로 원본 데이터 가져오기(I)'를 선택하고 <확인> 단추를 클릭합니다.

④ [스프레드시트 가져오기 마법사] 대화상자에서 '첫 행에 열 머리글이 있음'을 선택하고 <다음> 단추를 클릭합니다.

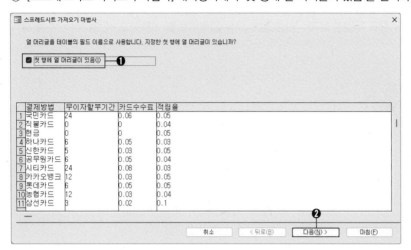

⑤ [스프레드시트 가져오기 마법사] 대화상자에서 필드 옵션을 확인하고 <다음> 단추를 클릭합니다.

⑥ [스프레드시트 가져오기 마법사] 대화상자에서 '기본 키 없음'을 선택하고 <다음> 단추를 클릭합니다.

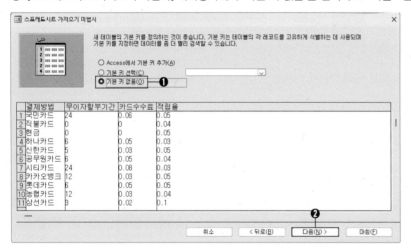

⑦ [스프레드시트 가져오기 마법사] 대화상자에서 테이블로 가져오기에 '결제수단'을 입력하고 <마침> 단추를 클릭합니다.

⑧ [가져오기 단계 저장] 대화상자에서 <닫기> 단추를 클릭합니다.

⑨ <결제수단> 테이블 위에서 마우스 오른쪽 단추를 눌러 <열기>를 클릭하여 내용을 확인합니다.

결제방법	무이자할부	카드수수료	적립율
국민카드	24	0.06	0.05
직불카드	0	0	0.04
현금	0	0	0.05
하나카드	6	0.05	0.03
신한카드	5	0.03	0.05
공무원카드	6	0.05	0.04
시티카드	24	0.08	0.03
카카오뱅크	12	0.03	0.05
롯데카드	6	0.05	0.05
농협카드	12	0.03	0.04
삼선카드	3	0.02	0.1

1 <판매관리> 폼의 완성

① <판매관리> 폼 위에서 마우스 오른쪽 단추를 눌러 <디자인 보기>를 클릭합니다.

② '폼'을 선택하고 [양식 디자인] 탭-[도구] 그룹-[속성 시트]를 클릭합니다. [속성 시트] 창의 [데이터] 탭 중 [레코드 원본]에 '판매현황'을 선택합니다.

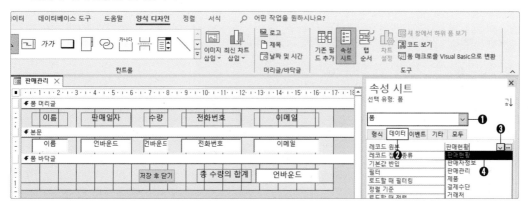

③ '본문' 영역 'txt판매일자' 컨트롤 속성 시트 창의 [데이터] 탭 중 [컨트롤 원본]에 '판매일자'를 선택하고 'txt수량' 컨트롤은 [컨트롤 원본]에 '수량'을 선택합니다.

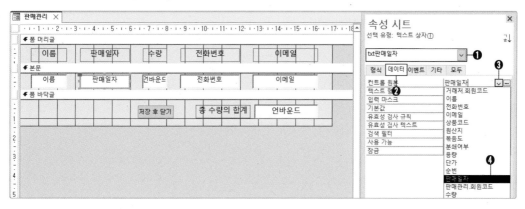

④ '폼 바닥글' 영역에서 'txt합계' 컨트롤 속성 시트 창의 [데이터] 탭 중 [컨트롤 원본]에 '=Sum([수량])'를 입력합니다.

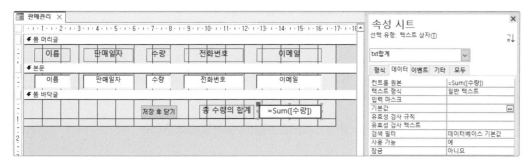

② <판매관리> 폼의 조건부 서식 설정

① '본문' 영역에서 모든 컨트롤을 드래그 앤 드롭 하여 선택하고 [서식] 탭-[컨트롤 서식] 그룹-[조건부 서식]을 클릭합니다.

② [조건부 서식 규칙 관리자] 대화상자에서 <새 규칙>을 클릭합니다.

③ [새 서식 규칙] 대화상자에서 '식이'을 선택하고 '[수량]>=100'을 입력하고 [배경색]에 '노랑', '굵게'로 선택하고 <확인> 단추를 클릭합니다.

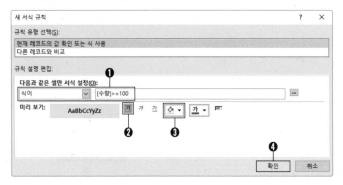

③ <판매관리> 폼에 매크로 작성

① [만들기] 탭-[매크로 및 코드] 그룹-[매크로]를 클릭합니다.

② [새 함수 추가]에서 <CloseWindow>를 선택합니다.

③ [개체 유형]에 '폼', [개체 이름]에 '판매관리', [저장]에 '확인'을 선택합니다.

④ 빠른 실행 도구 모음에서 🖫(저장)을 클릭합니다. [매크로 이름]에 '닫기'로 입력합니다.

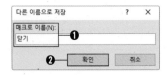

⑤ <판매관리> 폼의 '폼 바닥글' 영역에서 '저장 후 닫기'(cmd닫기) 버튼 속성 시트 창의 [이벤트] 탭 중 [On Click]에 '닫기'를 선택합니다.

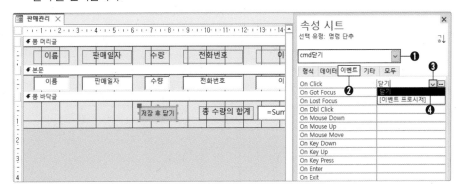

문제3 ▶ 조회 및 출력 기능 구현 (20점)

1 <일자별판매현황> 보고서 완성

① <일자별판매현황> 보고서 위에서 마우스 오른쪽 단추를 눌러 <디자인 보기>를 클릭합니다.

② '판매일자 머리글' 영역 속성 시트 창의 [형식] 탭 중 [반복 실행 구역]에 '예', [페이지 바꿈]에 '구역 전'을 선택합니다.

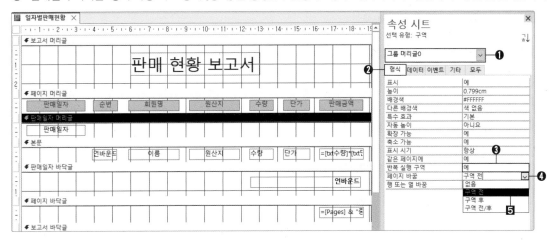

③ [보고서 디자인] 탭-[그룹화 및 요약] 그룹-[그룹화 및 정렬]을 클릭합니다.

④ '판매일자' 필드는 [정렬]에 '오름차순'으로 선택하고 [정렬 추가]울 눌러 '이름' 필드의 [정렬]에서 '오름차순'으로 정렬합니다.

⑤ '본문' 영역에서 'txt회원명' 컨트롤 속성 시트 창의 [형식] 탭 중 [중복 내용 숨기기]에 '예'를 선택합니다.

⑥ '본문' 영역에서 'txt순번' 컨트롤 속성 시트 창의 [데이터] 탭 중 [컨트롤 원본]에 '=1'을 입력하고 [누적 합계]에 '그룹'으로 선택합니다.

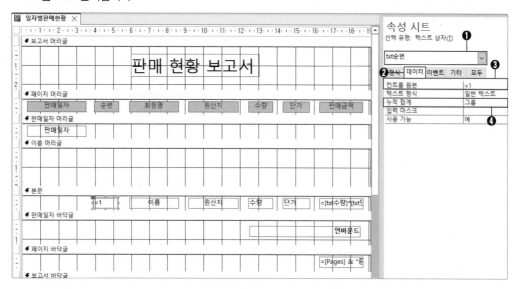

⑦ '판매일자 바닥글' 영역에서 'txt날짜별판매건' 컨트롤 속성 시트 창의 [데이터] 탭 중 [컨트롤 원본]에 '="판매 : " & Count(*) & "건"'을 입력합니다.

2 <판매현황> 폼에 이벤트 프로시저 작성

① <판매현황> 폼 위에서 마우스 오른쪽 단추를 눌러 <디자인 보기>를 클릭합니다.

② '조회'(cmd조회) 버튼 속성 시트 창의 [이벤트] 탭 중 [On Click]에 '코드 작성기'를 선택하고 <확인> 단추를 클릭합니다.

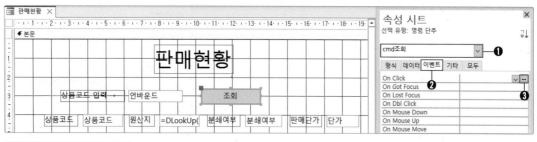

③ VBA창에 다음과 같이 코드를 입력합니다.

※ <판매현황> 테이블의 'txt조회'에서 입력한 '상품코드'를 찾기하는 코드입니다.

```
Private Sub cmd조회_Click( )
Me.RecordSource = "Select * from 판매현황 where 상품코드 = '" & txt조회 & "'"
End Sub
```

TIP

RecordSource 형식 : 조건에 맞는 레코드 찾기

Me.RecordSource="Seletct * From 테이블 Where 조건(a=b)"

---

④ **Alt** + **Q** 키를 눌러 액세스 창으로 돌아옵니다.

문제4 **처리 기능 구현** (35점)

....

1 <콜롬비아조회> 조회 쿼리 작성

① [만들기] 탭-[쿼리] 그룹-[쿼리 디자인]을 클릭합니다.

② [테이블 추가] 대화상자의 [쿼리] 탭에서 <판매현황> 쿼리를 선택하고 <선택한 표 추가> 단추를 클릭합니다.

③ '이름', '전화번호', '원산지', '수량' 필드를 선택합니다.

④ '이름' 필드는 [정렬]에 '오름차순'으로 선택하고 '원산지' 필드는 [조건]에 "콜롬비아"로 입력하고 <표시>를 해제하고 [쿼리 디자인] 탭-[표시/숨기기] 그룹-[요약] 클릭 후 '수량' 필드는 [요약]에 '합계'를 선택합니다.

⑤ 빠른 실행 도구 모음에서 🖫(저장)을 클릭합니다. [쿼리 이름]에 '콜롬비아조회'를 입력합니다.

② <월별수량합계> 테이블 만들기 쿼리

① [만들기] 탭-[쿼리] 그룹-[쿼리 디자인]을 클릭합니다.

② [테이블 추가] 대화상자의 [쿼리] 탭에서 <판매현황> 쿼리를 선택하고 <선택한 표 추가> 단추를 클릭합니다.

③ [필드]에 '월별판매: Month([판매일자]) & "월"'을 입력하고 '수량의합계: 수량'을 입력합니다.

④ [쿼리 디자인] 탭-[표시/숨기기] 그룹-[요약]을 클릭합니다.

⑤ '수량' 필드는 [요약]에 '합계'를 선택합니다.

⑥ [쿼리 디자인] 탭-[쿼리 유형] 그룹-[테이블 만들기]를 클릭합니다.

⑦ [테이블 만들기] 대화상자에서 [테이블 이름]에 '월별수량합계'를 입력하고 <확인> 단추를 클릭합니다.

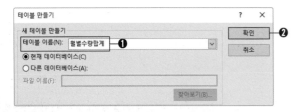

⑧ 빠른 실행 도구 모음에서 🖫(저장)을 클릭합니다. [쿼리 이름]에 '월별판매수량'을 입력합니다.

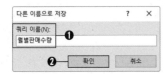

⑨ <월별판매수량> 쿼리 위에서 마우스 오른쪽 단추를 눌러 [열기]를 클릭하고 경고 창이 표시되면 <예> 단추를 클릭합니다.

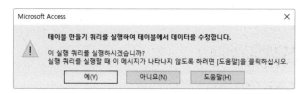

⑩ 다음 창에서 <예> 단추를 클릭하면 <월별수량합계> 테이블이 작성됩니다.

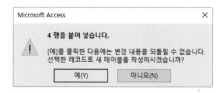

3 <세금> 매개 변수 작성 쿼리 작성

① [만들기] 탭-[쿼리] 그룹-[쿼리 디자인]을 클릭합니다.

② [테이블 추가] 대화상자의 [테이블] 탭에서 **Ctrl** 키를 누른 채 차례대로 <제품>, <판매관리> 테이블을 선택하고 <선택한 표 추가> 단추를 클릭합니다.

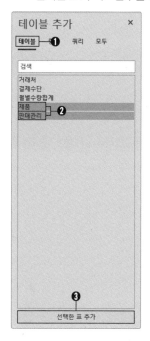

③ '원산지', '단가', '수량' 필드를 선택하고 다음 [필드]에 '금액: [단가] * [수량]'을 입력합니다.

필드:	원산지	단가	수량	금액: [단가]*[수량]	
테이블:	제품	제품	판매관리		
정렬:					
표시:	☑	☑	☑	☑	☐
조건:					
또는:					

④ '세금: IIf([금액]>=100000,[금액]*0.05,[금액]*0.03)' 필드는 입력합니다.

⑤ '원산지' 필드는 [조건]에 'Like "*" & [원산지의 일부를 입력하세요] & "*"'을 입력합니다.

⑥ '단가' 필드 속성 시트 창의 [일반] 탭 중 [형식]에 '통화'를 선택하고 이와 같이 '금액'과 '세금' 필드는 [형식]에 '통화'를 선택합니다.

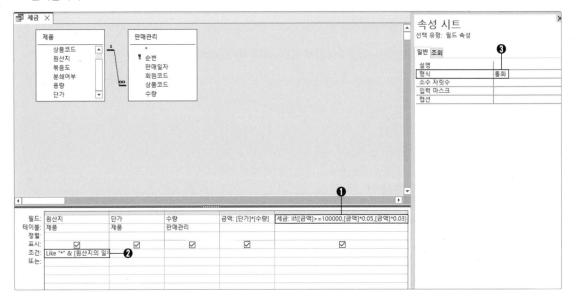

⑦ 빠른 실행 도구 모음에서 📇(저장)을 클릭합니다. [쿼리 이름]에 '세금'을 입력합니다.

4 <상품판매내역> 크로스탭 쿼리 작성

① [만들기] 탭-[쿼리] 그룹-[쿼리 디자인]을 클릭합니다.

② [테이블 추가] 대화상자의 [테이블] 탭에서 Ctrl 키를 누른 채 차례대로 <거래처>, <판매관리>, <제품> 테이블을 선택하고 <선택한 표 추가> 단추를 클릭합니다.

③ '이름', '원산지' 필드는 선택하고 '판매수량합계: [수량]', '판매건수: [이름]' 필드는 입력합니다.

필드:	이름	원산지	판매수량합계: [수량]	판매건수: [이름]	
테이블:	거래처	제품	판매관리	거래처	
정렬:					
표시:	☑	☑	☑	☑	☐
조건:					
또는:					

④ [쿼리 디자인] 탭-[쿼리 유형] 그룹-[크로스탭]을 선택합니다.

⑤ '이름' 필드는 [크로스탭]에 '행 머리글'을 선택합니다.

⑥ '원산지' 필드는 [크로스탭]에 '열 머리글'을 선택합니다.

⑦ '판매수량합계: [수량]' 필드는 [요약]에 '합계', [크로스탭]에 '값'을 선택합니다.

⑧ '판매건수: [이름]' 필드는 [요약]에 '개수', [크로스탭]에 '행 머리글'을 선택합니다.

⑨ '판매건수: [이름]' 필드 속성 시트 창의 [일반] 탭 중 [형식]에 '0" 건"'을 입력합니다.

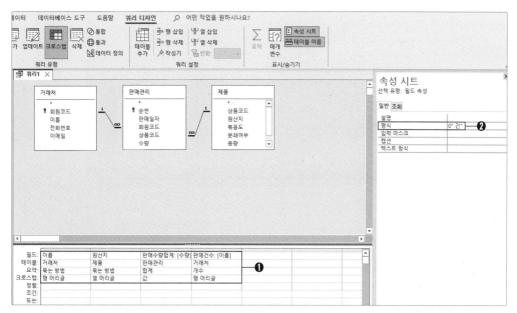

⑩ 빠른 실행 도구 모음에서 🖫(저장)을 클릭합니다. [쿼리 이름]에 '상품판매내역'을 입력합니다.

5 <단가인상> 업데이트 쿼리 작성

① [만들기] 탭-[쿼리] 그룹-[쿼리 디자인]을 클릭합니다.

② [테이블 추가] 대화상자의 [테이블] 탭에서 <제품> 테이블을 선택하고 <선택한 표 추가>
단추를 클릭합니다.

③ '상품코드', '단가' 필드를 선택하여 추가합니다.

④ [쿼리 디자인] 탭-[쿼리 유형] 그룹-[업데이트]를 선택합니다.

⑤ [조건]에 '상품코드' 필드는 'Like "[E-F]*"'를 입력하고 [업데이트]에 '단가' 필드는 '[단가]+200'을 입력합니다.

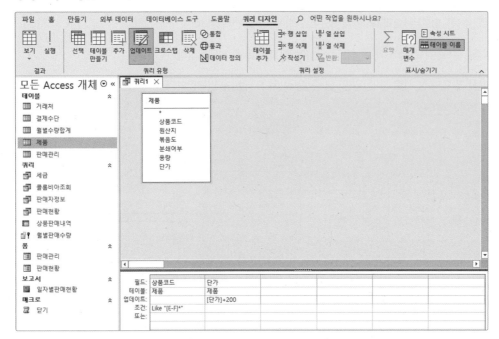

⑥ 빠른 실행 도구 모음에서 (저장)을 클릭합니다. [쿼리 이름]에 '단가인상'을 입력합니다.

⑦ [쿼리 디자인] 탭-[결과] 그룹-[실행]을 눌러 결과를 확인합니다.

⑧ [2 행을 새로 고칩니다.] 창에서 <예>를 클릭합니다.

컴퓨터활용능력 최신기출유형 4회

프로그램명	제한시간
ACCESS 2021	45분

수 험 번 호 :

성   명 :

1급 | A형

01 대학의 성적 정보를 관리하기 위해 다음과 같이 데이터베이스를 구축하고자 한다. 다음의 지시사항에 따라 테이블을 완성하시오. (각 3점)

① <학생> 테이블의 '학번'에 기본 키를 설정하고 중복된 값이 입력될 수 없도록 인덱스를 설정하시오.

② <학생> 테이블의 '성별' 필드에는 'M', 'F' 이외에는 값이 입력될 수 없도록 설정하시오.

③ <학생> 테이블의 '학년' 필드에는 새 레코드 추가 시 기본적으로 "1"이 입력되도록 설정하시오.

④ <과목> 테이블의 '과목코드' 필드에는 'A000'과 같은 형태로 영문 대문자와 숫자 3자가 반드시 입력되도록 입력 마스크를 설정하시오.

⑤ <과목> 테이블의 '과목명' 필드에는 필드 크기는 '30'으로 설정하고, 반드시 입력되도록 설정하시오.

02 <학생> 테이블의 '학과코드' 필드는 <학과정보> 테이블의 '학과코드' 필드를 참조하고 테이블 간의 관계는 M:1이다. <학생> 테이블의 '학번' 필드는 <성적> 테이블의 '학번' 필드를 참조하고 테이블 간의 관계는 1:M 이다. 테이블에 대하여 다음과 같이 관계를 설정하시오. (5점)

▶ 각 테이블 간에 항상 참조 무결성을 유지하도록 설정하시오.

▶ 참조 필드의 값이 변경되면 관련 필드의 값도 변경되도록 설정하시오.

▶ 다른 테이블에서 참조하고 있는 레코드는 삭제할 수 없도록 설정하시오.

03 외부 데이터 가져오기 기능을 이용하여 <편입생.xlsx> 파일을 가져와 다음과 같이 <편입생> 테이블을 작성 하시오. (5점)

▶ 첫 번째 행은 열 필드 이름임

▶ '기본 키는 없음'을 설정할 것

01 <성적정보> 폼을 다음 지시사항에 따라 완성하시오. (각 3점)

① 기본 보기 형식을 <그림>과 같이 설정하시오.

② 폼의 구분선을 표시하지 않도록 설정하시오.

③ 폼 바닥글의 'txt평균' 컨트롤에는 성적의 평균을 구하고 소수이하 2자리까지 표시되도록 설정하시오.

▶ 예) 78.54

02 '성적정보' 폼에 'cmb과목' 컨트롤에 콤보 상자를 설정하시오. (6점)

▶ <과목> 테이블의 '과목코드'와 '과목명'을 표시하시오.

▶ 컨트롤에는 '과목코드'가 저장되도록 설정하시오.

▶ '과목코드'와 '과목명'의 열너비를 각각 '1cm', '3cm'로 설정하고 목록 너비를 '4cm'로 하시오.

▶ '문제 2 입력 및 수정 기능 구현' 1번 문제의 <그림> 참조

03 <과목별성적조회> 폼의 '인쇄하기'(cmd인쇄)을 클릭할 때 다음과 같은 기능을 수행하도록 매크로를 작성하시오. (5점)

▶ <과목별시험성적> 보고서를 '인쇄 미리 보기'의 형태로 여시오.

▶ 과목명과 일치하는 과목만 인쇄 미리 보기로 하시오.

▶ 매크로 이름은 'Macro1'로 저장하시오.

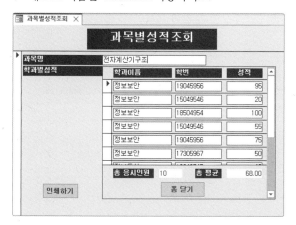

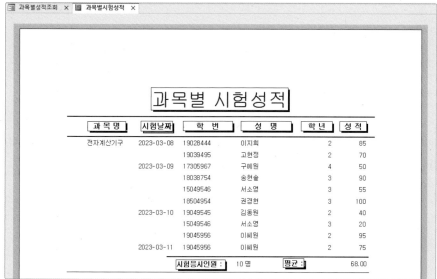

01 다음의 지시사항 및 <그림>을 참조하여 <과목별시험성적> 보고서를 완성하시오. (각 3점)

① '과목명'의 오름차순으로 되었고 과목명이 같은 경우 '시험날짜'의 오름차순으로 정렬되어 표시되도록 설정하시오.

② 본문 영역의 과목명과 시험날짜는 중복된 데이터가 한 번만 표시되도록 설정하시오.

③ 과목명 그룹 바닥글 영역을 표시하여 보고서 바닥글의 전체 컨트롤을 과목명 그룹 바닥글 영역으로 옮기시오.

④ 과목명 바닥글의 'txt응시인원'은 해당 그룹에서 시험에 응시한 인원수를 표시하시오.

▶ 예) '시험응시인원 : 5 명' 과 같이 표시

⑤ 매 페이지의 아래쪽에는 시스템의 현재 날짜가 표시되도록 'txt날짜' 컨트롤을 생성하시오.

▶ 예) 현재 날짜가 2020년 4월 8일이면 '2020년 4월 8일 수요일'과 같이 표시

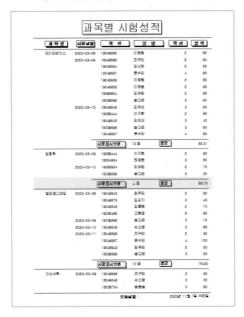

02 <학과별성적> 폼에 '폼 닫기(cmd닫기)' 버튼을 클릭하면 다음과 같은 기능을 수행하는 이벤트 프로시저를 작성하시오. (5점)

▶ <그림>과 같이 메시지 박스를 표시한 후 <예>를 클릭하면 현재 폼을 닫기할 것

▶ MsgBox, DoCmd, If ~ End If 문 이용

01 <성적> 테이블을 이용하여 모든 학과의 성적에 대한 '비고' 필드의 값의 데이터를 '평가분류'로 나타내는 <성적평가분류> 업데이트 쿼리를 작성한 후 실행하시오. (7점)

▶ 성적이 80점 이상이면 'Excelent', 70점 이상이면 'Good', 60점 이상이면 'Pass' 그 외에는 'fail'로 분류하시오.

▶ 평가분류는 '성적' 필드를 이용하시오.

▶ IIF 함수 사용.

▶ 쿼리의 이름은 <성적평가분류>으로 하시오.

▶ 쿼리 결과 표시되는 필드와 필드명은 <그림>과 같이 표시되도록 설정하시오.

※ <성적평가분류> 쿼리를 실행한 전의 <성적> 테이블   ※ <성적평가분류> 쿼리를 실행한 후의 <성적> 테이블

02 <성적>, <학생>, <학과정보> 테이블을 이용하여 정보보안과의 60점 이상의 성적을 가진 학생들을 조회하는 <정보보안PASS명단> 쿼리를 작성하시오. (7점)

▶ 과목코드를 기준으로 오름차순 정렬하여 표시하시오.

▶ 쿼리 실행 결과 표시되는 필드와 필드명은 <그림>과 같이 표시되도록 설정하시오.

03 학년별로 PASS한 학생들의 인원수와 평균을 조회하는 <학년별인원수와평균> 쿼리를 작성하시오. (7점)

▶ <정보보안PASS명단> 쿼리를 이용하시오.

▶ 학년별인원수와 평균은 '성적' 필드를 이용하시오.

▶ 쿼리 실행 결과 표시되는 필드와 필드명은 <그림>과 같이 표시되도록 설정하시오.

▶ 연산자 사용

04 다음과 같은 기능을 수행하는 쿼리를 작성하시오. (7점)

▶ <과목>, <성적>, <학생> 테이블을 이용하여 <이름검색테이블> 테이블 만들기 쿼리를 작성하시오.

▶ 쿼리 이름은 <이름검색쿼리>로 설정하시오.

▶ 조회할 이름의 일부분을 입력받아 실행하시오.

▶ 성적 필드를 기준으로 내림차순으로 정렬하여 표시하시오.

05 다음 <그림>을 참조하여 학과명과 학년별 인원수를 나타내는 크로스탭 쿼리를 작성하시오. (7점)

▶ <과별정보> 쿼리를 이용하시오.

▶ 쿼리 이름은 <학과별인원수>로 하시오.

▶ 인원수는 '성별'을 이용하시오.

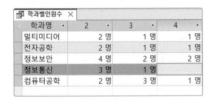

최신기출유형 4회 정답 및 해설

📂 **작업 파일** : C:₩2024_컴활1급₩데이터베이스₩작업파일₩최신기출유형₩최신기출유형 4회_문제.accdb
💾 **완성 파일** : C:₩2024_컴활1급₩데이터베이스₩완성파일₩최신기출유형₩최신기출유형 4회_정답.accdb

정답

문제 1 ▶ DB 구축 (25점)

01 <학생>, <과목> 테이블 완성

지시사항	테이블명	필드명	필드 속성	설정 값
①	학생	학번	기본키	
			인덱스	예(중복 불가능)
②		성별	유효성 검사 규칙	In ("M","F")
③		학년	기본 값	1
④	과목	과목코드	입력 마스크	>L000
⑤		과목명	필드 크기	30
			필수	예

02 관계 설정

① [데이터베이스 도구]-[관계] 그룹의 [관계( )]를 클릭

② 관계 편집

03 외부 데이터 가져오기

① [외부 데이터] 탭-[가져오기 및 연결] 그룹-[새 데이터 원본]-[파일]-[Excel]을 클릭합니다.

② 첫 번째 행은 열 머리글, 기본 키 없음

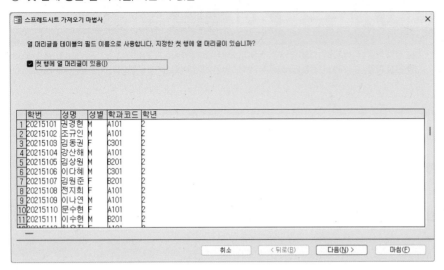

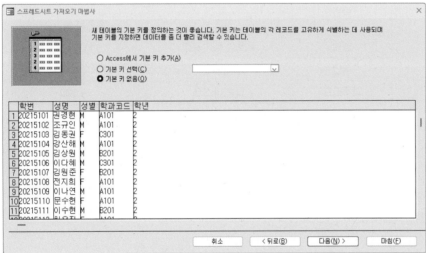

01 <성적정보> 폼의 완성

지시사항	영역	개체명	탭	항목	설정 값
①	폼		형식	기본 보기	연속 폼
②	폼		형식	구분 선	아니요
③	폼 바닥글	txt평균	모두	컨트롤 원본	=Avg([성적])
				소수 자릿수	2

02 <성적정보> 폼에 콤보 상자 설정

① [속성 시트]-[데이터] 탭에서 '행 원본 유형'은 '테이블/쿼리'를 선택

② '열 개수'는 '2'를 입력하고, '열 너비'는 '1cm;3cm', '목록 너비'는 '4cm'을 입력

03 <과목별성적조회> 폼에 매크로 작성

① [만들기]-[매크로 및 코드] 그룹에서 [매크로(🗗)]를 클릭

② [Macro1] 매크로 작성

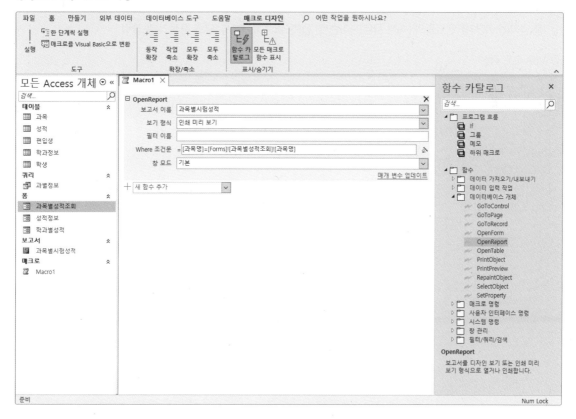

01 <과목별시험성적> 보고서 완성

지시사항	영역	개체명	탭	항목	설정 값
①	[그룹, 정렬 및 요약] '과목명'의 '오름차순', [정렬 추가]하여 '시험날짜'의 '오름차순'				
②	본문	과목명	형식	중복 내용 숨기기	예
		시험날짜			
③	그룹 바닥글 구역 표시		보고서 바닥글 컨트롤을 드래그하여 이동		
④	과목명 바닥글	txt응시인원	데이터	컨트롤 원본	=Count(*) & " 명"
⑤	페이지 바닥글	txt날짜	모두	이름	txt날짜
				컨트롤 원본	=Date( )
				형식	자세한 날짜

02 <학과별성적> 폼에 이벤트 프로시저 작성

① '폼 닫기(cmd닫기)' 컨트롤의 [속성 시트]–[이벤트] 탭의 'On Click'에서 [코드 작성기]를 클릭

② VBA 코드 작성

```
Private Sub cmd닫기_Click( )
Dim a
a = MsgBox("폼을 닫으시겠습니까?", vbYesNoCancel, "폼 닫기")
If a = vbYes Then
DoCmd.Close
End If
End Sub
```

01 <성적평가분류> 업데이트 쿼리

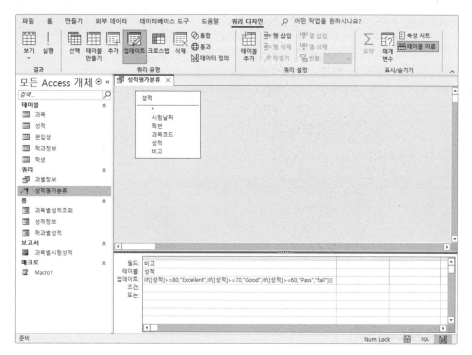

02 <정보보안PASS명단> 조회 쿼리

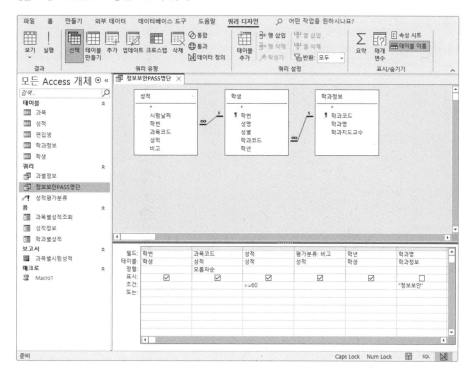

03 <학년별인원수와평균> 요약 쿼리

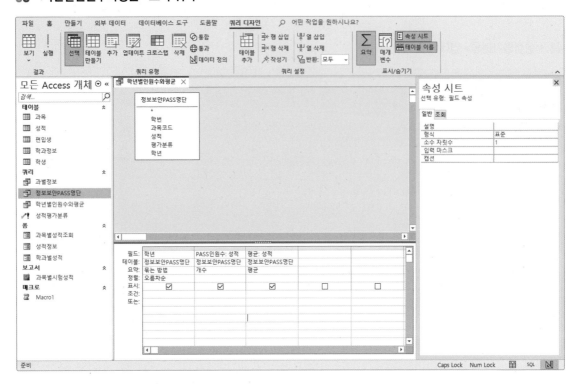

04 <이름검색쿼리>로 테이블 만들기 쿼리

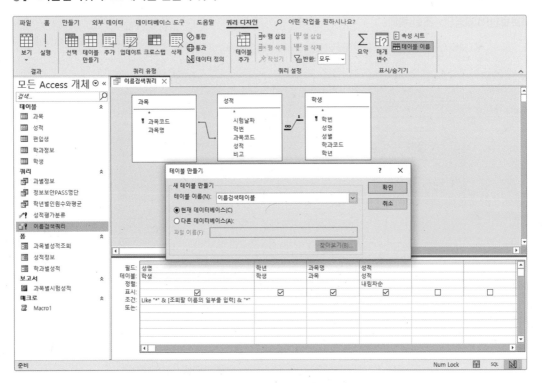

05 <학과별인원수> 크로스탭 쿼리

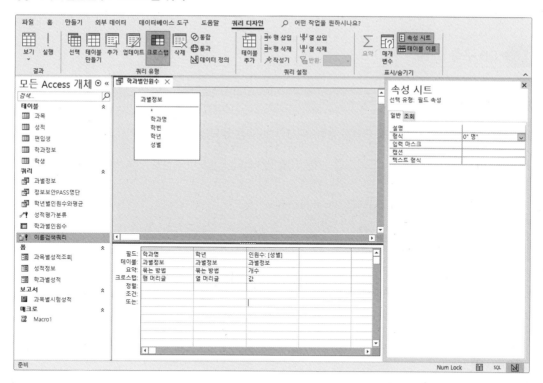

문제 1 ▶ DB 구축 (25점)

1 <학생>, <과목> 테이블 완성

① <학생> 테이블 위에서 마우스 오른쪽 단추를 눌러 <디자인 보기>를 클릭합니다.

② '학번' 필드에서 [테이블 디자인] 탭-[도구] 그룹-[기본 키]를 클릭합니다. 필드이 속성은 [인덱스]에 '예(중복 불가능)'을 선택합니다.

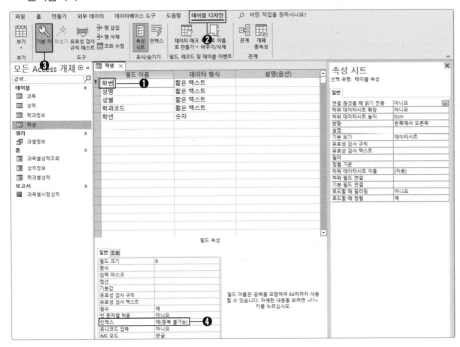

③ '성별' 필드의 속성은 [유효성 검사 규칙]에 'In ("M","F")'을 입력합니다.

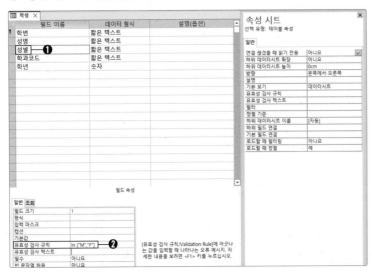

④ '학년' 필드의 속성은 [기본값]에 '1'을 입력합니다.

⑤ <과목> 테이블 위에서 마우스 오른쪽 단추를 눌러 <디자인 보기>를 클릭합니다.

⑥ '과목코드' 필드의 속성은 [입력 마스크]에 '>L000'을 입력합니다.

⑦ '과목명' 필드의 속성은 [필드 크기]에 '30'으로 입력하고 [필수]에 '예'를 선택합니다.

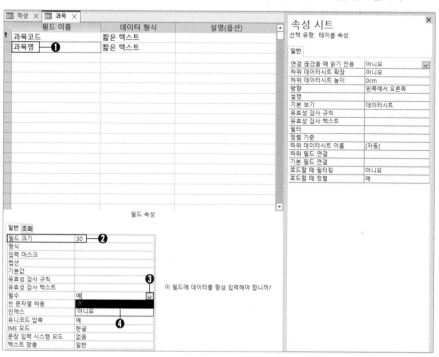

⑧ 빠른 실행 도구 모음에서 🖫(저장)을 클릭합니다. 경고 창에서 반드시 <예> 단추를 눌러 저장합니다.

2 관계 설정

① [데이터베이스 도구] 탭-[관계] 그룹-[관계]를 클릭합니다.

② [관계] 그룹-[테이블 추가] 대화상자의 [테이블] 탭에서 **Ctrl** 키를 누른 채 차례대로 <학과정보>, <학생>, <성적> 테이블을 선택하고 <선택한 표 추가> 단추를 클릭합니다.

③ <학과정보> 테이블의 '학과코드' 필드를 <학생> 테이블의 '학과코드' 필드로 드래그 앤 드롭 합니다.

④ [관계 편집] 대화상자에서 '항상 참조 무결성 유지', '관련 필드 모두 업데이트'를 선택하고 <만들기> 단추를 클릭합니다.

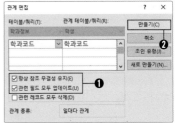

⑤ <학생> 테이블의 '학번' 필드를 <성적> 테이블의 '학번' 필드로 드래그 앤 드롭 합니다.

⑥ [관계 편집] 대화상자에서 '항상 참조 무결성 유지', '관련 필드 모두 업데이트'를 선택하고 <만들기> 단추를 클릭합니다.

   ※ '일대다(1:M)'의 관계가 설정됩니다.

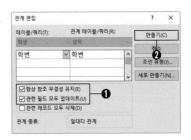

⑦ [관계] 창이 <그림>과 같이 표시됩니다. 빠른 실행 도구 모음에서 🖫(저장)을 눌러 변경된 내용을 저장합니다. [관계 디자인] 탭-[관계] 그룹-[닫기]를 클릭합니다.

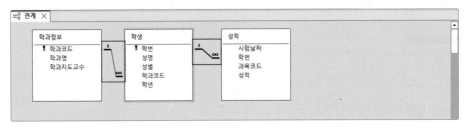

3 외부 데이터 가져오기 기능을 이용하여 <편입생> 테이블의 생성

① [외부 데이터] 탭-[가져오기 및 연결] 그룹-[새 데이터 원본]-[파일]-[Excel]을 클릭합니다.

② [외부 데이터 가져오기-Excel 스프레드시트] 대화상자에서 [데이터 원본 및 대상 선택] 창의 <찾아보기> 단추를 클릭하여 파일 이름은 'C:₩2024_컴활1급₩데이터베이스₩작업파일₩최신기출유형₩편입생.xlsx'을 선택합니다.

③ [외부 데이터 가져오기-Excel 스프레드시트] 대화상자에서 저장할 방법과 위치는 '현재 데이터베이스의 새 테이블로 원본 데이터 가져오기(I)'를 선택하고 <확인> 단추를 클릭합니다.

④ [스프레드시트 가져오기 마법사] 대화상자에서 '첫 행에 열 머리글이 있음'를 선택하고 <다음> 단추를 클릭합니다.

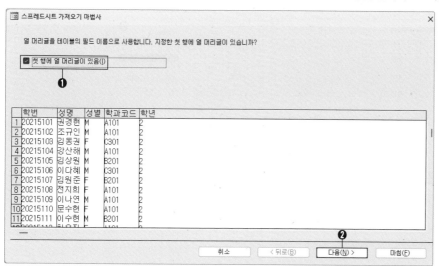

⑤ [스프레드시트 가져오기 마법사] 대화상자에서 필드 옵션을 확인하고 <다음> 단추를 클릭합니다.

⑥ [스프레드시트 가져오기 마법사] 대화상자에서 '기본 키 없음'을 선택하고 <다음> 단추를 클릭합니다.

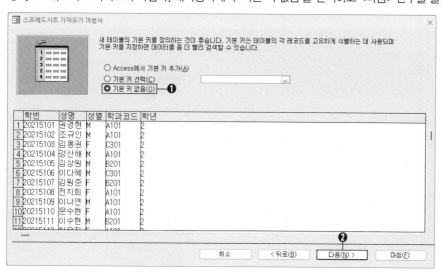

⑦ [스프레드시트 가져오기 마법사] 대화상자에서 테이블로 가져오기에 '편입생'을 입력하고 <마침> 단추를 클릭합니다.

⑧ [가져오기 단계 저장] 대화상자에서 <닫기> 단추를 클릭합니다.

1 <성적정보> 폼의 완성

① <성적정보> 폼 위에서 마우스 오른쪽 단추를 눌러 <디자인 보기>를 클릭합니다.

② '폼' 영역 속성 시트 창의 [형식] 탭 중 [기본 보기]에 '연속 폼'을 선택합니다.

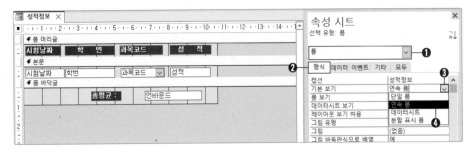

③ '폼' 영역 속성 시트 창의 [모두] 탭 중 [구분 선]에 '아니요'를 선택합니다.

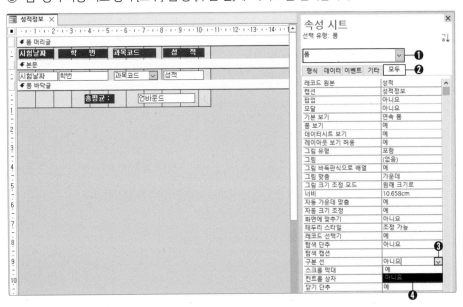

④ '폼 바닥글' 영역에서 'txt평균' 컨트롤 속성 시트 창의 [모두] 탭 중 [컨트롤 원본]에 '=Avg([성적])'을 입력하고 [소수 자릿수]에 '2'로 선택합니다.

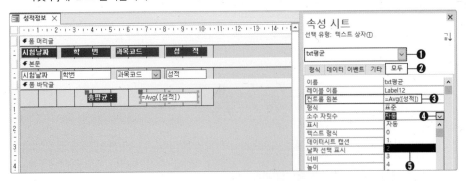

2 <성적정보> 폼에 콤보 상자 설정

① <성적정보> 폼 위에서 마우스 오른쪽 단추를 눌러 <디자인 보기>를 클릭합니다.

② '본문' 영역에서 'cmb과목' 버튼 속성 시트 창의 [데이터] 탭 중 [행 원본 유형]에 '테이블/쿼리', [바운드 열]은 '1'을 선택합니다.

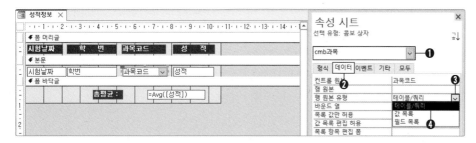

③ [행 원본]에 ⋯ 을 눌러 나오는 [테이블 추가] 대화상자의 [테이블] 탭에서 <과목> 테이블을 선택하고 <선택한 표 추가> 단추를 클릭합니다.

④ '과목코드', '과목명' 필드를 선택합니다.

⑤ <닫기>(⨯)을 클릭하고 업데이트된 내용을 저장하도록 <예> 단추를 클릭합니다.

⑥ 속성 시트 창의 [형식] 탭 중 [열 개수]에 '2', [열 너비]에 '1cm;3cm', [목록 너비]에 '4cm'을 입력합니다.

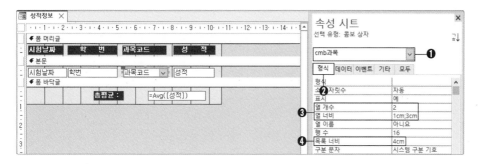

3 <과목별성적조회> 폼에 매크로 작성

① [만들기] 탭-[매크로 및 코드] 그룹-[매크로]를 클릭합니다.

② [새 함수 추가]에서 <OpenReport>를 선택합니다.

③ [보고서 이름]에 '과목별시험성적', [보기 형식]에 '인쇄 미리 보기'를 선택합니다.

④ [Where 조건문]에 '[과목명]=[Forms]![과목별성적조회]![과목명]'을 입력합니다.

⑤ <빠른 실행 도구 모음에서 ▣(저장)을 클릭합니다. [매크로 이름]에 'Macro1'을 입력합니다.

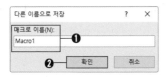

⑥ <과목별성적조회> 폼 위에서 마우스 오른쪽 단추를 눌러 <디자인 보기>를 클릭합니다.

⑦ '인쇄하기'(cmd인쇄) 버튼 속성 시트 창의 [이벤트] 탭 중 [On Click]에 'Macro1'을 선택합니다.

문제 3 ▶ 조회 및 출력 기능 구현 (20점)

1 <과목별시험성적> 보고서 완성

① <과목별시험성적> 보고서 위에서 마우스 오른쪽 단추를 눌러 <디자인 보기>를 클릭합니다.

② [보고서 디자인] 탭-[그룹화 및 요약] 그룹-[그룹화 및 정렬]을 클릭하고 [정령 추가]를 눌러 '시험날짜' 필드를 추가한 다음 [정렬]에 '오름차순'을 선택합니다.

③ '본문' 영역에서 '과목명'과 '시험날짜' 컨트롤 속성 시트 창의 [형식] 탭 중 [중복 내용 숨기기]에 '예'를 선택합니다.

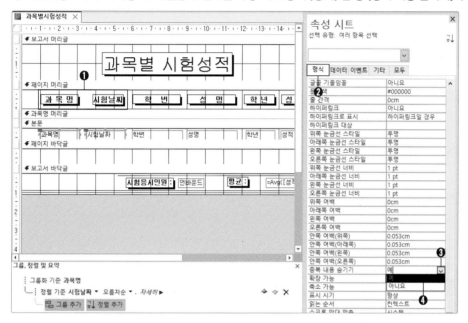

④ [그룹, 정렬 및 요약]에서 [과목명의 자세히]에 '바닥글 구역 표시'를 선택합니다.

⑤ '보고서 바닥글' 영역에서 모든 컨트롤을 드래그 앤 드롭으로 선택하고 잘라내기(**Ctrl**+**X**)를 하고 '과목명 바닥글' 영역에서 붙여넣기(**Ctrl**+**V**) 합니다.

※ '과목명 바닥글' 영역의 크기를 조절합니다.

⑥ '과목명 바닥글' 영역에서 'txt응시인원' 컨트롤 속성 시트 창의 [데이터] 탭 중 [컨트롤 원본]에 '=Count(*) & " 명"'을 입력합니다.

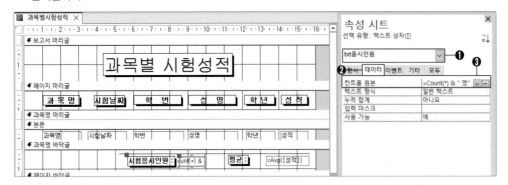

⑦ '페이지 바닥글' 영역에서 [보고서 디자인] 탭-[컨트롤] 그룹-[ㄱㄴ](텍스트 상자)]를 클릭하여 드래그 앤 드롭 하여 작성합니다.

⑧ '왼쪽 레이블' 영역에는 '오늘 날짜 : '을 입력합니다.

⑨ '오른쪽 텍스트 상자' 속성 시트 창의 [모두] 탭 중 [이름]에 'txt날짜'를 입력하고 [컨트롤 원본]에 '=Date( )'를 입력 하고 [형식]에 '자세한 날짜'를 선택합니다.

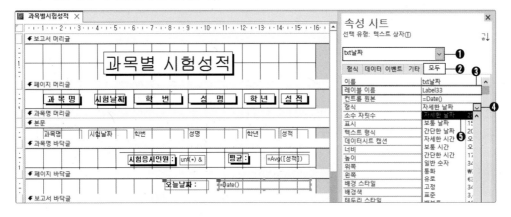

⑩ 빠른 실행 도구 모음에서 💾(저장)을 클릭합니다.

② <학과별성적> 폼에 이벤트 프로시저 작성

① <학과별성적> 폼 위에서 마우스 오른쪽 단추를 눌러 <디자인 보기>를 클릭합니다.

② '폼 바닥글' 영역에서 '폼 닫기'(cmd닫기) 버튼 속성 시트 창의 [이벤트] 탭 중 [On Click]에 '코드 작성기'를 선택하고 <확인> 단추를 클릭합니다.

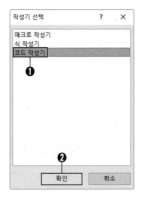

③ VBA 창에 다음과 같이 입력합니다.

※ 메시지 박스에 <예>, <아니요>, <취소> 단추 중 <예> 단추를 클릭하면 '닫기'를 합니다.

```
Private Sub cmd닫기_Click( )
Dim a
a = MsgBox("폼을 닫으시겠습니까?", vbYesNoCancel, "폼 닫기")
If a = vbYes Then
DoCmd.Close
End If
End Sub
```

④ Alt + Q 키를 눌러 액세스 창으로 돌아옵니다.

문제4 ▶ 처리 기능 구현 (35점)

1 <성적평가분류> 업데이트 쿼리 작성

① [만들기] 탭-[쿼리] 그룹-[쿼리 디자인]을 클릭합니다.

② [테이블 추가] 대화상자의 [테이블] 탭에서 <성적> 테이블을 선택하고 <선택한 표 추가> 단추를 클릭합니다.

③ '비고' 필드를 선택하여 추가합니다.

④ [쿼리 디자인] 탭-[쿼리 유형] 그룹-[업데이트]를 선택합니다.

⑤ [업데이트]에 IIf([성적]>=80,"Excellent",IIf([성적]>=70,"Good",IIf([성적]>=60,"Pass","fail")))를 입력합니다.

필드:	비고			
테이블:	성적			
업데이트:	IIf([성적]>=80,"Excellent",IIf([성적]>=70,"Good",IIf([성적]>=60,"Pass","fail")))			
조건:				
또는:				

⑥ 빠른 실행 도구 모음에서 🖫(저장)을 클릭합니다. [쿼리 이름]에 '성적평가분류'를 입력합니다.

⑦ [쿼리 디자인] 탭-[결과] 그룹-[실행]을 눌러 결과를 확인합니다.

⑧ [78 행을 새로 고칩니다.] 창에서 <예>를 클릭합니다.

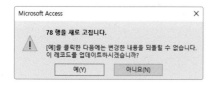

2 <정보보안PASS명단> 조회 쿼리 작성

① [만들기] 탭-[쿼리] 그룹-[쿼리 디자인]을 클릭합니다.

② [테이블 추가] 대화상자의 [테이블] 탭에서 **Ctrl** 키를 누른 채 차례대로 <성적>, <학과정보>, <학생> 테이블을 선택하고 <선택한 표 추가> 단추를 클릭합니다.

③ '학번', '과목코드', '성적', '비고', '학년', '학과명' 필드를 선택하고 '비고' 필드는 '평가분류: 비고'를 입력합니다.

필드:	학번	과목코드	성적	평가분류: 비고	학년	학과명	
테이블:	학생	성적	성적	성적	학생	학과정보	
정렬:							
표시:	☑	☑	☑	☑	☑	☐	☐
조건:							
또는:							

④ '과목코드' 필드는 [정렬]에 '오름차순'을 선택합니다.

⑤ '성적' 필드는 [조건]에 '>=60'을 입력하고 '학과명' 필드는 [조건]에 '정보보안'을 입력한 후 <표시>를 해제합니다.

필드:	학번	과목코드	성적	평가분류: 비고	학년	학과명	
테이블:	학생	성적	성적	성적	학생	학과정보	
정렬:		오름차순					
표시:	☑	☑	☑	☑	☑	☐	☐
조건:			>=60			"정보보안"	
또는:			❶			❷	

⑥ 빠른 실행 도구 모음에서 (저장)을 클릭합니다. [쿼리 이름]에 '정보보안PASS명단'을 입력합니다.

3 <학년별인원수와평균> 요약 쿼리 작성

① [만들기] 탭-[쿼리] 그룹-[쿼리 디자인]을 클릭합니다.

② [테이블 추가] 대화상자의 [쿼리] 탭에서 <정보보안PASS명단> 쿼리를 선택하고 <선택한 표 추가> 단추를 클릭합니다.

③ '학년' 필드를 선택하고 'PASS인원수:성적', '평균:성적' 필드는 입력합니다.

필드:	학년	PASS인원수: 성적	평균: 성적	
테이블:	정보보안PASS명단	정보보안PASS명단	정보보안PASS명단	
정렬:				
표시:	☑	☑	☑	☐
조건:				
또는:				

④ [쿼리 디자인] 탭-[표시/숨기기] 그룹-[요약]을 클릭합니다.

⑤ [요약]에 'PASS인원수: 성적' 필드는 '개수', '평균: 성적' 필드는 '평균'을 선택합니다.

필드:	학년	PASS인원수: 성적	평균: 성적	
테이블:	정보보안PASS명단	정보보안PASS명단	정보보안PASS명단	
요약:	묶는 방법	개수	평균	
정렬:				
표시:	☑	☑	☑	☐
조건:				
또는:				

⑥ '학년' 필드는 [정렬]에 '오름차순'을 선택하고 속성 시트 창의 [일반] 탭 중 [형식]에 '0" 학년"'을 입력합니다.

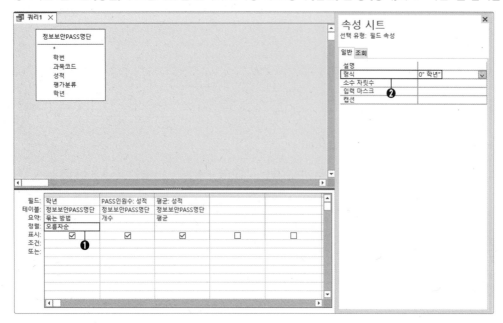

⑦ '평균' 필드 속성 시트 창의 [일반] 탭 중 [형식]에 '표준', [소수 자릿수]에 '1'을 선택합니다.

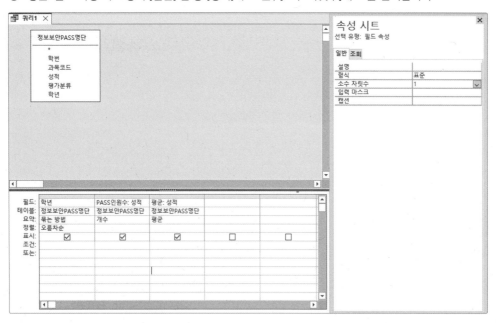

⑧ 빠른 실행 도구 모음에서 🖫(저장)을 클릭합니다. [쿼리 이름]에 '학년별인원수와평균'을 입력합니다.

4 <이름검색쿼리> 테이블 만들기 쿼리 작성

① [만들기] 탭-[쿼리] 그룹-[쿼리 디자인]을 클릭합니다.

② [테이블 추가] 대화상자의 [테이블] 탭에서 **Ctrl** 키를 누른 채 차례대로 <과목>, <성적>, <학생> 테이블을 선택하고 <선택한 표 추가> 단추를 클릭합니다.

③ '성명', '학년', '과목명', '성적' 필드를 선택합니다.

④ '성명' 필드는 [조건]에 'Like "*" & [조회할 이름의 일부를 입력] & "*"'를 입력합니다.

필드:	성명	학년	과목명	성적	
테이블:	학생	학생	과목	성적	
정렬:				내림차순	
표시:	☑	☑	☑	☑	☐
조건:	Like "*" & [조회할 이름의 일부를 입력] & "*"				
또는:					

⑤ '성적' 필드는 [정렬]에 '내림차순'을 선택합니다.

⑥ [쿼리 디자인] 탭-[쿼리 유형] 그룹-[테이블 만들기]를 선택합니다.

⑦ [테이블 만들기] 대화상자에서 [테이블 이름]에 '이름검색테이블'을 입력하고 <확인> 단추를 클릭합니다.

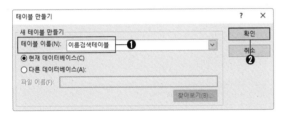

⑧ 빠른 실행 도구 모음에서 🖫(저장)을 클릭합니다. [쿼리 이름]에 '이름검색쿼리'를 입력합니다.

⑨ <이름검색쿼리> 쿼리 위에서 마우스 오른쪽 단추를 눌러 [열기]를 클릭합니다.

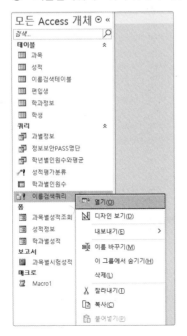

⑩ '경고 창'이 표시되면 <예> 단추를 클릭합니다.

⑪ 매개 변수 값에 '정'을 입력하고 '정'이 포함된 [4행을 붙여넣기] 대화상자에서 <예> 단추를 클릭합니다.

5 <학과별인원수> 크로스탭 쿼리 작성

① [만들기] 탭-[쿼리] 그룹-[쿼리 디자인]을 클릭합니다.

② [테이블 추가] 대화상자의 [쿼리] 탭에서 <과별정보> 쿼리를 선택하고 <선택한 표 추가> 단추를 클릭합니다.

③ '학과명', '학년' 필드를 선택하고 '인원수: [성별]' 필드는 입력합니다.

④ [쿼리 디자인] 탭-[쿼리 유형] 그룹-[크로스탭]를 클릭합니다.

⑤ '학과명' 필드는 [요약]에 '묶는 방법', [크로스탭]에 '행 머리글'을 선택합니다.

⑥ '학년' 필드는 [요약]에 '묶는 방법', [크로스탭]에 '열 머리글'을 선택합니다.

⑦ '인원수: [성별]' 필드는 [요약]에 '개수', [크로스탭]에 '값'을 선택합니다.

⑧ '인원수: [성별]' 필드 속성 시트 창의 [일반] 탭 중 [형식]에 '0" 명"'을 입력합니다.

⑨ 빠른 실행 도구 모음에서 🖫(저장)을 클릭합니다. [쿼리 이름]에 '학과별인원수'를 입력합니다.

컴퓨터활용능력 최신기출유형 5회

프로그램명	제한시간
ACCESS 2021	45분

수 험 번 호 :

성　　명 :

1급 │ A형

유의사항

- 인적 사항 누락 및 잘못 작성으로 인한 불이익은 수험자 책임으로 합니다.

- 화면에 암호 입력창이 나타나면 아래의 암호를 입력하여야 합니다.
  – 암호 : 17$548

- 작성된 답안은 주어진 경로 및 파일명을 변경하지 마시고 그대로 저장해야 합니다. 이를 준수하지 않으면 실격처리 됩니다.
  – 답안 파일명의 예: C:₩DB₩수험번호 8자리.accdb

- 외부데이터 위치 : C:₩DB₩파일명

- 별도의 지시사항이 없는 경우, 다음과 같이 처리하면 실격 처리됩니다.
  – 제시된 개체의 이름을 임의로 변경한 경우
  – 제시된 개체의 속성을 임의로 변경한 경우
  – 제시된 개체를 임의로 삭제하거나 추가한 경우

- 별도의 지시사항이 없는 경우, 기능의 구현은 모듈이나 매크로 등을 이용하며, 예외적인 상황에 대해서는 고려하지 않아도 됩니다.

- 제시된 함수가 있을 경우 제시된 함수만을 사용하여야 하며, 그 외 함수 사용시 채점 대상에서 제외됩니다.

- 별도의 지시사항이 없는 경우, 주어진 각 개체의 속성은 설정값 또는 기본 설정값 (Default)으로 처리하십시오.

- 제시된 화면은 예시이며 나타난 값은 실제와 다를 수 있습니다.

- 저장 시간은 별도로 주어지지 아니하므로 제한된 시간 내에 저장을 완료해야 합니다.

- 본 문제의 용어는 MS Office LTSC Professional Plus 2021 기준으로 작성되었습니다.

01 스포츠센터 수강생 현황을 관리하기 위해 다음과 같이 데이터베이스를 구축하였다. 다음의 지시사항에 따라 <강좌목록> 테이블과 <회원> 테이블을 완성하시오. (각 3점)

① <강좌목록> 테이블의 '강좌코드' 필드를 기본 키(Primary Key)로 설정하시오

② <강좌목록> 테이블의 '정원' 필드를 기준으로 내림차순 정렬되도록 테이블 속성을 설정하시오.

③ <강좌목록> 테이블 '월수강료' 필드는 기본 값이 10000 입력되도록 설정하시오.

④ <회원> 테이블의 '회원번호' 필드에는 다음과 같은 입력 마스크를 설정하시오.

  ▶ 앞의 두 글자는 영문 대문자, 뒤의 세 글자는 숫자가 반드시 입력되도록 설정하시오.

⑤ <회원> 테이블의 '이메일' 필드에는 "@"문자가 반드시 포함되도록 유효성 검사 규칙을 설정하고 '반드시 @를 포함하여 입력하시오.'의 유효성 검사 텍스트를 설정하시오.

02 <수강신청> 테이블의 '회원번호' 필드는 <회원> 테이블의 '회원번호' 필드를 참조하고, <수강신청> 테이블의 '강좌코드' 필드는 <강좌목록> 테이블의 '강좌코드' 필드를 참조하며 각 테이블 간의 관계는 M:1이다. 새 테이블에 대해 다음과 같이 관계를 설정하시오. (5점)

▶ 두 테이블 간에 항상 참조 무결성을 유지하도록 설정하시오.

▶ 참조 필드의 값이 변경되면 관련 필드의 값도 변경되도록 설정하시오.

▶ 다른 테이블에서 참조하고 있는 레코드는 삭제할 수 없도록 설정하시오.

03 <수강신청> 테이블의 '강좌코드' 필드에 다음과 같이 조회 속성을 설정하시오. (5점)

▶ 콤보 상자의 형태로 <강좌목록> 테이블의 '강좌코드', '강좌명' 목록이 나타나도록 설정하시오.

▶ 필드에는 '강좌코드'가 저장되도록 설정하시오.

▶ 열 너비는 2cm, 4cm, 목록 너비는 6cm로 설정하시오.

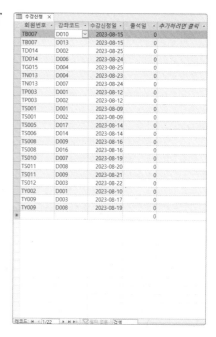

01 <개설된강좌보기> 폼을 다음 지시사항에 따라 완성하시오. (각 3점)

① 폼 머리글의 'lbl제목' 컨트롤의 글꼴은 '함초롬돋움', 글꼴 크기는 '18'로 설정하시오.

② 폼 머리글의 'txt날짜' 컨트롤에 현재의 년과 월을 표시하시오.

▶ 예) 2021년 5월

▶ Date( ), Format( ) 함수 사용할 것

③ 폼 바닥글의 'txt총강좌수' 컨트롤에는 총 레코드 수가 화면에 표시되도록 컨트롤 원본을 설정하시오.

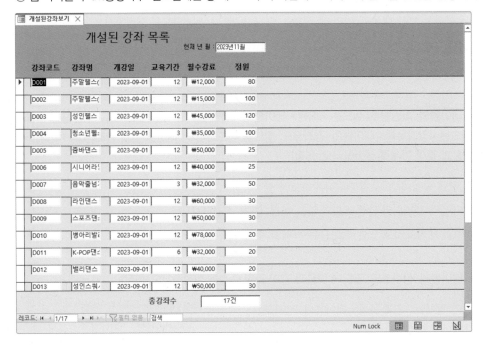

02 <강좌정보> 폼의 본문 영역에 다음과 같이 조건부 서식을 설정하시오. (6점)

▶ '강좌명'이 '댄스'로 끝나는 레코드에 대해 본문 영역의 모든 컨트롤의 글꼴이 '굵게', 글꼴 색이 '빨강'으로 표시되도록 설정하시오.

▶ Right( ) 함수 사용하시오.

▶ 단, 하나의 규칙으로 설정하시오.

03 <수강정보보기> 폼에서 '수강정보'(cmd정보) 컨트롤을 클릭하면 다음과 같은 기능을 수행하도록 매크로를 작성하시오. (5점)

▶ '회원정보' 폼을 '폼 보기' 형식으로 열기하시오.

▶ 매크로 조건 '회원번호' 필드의 값이 'txt회원번호'에 해당하는 정보만 표시하시오.

▶ 매크로 이름은 '매크로1'로 저장하시오.

문제3 20점_ **조회 및 출력 기능 구현**

01 다음의 지시사항 및 <그림>을 참조하여 <회원별수강현황> 보고서를 완성하시오. (각 3점)

① 페이지 머리글의 'txt날짜' 컨트롤에 오늘의 날짜가 다음과 같이 표시되도록 설정하시오.

▶ 표시 예 : 2021년 5월 20일 목요일

② '이름'을 기준으로 그룹화된 상태에서 '월수강료'를 기준으로 내림차순으로 정렬하여 표시 되도록 설정하시오.

③ 'txt번호' 컨트롤에 그룹별 일련번호가 표시되도록 설정하시오.

④ 그룹 바닥글의 'txt총액' 컨트롤에 월수강료의 합계가 표시되도록 설정하시오.

⑤ '이름', '주소', '전화번호', '이메일' 필드의 값이 이전 레코드와 동일한 경우에는 표시되지 않도록 설정하시오.

02 <강좌정보찾기> 폼에서 'txt찾기' 컨트롤에 찾고자 하는 '강좌명'의 일부를 입력한 후 '찾기'(cmd찾기) 버튼을 클릭하면 다음과 같은 기능을 수행하도록 이벤트 프로시저를 구현하시오. (5점)

▶ 'txt찾기' 컨트롤에 입력한 내용을 포함하는 데이터만 표시하시오.

▶ RecordSource를 이용하시오.

최신기출유형 5회 | **393**

01 <회원별수강정보현황>쿼리를 이용하여 강좌명이 주말헬스 중에 주소지가 용인이나 분당 수강자를 조회하는 <용인분당주말헬스조회> 쿼리를 작성하시오. (7점)

▶ 이름을 기준으로 오름차순 정렬하여 표시하시오.

▶ 쿼리 실행 결과 표시되는 필드와 필드명은 <그림>과 같이 표시되도록 설정하시오.

02 다음과 같은 기능을 수행하는 쿼리를 작성하시오. (7점)

▶ <수강신청> 테이블에 존재하지 않는 <회원> 테이블의 자료 중 '이름', '주소', '전화번호', '이메일' 필드만을 조회하시오.

▶ 쿼리 이름은 <수강하지않은회원>으로 하시오.

▶ Is Null을 이용하시오.

03 <강사정보> 테이블을 이용하여 학력별 강의평가 인원수를 나타내는 크로스탭 쿼리를 작성하시오. (7점)

▶ 인원수는 '강사번호' 필드를 이용하시오.

▶ 쿼리 이름은 <강사관리>로 하시오.

▶ 결과의 필드와 필드명은 <그림>을 참조하여 지정하시오.

강사이름	최종학력	우수	일반
김민성	학사		1 명
김민재	학사	1 명	
김창조	학사	1 명	
남궁환	학사		1 명
류한진	학사	1 명	
박건영	학사		1 명
배용호	학사		1 명
안경수	학사	1 명	
정승현	학사	1 명	
김진영	석사	1 명	
엄지원	석사		1 명
조원지	석사		1 명
홍성원	석사		1 명
윤원준	박사	1 명	

04 <강좌정보체크> 쿼리에서 '라인댄스'가 들어 있는 강좌명을 모두 '줌바댄스'로 수정하는 <강좌명변경> 업데이트 쿼리를 작성하시오. (7점)

▶ <강좌정보체크> 쿼리를 이용하시오.

▶ 쿼리 실행 결과 표시되는 필드와 필드명은 <그림>과 같이 표시되도록 설정하시오.

05 <강좌목록>, <강사정보> 테이블을 이용하여 검색할 강좌명 일부를 매개변수로 입력받아 해당 강좌의 개강일을 조회하여 새 테이블로 생성하는 <개강일조회>쿼리를 작성하시오. (7점)

▶ 쿼리 실행 후 생성되는 테이블의 이름은 <개강일정보>로 설정하시오.

▶ 조회할 강좌명의 일부분을 입력받아 실행하시오.

▶ 개강일을 기준으로 오름차순으로 정렬하여 표시하시오.

▶ 쿼리 실행 결과 생성되는 테이블의 필드는 <그림>을 참고하여 수험자가 판단하여 설정하시오.

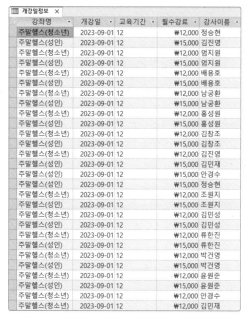

※ <개강일조회> 쿼리의 매개 변수 값으로 '주말'을 입력하여 실행 한 후의 <개강일정보> 테이블

최신기출유형 5회 정답 및 해설

📁 **작업 파일** : C:₩2024_컴활1급₩데이터베이스₩작업파일₩최신기출유형₩최신기출유형 5회_문제.accdb
💽 **완성 파일** : C:₩2024_컴활1급₩데이터베이스₩완성파일₩최신기출유형₩최신기출유형 5회_정답.accdb

정답

문제 1 ▶ DB 구축 (25점)

01 <강좌목록>, <회원> 테이블 완성

지시사항	테이블명	필드명	필드 속성	설정 값
①	강좌목록	강좌코드	기본 키	
②		정원	정렬-정원 DESC	
③		월수강료	기본값	10000
④	회원	회원번호	입력마스크	>LL000
⑤		이메일	유효성 검사 규칙	Like "*@*"
			유효성 검사 텍스트	반드시 @를 포함하여 입력하시오.

02 관계 설정

① [데이터베이스 도구]-[관계] 그룹의 [관계(▦)]를 클릭

② 관계 편집

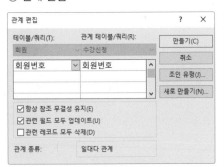
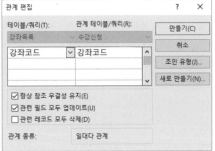

03 수강 테이블 조회 속성 설정

① '강좌코드' 필드의 [조회] 탭-[콤보 상자]

② '열 개수'는 '2'를 입력하고 '열 너비'는 '2cm;4cm', '목록 너비'는 '6cm'을 입력

01 <개설된강좌보기> 폼의 완성

지시사항	영역	개체명	탭	항목	설정 값
①	폼 머리글	lbl제목	형식	글꼴 이름	함초롬돋움
				글꼴 크기	18
②		txt날짜	데이터	컨트롤 원본	=Format(Date( ), "yyyy년 m 월")
③	폼 바닥글	txt총강좌수	데이터	컨트롤 원본	=Count(*)&"건"

02 <강좌정보> 폼에 조건부 서식 설정

① [서식]–[컨트롤 서식] 그룹의 [조건부 서식]을 클릭

② [새 서식 규칙]

03 <수강정보보기> 폼의 매크로 작성

① [만들기]–[매크로 및 코드] 그룹에서 [매크로( )]를 클릭

② [매크로1] 매크로 작성

01 <회원별수강현황> 보고서 완성

지시사항	영역	개체명	탭	항목	설정 값
①	페이지 머리글	txt날짜	모두	컨트롤 원본	=Date( )
				형식	자세한 날짜
②	[그룹, 정렬 및 요약] '이름'의 '오름차순', [정렬 추가]하여 '월수강료'의 '내림차순' 그룹, 정렬 및 요약 × 그룹화 기준 이름 정렬 기준 월수강료 ▼ 내림차순 ▼ , 자세히 ▶ ⬆ ⬇ ✕ [☰ 그룹 추가] [↓] 정렬 추가				
③	본문	txt번호	데이터	컨트롤 원본	=1
				누적 합계	그룹
④	그룹 바닥글	txt총액	데이터	컨트롤 원본	=Sum([월수강료])
⑤	본문	이름, 주소, 전화번호, 이메일	형식	중복 내용 숨기기	예

02 <강사정보찾기> 폼에 이벤트 프로시저 작성

① '찾기(cmd찾기)' 단추의 [속성 시트]–[이벤트] 탭의 'On Click'에서 [코드 작성기]

② VBA 코드 작성

```
Private Sub cmd찾기_Click( )
Me.RecordSource = "Select * from 강좌목록 where 강좌명 like '*" & txt찾기 & "*'"
End Sub
```

01 <용인분당주말헬스조회> 조회 쿼리

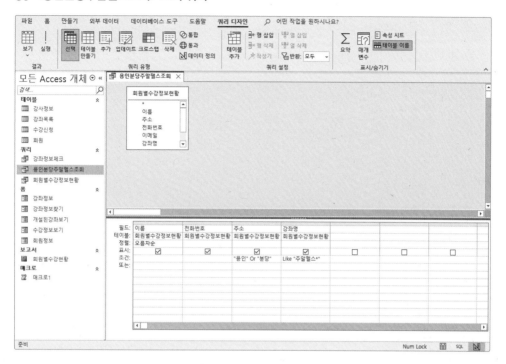

02 <수강하지않은회원> 조건 쿼리

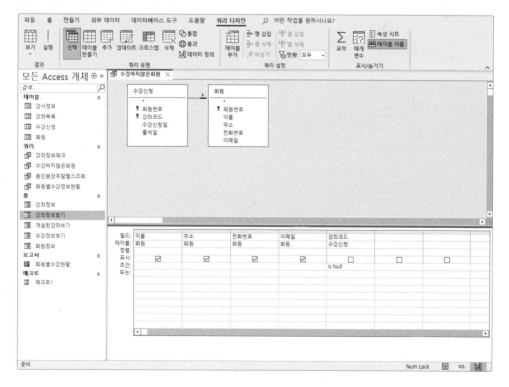

03 <강사관리> 크로스탭 쿼리

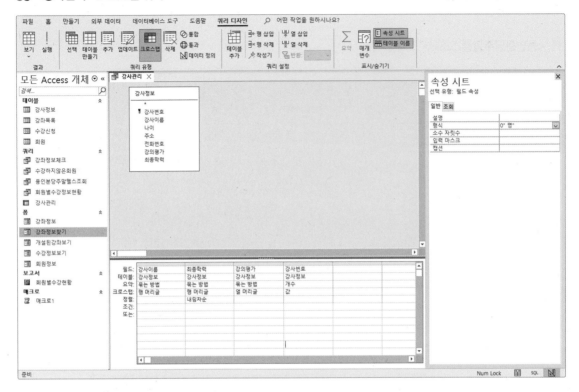

04 <강좌명변경> 업데이트 쿼리

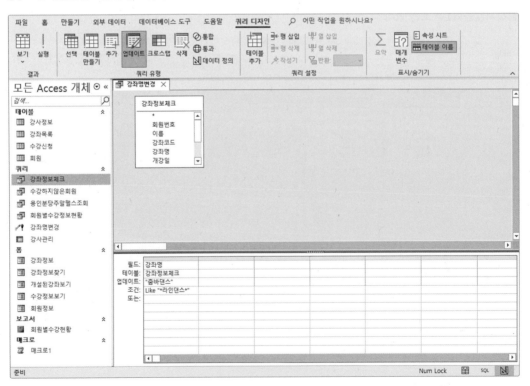

05 <개강일조회> 테이블 만들기 쿼리

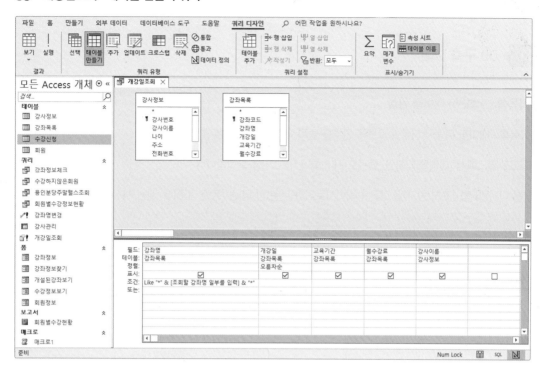

문제1 ▶ DB 구축 (25점)

1 <강좌목록>, <회원> 테이블 완성

① <강좌목록> 테이블 위에서 마우스 오른쪽 단추를 눌러 <디자인 보기>를 클릭합니다.

② '강좌코드' 필드에서 [테이블 디자인] 탭-[도구] 그룹-[기본 키]를 클릭합니다.

③ [테이블 디자인] 탭-[표시/숨기기] 그룹-[속성 시트] 창의 [일반] 탭 중 [정렬 기준]에 '정원 DESC'를 입력합니다.

④ '월수강료' 필드의 속성은 [기본 값]에 '10000'을 입력합니다.

⑤ <회원> 테이블 위에서 마우스 오른쪽 단추를 눌러 <디자인 보기>를 클릭합니다.

⑥ '회원번호' 필드의 속성은 [입력 마스크]에 '>LL000'을 입력합니다.

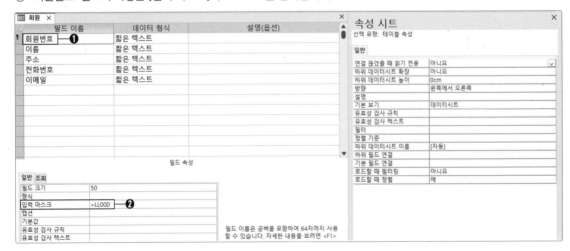

⑦ '이메일' 필드의 속성은 [유효성 검사 규칙]에 'Like "*@*"'을 입력하고 [유효성 검사 텍스트]에 '반드시 @를 포함하여 입력하시오.'를 입력합니다.

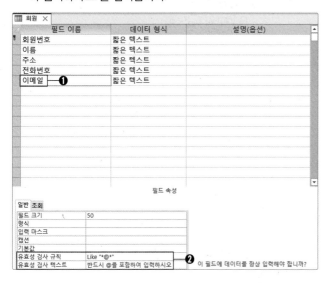

2 관계 설정

① [데이터베이스 도구] 탭-[관계] 그룹-[관계]를 클릭합니다.

② [관계] 그룹-[테이블 추가] 대화상자의 [테이블] 탭에서 **Ctrl** 키를 누른 채 차례대로 <강좌목록>, <수강신청>, <회원> 테이블을 선택하고 <선택한 표 추가> 단추를 클릭합니다.

③ <수강신청> 테이블의 '회원번호' 필드를 <회원> 테이블의 '회원번호' 필드로 드래그 앤 드롭 합니다.

④ [관계 편집] 대화상자에서 '항상 참조 무결성 유지', '관련 필드 모두 업데이트'를 선택하고 <만들기> 단추를 클릭합니다.

※ '일대다(1:M)'의 관계가 설정됩니다.

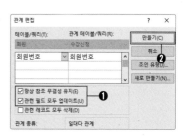

⑤ <수강신청> 테이블의 '강좌코드' 필드를 <강좌목록> 테이블의 '강좌코드' 필드로 드래그 앤 드롭 합니다.

⑥ [관계 편집] 대화상자에서 '항상 참조 무결성 유지', '관련 필드 모두 업데이트'를 선택하고 <만들기> 단추를 클릭합니다.

※ '일대다(1:M)'의 관계가 설정됩니다.

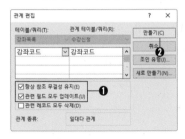

⑦ [관계] 창이 <그림>과 같이 표시됩니다. 빠른 실행 도구 모음에서 ▥(저장)을 눌러 변경된 내용을 저장합니다. [관계 디자인] 탭-[관계] 그룹-[닫기]를 클릭합니다.

3 <수강신청> 테이블에 조회 속성 설정

① <수강신청> 테이블 위에서 마우스 오른쪽 단추를 눌러 <디자인 보기>를 클릭합니다.

② '강좌코드' 필드 속성 시트 창의 [조회] 탭 중 [컨트롤 표시]에 '콤보 상자'를 선택합니다.

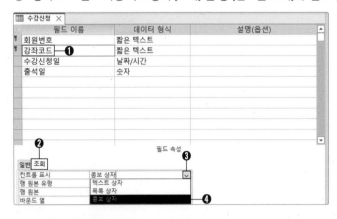

③ [행 원본]에 ▦을 눌러 <강좌목록> 테이블을 추가하여 '강좌코드', '강좌명' 필드를 선택합니다.

④ <닫기>(☒)를 눌러 [업데이트] 대화상자에서 <예> 단추를 클릭합니다.

⑤ '강좌코드' 필드의 속성은 [바운드 열]에 '1', [열 개수]에 '2', [열 너비]에 '2cm;4cm', [목록 너비]에 '6cm'를 입력합니다.

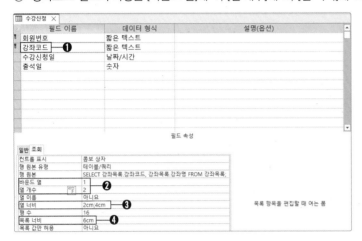

⑥ 빠른 실행 도구 모음에서 🖫(저장)을 클릭합니다.

문제2 ▶ 입력 및 수정 기능 구현 (20점)

▮ <개설된강좌보기> 폼의 완성

① <개설된강좌보기> 폼 위에서 마우스 오른쪽 단추를 눌러 <디자인 보기>를 클릭합니다.

② '폼 머리글' 영역에서 'lbl제목' 컨트롤 속성 시트 창의 [형식] 탭 중 [글꼴 이름]에 '함초롬돋움'을 선택하고 [글꼴 크기]에 '18pt'를 입력합니다.

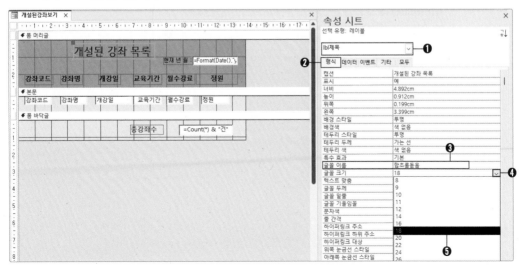

③ '폼 머리글' 영역에서 'txt날짜' 컨트롤 속성 시트 창의 [데이터] 탭 중 [컨트롤 원본]에 '=Format(Date( ),"yyyy년 m월")'을 입력합니다.

④ '폼 바닥글' 영역에서 'txt총강좌수' 컨트롤 속성 시트 창의 [데이터] 탭 중 [컨트롤 원본]에 '=Count(*)&"건"'를 입력하고 [서식] 탭-[글꼴] 그룹-[가운데 맞춤]을 클릭합니다.

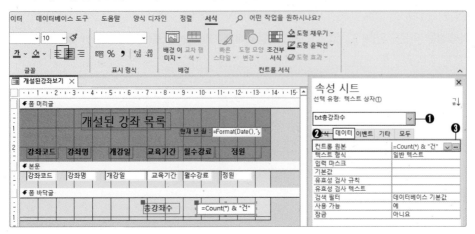

⑤ 빠른 실행 도구 모음에서 🖫 (저장)을 클릭합니다.

2 <강좌정보> 폼에 조건부 서식 설정

① <강좌정보> 폼 위에서 마우스 오른쪽 단추를 눌러 <디자인 보기>를 클릭합니다.

② '본문' 영역에서 모든 컨트롤을 드래그 앤 드롭 하여 선택하고 [서식] 탭-[컨트롤 서식] 그룹-[조건부 서식]을 클릭합니다.

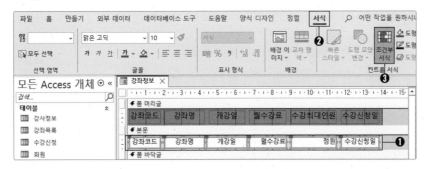

③ [조건부 서식 규칙 관리자] 대화상자에서 <새 규칙>을 클릭합니다.

④ [서식 설정]에서 '식이'를 선택하고 'Right([강좌명],2)="댄스"'을 입력하고 [글꼴]에 '굵게', [글꼴색]에 '빨강'을 선택하고 <확인> 단추를 클릭합니다.

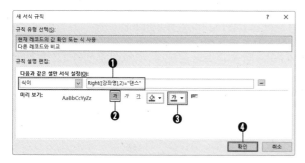

3 <수강정보보기> 폼에 매크로 작성

① [만들기] 탭-[매크로 및 코드] 그룹-[매크로]를 클릭합니다.

② [새 함수 추가]에서 <OpenForm>을 선택합니다.

③ [폼 이름]에 '회원정보', [보기 형식]에 '폼'을 선택합니다.

④ [Where 조건문]에 '[회원번호]=[Forms]![수강정보보기]![회원번호]'를 입력합니다.

　　※ [txt회원번호] 이름의 컨트롤 원본이 [회원번호]이므로 [txt회원번호]로 입력하거나 [회원번호]를 입력하여도 됩니다.

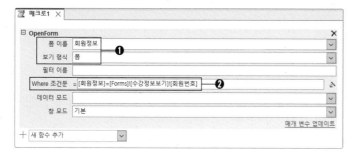

⑤ 빠른 실행 도구 모음에서 🖫(저장)을 클릭합니다. [매크로 이름]에 '매크로1'을 입력합니다.

⑥ <수강정보보기> 폼의 바로 가기 메뉴에서 <디자인 보기>를 클릭합니다.

⑦ '본문' 영역에서 '수강정보'(cmd정보) 버튼 속성 시트 창의 [이벤트] 탭 중 [On Click]에서 '매크로1'을 선택합니다.

1 <회원별수강현황> 보고서 완성

① <회원별수강현황> 보고서 위에서 마우스 오른쪽 단추를 눌러 <디자인 보기>를 클릭합니다.

② '페이지 머리글' 영역에서 'txt날짜' 컨트롤 속성 시트 창의 [모두] 탭 중 [컨트롤 원본]에 '=Date( )'를 입력하고 [형식]에 '자세한 날짜'를 선택합니다.

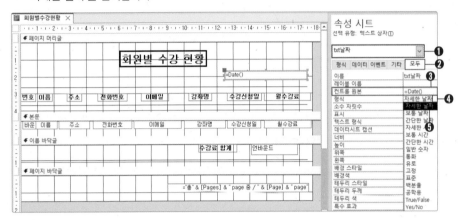

③ [보고서 디자인] 탭-[그룹화 및 요약] 탭-[그룹화 및 정렬]을 클릭합니다. [그룹, 정렬 및 요약] 대화상자에서 [정렬 추가]를 클릭한 후 '월수강료' 필드는 [정렬]에 '내림차순'을 선택합니다.

④ '본문' 영역에서 'txt번호' 컨트롤 속성 시트 창의 [데이터] 탭 중 [컨트롤 원본]에 '=1'을 입력하고 [누적 합계]에 '그룹'을 선택합니다.

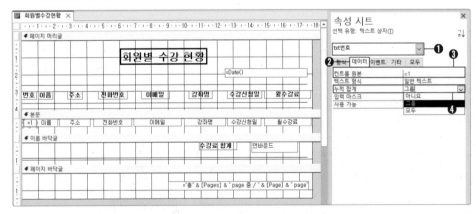

⑤ '이름 바닥글' 영역에서 'txt총액' 컨트롤 속성 시트 창의 [데이터] 탭 중 [컨트롤 원본]에 '=Sum([월수강료])'를 입력합니다.

⑥ '이름', '주소', '전화번호', '이메일' 필드를 선택하고 속성 시트 창의 [형식] 탭 중 [중복 내용 숨기기]에 '예'를 선택합니다.

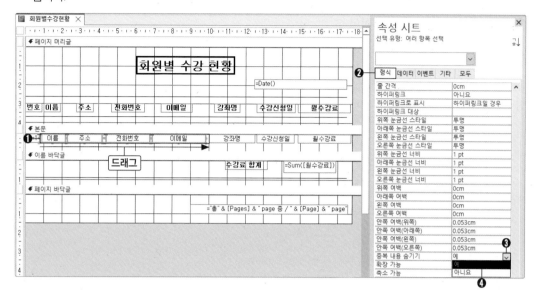

② <강좌정보찾기> 폼에 이벤트 프로시저 작성

① <강좌정보찾기> 폼 위에서 마우스 오른쪽 단추를 눌러 <디자인 보기>를 클릭합니다.

② '본문' 영역에서 '찾기'(cmd찾기) 버튼 속성 시트 창의 [이벤트] 탭 중 [On Click]에 '코드 작성기'를 선택하고 <확인> 단추를 클릭합니다.

③ VBA 창에 다음과 같이 코드를 입력합니다.

※ <강좌목록> 테이블에서 'txt찾기'에 입력한 '강좌명' 필드를 찾기 'RecordSource(조건에 맞는 레코드 찾기)'합니다.

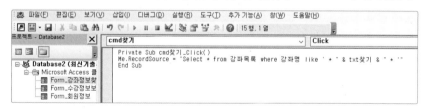

```
Private Sub cmd찾기_Click( )
Me.RecordSource = "Select * from 강좌목록 where 강좌명 like '*" & txt찾기 & "*'"
End Sub
```

④ Alt + Q 키를 눌러 액세스 창으로 돌아옵니다.

1 **<용인분당주말헬스조회> 조회 쿼리 작성**

① [만들기] 탭-[쿼리] 그룹-[쿼리 디자인]을 클릭합니다.

② [테이블 추가] 대화상자의 [쿼리] 탭에서 <회원별수강정보현황> 쿼리를 선택하고 <선택한 표 추가> 단추를 클릭합니다.

③ '이름', '전화번호', '주소', '강좌명' 필드를 선택합니다.

④ '이름' 필드는 [정렬]에 '오름차순'으로 선택합니다.

⑤ '주소' 필드는 [조건]에 '"용인" Or "분당"'을 입력하고 '강좌명' 필드는 [조건]에 'Like "주말헬스*"'을 입력합니다.

⑥ 빠른 실행 도구 모음에서 📇(저장)을 클릭합니다. [쿼리 이름]에 '용인분당주말헬스조회'를 입력합니다.

② <수강하지않은회원> 쿼리 작성

① [만들기] 탭-[쿼리] 그룹-[쿼리 디자인]을 클릭합니다.

② [테이블 추가] 대화상자의 [테이블] 탭에서 **Ctrl** 키를 누른 채 차례대로 <수강신청>, <회원> 테이블을 선택하고 <선택한 표 추가> 단추를 클릭합니다

③ '이름', '주소', '전화번호', '이메일', '강좌코드' 필드를 선택합니다.

④ 1:M의 조인 속성 선을 더블클릭하여 표시되는 [조인 속성] 대화상자에서 '2:'회원'에서는 모든 레코드를 포함하고 '수강'에서는 조인된 필드가 일치하는 레코드만 포함'을 선택하고 <확인> 단추를 클릭합니다.

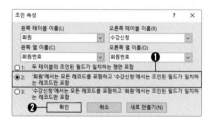

⑤ '강좌코드' 필드는 <표시>를 해제하고 [조건]에 'Is Null'을 입력합니다.

필드:	이름	주소	전화번호	이메일	강좌코드	
테이블:	회원	회원	회원	회원	수강신청	
정렬:						
표시:	☑	☑	☑	☑	☐	☐
조건:					Is Null	
또는:						

⑥ 빠른 실행 도구 모음에서 🖫(저장)을 클릭합니다. [쿼리 이름]에 '수강하지않은회원'을 입력합니다.

③ <강사관리> 크로스탭 쿼리 작성

① [만들기] 탭-[쿼리] 그룹-[쿼리 디자인]을 클릭합니다.

② [테이블 추가] 대화상자의 [테이블] 탭에서 <강사정보> 테이블을 선택하고 <선택한 표 추가> 단추를 클릭합니다.

③ '강사이름', '최종학력', '강의평가', '강사번호' 필드를 선택합니다.

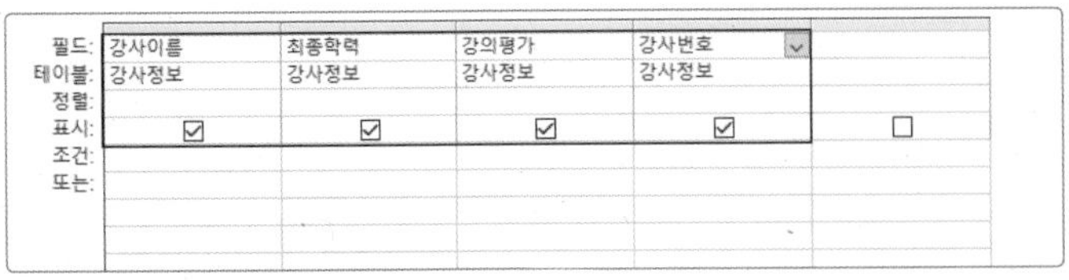
필드: 강사이름 최종학력 강의평가 강사번호
테이블: 강사정보 강사정보 강사정보 강사정보
정렬:
표시:
조건:
또는:

④ [쿼리 디자인] 탭-[쿼리 유형] 그룹-[크로스탭]을 클릭합니다.

⑤ [크로스탭]에 '강사이름', '최종학력' 필드는 '행 머리글', '강의평가' 필드는 '열 머리글'을 선택하고 '최종학력' 필드는 [정렬]에 '내림차순'을 선택합니다.

⑥ '강사번호' 필드는 [요약]에 '개수', [크로스탭]에 '값'을 선택합니다.

⑦ '강사번호' 필드 속성 시트 창의 [일반] 탭 중 [형식]에 '0" 명"'을 입력합니다.

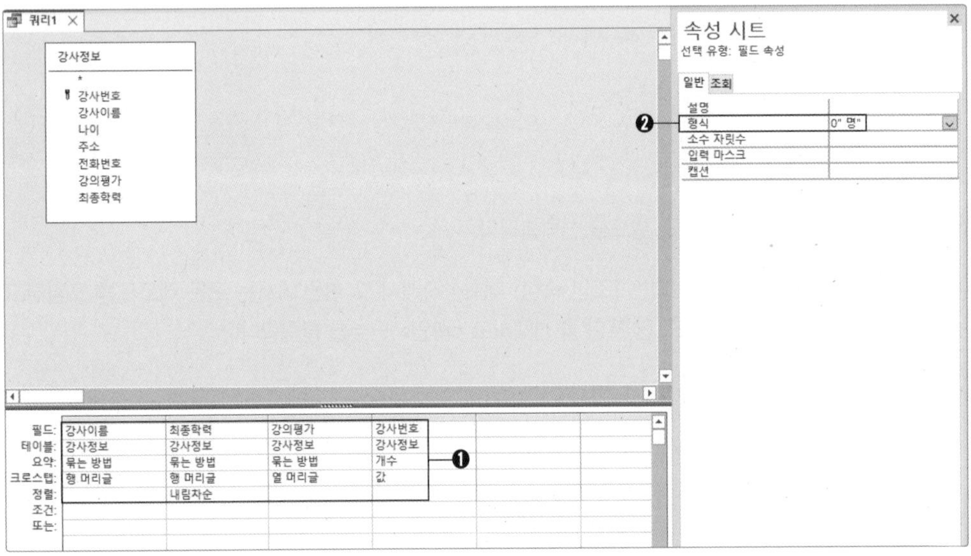
쿼리1
강사정보
*
강사번호
강사이름
나이
주소
전화번호
강의평가
최종학력
필드: 강사이름 최종학력 강의평가 강사번호
테이블: 강사정보 강사정보 강사정보 강사정보
요약: 묶는 방법 묶는 방법 묶는 방법 개수
크로스탭: 행 머리글 행 머리글 열 머리글 값
정렬: 내림차순
조건:
또는:
❶
속성 시트
선택 유형: 필드 속성
일반 조회
설명
❷ 형식 0" 명"
소수 자릿수
입력 마스크
캡션

⑧ 빠른 실행 도구 모음에서 (저장)을 클릭합니다. [쿼리 이름]에 '강사관리'를 입력합니다.

4 <강좌명변경> 업데이트 쿼리 작성

① [만들기] 탭-[쿼리] 그룹-[쿼리 디자인]을 클릭합니다.

② [테이블 추가] 대화상자의 [쿼리] 탭에서 <강좌정보체크> 쿼리를 선택하고 <선택한 표 추가> 단추를 클릭합니다.

③ '강좌명' 필드를 선택합니다.

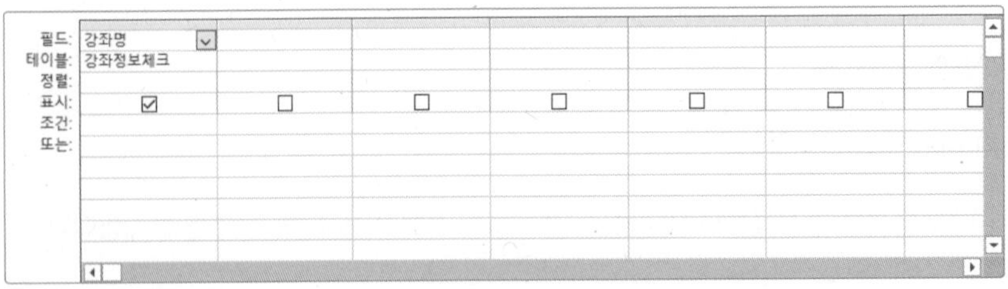
필드: 강좌명
테이블: 강좌정보체크
정렬:
표시:
조건:
또는:

④ [쿼리 디자인] 탭-[쿼리 유형] 그룹-[업데이트]을 클릭합니다.

⑤ '강좌명' 필드는 [조건]에 'Like "*라인댄스*"'을 입력하고 [업데이트]에 '"줌바댄스"'를 입력합니다.

⑥ [쿼리 디자인] 탭-[결과] 그룹-[실행]을 클릭합니다. [3행을 새로 고칩니다.] 창이 표시되므로 <예> 단추를 클릭합니다.

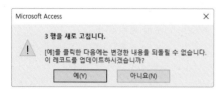

⑦ 빠른 실행 도구 모음에서 🖫(저장)을 클릭합니다. [쿼리 이름]에 '강좌명변경'을 입력합니다.

⑧ <강좌정보체크> 쿼리 위에서 마우스 오른쪽 단추를 눌러 <열기>를 클릭하여 '줌바댄스'로 변경되었는지 확인합니다.

5 <개강일정보> 테이블 만들기 쿼리 작성

① [만들기] 탭-[쿼리] 그룹-[쿼리 디자인]을 클릭합니다.

② [테이블 추가] 대화상자의 [테이블] 탭에서 **Ctrl** 키를 누른 채 차례대로 <강사정보>, <강사목록> 테이블을 선택하고 <선택한 표 추가> 단추를 클릭합니다.

③ '강좌명', '개강일', '교육기간', '월수강료', '강사이름' 필드를 선택하여 추가합니다.

필드:	강좌명	개강일	교육기간	월수강료	강사이름	
테이블:	강좌목록	강좌목록	강좌목록	강좌목록	강사정보	
정렬:						
표시:	☑	☑	☑	☑	☑	☐
조건:						
또는:						

④ '강좌' 필드는 [조건]에 Like "*" & [조회할 강좌의 일부를 입력] & "*"를 입력합니다.

⑤ '개강일' 필드는 [정렬]에 오름차순을 선택합니다.

필드:	강좌명	개강일	교육기간	월수강료	강사이름
테이블:	강좌목록	강좌목록	강좌목록	강좌목록	강사정보
정렬:		오름차순			
표시:	☑	☑	☑	☑	☑
조건:	Like "*" & [조회할 강좌명 일부를 입력] & "*"				
또는:					

⑥ [쿼리 디자인] 탭-[쿼리 유형] 그룹-[테이블 만들기]를 클릭합니다.

⑦ [테이블 만들기] 대화상자에서 [테이블 이름]에 '개강일정보'를 입력하고 <확인> 단추를 클릭합니다.

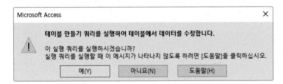

⑧ 빠른 실행 도구 모음에서 🔲(저장)을 클릭합니다. [쿼리 이름]에 '개강일조회'를 입력합니다.

⑨ <개강일조회> 쿼리 위에서 마우스 오른쪽 단추를 눌러 [열기]를 클릭합니다.

⑩ '경고 창'이 표시되면 <예> 단추를 클릭합니다.

⑪ 매개 변수 값에 '주말'을 입력하고 <확인>을 클릭한 후 [행을 붙여넣기] 대화상자에서 <예> 단추를 클릭합니다.

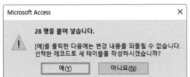

컴퓨터활용능력 최신기출유형 6회

프로그램명	제한시간
ACCESS 2021	45분

수 험 번 호 :

성   명 :

1급 ｜ A형

유의사항

- 인적 사항 누락 및 잘못 작성으로 인한 불이익은 수험자 책임으로 합니다.

- 화면에 암호 입력창이 나타나면 아래의 암호를 입력하여야 합니다.
  - 암호 : 988%69

- 작성된 답안은 주어진 경로 및 파일명을 변경하지 마시고 그대로 저장해야 합니다. 이를 준수하지 않으면 실격처리 됩니다.
  - 답안 파일명의 예 : C:\DB\수험번호 8자리.accdb

- 외부데이터 위치 : C:\DB\파일명

- 별도의 지시사항이 없는 경우, 다음과 같이 처리하면 실격 처리됩니다.
  - 제시된 개체의 이름을 임의로 변경한 경우
  - 제시된 개체의 속성을 임의로 변경한 경우
  - 제시된 개체를 임의로 삭제하거나 추가한 경우

- 별도의 지시사항이 없는 경우, 기능의 구현은 모듈이나 매크로 등을 이용하며, 예외적인 상황에 대해서는 고려하지 않아도 됩니다.

- 제시된 함수가 있을 경우 제시된 함수만을 사용하여야 하며, 그 외 함수 사용시 채점 대상에서 제외됩니다.

- 별도의 지시사항이 없는 경우, 주어진 각 개체의 속성은 설정값 또는 기본 설정값 (Default)으로 처리하십시오.

- 제시된 화면은 예시이며 나타난 값은 실제와 다를 수 있습니다.

- 저장 시간은 별도로 주어지지 아니하므로 제한된 시간 내에 저장을 완료해야 합니다.

- 본 문제의 용어는 MS Office LTSC Professional Plus 2021 기준으로 작성되었습니다.

01 '효사랑' 요양원의 환자를 관리하기 위해 다음과 같이 데이터베이스를 구축하였다. 다음의 지시사항에 따라 완성하시오. (각 3점)

① <환자명> 테이블의 '환자코드' 필드에 'S1-1234' 형식으로 입력되도록 다음과 같이 입력 마스크를 설정하시오.

▶ 앞의 한 글자는 반드시 영문자나 한글이, 뒤의 다섯 글자는 숫자가 반드시 입력되도록 설정하시오.

▶ 데이터와 함께 "-"도 저장되고 데이터가 입력될 자리에 "#"이 표시되도록 설정하시오.

② <환자명> 테이블의 '환자명' 필드에 포커스가 이동하면 입력기가 한글이 되도록 설정하시오.

③ <환자명> 테이블의 '성별' 필드에서 "남" 또는 "여"만 입력되도록 설정하고 그 외의 문자가 입력되면 '성별을 확인하시오.' 메시지를 표시하시오.

④ <서비스명> 테이블의 '서비스코드' 필드는 기본 키로 설정하시오.

⑤ <서비스명> 테이블에 '담당요양사' 필드를 '서비스명' 필드 다음에 추가하고, 데이터 형식은 '짧은 텍스트', 필드 크기는 '50'으로 설정하시오.

02 <서비스명> 테이블의 '유형코드' 필드는 <유형> 테이블의 '유형코드' 필드를 참조하고, <신청목록> 테이블의 '서비스코드' 필드는 <서비스명> 테이블의 '서비스코드' 필드를 참조하여 테이블 간의 관계는 M:1이다. 두 테이블에 대하여 다음과 같이 관계를 설정하시오. (5점)

▶ 두 테이블 간에 항상 참조 무결성을 유지하도록 설정하시오.

▶ 참조 필드의 값이 변경되면 관련 필드의 값도 변경되도록 설정하시오.

▶ 다른 테이블에서 참조하고 있는 레코드는 삭제할 수 없도록 설정하시오.

※ 기존에 설정되어 있는 관계는 절대로 해제하지 마시오.

03 테이블 개체 중 '기관명'을 'Excel 통합 문서(*.xlsx)' 형식의 파일로 내보내기를 하시오. (5점)

▶ 파일명은 'C:\DB\기관명.xlsx'임

01 <환자관리> 폼을 다음 지시사항에 따라 완성하시오. (각 3점)

① 폼을 열기할 때 팝업으로 표시하도록 설정하시오.

② 하위 폼에는 <서비스현황> 폼의 환자코드와 관련된 하위 데이터가 표시되도록 하위 폼과 기본 폼을 연결하시오.

③ 하위 폼 바닥글의 'txt총액' 컨트롤에는 다음과 같이 부담금합계의 총액이 표시되도록 설정하시오.

▶ 총액이 235000일 경우 "총 부담금액 : 235,000원"으로 표시

▶ 총액이 0일 경우 "총 부담금액 : 0원"으로 표시

▶ Format 사용

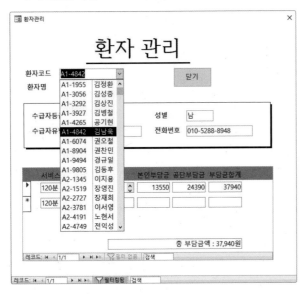

02 <환자관리> 폼의 하위 폼 본문의 'txt서비스명' 컨트롤에 환자 코드와 일치하는 서비스명이 표시되도록 설정하시오. (6점)

▶ Dlookup( ) 함수 사용

▶ 폼 화면에는 '서비스코드'가 표시되어 있지 않음

▶ '문제 2 입력 및 수정 기능 구현' 1번 문제의 <그림> 참조

03 <환자관리> 폼의 본문 영역에 다음의 지시사항에 따라 '닫기' 컨트롤을 생성하시오. (5점)

▶ '닫기' 컨트롤의 이름은 'cmd닫기', 캡션은 '닫기'로 설정하시오.

▶ <보기>의 형식으로 메시지가 출력되고 현재 폼 창을 종료하는 <폼닫기> 매크로를 생성하여 지정하시오.

▶ '문제 2 입력 및 수정 기능 구현' 1번 문제의 <그림> 참조

01 다음의 지시사항과 <그림>을 참조하여 <등급별서비스현황> 보고서를 완성하시오. (각 3점)

① 요양등급 머리글 영역에서 머리글의 내용이 페이지마다 반복적으로 표시되도록 설정하고, '등급'이 변경되면 매 구역 전에 페이지도 변경되도록 설정하시오.

② 'txt날짜' 컨트롤에 오늘의 년도와 월을 표시되도록 설정하시오.
   ▶ Date( ), Year( ), Month( ) 사용할 것

③ 'txtID' 컨트롤에 그룹별로 일련번호가 표시되도록 설정하시오.

④ 요양등급 바닥글 영역의 'txt총합계' 컨트롤에는 '부담금합계'의 합이 표시되도록 설정하시오.

⑤ 페이지 바닥글의 'txt페이지' 컨트롤에는 페이지가 <그림>과 같이 표시되도록 설정하시오.
   ▶ 표시 예 : 총 페이지 5에서 현재 페이지 1

등급별서비스현황

조회 년월 : 2023년11월

1등급

ID	환자명	서비스명	본인부담금	공단부담금	부담금합계
1	최범희	미차량방문록록	₩13,590	₩24,460	₩38,050
2	강민영	3시간 보호	₩9,720	₩17,500	₩27,220
3	장재희	6시간 보호	₩5,830	₩10,490	₩16,320
4	곽영운	단기보호 4	₩14,440	₩25,990	₩40,430
5	최다운	30분 이상 ~ 60분 미만 간호	₩14,040	₩25,270	₩39,310
6	정한규	9시간 보호	₩5,600	₩10,080	₩15,680
7	김통호	60분 이상 간호	₩10,030	₩18,050	₩28,080
8	김민제	미차량방문록록	₩14,010	₩25,220	₩39,230
9	고기철	6시간 보호	₩7,510	₩13,520	₩21,030
10	장영진	단기보호 2	₩5,630	₩10,130	₩15,760
11	최문희	단기보호 4	₩11,430	₩20,570	₩32,000
12	고현성	차량방문록록	₩4,880	₩8,780	₩13,660
13	조현우	210분 방문요양	₩14,400	₩25,920	₩40,320
14	전익성	60분 미만 단기 간호	₩4,020	₩7,240	₩11,260
15	박동찬	단기보호 3	₩9,210	₩16,580	₩25,790
16	김동영	180분 방문요양	₩3,670	₩6,610	₩10,280
17	강태원	단기보호 2	₩7,510	₩13,520	₩21,030
18	진승택	240분 방문요양	₩4,430	₩7,970	₩12,400
19	강승록	단기보호 1	₩8,140	₩14,650	₩22,790
20	김민규	단기보호 1	₩11,450	₩20,610	₩32,060
21	최연월	단기보호 1	₩7,620	₩13,720	₩21,340
				총 합계	₩524,040

총 페이지 5 에서 현재 페이지 1

02 <환자관리> 폼에서 'cmb환자코드' 콤보 상자에서 특정 값으로 변경(Change)하면 다음과 같은 기능이 수행되도록 구현하시오. (5점)

▶ 'cmb환자코드' 컨트롤에서 선택한 환자의 자료만 표시할 것
▶ Filter와 FilterOn 속성을 이용하여 이벤트 프로시저를 작성할 것
▶ '문제 2 입력 및 수정 기능 구현' 1번 문제의 <그림> 참조할 것

01 <서비스신청> 쿼리를 이용하여 지원유형이 방문요양인 남성을 조회하는 <남성방문요양서비스>쿼리를 작성하시오. (7점)

- ▶ 환자명을 기준으로 오름차순 정렬하여 표시하시오.
- ▶ 쿼리 실행 결과 표시되는 필드와 필드명은 <그림>과 같이 표시되도록 설정하시오.

02 다음 <그림>을 참조하여 성별, 수급자유형별 부담금의 합계를 표시하는 크로스탭 질의를 작성하시오. (7점)

- ▶ <서비스신청> 쿼리를 이용하시오.
- ▶ 쿼리 이름은 <유형별부담금>으로 하시오.
- ▶ 등급이 1등급이나 3등급만 표시하시오.

03 <환자명>, <신청목록>, <서비스명>, <유형> 테이블을 이용하여 <환자본인부담금>을 조회하는 쿼리를 작성하시오. (7점)

- ▶ 환자명을 입력받아 <그림>과 같이 표시하시오.

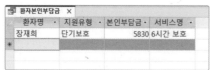

04 <기관명> 테이블을 이용하여 레코드를 지우는 삭제 쿼리를 작성하시오. (7점)

▶ 요양기관코드 명을 입력받아 레코드를 삭제하는 쿼리를 작성하시오.

▶ 쿼리의 이름은 <기관지우기>를 하시오.

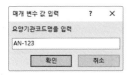 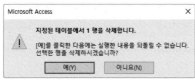

05 서비스명, 본인부담금, 공단부담금을 조회하는 <서비스별부담금> 쿼리를 작성하시오. (7점)

▶ <신청목록>, <서비스명> 테이블을 이용하시오.

▶ 구분은 '종일'만 조회대상으로 하시오.

▶ 본인부담금을 기준으로 내림차순으로 정렬하시오.

▶ 쿼리 실행 결과 표시되는 필드와 필드명은 <그림>과 같이 표시하도록 설정하시오.

서비스명	본인부담금	공단부담금
단기보호 4	64050	115290
단기보호 1	39270	70690
30분 이상 ~ 60분 미만 간호	28870	51960
단기보호 3	28710	51680
미차량방문목욕	28080	50540
150분 방문요양	27180	48930
120분 요양	24310	43760
60분 미만 단기 간호	22810	41060
6시간 보호	22190	39940
3시간 보호	19470	35050
210분 방문요양	18960	34130
30분 요양	16090	28960
단기보호 2	15900	28620
차량방문목욕	15500	27900
60분 요양	12250	22050
180분 방문요양	11190	20140
240분 방문요양	8500	15300
9시간 보호	5600	10080
90분 요양	4660	8390

최신기출유형 6회 정답 및 해설

📁 **작업 파일** : C:₩2024_컴활1급₩데이터베이스₩작업파일₩최신기출유형₩최신기출유형 6회_문제.accdb
💾 **완성 파일** : C:₩2024_컴활1급₩데이터베이스₩완성파일₩최신기출유형₩최신기출유형 6회_정답.accdb

정답

문제 1 ▶ DB 구축 (25점)

01 <환자명>, <서비스명> 테이블 완성

지시사항	테이블명	필드명	필드 속성	설정 값
①	환자명	환자코드	입력 마스크	>L0-0000;0;#
②		환자명	IME 모드	한글
③		성별	유효성 검사 규칙	In("남","여")
			유효성 검사 텍스트	성별을 확인하시오.
④	서비스명	서비스코드	기본키	
⑤		담당요양사	데이터 형식	짧은 텍스트
			필드 크기	50

02 관계 설정

① [데이터베이스 도구]-[관계] 그룹의 [관계 (📇)]를 클릭

② 관계 편집

 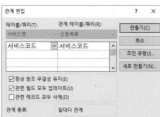

03 외부로 데이터 내보내기

① [외부 데이터]-[내보내기] 그룹의 [Excel: 📊]을 클릭

② '파일 형식'은 'Excel Workbook(*.xlsx)'

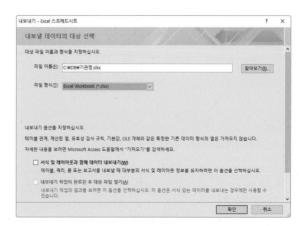

01 <환자관리> 폼의 완성

지시사항	영역	개체명	탭	항목	설정 값
①	폼		기타	팝업	예
②	본문	하위 컨트롤	데이터	원본 개체	서비스현황
				기본 필드 연결	환자코드
				하위 필드 연결	환자코드
③	하위 폼 바닥글	txt총액	데이터	컨트롤 원본	="총 부담금액 : " & Format (Sum([부담금합계]), "#,##0원")

02 <환자관리> 폼에 함수 설정

① 'txt서비스명' 컨트롤을 클릭

② =DLookUp("서비스명", "서비스신청", "Forms![환자관리]![환자코드]=[서비스신청]![환자코드]")

03 <환자관리> 폼에 매크로 설정

① [만들기]-[매크로 및 코드] 그룹에서 [매크로( )]를 클릭

② [폼닫기] 매크로 저장

01 <등급별서비스현황> 보고서 완성

지시사항	영역	개체명	탭	항목	설정 값
①	요양등급머리글		형식	반복 실행 구역	예
				페이지 바꿈	구역 전
②	페이지 머리글	txt날짜	데이터	컨트롤 원본	=Year(Date( )) & "년" & Month(Date( )) & "월"
③	본문	txtID	데이터	컨트롤 원본	=1
				누적 합계	그룹
④	요양등급 바닥글	txt총합계	데이터	컨트롤 원본	=Sum([부담금합계])
⑤	페이지 바닥글	txt페이지	모두	컨트롤 원본	="총 페이지 " & [Pages] & " 에서 현재 페이지 " & [Page]

02 <환자관리> 폼에 이벤트 프로시저 작성

① 'cmb환자코드' 컨트롤 [속성 시트]–[이벤트] 탭의 'On Change'에서 [코드 작성기]를 클릭

② VBA 코드 작성

```
Private Sub cmb환자코드_Change( )
Me.Filter = "환자코드 = '" & cmb환자코드 & "'"
Me.FilterOn = True
End Sub
```

01 <남성방문요양서비스> 조회 쿼리

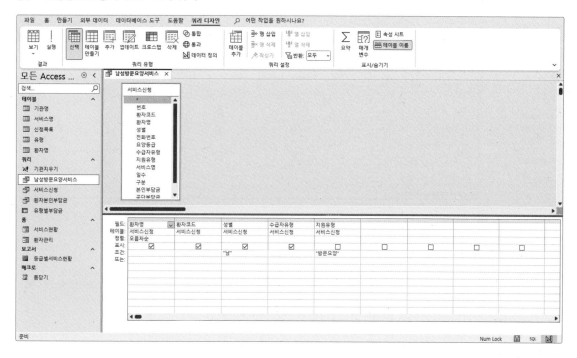

02 <유형별부담금> 크로스탭 쿼리

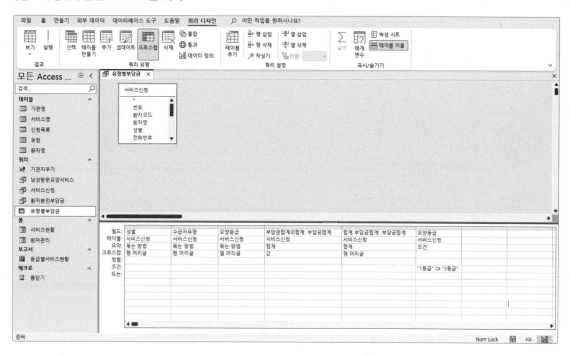

03 <환자본인부담금> 매개 변수 쿼리

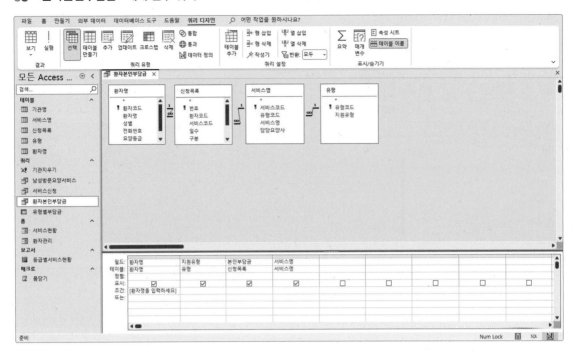

04 <기관지우기> 삭제 쿼리

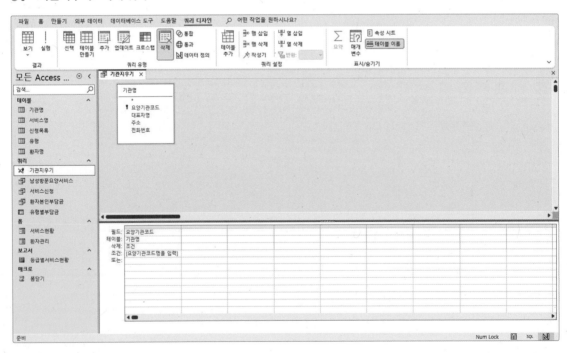

05 <서비스별부담금> 요약 쿼리

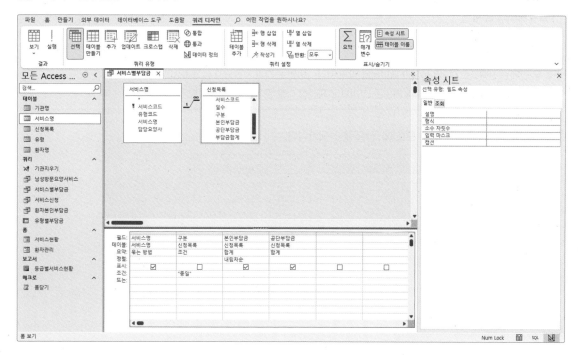

![해설]

■ <환자명>, <서비스명> 테이블 완성

① <환자명> 테이블 위에서 마우스 오른쪽 단추를 눌러 <디자인 보기>를 클릭합니다.

② '환자코드' 필드의 속성은 [입력 마스크]에 '>L0-0000;0;#'을 입력합니다.

[입력 마스크 형식]

● **형식** : 첫 번째;두 번째;세 번째

● 첫 번째는 필수항목

● 두 번째는 선택으로 0이면 문자가 데이터와 함께 저장, 1이면 문자가 저장되지 않고 표시만 됨

● 세 번째는 선택으로 자리 표시자. 기본은 '_'이므로 표시할 다른 문자를 입력할 수 있음

③ '환자명' 필드의 속성은 [IME 모드]에 '한글'을 선택합니다.

④ '성별' 필드의 속성은 [유효성 검사 규칙]에 'In("남","여")'를 입력하고 [유효성 검사 텍스트]에 '성별을 확인하시오.'를 입력합니다.

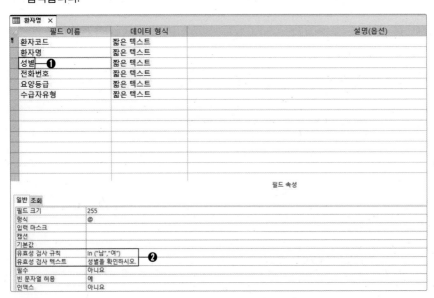

⑤ <서비스명> 테이블 위에서 마우스 오른쪽 단추를 눌러 <디자인 보기>를 클릭합니다.

⑥ '서비스코드' 필드에서 [테이블 디자인] 탭-[도구] 그룹-[기본 키]를 클릭합니다.

⑦ 필드 이름의 마지막에 커서를 위치하고 [필드 이름]에 '담당요양사'를 입력하고 [데이터 형식]에 '짧은 텍스트', 필드의 속성은 [필드 크기]에 '50'을 입력합니다.

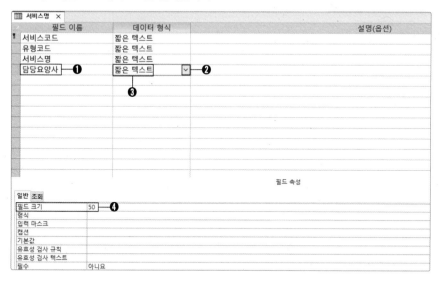

2 관계 설정

① [데이터베이스 도구] 탭-[관계] 그룹-[관계]를 클릭합니다.

② [관계] 그룹-[테이블 추가]를 클릭합니다. [테이블 추가] 대화상자의 [테이블] 탭에서 **Ctrl** 키를 누른 채 차례대로 <서비스명>, <유형> 테이블을 선택하고 <선택한 표 추가> 단추를 클릭합니다.

③ <유형> 테이블의 '유형코드' 필드를 <서비스명> 테이블의 '유형코드' 필드로 드래그 앤 드롭 합니다.

④ [관계 편집] 대화상자에서 '항상 참조 무결성 유지', '관련 필드 모두 업데이트'를 선택하고 <만들기> 단추를 클릭합니다.

　※ '일대다(1:M)'의 관계가 설정됩니다.

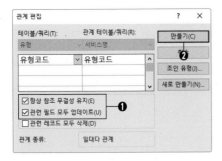

⑤ <서비스명> 테이블의 '서비스코드' 필드를 <신청목록> 테이블의 '서비스코드' 필드로 드래그 앤 드롭 합니다.

⑥ [관계 편집] 대화상자에서 '항상 참조 무결성 유지', '관련 필드 모두 업데이트'를 선택하고 <만들기> 단추를 클릭합니다.

　※ '일대디(1:M)'의 관계가 설정됩니다.

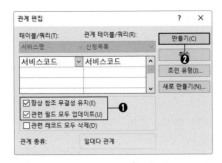

⑦ [관계] 창이 다음과 같이 표시됩니다. 빠른 실행 도구 모음에서 🖫(저장)을 눌러 변경된 내용을 저장합니다. [관계 디자인] 탭-[관계] 그룹-[닫기]를 클릭합니다.

3 외부로 데이터 내보내기

① <기관명> 테이블에서 [외부 데이터] 탭-[내보내기] 그룹-[Excel]을 클릭합니다.

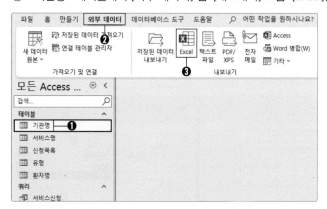

② [내보내기 – Excel 스프레드시트] 대화상자에서 [내보낼 데이터의 대상 선택] 창의 <찾아보기> 단추를 클릭하여 파일 이름은 'C:₩DB₩기관명.xlsx'을 선택합니다.

③ [내보내기 – Excel 스프레드시트] 대화상자에서 파일 형식에 'Excel Workbook(*.xlsx)'을 선택하고 <확인> 단추를 클릭합니다.

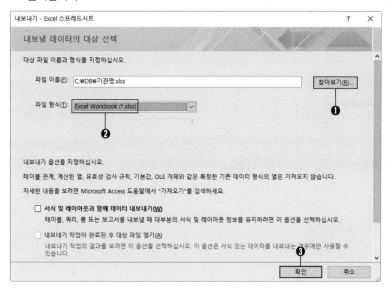

④ [내보내기 단계 저장] 대화상자에서 <닫기> 단추를 클릭합니다.

1 <환자관리> 폼의 완성

① <환자관리> 폼 위에서 마우스 오른쪽 단추를 눌러 <디자인 보기>를 클릭합니다.

② '폼' 영역 속성 시트 창의 [기타] 탭 중 [팝업]에 '예'로 선택합니다.

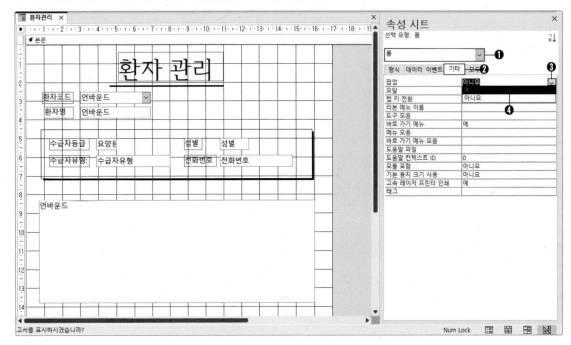

③ 언바운드 되어진 컨트롤 '하위 폼' 영역 속성 시트 창의 [데이터] 탭 중 [원본 개체]에 '폼·서비스현황'을 선택하고 [기본 필드 연결]에 ⋯ 을 눌러 표시되는 [하위 폼 필드 연결기] 대화상자에서 [기본 필드]와 [하위 필드]는 '환자코드'를 선택됩니다.

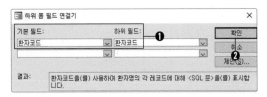

④ '하위 폼 바닥글' 영역에서 'txt총액' 컨트롤 속성 시트 창의 [데이터] 탭 중 [컨트롤 원본]에 '="총 부담금액 : " & Format(Sum([부담금합계]), "#,##0원")'을 입력합니다.

2 <환자관리>폼에 함수 설정

① <환자관리> 폼 위에서 마우스 오른쪽 단추를 눌러 <디자인 보기>를 클릭합니다.

② 하위 폼의 '본문' 영역에서 'txt서비스명' 컨트롤 속성 시트 창의 [데이터] 탭 중 [컨트롤 원본]에 '=DLookUp("서비스명", "서비스신청", "Forms![환자관리]![환자코드]=[서비스신청]![환자코드]")'를 입력합니다.

❸ <환자관리> 폼에 매크로 설정

① [만들기] 탭-[매크로 및 코드] 그룹-[매크로]를 클릭합니다.

② [새 함수 추가]에서 <MessageBox>를 선택합니다.

③ [메시지]에 '폼 창이 종료됩니다.'를 입력하고 [종류]에 '경고!'를 선택합니다.

④ [새 함수 추가]에서 <CloseWindow>를 클릭하고 [개체 유형]에 '폼', [개체 이름]에 '환자관리'를 선택합니다.

⑤ 빠른 실행 도구 모음에서 🖫(저장)을 클릭합니다. [매크로 이름]에 '폼닫기'를 입력합니다.

⑥ <환자관리> 폼 위에서 마우스 오른쪽 단추를 눌러 <디자인 보기>를 클릭합니다.

⑦ [양식 디자인] 탭-[컨트롤] 그룹-[⬛(단추)]를 '본문' 영역으로 드래그 앤 드롭 합니다.

　　※ 이때 명령 단추 마법사 창이 표시되면 <취소> 단추를 클릭합니다.

⑧ '닫기' 버튼 속성 시트 창의 [모두] 탭 중 [이름]에 'cmd닫기', [캡션]에 '닫기'를 입력합니다.

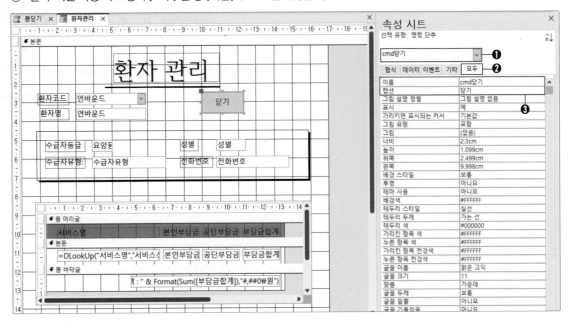

⑨ [이벤트] 탭 중 [On click]에 '폼닫기'를 선택합니다.

문제3 ▶ 조회 및 출력 기능 구현 (20점)

1 <등급별서비스현황> 보고서 완성

① <등급별서비스현황> 보고서 위에서 마우스 오른쪽 단추를 눌러 <디자인 보기>를 클릭합니다.

② '요양등급 머리글' 영역 속성 시트 창의 [형식] 탭 중 [반복 실행 구역]에 '예', [페이지 바꿈]에 '구역 전'을 선택합니다.

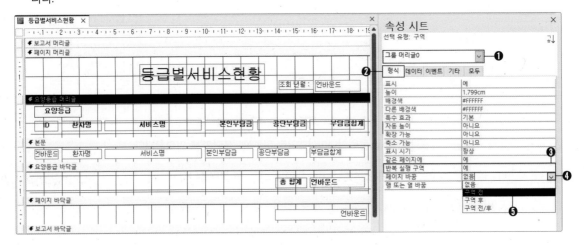

③ '페이지 머리글' 영역에서 'txt날짜' 컨트롤 속성 시트 창의 [모두] 탭 중 [컨트롤 원본]에 '=Year(Date( )) & "년" & Month(Date( )) & "월"'을 입력합니다.

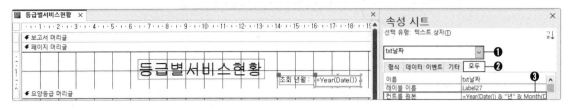

④ '본문' 영역에서 'txtID' 컨트롤 속성 시트 창의 [데이터] 탭 중 [컨트롤 원본]에 '=1'을 입력하고 [누적 합계]에 '그룹'을 선택합니다.

⑤ '요양등급 바닥글' 영역에서 'txt총합계' 컨트롤 속성 시트 창의 [데이터] 탭 중 [컨트롤 원본]에 '=Sum([부담금합계])'를 입력합니다.

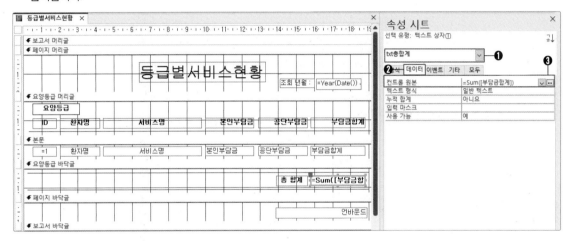

⑥ '페이지 바닥글' 영역에서 'txt페이지' 컨트롤 속성 시트 창의 [모두] 탭 중 [컨트롤 원본]에 '="총 페이지 " & [Pages] & " 에서 현재 페이지 " & [Page]'를 입력합니다.

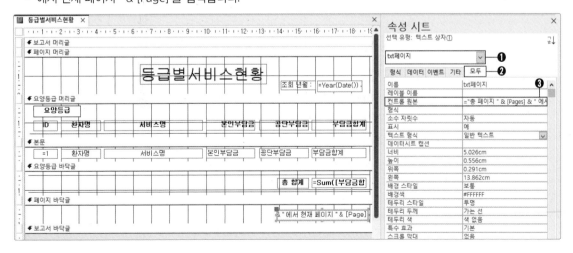

☑ <환자관리> 폼에 이벤트 프로시저 작성

① <환자관리> 폼 위에서 마우스 오른쪽 단추를 눌러 <디자인 보기>를 클릭합니다.

② 'cmb환자코드' 버튼 속성 시트 창의 [이벤트] 탭 중 [On Change]에 '코드 작성기'를 선택하고 <확인> 단추를 클릭합니다.

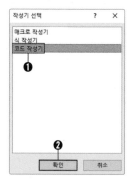

③ VBA 창에 다음과 같이 입력합니다.

   ※ 'cmb환자코드'에서 선택한 값과 '환자코드'값이 같으면 레코드를 필터하여 표시합니다.

```
Private Sub cmb환자코드_Change( )
Me.Filter = "환자코드 = '" & cmb환자코드 & "'"
Me.FilterOn = True
End Sub
```

문제 4 ▶ 처리 기능 구현 (35점)

☑ <남성방문요양서비스> 조회 쿼리 작성

① [만들기] 탭-[쿼리] 그룹-[쿼리 디자인]을 클릭합니다.

② [테이블 추가] 대화상자의 [쿼리] 탭에서 <서비스신청> 쿼리를 선택하고 <선택한 표 추가> 단추를 클릭합니다.

③ '환자명', '환자코드', '성별', '수급자유형', '지원유형' 필드를 선택합니다.

④ '환자명' 필드는 [정렬]에 '오름차순'을 선택하고 '성별' 필드는 [조건]에 "남", '지원유형' 필드는 [조건]에 "방문요양"을
입력하고 <표시>는 해제합니다.

⑤ 빠른 실행 도구 모음에서 저장을 클릭합니다. [쿼리 이름]에 '남성방문요양서비스'를 입력합니다.

2 <유형별부담금> 크로스탭 쿼리 작성

① [만들기] 탭-[쿼리] 그룹-[쿼리 마법사]을 클릭합니다.

② [새 쿼리] 대화상자에서 '크로스탭 쿼리 마법사'를 선택하고 <확인> 단추를 클릭합니다.

③ [크로스탭 쿼리 마법사] 대화상자에서 '쿼리: 서비스신청'을 선택하고 <다음> 단추를 클릭합니다.

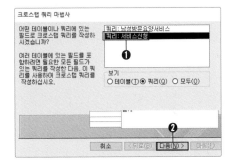

④ [크로스탭 쿼리 마법사] 대화상자에서 행 머리글에 '성별', '수급자유형'을 선택하고 <다음> 단추를 클릭합니다.

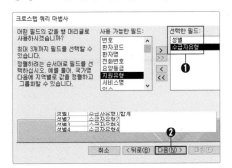

⑤ [크로스탭 쿼리 마법사] 대화상자에서 열 머리글에 '요양등급'을 선택하고 <다음> 단추를 클릭합니다.

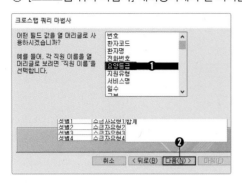

⑥ [크로스탭 쿼리 마법사] 대화상자에서 값 계산 필드에 '부담금합계', 함수에 '총계'를 선택하고 <다음> 단추를 클릭합니다.

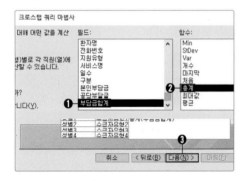

⑦ [크로스탭 쿼리 마법사] 대화상자에서 쿼리 이름에 '유형별부담금'을 입력하고 '디자인 수정'을 선택하고 <마침> 단추를 클릭합니다.

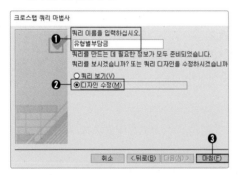

⑧ '요양등급' 필드는 [조건]에 '"1등급" Or "3등급"'을 입력합니다. 빠른 실행 도구 모음에서 ▦(저장)을 눌러 변경된 내용을 저장합니다.

필드:	[성별]	[수급자유형]	[요양등급]	[부담금합계]	합계 부담금합계: [부	
테이블:	서비스신청	서비스신청	서비스신청	서비스신청	서비스신청	
요약:	묶는 방법	묶는 방법	묶는 방법	합계	합계	
크로스탭:	행 머리글	행 머리글	열 머리글	값	행 머리글	
정렬:						
조건:			"1등급" Or "3등급"			
또는:						

3 <환자본인부담금> 매개 변수 쿼리 작성

① [만들기] 탭-[쿼리] 그룹-[쿼리 디자인]을 클릭합니다.

② [테이블 추가] 대화상자의 [테이블] 탭에서 Ctrl 키를 누른 채 차례대로 <환자명>, <신청목록>, <서비스명>, <유형>
   테이블을 선택하고 <선택한 표 추가> 단추를 클릭합니다.

③ '환자명', '지원유형', '본인부담금', '서비스명' 필드를 선택합니다.

④ '환자명' 필드는 [조건]에 '[환자명을 입력하세요]'를 입력합니다.

⑤ [쿼리 디자인] 탭-[결과] 그룹-[실행]을 클릭합니다. [매개 변수 값 입력] 대화상자에서 이름을 입력하고 <확인>
   단추를 클릭합니다.

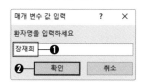

⑥ 빠른 실행 도구 모음에서 🔲(저장)을 클릭합니다. [쿼리 이름]에 '환자본인부담금'을 입력합니다.

4 <기관지우기> 삭제 쿼리 작성

① [만들기] 탭-[쿼리] 그룹-[쿼리 디자인]을 클릭합니다.

② [테이블 추가] 대화상자의 [테이블] 탭에서 <기관명> 테이블을 선택하고 <선택한 표 추가> 단추를 클릭합니다.

③ '요양기관코드' 필드를 선택하고 [쿼리 디자인] 탭-[쿼리 유형] 그룹-[삭제]를 클릭합니다.

④ [조건]에 '[요양기관코드명을 입력]'으로 입력합니다.

필드:	요양기관코드		
테이블:	기관명		
삭제:	조건		
조건:	[요양기관코드명을 입력]		
또는:			

⑤ [쿼리 디자인] 탭-[결과] 그룹-[실행]을 클릭합니다.

⑥ [매개 변수 값 입력] 대화상자에서 '요양기관코드명'을 입력하고 <확인> 단추를 클릭합니다. [삭제] 대화상자에서 <예> 단추를 클릭합니다.

※ <예>를 한 번 누르면 더 이상 레코드를 복원할 수 없으므로 주의해야 합니다.

⑦ 빠른 실행 도구 모음에서 🔛(저장)을 클릭합니다. [쿼리 이름]에 '기관지우기'를 입력합니다.

5 <서비스별부담금> 쿼리 작성

① [만들기] 탭-[쿼리] 그룹-[쿼리 디자인]을 클릭합니다.

② [테이블 추가] 대화상자의 [테이블] 탭에서 **Ctrl** 키를 누른 채 차례대로 <서비스명>, <신청목록> 테이블을 선택하고 <선택한 표 추가> 단추를 클릭합니다.

③ '서비스명', '구분', '본인부담금', '공단부담금' 필드를 선택합니다.

④ [쿼리 디자인] 탭-[표시/숨기기] 그룹-[요약]을 클릭합니다.

⑤ '본인부담금'과 '공단부담금' 필드는 [요약]에 '합계'를 선택하고 '구분' 필드의 [조건]에 "'종일'"을 입력 후 '본인부담금' 필드의 [정렬]은 '내림차순'을 선택합니다.

필드:	서비스명	구분	본인부담금	공단부담금
테이블:	서비스명	신청목록	신청목록	신청목록
요약:	묶는 방법	조건	합계	합계
정렬:			내림차순	
표시:	☑	☐	☑	☑
조건:		"종일"		
또는:				

⑥ 빠른 실행 도구 모음에서 🔛(저장)을 클릭합니다. [쿼리 이름]에 '서비스별부담금'을 입력하고 <확인> 단추를 클릭합니다.

컴퓨터활용능력 최신기출유형 7회

프로그램명	제한시간
ACCESS 2021	45분

수 험 번 호 :

성   명 :

1급 | A형

유의사항

- 인적 사항 누락 및 잘못 작성으로 인한 불이익은 수험자 책임으로 합니다.

- 화면에 암호 입력창이 나타나면 아래의 암호를 입력하여야 합니다.
  - 암호 : 55@475

- 작성된 답안은 주어진 경로 및 파일명을 변경하지 마시고 그대로 저장해야 합니다. 이를 준수하지 않으면 실격처리 됩니다.
  - 답안 파일명의 예: C:\DB\수험번호 8자리.accdb

- 외부데이터 위치: C:\DB\파일명

- 별도의 지시사항이 없는 경우, 다음과 같이 처리하면 실격 처리됩니다.
  - 제시된 개체의 이름을 임의로 변경한 경우
  - 제시된 개체의 속성을 임의로 변경한 경우
  - 제시된 개체를 임의로 삭제하거나 추가한 경우

- 별도의 지시사항이 없는 경우, 기능의 구현은 모듈이나 매크로 등을 이용하며, 예외적인 상황에 대해서는 고려하지 않아도 됩니다.

- 제시된 함수가 있을 경우 제시된 함수만을 사용하여야 하며, 그 외 함수 사용시 채점 대상에서 제외됩니다.

- 별도의 지시사항이 없는 경우, 주어진 각 개체의 속성은 설정값 또는 기본 설정값 (Default)으로 처리하십시오.

- 제시된 화면은 예시이며 나타난 값은 실제와 다를 수 있습니다.

- 저장 시간은 별도로 주어지지 아니하므로 제한된 시간 내에 저장을 완료해야 합니다.

- 본 문제의 용어는 MS Office LTSC Professional Plus 2021 기준으로 작성되었습니다.

01 거래처별로 제품들의 납품 현황을 관리하기 위하여 데이터베이스를 구축하고자 한다. 다음의 지시사항에 따라 테이블을 완성하시오. (각 3점)

① <납품내역> 테이블의 '제품코드' 필드에는 인덱스(중복 가능)으로 설정하시오.

② <납품내역> 테이블의 '납품단가' 필드에는 값이 반드시 입력되도록 설정하시오.

③ <납품내역> 테이블의 '납품수량' 필드는 0이 아닌 값이 입력되도록 유효성 검사 규칙을 설정하시오.

④ <제품> 테이블의 '제품코드' 필드를 기본 키로 설정하고 'A12' 형식으로 입력되도록 다음과 같이 설정하시오.
   ▶ 앞의 영문자 반드시 대문자 1자리와 뒤의 2자리 숫자는 반드시 입력되도록 설정

⑤ <거래처> 테이블의 대표자 다음에 '전화번호' 필드를 데이터 형식이 '짧은 텍스트'로 추가하고 캡션은 'TEL'로 설정하시오.

02 외부 데이터 가져오기 기능을 이용하여 <신제품목록.xlsx> 파일의 내용을 가져와 <신제품목록> 테이블을 생성하시오. (5점)

   ▶ 첫 행에 열 머리글이 있음
   ▶ Access에서 제공하는 기본 키를 추가

03 <납품내역> 테이블의 '제품코드' 필드는 <제품> 테이블의 '제품코드' 필드를 참조하며 테이블 간의 관계는 1:M 이다. 두 테이블에 대해 다음과 같이 관계를 설정하시오. (5점)

   ▶ 두 테이블 간에 항상 참조 무결성을 유지하도록 설정하시오.
   ▶ 참조 필드의 값이 변경되면 관련 필드의 값도 변경되도록 설정하시오.
   ▶ 다른 테이블에서 참조하고 있는 레코드는 삭제할 수 없도록 설정하시오.
   ※ 이미 설정되어있는 관계를 제거하지 마시오.

01 <납품내역> 폼을 다음 지시사항에 따라 완성하시오. (각 3점)

① 폼이 열려 있을 경우 다른 작업을 수행할 수 없도록 설정하시오.

② 본문의 모든 컨트롤이 같은 위치에 표시되도록 아래쪽 맞춤으로 정렬하시오.

③ 폼 바닥글의 'txt납품단가합계'와 'txt납품금액합계' 컨트롤에는 <그림>과 같이 납품단가와 납품금액의 합계가
  표시되도록 설정하시오.

02 <납품내역> 폼의 'txt거래처명' 컨트롤에는 'txt거래처코드'에 해당하는 거래처명이 표시되도록 구현하시오.
(6점)

▶ <거래처> 테이블을 이용

▶ DLookup( ) 함수 사용

▶ '문제2 입력 및 수정 기능 구현' 1번 문제의 <그림> 참조

03 <납품내역> 폼의 '조회'(cmd조회) 버튼을 클릭하면 해당 월의 자료가 표시되도록 포함 매크로를 작성하시오. (5점)

▶ 매크로 조건 : '납품일자'의 월이 'txt월' 컨트롤에 입력된 월에 해당하는 자료만 표시

▶ ApplyFilter 함수를 이용

▶ '문제2 입력 및 수정 기능 구현' 1번 문제의 <그림> 참조

문제3 20점_ **조회 및 출력 기능 구현**

01 다음의 지시사항 및 <그림>을 참조하여 <제품별납품현황> 보고서를 완성하시오. (각 3점)

① '제품코드'가 같은 경우 '납품일자'를 기준으로 오름차순으로 정렬되어 표시되도록 설정하시오.

② 본문의 'txt기타' 컨트롤에는 납품금액이 2,000,000원 이상일 경우 '우수거래처'을 나머지는 빈칸으로 표시
하시오.

▶ IIF( ) 함수 사용

③ 제품코드 머리글 영역이 매 페이지마다 반복적으로 인쇄되도록 설정하시오.

④ 보고서 머리글의 'txt날짜' 컨트롤에는 현재 날짜가 <그림>과 같이 표시되도록 설정하시오.

    ▶ Format( ), Now( )함수 사용

⑤ 제품코드 바닥글 영역의 'txt총납품금액' 컨트롤에는 제품별 납품 총금액이 표시되도록 설정하시오.

제 품별 납품현황

November-18

제품명	납품일자	납품수량	납품단가	납품금액	기타
아동화	2020-08-12	92	₩23,500	₩2,116,000	우수거래처
	2020-08-15	13	₩23,500	₩299,000	
	2020-08-25	56	₩23,500	₩1,288,000	
	2020-09-11	29	₩23,500	₩667,000	
	2020-09-14	74	₩23,500	₩1,702,000	
	총납품금액:			₩6,072,000	
제품명	납품일자	납품수량	납품단가	납품금액	기타
한남화	2020-08-12	120	₩45,000	₩5,400,000	우수거래처
	2020-08-25	40	₩45,000	₩1,800,000	우수거래처
	2020-09-01	99	₩45,000	₩4,455,000	우수거래처
	2020-09-27	117	₩45,000	₩5,265,000	우수거래처
	2020-10-11	67	₩45,000	₩3,015,000	우수거래처
	총납품금액:			₩19,935,000	
제품명	납품일자	납품수량	납품단가	납품금액	기타
천파스화	2020-08-19	118	₩78,000	₩9,204,000	우수거래처
	2020-08-22	79	₩78,000	₩6,162,000	우수거래처
	2020-09-18	108	₩78,000	₩8,424,000	우수거래처
	2020-10-12	96	₩78,000	₩7,488,000	우수거래처
	총납품금액:			₩31,278,000	
제품명	납품일자	납품수량	납품단가	납품금액	기타
클래식화	2020-08-20	12	₩125,000	₩1,500,000	
	2020-08-25	13	₩125,000	₩1,625,000	
	2020-09-11	21	₩125,000	₩2,625,000	우수거래처
	2020-09-27	75	₩125,000	₩9,375,000	우수거래처
	2020-10-12	57	₩125,000	₩7,125,000	우수거래처
	총납품금액:			₩22,250,000	
제품명	납품일자	납품수량	납품단가	납품금액	기타
테니스화	2020-08-21	70	₩85,000	₩5,950,000	우수거래처

1/3페이지

02 <납품내역> 폼의 '보고서'(cmd보고서) 버튼을 클릭하면 다음의 기능을 수행하도록 이벤트 프로시저를 작성하시오. (5점)

    ▶ <제품별납품현황> 보고서를 '인쇄 미리 보기'의 형태로 열 것
    ▶ DoCmd, OpenReport를 이용할 것

문제 4   **35점_ 처리 기능 구현**

01 <거래처>, <납품내역>, <제품> 테이블을 이용하여 제품명이 아동화인 납품내역을 조회하는 <아동화조회> 쿼리를 작성하시오. (7점)

    ▶ 납품수량을 기준으로 내림차순 정렬하여 표시하시오.
    ▶ 쿼리 실행 결과 표시되는 필드와 필드명은 <그림>과 같이 표시되도록 설정하시오.

02 2020년 9월달 납품수량을 조회하는 <9월납품수량> 크로스탭 쿼리를 작성하시오. (7점)

▶ <납품내역>, <제품> 테이블을 이용하시오.

▶ 쿼리 실행 결과 표시되는 필드와 필드명은 <그림>과 같이 표시되도록 설정하시오.

납품일자	런닝화	슬리퍼	아동화	에어로빅화	주니어화	캔퍼스화	클래식화	테니스화	헬스화
2020-09-01	99								
2020-09-05									55
2020-09-11			29		37		21		
2020-09-13								94	
2020-09-14		91	74	66					
2020-09-18						108			
2020-09-23					74				
2020-09-27	117	31					75		

03 조회할 제품명의 일부를 매개 변수로 입력받아 해당 제품의 정보를 검색하는 <제품명조회> 쿼리를 작성하시오. (7점)

▶ <납품내역목록> 쿼리 이용

▶ 부가세는 납품금액의 10%임

04 다음과 같은 기능을 수행하는 <단가변경> 업데이트 쿼리를 작성하시오. (7점)

▶ <납품내역> 테이블을 이용할 것

▶ 제품코드가 'A12'인 제품에 대해 금액을 입력하여 납품단가가 증가되는 쿼리를 작성할 것

04 제품명과 제조사별로 납품수량을 조회하는 <제품별판매수량> 쿼리를 작성하시오. (7점)

▶ <납품내역>, <제품> 테이블을 이용하시오.

▶ 제품명은 '런닝화', '아동화', '워킹화'만 조회대상으로 하시오. (In 연산자)

▶ 납품수량을 기준으로 내림차순으로 정렬하시오.

▶ 쿼리 실행 결과 표시되는 필드와 필드명은 <그림>과 같이 표시하도록 설정하시오.

최신기출유형 7회 정답 및 해설

📁 **작업 파일** : C:₩2024_컴활1급₩데이터베이스₩작업파일₩최신기출유형₩최신기출유형 7회_문제.accdb
💾 **완성 파일** : C:₩2024_컴활1급₩데이터베이스₩완성파일₩최신기출유형₩최신기출유형 7회_정답.accdb

정답

문제 1 ▶ DB 구축 (25점)

01 <납품내역>, <제품>, <거래처> 테이블 완성

지시사항	테이블명	필드명	필드 속성	설정 값
①	납품내역	제품코드	인덱스	예(중복 가능)
②		납품단가	필수	예
③		납품수량	유효성 검사 규칙	<>0
④	제품	제품코드	기본키 설정	
			입력 마스크	>L00
⑤	거래처	전화번호	데이터 형식	짧은 텍스트
			캡션	TEL

02 외부 데이터 가져오기

① [외부 데이터] 탭-[가져오기 및 연결] 그룹-[새 데이터 원본]-[파일]-[Excel]을 클릭합니다.

② 첫 행에 열 머리글이 있음, Access에서 기본 키 추가

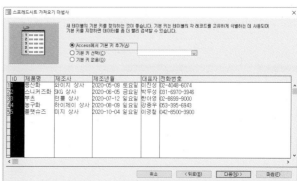

03 관계 설정

① [데이터베이스 도구]-[관계] 그룹의 [관계( )]를 클릭

② 관계 편집

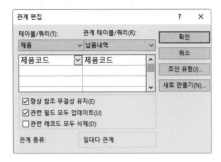

문제2 ▶ 입력 및 수정 기능 구현 (20점)

01 <납품내역> 폼의 완성

지시사항	영역	개체명	탭	항목	설정 값
①	폼		기타	모달	예
②	본문	모든 컨트롤	[정렬]-[크기 및 순서조정] 그룹의 [맞춤( )]의 '아래쪽'		
③	폼 바닥글	txt납품단가합계	데이터	컨트롤 원본	=Sum([납품단가])
		txt납품금액합계			=Sum([납품금액])

02 <납품내역> 폼에 함수 설정

① 'txt거래처명' 컨트롤의 '컨트롤 원본'

② DLookUp 함수 식 입력

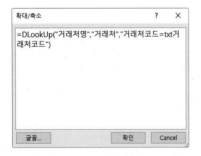

03 <납품내역> 폼에 포함 매크로 설정

① '조회(cmd조회)' 컨트롤에서 [속성 시트]-[이벤트]-[On Click]를 클릭

② 포함 매크로 설정

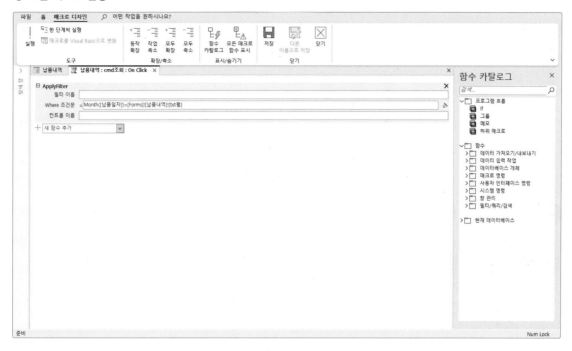

01 <제품별납품현황> 보고서 완성

지시사항	영역	개체명	탭	항목	설정 값
①	[그룹, 정렬 및 요약] '제품코드'의 '오름차순', [정렬 추가]하여 '납품일자'의 '오름차순' 그룹, 정렬 및 요약 그룹화 기준 제품코드 ▾ 오름차순 ▾, 자세히 ▶ 정렬 기준 납품일자 그룹 추가 정렬 추가				
②	본문	txt기타	데이터	컨트롤 원본	=IIf([납품금액]>=2000000, "우수거래처"," ")
③	제품코드 머리글		형식	반복 실행 구역	예
④	보고서 머리글	txt날짜	데이터	컨트롤 원본	=Format(Now( ), "mmmm-dd")
⑤	제품코드 바닥글	txt납품금액	데이터	컨트롤 원본	=Sum([납품금액]

02 <납품내역> 폼에 이벤트 프로시저 작성

① '보고서(cmd보고서)' 단추의 [속성 시트]–[이벤트] 탭의 'On Click'에서 코드 작성기

② VBA 코드 작성

```
Private Sub cmd보고서_Click( )
MsgBox "보고서로 이동합니다."
DoCmd.OpenReport "제품별납품현황", acViewPreview
End Sub
```

문제4 ▶ 처리 기능 구현 (35점)

01 <아동화조회> 조회 쿼리

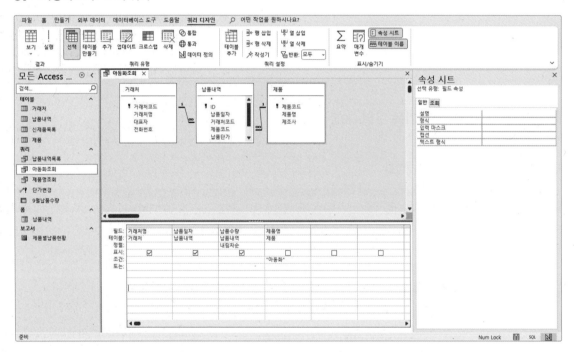

02 <9월납품수량> 크로스탭 쿼리

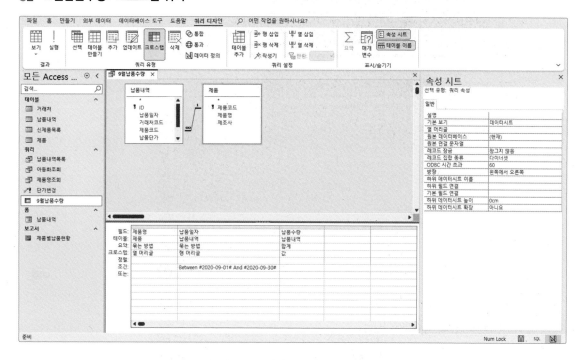

03 <제품명조회> 매개변수 쿼리

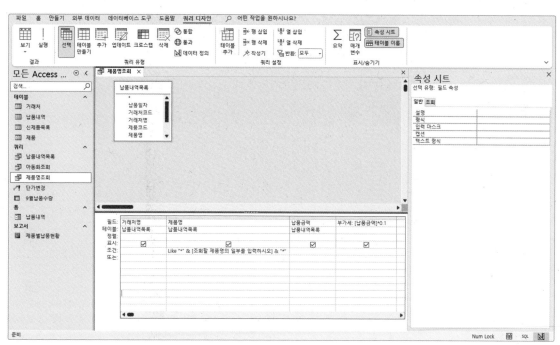

04 <단가변경> 업데이트 쿼리

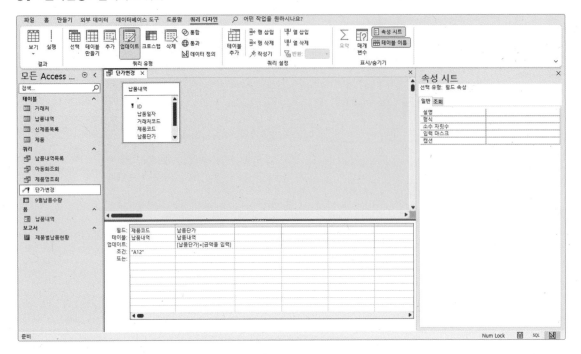

05 <제품별판매수량> 요약 쿼리

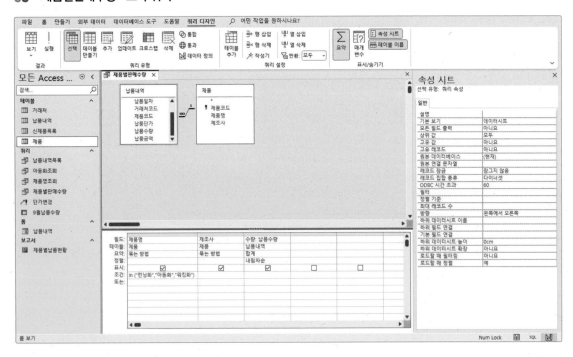

DB 구축 (25점)

1 <납품내역>, <제품>, <거래처> 테이블 완성

① <납품내역> 테이블 위에서 마우스 오른쪽 단추를 눌러 <디자인 보기>를 클릭합니다.

② '제품코드' 필드의 속성은 [인덱스]에 '예(중복 가능)'을 선택합니다.

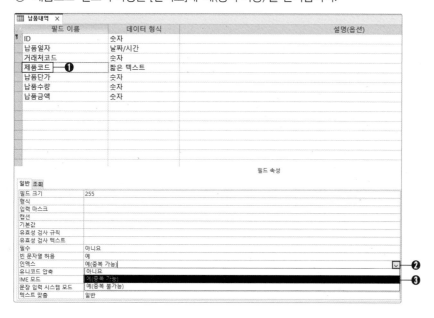

③ '납품단가' 필드의 속성은 [필수]에 '예'를 선택합니다.

④ '납품수량' 필드의 속성은 [유효성 검사 규칙]에 '<>0'을 입력합니다.

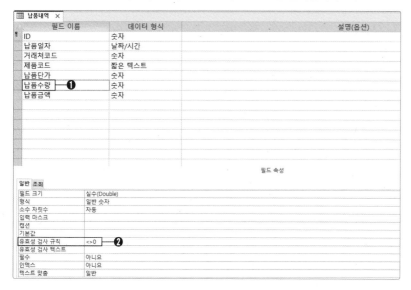

⑤ <제품> 테이블 위에서 마우스 오른쪽 단추를 눌러 <디자인 보기>를 클릭합니다.

⑥ '제품코드' 필드에서 [테이블 디자인] 탭-[도구] 그룹-[기본 키]를 클릭합니다.

⑦ '제품코드' 필드의 속성은 [입력 마스크]에 '>L00'을 입력합니다.

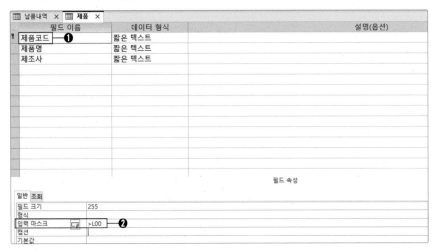

⑧ <거래처> 테이블 위에서 마우스 오른쪽 단추를 눌러 <디자인 보기>를 클릭합니다.

⑨ '대표자' 필드명 다음에 [필드 이름]에 '전화번호'로 입력하고 [데이터 형식]에 '짧은 텍스트'를 선택하고 필드의 속성은 [캡션]에 'TEL'을 입력합니다.

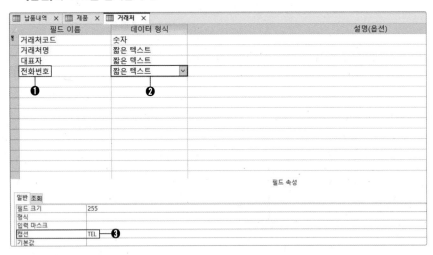

2 외부 데이터 가져오기

① [외부 데이터] 탭-[가져오기 및 연결] 그룹-[새 데이터 원본]-[파일에서]-[Excel]을 클릭합니다.

② [외부 데이터 가져오기-Excel 스프레드시트] 대화상자에서 [데이터 원본 및 대상 선택] 창의 <찾아보기> 단추를 클릭하여 파일 이름은 'C:₩2024_컴활1급₩데이터베이스₩작업파일₩최신기출유형₩신제품목록.xlsx'을 선택합니다.

③ [외부 데이터 가져오기 - Excel 스프레드시트] 대화상자에서 저장할 방법과 위치는 '현재 데이터베이스의 새 테이블로 원본 데이터 가져오기(I)'를 선택하고 <확인> 단추를 클릭합니다.

④ [스프레드시트 가져오기 마법사] 대화상자에서 '첫 행에 열 머리글이 있음'을 선택하고 <다음> 단추를 클릭합니다.

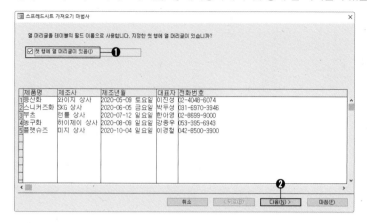

⑤ [스프레드시트 가져오기 마법사] 대화상자에서 필드 옵션을 확인하고 <다음> 단추를 클릭합니다.

⑥ [스프레드시트 가져오기 마법사] 대화상자에서 'Access에서 기본 키 추가'를 선택하고 <다음> 단추를 클릭합니다.

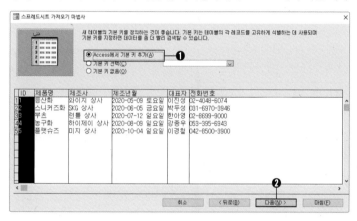

⑦ [스프레드시트 가져오기 마법사] 대화상자에서 테이블로 가져오기에서 '신제품목록'을 입력하고 <마침> 단추를 클릭합니다.

3 관계 설정

① [데이터베이스 도구] 탭-[관계] 그룹-[관계]를 클릭합니다.

② [관계 디자인] 탭-[관계] 그룹-[테이블 추가] 대화상자의 [테이블] 탭에서 <제품> 테이블을 선택하고 <선택한 표 추가> 단추를 클릭합니다.

③ <납품내역> 테이블의 '제품코드' 필드를 <제품> 테이블의 '제품코드' 필드로 드래그 앤 드롭 합니다.

④ [관계 편집] 대화상자에서 '항상 참조 무결성 유지', '관련 필드 모두 업데이트'를 선택하고 <만들기> 단추를 클릭합니다.

※ '일대다(1:M)'의 관계가 설정됩니다.

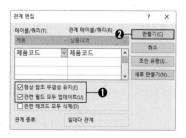

⑤ [관계] 창이 <그림>과 같이 표시됩니다. 빠른 실행 도구 모음에서 █(저장)을 눌러 변경된 내용을 저장합니다.
[관계 디자인] 탭-[관계] 그룹-[닫기]를 클릭합니다.

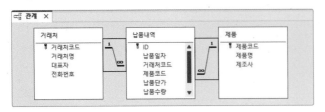

문제2 ▶ 입력 및 수정 기능 구현 (20점)

■ <납품내역> 폼의 완성

① <납품내역> 폼 위에서 마우스 오른쪽 단추를 눌러 <디자인 보기>를 클릭합니다.

② '폼' 영역 속성 시트 창의 [기타] 탭 중 [모달]에 '예'를 선택합니다.

※ 모달은 현재 폼이 닫히기 전에 다른 폼을 선택할 수 없는 기능입니다.

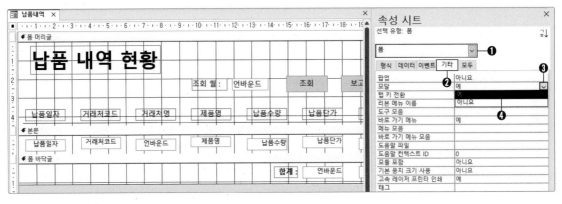

③ '본문' 영역에서 모든 컨트롤을 드래그 앤 드롭 하여 선택하고 [정렬] 탭-[크기 및 순서 조정] 그룹 -[맞춤]의 '아래쪽'을
선택합니다.

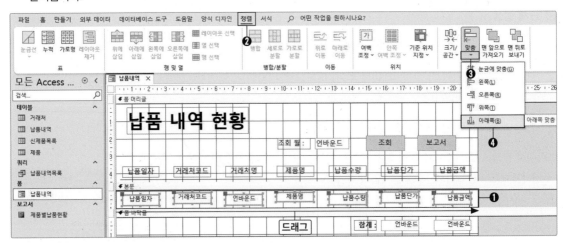

④ '폼 바닥글' 영역에서 'txt납품단가합계' 컨트롤 속성 시트 창의 [데이터] 탭 중 [컨트롤 원본]에 '=Sum([납품단가])'를 입력합니다.

⑤ '폼 바닥글' 영역에서 'txt납품금액합계' 컨트롤 속성 시트 창의 [데이터] 탭 중 [컨트롤 원본]에 '=Sum([납품금액])'을 입력합니다.

※ 식 작성기를 눌러 작성해도 됩니다.

2 <납품내역> 폼에 함수 설정

① <납품내역> 폼 위에서 마우스 오른쪽 단추를 눌러 <디자인 보기>를 클릭합니다.

② '본문' 영역에서 'txt거래처명' 컨트롤 속성 시트 창의 [모두] 탭 중 [컨트롤 원본]에 '=DLookUp("거래처명", "거래처","거래처코드=txt거래처코드")'를 입력합니다.

3 <납품내역> 폼에 포함 매크로 작성

① <납품내역> 폼 위에서 마우스 오른쪽 단추를 눌러 <디자인 보기>를 클릭합니다.

② '조회'(cmd조회) 버튼 속성 시트 창의 [이벤트] 탭 중 [On Click]에 '매크로 작성기'를 선택하고 <확인> 단추를 클릭합니다.

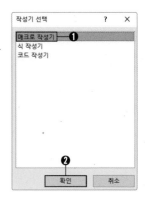

③ [새 함수 추가]에서 <ApplyFilter> 함수를 추가합니다.

④ [Where 조건문]에 'Month([납품일자])=[Forms]![납품내역]![txt월]'을 입력합니다.

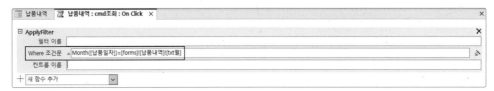

⑤ 빠른 실행 도구 모음에서 을 눌러 변경된 내용을 저장합니다. <닫기>()를 합니다.

⑥ [On Click]에 '포함된 매크로'가 표시됩니다.

문제3 ▶ **조회 및 출력 기능 구현** (20점)

1 <제품별납품현황> 보고서 완성

① <제품별납품현황> 보고서 위에서 마우스 오른쪽 단추를 눌러 <디자인 보기>를 클릭합니다.

② [보고서 디자인] 탭-[그룹화 및 요약] 그룹-[그룹화 및 정렬]을 클릭합니다. [정렬 추가]을 눌러 '납품일자' 필드를 추가한 다음 [정렬]에 '오름차순'을 선택합니다.

③ '본문' 영역에서 'txt기타' 컨트롤 속성 시트 창의 [모두] 탭 중 [컨트롤 원본]에 '=IIf([납품금액]>=2000000,"우수거래처"," ")'를 입력합니다.

④ '제품코드 머리글' 영역 속성 시트 창의 [형식] 탭 중 [반복 실행 구역]에 '예'를 선택합니다.

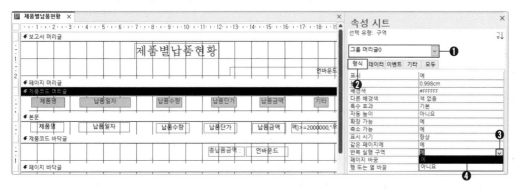

⑤ '보고서 머리글' 영역에서 'txt날짜' 컨트롤 속성 시트 창의 [모두] 탭 중 [컨트롤 원본]에 '=Format(Now( ), "mmmm-dd")'를 입력합니다.

※ 'mmmm'은 월의 영문으로 표시 합니다.

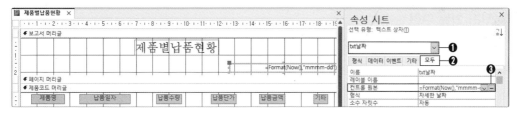

⑥ '제품코드 바닥글' 영역에서 'txt총납품금액' 컨트롤 속성 시트 창의 [데이터] 탭 중 [컨트롤 원본]에 '=Sum([납품금액])'을 입력합니다.

② <납품내역> 폼에 이벤트 프로시저 작성

① <납품내역> 폼 위에서 마우스 오른쪽 단추를 눌러 <디자인 보기>를 클릭합니다.

② '본문' 영역에서 '보고서'(cmd보고서) 버튼 속성 시트 창의 [이벤트] 탭 중 [On Click]에 ⋯을 눌러 '코드 작성기'를 선택합니다.

③ 다음의 코드를 작성합니다.

※ 메시지 박스를 우선 표시한 후 <확인> 버튼을 누르면 '제품별납품현황' 보고서(OpenReport)를 인쇄 미리 보기(acViewPreview)로 호출합니다.

```
Private Sub cmd보고서_Click( )
MsgBox "보고서로 이동합니다."
DoCmd.OpenReport "제품별납품현황", acViewPreview
End Sub
```

문제 4 ▶ 처리 기능 구현 (35점)

① <아동화조회> 쿼리 작성

① [만들기] 탭-[쿼리] 그룹-[쿼리 디자인]을 클릭합니다.

② [테이블 추가] 대화상자의 [테이블] 탭에서 **Ctrl** 키를 누른 채 차례대로 <거래처>, <납품내역>, <제품> 테이블을 선택하고 <선택한 표 추가> 단추를 클릭합니다.

③ '제품명', '거래처명', '납품일자', '납품수량' 필드를 선택합니다.

필드:	제품명	거래처명	납품일자	납품수량	
테이블:	제품	거래처	납품내역	납품내역	
정렬:					
표시:	☑	☑	☑	☑	☐
조건:					
또는:					

④ '제품명' 필드는 [조건]에 '아동화'를 입력하고 <표시>를 해제하고 '납품수량' 필드는 [정렬]에 '내림차순'을 선택합니다.

필드:	제품명	거래처명	납품일자	납품수량	
테이블:	제품	거래처	납품내역	납품내역	
정렬:				내림차순	
표시:	☐	☑	☑	☑	☐
조건:	"아동화"				
또는:					

⑤ 빠른 실행 도구 모음에서 🖫(저장)을 클릭합니다. [쿼리 이름]에 '아동화조회'를 입력합니다.

2 <9월납품수량> 크로스탭 쿼리 작성

① [만들기] 탭-[쿼리] 그룹-[쿼리 디자인]을 클릭합니다.

② [테이블 추가] 대화상자의 [테이블] 탭에서 **Ctrl** 키를 누른 채 차례대로 <납품내역>, <제품> 테이블을 선택하고 <선택한 표 추가> 단추를 클릭합니다.

③ '제품명', '납품일자', '납품수량' 필드를 선택합니다.

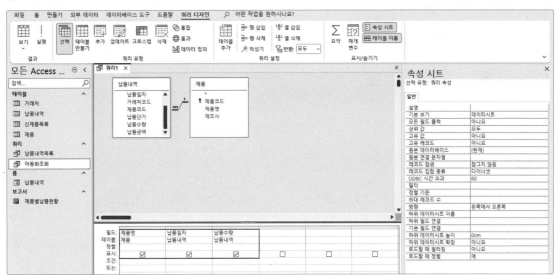

④ '납품일자' 필드는 [조건]에 'Between #2020-09-01# And #2020-09-30#'을 입력합니다.

필드:	제품명	납품일자		납품수량	
테이블:	제품	납품내역		납품내역	
정렬:					
표시:	☑	☑		☑	☐
조건:		Between #2020-09-01# And #2020-09-30#			
또는:					

⑤ [쿼리 디자인] 탭-[쿼리 유형] 그룹-[크로스탭]을 클릭합니다.

⑥ [요약]에 '납품수량' 필드는 '합계'를 선택합니다.

⑦ [크로스탭]에 '제품명' 필드는 '열 머리글', '납품일자' 필드는 '행 머리글', '납품수량' 필드는 '값'을 선택합니다.

필드:	제품명	납품일자	납품수량	
테이블:	제품	납품내역	납품내역	
요약:	묶는 방법	묶는 방법	합계	
크로스탭:	열 머리글	행 머리글	값	
정렬:				
조건:		Between #2020-09-01# And #2020-09-30#		
또는:				

⑧ 빠른 실행 도구 모음에서 ▣(저장)을 클릭합니다. [쿼리 이름]에 '9월납품수량'을 입력합니다.

3 <제품명조회> 매개 변수 쿼리 작성

① [만들기] 탭-[쿼리] 그룹-[쿼리 디자인]을 클릭합니다.

② [테이블 추가] 대화상자의 [쿼리] 탭에서 <납품내역목록> 쿼리를 선택하고 <선택한 표 추가> 단추를 클릭합니다.

③ '거래처명', '제품명', '납품금액' 필드를 선택하고 '부가세:[납품금액] * 0.1' 필드는 입력합니다.

필드:	거래처명	제품명	납품금액	부가세: [납품금액]*0.1	
테이블:	납품내역목록	납품내역목록	납품내역목록		
정렬:					
표시:	☑	☑	☑	☑	☐
조건:					
또는:					

④ '제품명' 필드는 [조건]에 'Like " * " & [조회할 제품명의 일부를 입력하시오] & " * "'을 입력합니다.

⑤ '납품금액'과 '부가세' 필드 속성 시트 창의 [일반] 탭 중 [형식]에 '통화'를 선택합니다.

⑥ [쿼리 디자인] 탭-[결과] 그룹-[실행]을 클릭합니다. [매개 변수 값 입력] 대화상자에 조회할 제품의 일부분을 입력하고 <확인> 단추를 클릭하여 결과를 확인합니다.

⑦ 빠른 실행 도구 모음에서 🖫(저장)을 클릭합니다. [쿼리 이름]에 '제품명조회'를 입력합니다.

4 <단가변경> 업데이트 쿼리 작성

① [만들기] 탭-[쿼리] 그룹-[쿼리 디자인]을 클릭합니다.

② [테이블 추가] 대화상자의 [테이블] 탭에서 <납품내역> 테이블을 선택하고 <선택한 표 추가> 단추를 클릭합니다.

③ '제품코드', '납품단가' 필드를 선택합니다.

④ [쿼리 디자인] 탭-[쿼리유형] 그룹-[업데이트]를 클릭합니다.

⑤ '제품코드' 필드는 [조건]에 'A12'를 입력하고 '납품단가' 필드는 [업데이트]에 '[납품단가]+[금액을 입력]'으로 입력합니다.

⑥ [쿼리 디자인] 탭-[결과] 그룹-[실행]을 클릭합니다. [매개 변수 값 입력] 대화상자에 금액을 입력하고 <확인> 버튼을 클릭하여 수정할 행을 표시하는 대화상자에서 <예> 단추를 클릭합니다.

⑦ 빠른 실행 도구 모음에서 🖫(저장)을 클릭합니다. [쿼리 이름]에 '단가변경'을 입력합니다.

TIP

[업데이트 쿼리]

[쿼리 디자인] 탭-[결과] 그룹-[실행]을 여러 번 누르면 누른 횟수만큼 업데이트되어 내용이 변경되므로 한 번만 실행해야 합니다.

---

5 <제품별판매수량> 쿼리 작성

① [만들기] 탭-[쿼리] 그룹-[쿼리 디자인]을 클릭합니다.

② [테이블 추가] 대화상자의 [테이블] 탭에서 Ctrl 키를 누른 채 차례대로 <납품내역>, <제품> 테이블을 선택하고 <선택한 표 추가> 단추를 클릭합니다.

③ '제품명', '제조사' 필드를 선택하고 '수량: 납품수량'을 입력합니다.

④ [쿼리 디자인] 탭-[표시/숨기기] 그룹-[요약]을 클릭합니다.

⑤ '수량: 납품수량' 필드는 [요약]에 '합계'를 선택하고 [정렬]은 '내림차순'을 선택합니다. '제품명' 필드의 [조건]에 'In ("런닝화","아동화","워킹화")'을 입력합니다.

필드:	제품명	제조사	수량: 납품수량	
테이블:	제품	제품	납품내역	
요약:	묶는 방법	묶는 방법	합계	
정렬:			내림차순	
표시:	☑	☑	☑	☐
조건:	In ("런닝화","아동화","워킹화")			
또는:				

⑧ 빠른 실행 도구 모음에서 🖫(저장)을 클릭합니다. [쿼리 이름]에 '제품별판매수량'을 입력하고 <확인> 단추를 클릭합니다.

컴퓨터활용능력 최신기출유형 8회

프로그램명	제한시간
ACCESS 2021	45분

수 험 번 호 :

성   명 :

1급 | A형

유의사항

- 인적 사항 누락 및 잘못 작성으로 인한 불이익은 수험자 책임으로 합니다.

- 화면에 암호 입력창이 나타나면 아래의 암호를 입력하여야 합니다.
  - 암호 : 87#298

- 작성된 답안은 주어진 경로 및 파일명을 변경하지 마시고 그대로 저장해야 합니다. 이를 준수하지 않으면 실격처리 됩니다.
  - 답안 파일명의 예: C:\DB\수험번호 8자리.accdb

- 외부데이터 위치: C:\DB\파일명

- 별도의 지시사항이 없는 경우, 다음과 같이 처리하면 실격 처리됩니다.
  - 제시된 개체의 이름을 임의로 변경한 경우
  - 제시된 개체의 속성을 임의로 변경한 경우
  - 제시된 개체를 임의로 삭제하거나 추가한 경우

- 별도의 지시사항이 없는 경우, 기능의 구현은 모듈이나 매크로 등을 이용하며, 예외적인 상황에 대해서는 고려하지 않아도 됩니다.

- 제시된 함수가 있을 경우 제시된 함수만을 사용하여야 하며, 그 외 함수 사용시 채점 대상에서 제외됩니다.

- 별도의 지시사항이 없는 경우, 주어진 각 개체의 속성은 설정값 또는 기본 설정값 (Default)으로 처리하십시오.

- 제시된 화면은 예시이며 나타난 값은 실제와 다를 수 있습니다.

- 저장 시간은 별도로 주어지지 아니하므로 제한된 시간 내에 저장을 완료해야 합니다.

- 본 문제의 용어는 MS Office LTSC Professional Plus 2021 기준으로 작성되었습니다.

01 대학에서 동아리 관리를 위해 데이터베이스를 구축하였다. 다음의 지시사항에 따라 각 테이블을 완성하시오. (각 3점)

① <회원> 테이블의 '학번'을 기본 키(Primary Key)로 설정하시오.

② <회원> 테이블의 '성명' 필드에 중복 가능한 인덱스를 설정하시오.

③ <지도교수> 테이블의 '교수코드' 필드는 'A0001'과 같은 형태로 영문자 1개, 숫자 4자리가 반드시 포함되어 입력되도록 입력 마스크를 설정하시오.

    ▶ 영문자는 영어 대문자만을 입력하도록 설정할 것

    ▶ 숫자는 0~9까지의 숫자만 입력할 수 있도록 설정할 것

④ <지도교수> 테이블의 '전화번호' 필드는 반드시 입력하도록 설정하시오.

⑤ <지도교수> 테이블의 '이메일' 필드는 대부분 영문자가 입력되므로 해당 필드에 데이터가 입력될 때 자동적으로 '영숫자 반자' 상태로 변환되도록 설정하시오.

02 <회원> 테이블에 대해 다음과 같이 조회 속성을 설정하시오. (5점)

▶ <회원> 테이블의 '동아리코드' 필드에 <동아리> 테이블의 '동아리명' 필드의 값을 콤보 상자의 형태로 선택하도록 설정하시오.

▶ 목록 이외의 값은 입력되지 않도록 하시오.

학번	성명	동아리코드	전화번호	이메일	추가하려면 클릭
1732201	이준화	힙합	010-2701-4632	leejunhwa@l	
1732313	김상원	기타&노래	010-2321-6672	kimsw0909@	
1732543	김예진	댄스	010-8841-8247	kim1004@ha	
1812287	최유진	힙합	010-4511-9522	choiboy@ho!	
1832102	천정현	사진	010-5221-0062	chunjh01@ly	
1832241	김빛여울	산악	010-3321-2209	kimsun@lycc	
1832412	강산해	봉사	010-8274-0082	kang2000@h	
1832504	김지호	영어스터디	010-5891-0948	kim322@nav	
1832542	송연주	힙합	010-2271-8219	songyou88@	
1922223	백두산	산악	010-3321-6527	back82@yah	
1922344	조규인	영어스터디	010-9221-2174	choing@hotr	
1932311	김동권	댄스	010-8891-8987	kimqueen88(	
1932324	박상휘	힙합	010-6231-9362	park35@hani	
1932421	이승은	기타&노래	010-4721-2872	leesw45@yah	
2002104	김진우	댄스	010-7281-6833	jinkim@dh.cc	
2002106	박인우	기타&노래	010-2981-1094	parkiw@nave	
2002201	이정호	영어스터디	010-2141-6529	leejungho@r	
2002218	김승호	사진	010-8861-1094	kijy@hotmail	
2002323	최민경	기타&노래	010-3321-2174	choihee@lyc	
2002327	이차영	봉사	010-2241-0104	leecy89@nav	
2002411	이한나	봉사	010-4541-7629	leehn@yahoo	
2002419	양성민	사진	010-8211-9905	yang6724@h	

레코드: ◄ 1/36 ► ►► 필터 없음 검색

03 <동아리> 테이블의 '지도교수코드' 필드는 <지도교수> 테이블의 '교수코드' 필드를 참조하고 테이블 간의 관계는 M:1이다. 또한 <회원> 테이블의 '동아리코드' 필드는 <동아리> 테이블의 '동아리코드' 필드를 참조하고 테이블 간의 관계는 M:1의 관계를 갖는다. 각 테이블 간의 관계를 다음과 같이 설정하시오. (5점)

▶ 각 테이블 간에 항상 참조 무결성을 유지하도록 설정하시오.

▶ 참조 필드의 값이 변경되면 관련 필드의 값도 변경되도록 설정하시오.

▶ 다른 테이블에서 참조하고 있는 레코드가 삭제되면 관련 레코드도 삭제되도록 설정하시오.

문제 2 ▶ 20점_ 입력 및 수정 기능 구현

01 <회원정보> 폼을 다음 지시사항에 따라 완성하시오. (각 3점)

① 폼의 레코드 원본을 <동아리별회원조회> 쿼리로 설정하시오.

② 제목 'lbl제목' 컨트롤의 글꼴크기 '18', 텍스트 맞춤은 '가운데'로 설정하시오.

③ 폼의 '학번', '성명', '동아리명', '전화번호', '이메일' 각 컨트롤을 사용하지 못하도록 설정하시오.

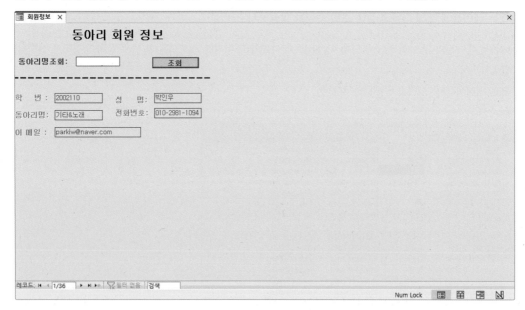

02 <동아리회원목록> 폼의 본문 영역에 <회원목록> 폼을 하위 폼으로 표시하도록 설정하시오. (6점)

▶ 기본 폼과 하위 폼을 각각 '동아리코드' 필드를 기준으로 연결하시오.

▶ <회원목록> 폼 바닥글의 'txt회원수' 컨트롤에는 회원의 인원수가 표시되도록 설정하시오.

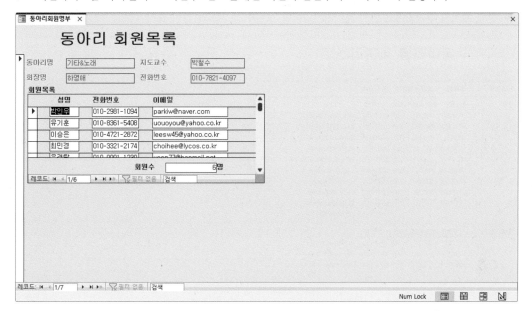

03 <회원정보> 폼에서 폼 머리글의 '조회'(cmd조회) 컨트롤을 클릭할 때 다음과 같이 기능을 수행하도록 매크로를 구현하시오. (5점)

▶ 매크로 조건 '동아리명' 필드의 값이 'txt조회'에 해당하는 정보만 표시

▶ <동아리연락처> 폼을 '폼 보기' 형태로 열기할 것

▶ 매크로 이름은 <동아리폼열기>로 할 것

▶ '문제 2 입력 및 수정 기능 구현' 1번 문제의 <그림> 참조

문제3 20점_ **조회 및 출력 기능 구현**

---

01 다음의 지시사항 및 화면을 참조하여 <동아리별 회원리스트> 보고서를 완성하시오. (각 3점)

① 동아리 머리글의 'txt동아리명' 컨트롤에 '동아리명' 필드로 바운드 시키시오.

② 동일한 '동아리명'에서는 '학번'의 오름차순으로 정렬되어 표시하도록 추가하시오.

③ 동아리명 머리글의 모든 컨트롤의 글꼴을 '궁서체'로 설정하시오.

④ 동아리명 바닥글의 'txt인원' 컨트롤에 해당 동아리 인원이 표시되도록 설정하시오.

▶ 표시 예 : 인원수 = 5명

⑤ 페이지 바닥글의 'txt페이지'에 다음과 같은 형태로 표시되도록 설정하시오.

▶ 전체 페이지 수가 5이고 현재 페이지가 2이면 '총5쪽 중 2쪽'과 같이 표시

동아리별 회원리스트

동아리명	회장명	회장전화번호	지도교수
힙합	최아름	010-9389-1294	이재영
1732201	이준화	010-2701-46	leejunhwa@ho
1832102	천정현	010-5221-00	chunjh01@lyc
1832241	김빛여	010-3321-22	kimsun@lycos.
1832504	김지호	010-5891-09	kim322@naver
1832542	송연주	010-2271-82	songyou88@y
1932324	박상휘	010-6231-93	park35@hanm
2012212	최아름	010-2341-56	choi05@hanm
2012306	하영애	010-7271-68	ha815@hanma
2012329	유기범	010-8211-10	you919@lycos
			인원수 = 9명
영어스터디	이정호	010-3500-3495	김영미
1812287	최유진	010-4511-95	choiboy@hotm
1922344	조규인	010-9221-21	choing@hotma
2002201	이정호	010-2141-65	leejungho@na

총 3쪽 중 1쪽

---

02 <동아리연락처> 폼에서 'txt동아리명' 컨트롤에 포커스가 이동하면(GotFocus) <그림>과 같은 메시지 상자를 출력하는 이벤트 프로시저를 구현하시오. (5점)

▶ 'txt동아리명' 컨트롤이 기타&노래 또는 힙합이면 '음악동아리', 영어스터디이면 '공부동아리', 나머지는 '동아리연합'으로 표시하시오.

▶ Select Case 문 사용

문제4 35점_ 처리 기능 구현

01 <동아리별회원조회> 쿼리를 이용하여 힙합 동아리 회원의 연락정보를 조회하는 <힙합동아리조회> 쿼리를 작성하시오. (7점)

▶ 성명을 기준으로 오름차순 정렬하여 표시하시오.

▶ 쿼리 실행 결과 표시되는 필드와 필드명은 <그림>과 같이 표시되도록 설정하시오.

성명	전화번호	이메일
김빛여울	010-3321-2209	kimsun@lycos.co.kr
김지호	010-5891-0948	kim322@naver.com
박상휘	010-6231-9362	park35@hanmail.net
송연주	010-2271-8219	songyou88@yahoo.co.kr
유기범	010-8211-1097	you919@lycos.co.kr
이준화	010-2701-4632	leejunhwa@hotmail.com
천정현	010-5221-0062	chunjh01@lycos.co.kr
최아름	010-2341-5682	choi05@hanmail.com
하영애	010-7271-6809	ha815@hanmail.net

02 교수와 동아리명별 학생 수를 조회하는 <동아리인원수조회> 쿼리를 작성하시오. (7점)

▶ <지도교수>, <동아리>, <회원> 테이블을 이용하시오.

▶ 쿼리 실행 결과 표시되는 필드와 필드명은 <그림>과 같이 표시되도록 설정하시오.

🔲 동아리인원수조회 ✕		
교수명 ▾	동아리명 ▾	인원수 ▾
김영미	영어스터디	3명
민수진	사진	4명
박철수	기타&노래	6명
이재영	힙합	9명
조용기	봉사	3명
최아름	댄스	8명
현진영	산악	3명

03 동아리명의 일부를 매개 변수로 입력받아 동아리 정보를 조회하는 <동아리정보> 쿼리를 작성하고 새 테이블로 생성하는 쿼리를 작성하고 실행하시오. (7점)

▶ <동아리별회원조회> 쿼리를 이용하시오.

▶ 쿼리 실행 후 생성되는 새 테이블의 이름은 <동아리조회>로 설정하시오.

🔲 동아리조회 ✕			
교수명 ▾	동아리명 ▾	장소 ▾	성명 ▾
민수진	사진	학생회관 203	김승호
민수진	사진	학생회관 203	양성민
민수진	사진	학생회관 203	김현우
민수진	사진	학생회관 203	김예진
조용기	봉사	학생회관 102	이한나
조용기	봉사	학생회관 102	이차영
조용기	봉사	학생회관 102	김상원

04 다음과 같은 기능을 수행하는 쿼리를 작성하고 저장하시오. (7점)

▶ <지도교수>, <동아리>, <회원> 테이블을 이용하시오.

▶ 장소와 지도교수별 인원수를 구하는 크로스탭 쿼리를 작성하시오.

▶ 인원수는 '성명' 필드를 이용하시오.

▶ 동아리 장소가 '학생회관'인 쿼리를 작성하시오.

▶ 쿼리의 이름은 <학생회관사용자수>로 하시오.

🔲 학생회관사용자수 ✕				
장소 ▾	김영미 ▾	민수진 ▾	조용기 ▾	최아름 ▾
학생회관 102호			3	
학생회관 203호		4		
학생회관 205호				8
학생회관 302호	3			

05 <동아리>, <지도교수> 테이블을 이용하여 조건을 적용하고 새 테이블로 생성하는 <공연준비담당> 쿼리를 작성하시오. (7점)

▶ 쿼리 실행 후 생성되는 테이블의 이름은 <공연준비동아리>로 설정하시오.

▶ 동아리명은 '기타&노래', '댄스', '힙합'만 조회대상으로 하시오. (In 연산자)

▶ 교수명을 기준으로 오름차순으로 정렬하여 표시하시오.

▶ 쿼리 실행 결과 생성되는 테이블의 필드는 그림을 참고하여 수험자가 판단하여 설정하시오.

🔲 공연준비담당 ✕ 🔲 공연준비동아리 ✕				
동아리명 ▾	회장명 ▾	교수명 ▾	전화번호 ▾	이메일 ▾
기타&노래	하영애	박철수	010-8600-6099	parkcs@dongari.ac.kr
힙합	최아름	이재영	010-5860-6795	leejy@dongari.ac.kr
댄스	김민희	최아름	010-3099-4999	choiar@dongari.ac.kr
*				

최신기출유형 8회 정답 및 해설

📂 작업 파일 : C:₩2024_컴활1급₩데이터베이스₩작업파일₩최신기출유형₩최신기출유형 8회_문제.accdb
💾 완성 파일 : C:₩2024_컴활1급₩데이터베이스₩완성파일₩최신기출유형₩최신기출유형 8회_정답.accdb

정답

문제 1 ▶ DB 구축 (25점)

01 <회원>, <지도교수> 테이블 완성

지시사항	테이블명	필드명	필드 속성	설정 값
①	회원	학번	기본키 설정	
②		성명	인덱스	예(중복 가능)
③	지도교수	교수코드	입력 마스크	>L0000
④		전화번호	필수	예
⑤		이메일	IME 모드	영숫자 반자

02 <회원> 테이블의 조회 속성 설정

① '동아리코드' 필드의 [조회] 탭 –[콤보 상자]를 선택

② '열 개수'는 '2', '열 너비'는 '0cm'를 입력

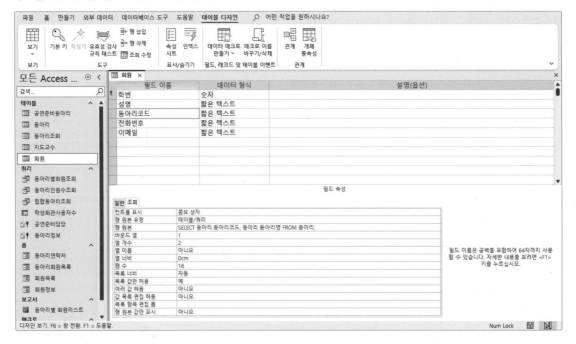

03 관계 설정

① [데이터베이스 도구]-[관계] 그룹의 [관계()]를 클릭

② 관계 편집

---

01 <회원정보> 폼의 완성

지시사항	영역	개체명	탭	항목	설정 값
①	폼		데이터	레코드 원본	동아리별회원조회
②	폼 머리글	lbl제목	형식	글꼴 크기	18
				텍스트 맞춤	가운데
③	본문	'학번', '성명', '동아리명', '전화번호', '이메일'	데이터	사용 가능	아니요

02 <동아리회원목록> 폼에 하위 폼 추가

① 'chd목록' 컨트롤의 '원본 개체'를 '회원목록'으로 설정

② [하위 폼 필드 연결기]

03 <회원정보> 폼에 매크로 작성

① [만들기]-[만들기 및 코드] 그룹의 [매크로( )]를 클릭

② [동아리폼열기] 매크로 작성

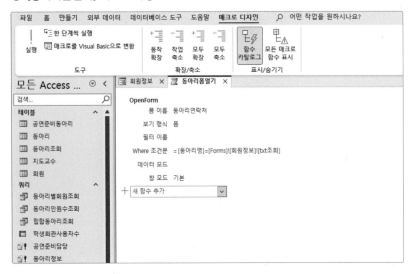

---

01 <동아리별 회원리스트> 보고서 완성

지시사항	영역	개체명	탭	항목	설정 값
①	동아리명 머리글	txt동아리명	데이터	컨트롤 원본	동아리명
②	[그룹, 정렬 및 요약] '동아리명'의 '내림차순', [정렬 추가]하여 '학번'의 '오름차순'				
③	동아리명 머리글	모든 컨트롤	형식	글꼴 이름	궁서체
④	동아리명 바닥글	txt인원	데이터	컨트롤 원본	="인원수 = " & Count(*) & "명"
⑤	페이지 바닥글	txt페이지	데이터	컨트롤 원본	="총" & [Pages] & "쪽 중 " & [Page] & "쪽"

02 <동아리연락처> 폼에 이벤트 프로시저 작성

① 'txt동아리명' 컨트롤에서 [속성 시트]–[이벤트] 탭의 'On Got Focus'에서 [코드 작성기]

② VBA 코드 작성

```
Private Sub txt동아리명_GotFocus( )
Select Case txt동아리명
Case "기타&노래", "힙합"
MsgBox "음악동아리"
Case "영어스터디"
MsgBox "공부동아리"
Case Else
MsgBox "동아리연합"
End Select
End Sub
```

문제4 ▶ 처리 기능 구현 (35점)

01 <힙합동아리조회> 조회 쿼리

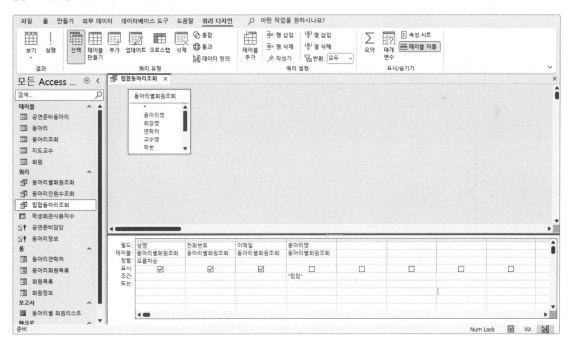

02 <동아리인원수조회> 요약 쿼리

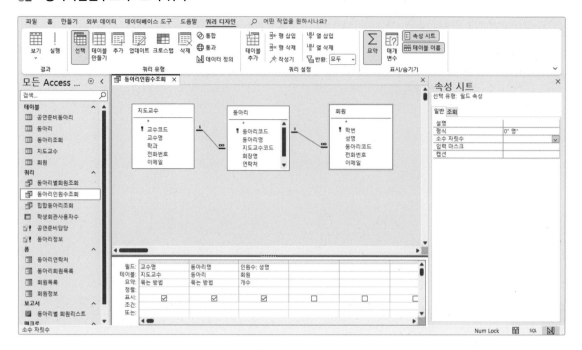

03 <동아리정보> 매개 변수 쿼리

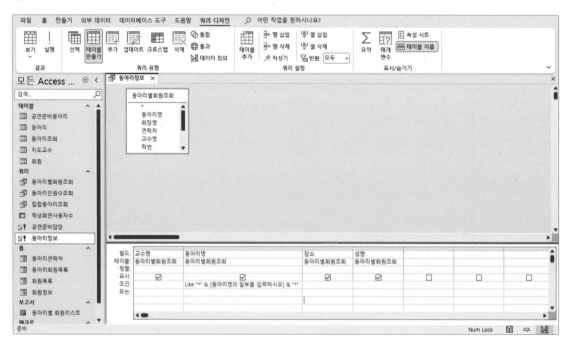

04 <학생회관사용자수> 크로스탭 쿼리

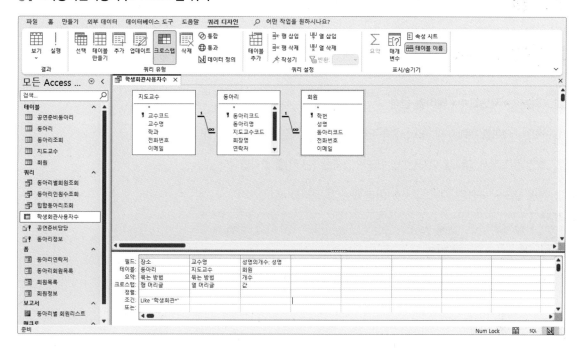

05 <공연준비담당> 테이블 만들기 쿼리

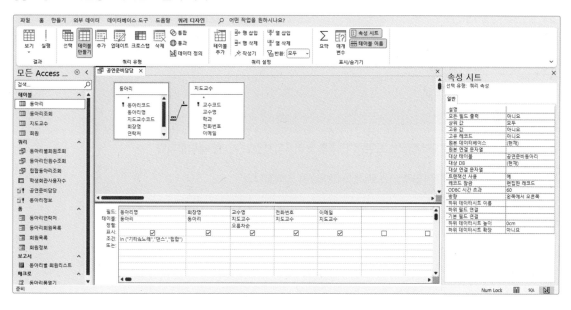

문제 1 ▶ DB 구축 (25점)

1 <회원>, <지도교수> 테이블 완성

① <회원> 테이블 위에서 마우스 오른쪽 단추를 눌러 <디자인 보기>를 클릭합니다.

② '학번' 필드에서 [테이블 디자인] 탭-[도구] 그룹-[기본 키]를 클릭합니다.

③ '성명' 필드의 속성은 [인덱스]에 '예(중복 가능)'을 클릭합니다.

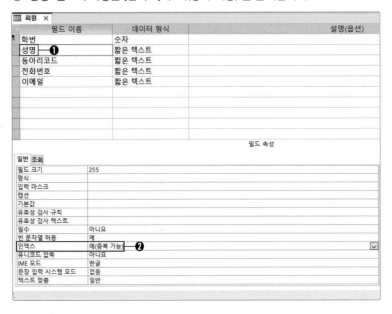

④ <지도교수> 테이블 위에서 마우스 오른쪽 단추를 눌러 <디자인 보기>를 클릭합니다.

⑤ '교수코드' 필드의 속성은 [입력 마스크]에 '>L0000'을 입력합니다.

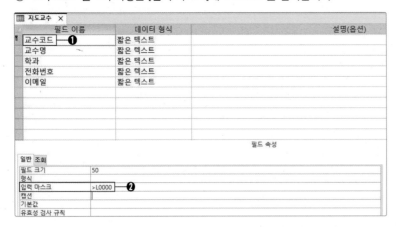

⑥ '전화번호' 필드의 속성은 [필수]에 '예'를 선택합니다.

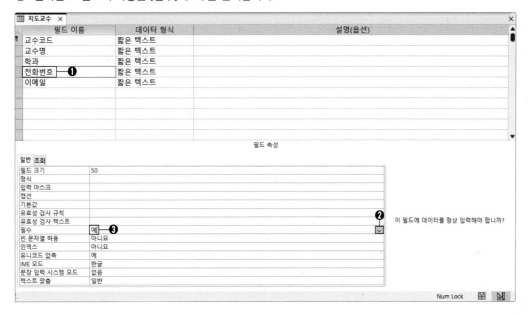

⑦ '이메일' 필드의 속성은 [IME 모드]에 '영숫자 반자'를 선택합니다.

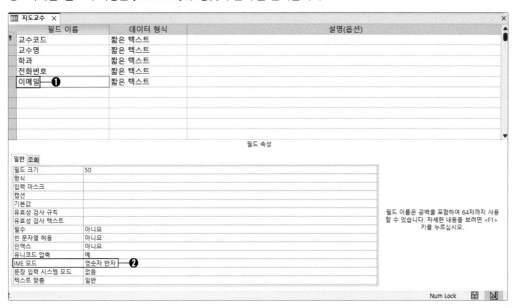

2 <회원> 테이블의 조회 속성 설정

① <회원> 테이블 위에서 마우스 오른쪽 단추를 눌러 <디자인 보기>를 클릭합니다.

② '동아리코드' 필드의 속성은 [조회] 탭 중 [컨트롤 표시]에 '콤보 상자'를 선택합니다.

③ [행 원본]에 ⚊를 눌러 표시되는 [테이블 추가] 대화상자의 [테이블] 탭에서 <동아리> 테이블을 선택하고 <선택한 표 추가> 단추를 클릭합니다.

④ '동아리코드', '동아리명' 필드를 선택하고 <닫기>(✕)를 합니다.

⑤ [SQL 문의 변경 내용을 저장하고 속성을 업데이트하시겠습니까?] 대화상자에서 <예> 단추를 클릭합니다.

⑥ [행 원본]에 'SELECT 동아리.동아리코드, 동아리.동아리명 FROM 동아리;'가 입력된 것을 확인하고, [열 개수]에 '2', [열 너비]에 '0cm'를 입력합니다.

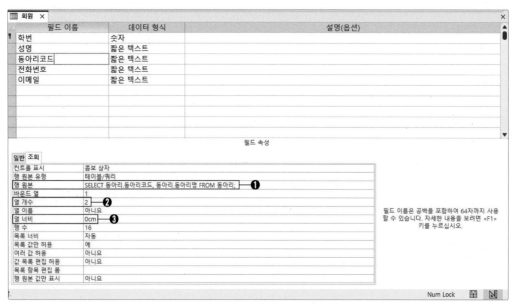

3 관계 설정

① [데이터베이스 도구] 탭-[관계] 그룹-[관계]를 클릭합니다.

② [관계] 그룹-[테이블 추가]를 클릭합니다. [테이블 추가] 대화상자의 [테이블] 탭에서 **Ctrl** 키를 누른 채 차례대로 <동아리>, <지도교수>, <회원> 테이블을 선택하고 <선택한 표 추가> 단추를 클릭합니다.

③ <동아리> 테이블의 '지도교수코드' 필드를 <지도교수> 테이블의 '교수코드' 필드로 드래그앤 드롭 합니다.

④ [관계 편집] 대화상자에서 '항상 참조 무결성 유지', '관련 필드 모두 업데이트', '관련 레코드 모두 삭제'를 선택하고 <만들기> 단추를 클릭합니다.

※ '일대다(1:M)'의 관계가 설정됩니다.

⑤ <회원> 테이블의 '동아리코드' 필드를 <동아리> 테이블의 '동아리코드' 필드로 드래그 앤 드롭 합니다.

⑥ [관계 편집] 대화상자에서 '항상 참조 무결성 유지', '관련 필드 모두 업데이트', '관련 레코드 모두 삭제'를 선택하고 <만들기> 단추를 클릭합니다.

※ '일대다(1:M)'의 관계가 설정됩니다.

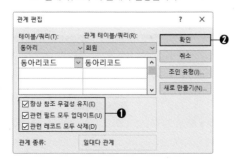

⑦ [관계] 창이 <그림>과 같이 표시됩니다. 빠른 실행 도구 모음에서 🔚(저장)을 눌러 변경된 내용을 저장합니다. [관계 디자인] 탭-[관계] 그룹-[닫기]를 클릭합니다.

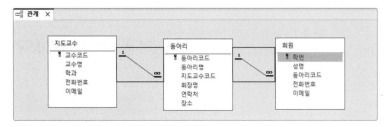

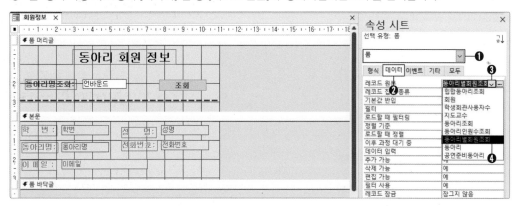

문제2 ▶ 입력 및 수정 기능 구현 (20점)

1 <회원정보> 폼의 완성

① <회원정보> 폼 위에서 마우스 오른쪽 단추를 눌러 <디자인 보기>를 클릭합니다.

② '폼' 영역 속성 시트 창의 [데이터] 탭 중 [레코드 원본]에 '동아리별회원조회'를 선택합니다.

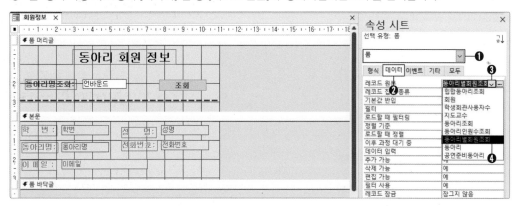

③ '폼 머리글' 영역에서 'lbl제목' 컨트롤 속성 시트 창의 [형식] 탭 중 [글꼴 크기]에 '18pt', [텍스트 맞춤]에 '가운데'를 선택합니다.

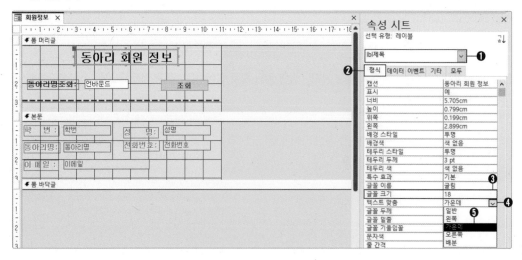

④ '본문' 영역에서 '학번', '성명', '동아리명', '전화번호', '이메일' 컨트롤 속성 시트 창의 [데이터] 탭 중 [사용 가능]에 '아니요'를 선택합니다.

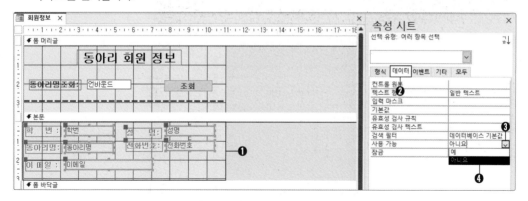

2 <동아리회원목록> 폼에 <회원목록> 하위 폼 추가

① <동아리회원목록> 폼 위에서 마우스 오른쪽 단추를 눌러 <디자인 보기>를 클릭합니다.

② '하위 폼' 개체에서 'chd목록' 컨트롤 속성 시트 창의 [데이터] 탭 중 [원본 개체]에 '회원목록'을 선택합니다.

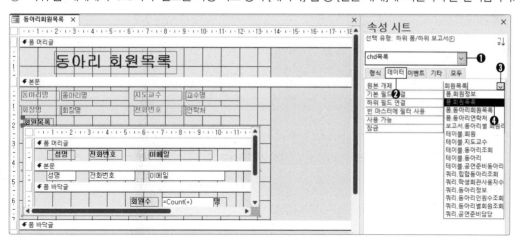

③ [기본 필드 연결]에 ••• 을 눌러 표시되는 [하위 폼 필드 연결기] 대화상자에서 [기본 필드]에 '동아리코드', [하위 필드]에 '동아리코드'를 선택하고 <확인> 단추를 클릭합니다.

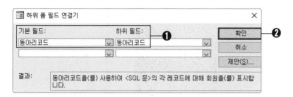

④ '하위 폼 바닥글' 영역에서 'txt회원수' 컨트롤 속성 시트 창의 [데이터] 탭 중 [컨트롤 원본]에 '=Count(*)'을 입력합니다.

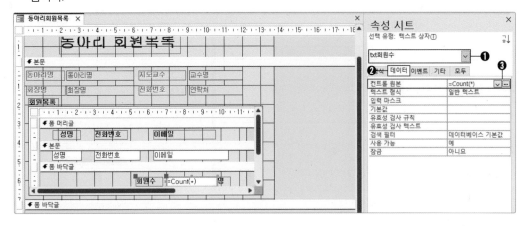

3 <회원정보> 폼에 매크로 지정

① [만들기] 탭-[만들기 및 코드] 그룹-[매크로]를 클릭합니다.

② [새 함수 추가]에서 <OpenForm>를 선택합니다.

③ [폼 이름]에 '동아리연락처', [보기 형식]에 '폼'을 선택합니다.

④ [Where 조건문]에 '[동아리명]=[Forms]![회원정보]![txt조회]'를 입력합니다.

⑤ 빠른 실행 도구 모음에서 🖫(저장)을 클릭합니다. [매크로 이름]에 '동아리폼열기'를 입력합니다.

⑥ <회원정보> 폼 위에서 마우스 오른쪽 단추를 눌러 <디자인 보기>를 클릭합니다.

⑦ '조회'(cmd조회) 버튼 속성 시트 창의 [이벤트] 탭 중 [On Click]에 '동아리폼열기'를 선택합니다.

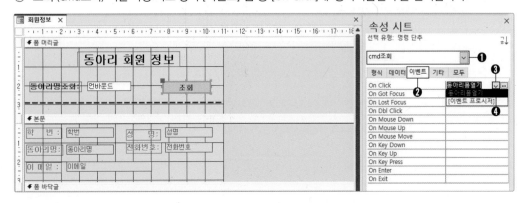

1 **<동아리별 회원리스트> 보고서 완성**

① <동아리별 회원리스트> 보고서 위에서 마우스 오른쪽 단추를 눌러 <디자인 보기>를 클릭합니다.

② '동아리명 머리글' 영역에서 'txt동아리명' 컨트롤 속성 시트 창의 [데이터] 탭 중 [컨트롤 원본]에 '동아리명'을 선택합니다.

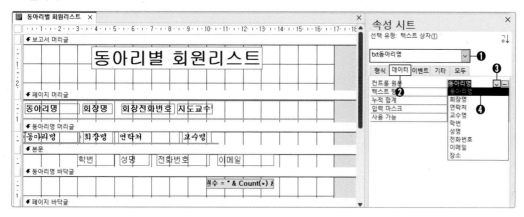

③ [그룹, 정렬 및 요약]에 [정렬 추가]를 눌러 '학번' 필드를 추가한 다음 [정렬]에 '오름차순'을 선택합니다.

④ '동아리명 머리글' 영역에서 모든 컨트롤을 선택하고 속성 시트 창의 [형식] 탭 중 [글꼴 이름]에 '궁서체'를 선택합니다.

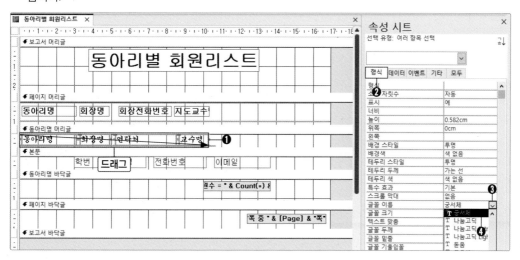

⑤ '동아리명 바닥글' 영역에서 'txt인원' 컨트롤 속성 시트 창의 [데이터] 탭 중 [컨트롤 원본]에 '="인원수 = " & Count(*) & "명"'을 입력합니다.

⑥ '페이지 바닥글' 영역에서 'txt페이지' 컨트롤 속성 시트 창의 [데이터] 탭 중 [컨트롤 원본]에 '="총 " & [Pages] & "쪽 중 " & [Page] & "쪽"'을 입력합니다.

❷ <동아리연락처> 폼의 이벤트 프로시저 작성

① <동아리연락처> 폼 위에서 마우스 오른쪽 단추를 눌러 <디자인 보기>를 클릭합니다.

② 'txt동아리명' 컨트롤 속성 시트 창의 [이벤트] 탭 중 [On Got Focus]에 '코드 작성기'를 선택합니다.

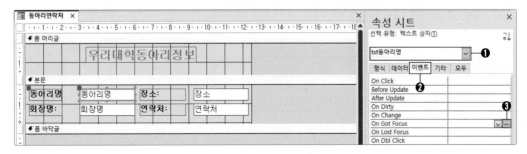

③ 다음의 VBA 코드를 입력합니다.

※ 'txt동아리명' 컨트롤의 값에 따라 Case로 이동하여 메시지 박스(MsgBox)에 표시합니다.

```
Private Sub txt동아리명_GotFocus( )
Select Case txt동아리명
Case "기타&노래", "힙합"
MsgBox "음악동아리"
Case "영어스터디"
MsgBox "공부동아리"
Case Else
MsgBox "동아리연합"
End Select
End Sub
```

1 <힙합동아리조회> 조회 쿼리

① [만들기] 탭-[쿼리] 그룹-[쿼리 디자인]을 클릭합니다.

② [테이블 추가] 대화상자의 [쿼리] 탭에서 <동아리별회원조회> 쿼리를 선택하고 <선택한 표 추가> 단추를 클릭합니다.

③ '동아리명', '성명', '전화번호', '이메일' 필드를 선택합니다.

④ '동아리명' 필드는 [조건]에 '힙합'을 입력하고 <표시>를 해제하고 '성명' 필드는 [정렬]에 '오름차순'을 선택합니다.

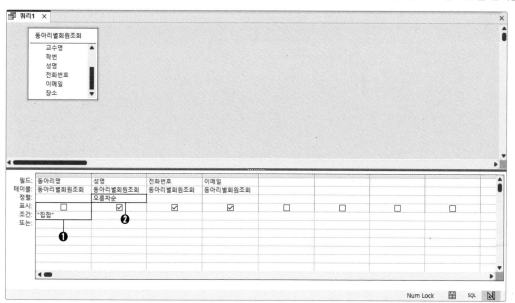

⑤ 빠른 실행 도구 모음에서 🖫(저장)을 클릭합니다. [쿼리 이름]에 '힙합동아리조회'를 입력합니다.

2 <동아리인원수조회> 요약 쿼리 작성

① [만들기] 탭-[쿼리] 그룹-[쿼리 디자인]을 클릭합니다.

② [테이블 추가] 대화상자의 [테이블] 탭에서 **Ctrl** 키를 누른 채 차례대로 <동아리>, <지도교수>, <회원> 테이블을 선택하고 <선택한 표 추가> 단추를 클릭합니다.

③ '교수명', '동아리명' 필드를 선택하고 다음 [필드]에 '인원수:성명'을 입력합니다.

④ [쿼리 디자인] 탭-[표시/숨기기] 그룹-[요약]을 클릭합니다.

⑤ '인원수' 필드는 [요약]에 '개수'를 선택합니다.

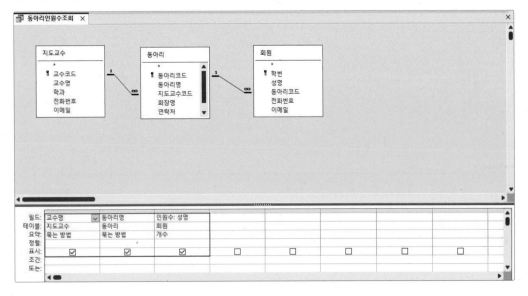

⑥ '인원수' 필드 속성 시트 창의 [일반] 탭 중 [형식]에 '0 "명"'을 입력합니다.

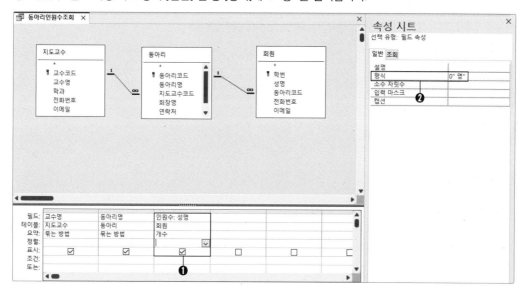

⑦ 빠른 실행 도구 모음에서 🖫(저장)을 클릭합니다. [쿼리 이름]에 '동아리인원수조회'를 입력합니다.

❸ <동아리정보> 쿼리에서 테이블 만들기 쿼리 작성

① [만들기] 탭-[쿼리] 그룹-[쿼리 디자인]을 클릭합니다.

② [테이블 추가] 대화상자의 [쿼리] 탭에서 <동아리별회원조회> 쿼리를 선택하고 <선택한 표 추가> 단추를 클릭합니다.

③ '교수명', '동아리명', '장소', '성명' 필드를 선택합니다.

④ 동아리명 필드는 [조건]에 'Like "*" & [동아리명의 일부를 입력하시오] & "*"'을 입력합니다.

⑤ [쿼리 디자인] 탭-[쿼리 유형] 그룹-[테이블 만들기]를 클릭합니다.

⑥ [테이블 이름]에 '동아리조회'를 입력합니다.

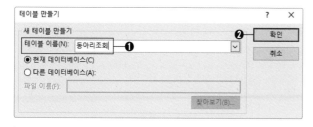

⑦ [쿼리 디자인] 탭-[결과] 그룹-[실행]을 클릭합니다.

⑧ [매개 변수 값 입력] 대화상자에서 '사'를 입력하고 <확인> 단추를 클릭합니다.

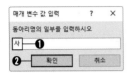

⑨ 다음의 창에서 <예> 단추를 클릭합니다.

⑩ 빠른 실행 도구 모음에서 📙(저장)을 클릭합니다. [쿼리 이름]에 '동아리정보'를 입력합니다.

4 <학생회관사용자수> 크로스탭 쿼리 작성

① [만들기] 탭-[쿼리] 그룹-[쿼리 디자인]을 클릭합니다.

② [테이블 추가] 대화상자의 [테이블] 탭에서 **Ctrl** 키를 누른 채 차례대로 <지도교수>, <동아리>, <회원> 테이블을 선택하고 <선택한 표 추가> 단추를 클릭합니다.

③ '장소', '교수명', '성명' 필드를 선택합니다.

④ [쿼리 디자인] 탭-[쿼리 유형] 그룹-[크로스탭]을 클릭합니다.

⑤ '장소' 필드는 [요약]에 '묶는 방법', [크로스탭]에 '행 머리글'을 선택합니다.

⑥ '교수명' 필드는 [요약]에 '묶는 방법', [크로스탭]에 '열 머리글'을 선택합니다.

⑦ '성명' 필드는 [요약]에 '개수', [크로스탭]에 '값'을 선택합니다.

⑧ '장소' 필드는 [요약]에 '조건'을 선택하고 [조건]에 'Like "학생회관*"'을 입력합니다.

⑨ 빠른 실행 도구 모음에서 📙(저장)을 클릭합니다. [쿼리 이름]에 '학생회관사용자수'를 입력합니다.

5 **<공연준비담당> 테이블 만들기 쿼리 작성**

① [만들기] 탭-[쿼리] 그룹-[쿼리 디자인]을 클릭합니다.

② [테이블 추가] 대화상자의 [테이블] 탭에서 **Ctrl** 키를 누른 채 차례대로 <동아리>, <지도교수> 테이블을 선택하고 <선택한 표 추가> 단추를 클릭합니다.

③ '동아리명', '회장명', '교수명', '전화번호', '이메일' 필드를 선택하여 추가합니다.

④ '동아리명' 필드는 [조건]에 'In ("기타&노래","댄스","힙합")'를 입력합니다.

⑤ '교수명' 필드는 [정렬]에 오름차순을 선택합니다.

⑥ [쿼리 디자인] 탭-[쿼리 유형] 그룹-[테이블 만들기]를 클릭합니다.

⑦ [테이블 만들기] 대화상자에서 [테이블 이름]에 '공연준비동아리'를 입력하고 <확인> 단추를 클릭합니다.

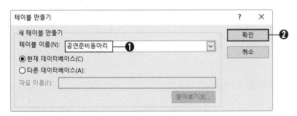

⑧ 빠른 실행 도구 모음에서 🖫(저장)을 클릭합니다. [쿼리 이름]에 '공연준비담당'을 입력합니다.

⑨ [쿼리 디자인] 탭-[결과] 그룹-[실행]을 클릭하고 다음 대화상자에서 <예> 단추를 클릭하면 <공연준비동아리> 테이블이 생성됩니다.

⑩ <공연준비동아리> 테이블을 <열기>하여 결과를 확인합니다.

프로그램명	제한시간	수 험 번 호 :
ACCESS 2021	45분	성 명 :

1급 | A형

25점_ **DB 구축**

01 자격증 취득현황을 관리하기 위해서 다음과 같이 데이터베이스를 구축하였다. 다음의 지시사항에 따라 각 테이블을 완성하시오. (각 3점)

① <학생점수> 테이블의 기본 키(Primary Key)는 '학번'과 '과목코드'로 설정하시오.

② <학생점수> 테이블의 점수는 반드시 0 이상이 입력되도록 하시오.

③ <과목명> 테이블의 '과목명' 필드에는 값이 반드시 입력되도록 설정하시오.

④ <과목명> 테이블의 '구분' 필드에는 교양, 전공 중 하나의 값이 입력되도록 설정하시오.

⑤ <과목명> 테이블의 '학점수' 필드에는 필드 크기를 정수로 설정하시오.
  ▶ 학점수는 1에서 4 사이의 정수를 입력하도록 할 것

02 외부 데이터 가져오기 기능을 이용하여 <자격취득현황.xlsx> 파일에서 워크시트 표시의 데이터를 <자격취득현황> 테이블 이름으로 가져오기하시오. (5점)

▶ 첫 행에 열 머리글이 있음으로 설정

▶ 기본 키는 없음으로 설정

03 <자격취득현황> 테이블의 '학번' 필드는 <학생정보> 테이블의 '학번' 필드를 참조하며, 테이블의 관계는 일대다 (1:M)이다. 두 테이블에 대해 다음과 같이 관계를 설정하시오. (5점)
※ 액세스 파일에 이미 설정되어 있는 관계는 수정하지 마시오.

▶ 두 테이블 간에 항상 참조 무결성을 유지하도록 설정하시오.

▶ 참조 필드의 값이 변경되면 관련 필드의 값도 변경되도록 설정하시오.

▶ 다른 테이블이 참조하고 있는 레코드가 삭제되면 관련 레코드도 모두 삭제하도록 설정하시오.

20점_ **입력 및 수정 기능 구현**

01 <성적목록> 폼을 다음 지시사항에 따라 완성하시오. (각 3점)

① <성적세부정보> 쿼리를 폼의 레코드 원본으로 설정하시오.

② 폼 보기는 '연속 폼'의 형태로 나타나도록 설정하시오.

③ 'txt건수' 필드에 총 레코드의 수, 'txt평균점수'에 점수의 평균이 표시되도록 작성하시오.

▶총 레코드 수의 예 : 13 건

▶평균 점수의 예 : 78.25

02 <성적목록> 폼의 본문 영역에 다음과 같이 조건부 서식을 설정하시오. (6점)

▶ 이름과 학점 컨트롤에 대해 글꼴이 '기울임꼴', 글꼴 색이 '빨강'으로 표시되도록 설정

▶ 학점이 'A' 인 경우에 적용하시오.

▶ 단, 하나의 규칙으로 작성하시오.

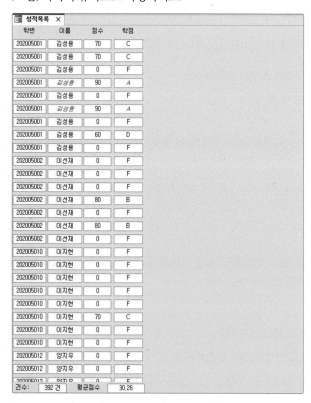

03 <성적입력> 폼에서 '미리보기'(cmd인쇄)을 클릭할 때 다음과 같은 기능을 수행하도록 <보고서보기> 매크로를 생성하여 지정하시오. (5점)

▶ <과목별성적표> 보고서를 '레이아웃'의 형태로 여시오.

▶ 'txt과목코드'와 일치하는 과목코드의 데이터만 표시하도록 하시오.

01 다음의 지시사항 및 <그림>을 참조하여 <과목별성적표> 보고서를 완성하시오. (각 3점)

① 과목코드가 동일하면 '학년'의 내림차순, 학년도 같으면 '반'의 오름차순으로 정렬되어 표시되도록 설정하시오.

② 페이지 머리글의 전체 컨트롤을 과목코드 머리글 영역으로 옮기고 페이지 머리글 영역의 높이가 '0'으로 설정하시오.

③ 본문 영역의 'txt점수'와 'txt학점'에는 각각 '점수'와 '학점'을 컨트롤 원본으로 설정하시오.

④ 과목코드 머리글이 각 페이지의 맨 위에 인쇄되도록 설정하시오.

⑤ 과목코드 바닥글의 'txt인원수' 컨트롤에는 인원수를 표시하시오.

▶ 예) 인원수 : 50 명

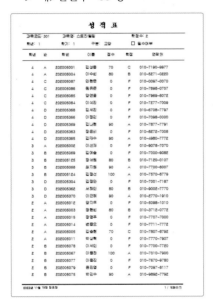

02 <성적목록> 폼의 '점수'(txt점수)에서 값이 변경(Before Update)하면 다음과 같은 기능을 수행하도록 구현하시오. (5점)

▶ '학점'(txt학점) 컨트롤의 값이 변경되어 입력되도록 이벤트 프로시저를 작성하시오.

▶ 점수가 90 이상이면 "학점 : A", 80 이상이면 "학점 : B", 70 이상이면 "학점 : C", 60 이상이면 "학점 : D", 그렇지 않으면 "학점 : F"로 표시하시오.

▶ If ~ ElseIf 문, MsgBox 사용

문제4 35점_ **처리 기능 구현**

01 <학생정보>와 <자격취득현황> 테이블을 이용하여 1학년 중에 성별이 남자이고 C반인 학생들을 자격취득을 조회하는 <1학년C반남학생자격번호> 쿼리를 작성하시오. (7점)

> ▶ 학번을 기준으로 오름차순 정렬하여 표시하시오.
>
> ▶ 쿼리 실행 결과 표시되는 필드와 필드명은 <그림>과 같이 표시되도록 설정하시오.

02 <학생정보> 테이블의 '나이' 필드에 1을 더하여 업데이트하기 위해 <나이업데이트> 쿼리를 작성하시오. (7점)

> ▶ <학생정보> 테이블을 이용하시오.
>
> ▶ 2학년 데이터만을 대상으로 할 것
>
> ▶ 쿼리 실행 결과 표시되는 필드와 필드명은 <그림>과 같이 표시되도록 설정하시오.

03 다음과 같은 기능을 수행하는 쿼리를 작성하시오. (7점)

> ▶ <학생점수>와 <과목명> 테이블을 이용하여 과목명과 구분별 점수의 평균을 표준 형식으로 소수 2자리까지 표시하시오.
>
> ▶ 학점이 'F'가 아닌 레코드를 대상으로 하시오.
>
> ▶ 쿼리명은 <과목별평균>으로 하시오.

과목명	구분	점수의평균
네트워크프로	전공	81.43
논리회로	전공	90.00
디지털공학	전공	83.00
디지털공학실	전공	83.33
마이크로프로	전공	80.59
스토리텔링	교양	83.68
의사소통능력	교양	82.86
전공기초	전공	75.79
정보보안	전공	80.91
정보화능력	교양	81.50
중국어생활	교양	80.67
컴퓨터구조	전공	82.22

04 구분과 성별 학생수를 표시하는 <구분별학생수> 크로스탭 쿼리를 작성하시오. (7점)

▶ 인원은 '이름' 필드를 이용하시오.

▶ <성적세부정보> 쿼리를 이용하시오.

구분	총인원	남	여
교양	197	134	63
전공	195	133	62

05 <자격취득현황>, <학생정보> 테이블을 이용하여 자격취득현황이 없는 학생을 조회하는 <자격증미취득인원> 쿼리를 작성하시오. (7점)

▶ 자격증취득현황이 없는 학생은 <자격증취득현황> 테이블에 없는 학번입니다.

▶ 학년은 3 또는 4로 조회하시오.

▶ Not In 과 하위 쿼리 사용

학번	이름	학년
202005001	김성용	4
202005068	최지원	3
202005069	김예슬	3
202005304	김정안	3
202005362	서해인	3
202005365	김태수	4
202005368	김세진	4
202005370	이근혜	3

최신기출유형 9회 정답 및 해설

📂 **작업 파일** : C:₩2024_컴활1급₩데이터베이스₩작업파일₩최신기출유형₩최신기출유형 9회_문제.accdb
💾 **완성 파일** : C:₩2024_컴활1급₩데이터베이스₩완성파일₩최신기출유형₩최신기출유형 9회_정답.accdb

정답

문제 1 ▶ DB 구축 (25점)

01 <학생점수>, <과목명> 테이블 완성

지시사항	테이블명	필드명	필드 속성	설정 값
①	학생점수	학번, 과목코드	기본키 설정	
②		점수	유효성 검사 규칙	>=0
③	과목명	과목명	필수	예
④		구분	유효성 검사 규칙	In ("교양","전공")
⑤		학점수	필드 크기	정수
			유효성 검사 규칙	Between 1 And 4

02 외부 데이터 가져오기

① [외부 데이터]-[가져오기 및 연결] 그룹에서 [새 데이터 원본]-[파일에서]-[Excel]을 클릭

② 첫 행에 열 머리글이 있음, 기본 키 없음

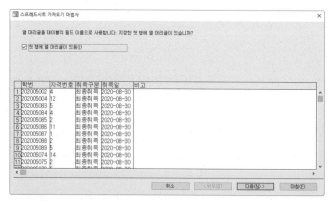

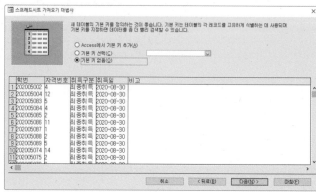

03 관계 설정

① [데이터베이스 도구]-[관계] 그룹의 [관계(⊞)]를 클릭

② 관계 편집

문제2 ▶ 입력 및 수정 기능 구현 (20점)

---

01 <성적목록> 폼의 완성

지시사항	영역	개체명	탭	항목	설정 값
①	폼		데이터	레코드 원본	성적세부정보
②			형식	기본 보기	연속 폼
③	폼 바닥글	txt건수	데이터	컨트롤 원본	=Count(*)&" 건"
		txt평균점수		컨트롤 원본	=Avg([점수])
				형식	표준
				소수 자릿수	2

---

02 <성적목록> 폼에 조건부 서식 설정

① [서식]-[컨트롤 서식] 그룹의 [조건부 서식]을 클릭

② [새 서식 규칙]

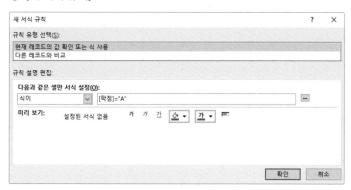

03 <성적목록> 폼의 매크로 작성

① [만들기]-[만들기 및 코드] 그룹의 [매크로(🗐)]를 클릭

② [보고서보기] 매크로 작성

문제3 ▶ 조회 및 출력 기능 구현 (20점)

01 <과목별성적표> 보고서 완성

지시사항	영역	개체명	탭	항목	설정 값
①	[그룹, 정렬 및 요약]에서 [정렬 추가]하여 '학년'의 '내림차순', [정렬 추가]하여 '반'의 '오름차순'				
②	페이지 머리글	모든 컨트롤을 과목 코드 머리글로 이동			
			형식	높이	0
③	본문	txt점수	데이터	컨트롤 원본	점수
		txt학점			학점
④	과목코드 머리글		형식	반복 실행 구역	예
⑤	과목코드 바닥글	txt인원수	데이터	컨트롤 원본	=Count(*)&" 명"

02 <성적입력> 폼에 이벤트 프로시저 작성

① 'txt점수' 컨트롤을 클릭하여 [속성 시트]–[이벤트] 탭의 'Before Update'에서 [코드 작성기]

② VBA 코드 작성

```
Private Sub txt점수_BeforeUpdate(Cancel As Integer)
If txt점수 >= 90 Then
txt학점 = "A"
ElseIf txt점수 >= 80 Then
txt학점 = "B"
ElseIf txt점수 >= 70 Then
txt학점 = "C"
ElseIf txt점수 >= 60 Then
txt학점 = "D"
Else
txt학점 = "F"
End If
MsgBox "학점:" & txt학점, vbInformation, "학점확인"
End Sub
```

문제4 ▶ 처리 기능 구현 (35점)

01 <1학년C반남학생자격번호> 조회 쿼리

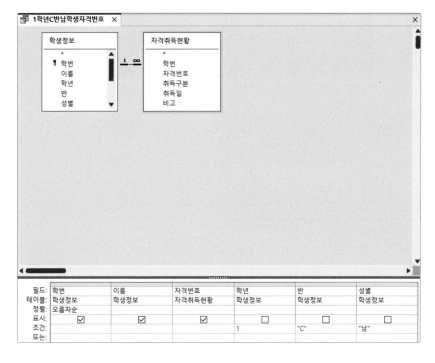

필드:	학번	이름	자격번호	학년	반	성별
테이블:	학생정보	학생정보	자격취득현황	학생정보	학생정보	학생정보
정렬:	오름차순					
표시:	☑	☑	☑	☐	☐	☐
조건:				1	"C"	"남"
또는:						

02 <나이업데이트> 업데이트 쿼리

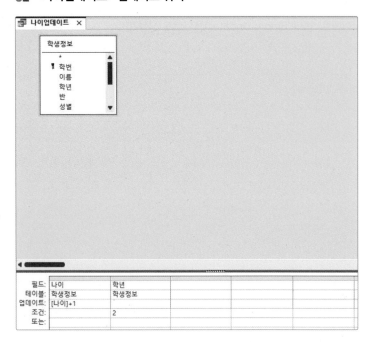

필드:	나이	학년			
테이블:	학생정보	학생정보			
업데이트:	[나이]+1				
조건:		2			
또는:					

03 <과목별평균> 요약 쿼리

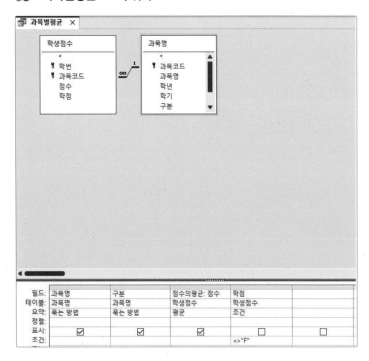

필드:	과목명	구분	점수의평균: 점수	학점	
테이블:	과목명	과목명	학생점수	학생점수	
요약:	묶는 방법	묶는 방법	평균	조건	
정렬:					
표시:	☑	☑	☑	☐	☐
조건:				<>"F"	

04 <구분별학생수> 크로스탭 쿼리

필드:	구분	성별	이름의개수: 이름	총인원: 이름	
테이블:	성적세부정보	성적세부정보	성적세부정보	성적세부정보	
요약:	묶는 방법	묶는 방법	개수	개수	
크로스탭:	행 머리글	열 머리글	값	행 머리글	
정렬:					
조건:					
또는:					

05 <자격증미취득인원> 불일치 쿼리

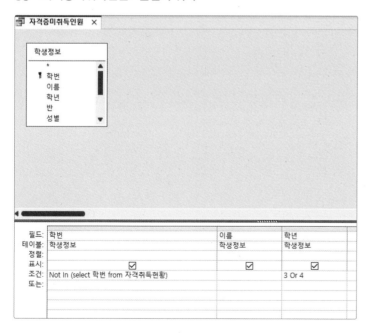

필드:	학번		이름	학년	
테이블:	학생정보		학생정보	학생정보	
정렬:					
표시:	☑		☑	☑	
조건:	Not In (select 학번 from 자격취득현황)			3 Or 4	
또는:					

문제 1 ▶ DB 구축 (25점)

■ <학생점수>, <과목명> 테이블 완성

① <학생점수> 테이블 위에서 마우스 오른쪽 단추를 눌러 <디자인 보기>를 클릭합니다.

② [행 선택기]에서 '학번', '과목코드' 필드를 드래그 앤 드롭 하여 선택하고 [테이블 디자인] 탭- [도구] 그룹-[기본 키]를 클릭합니다.

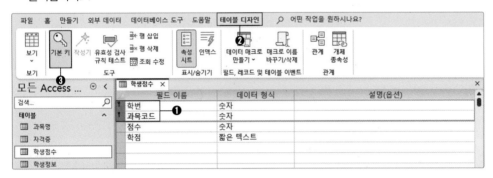

③ '점수' 필드의 속성은 [유효성 검사 규칙]에 '>=0'을 입력합니다.

④ <과목명> 테이블 위에서 마우스 오른쪽 단추를 눌러 <디자인 보기>를 클릭합니다.

⑤ '과목명' 필드의 속성은 [필수]에 '예'를 선택합니다.

⑥ '구분' 필드의 속성은 [유효성 검사 규칙]에 'In ("교양","전공")'을 입력합니다.

⑦ '학점수' 필드의 속성은 [필드 크기]에 '정수'로 변경하고 [유효성 검사 규칙]에 'Between 1 And 4'를 입력합니다.

② 외부 데이터 가져오기

① [외부 데이터] 탭-[가져오기 및 연결] 그룹-[새 데이터 원본]-[파일에서]-[Excel]을 클릭합니다.

② [외부 데이터 가져오기-Excel 스프레드시트] 대화상자에서 [데이터 원본 및 대상 선택] 창의 <찾아보기> 단추를 클릭하여 파일 이름은 'C:₩2024_컴활1급₩데이터베이스₩작업파일₩최신기출유형₩자격취득현황.xlsx'을 선택합니다.

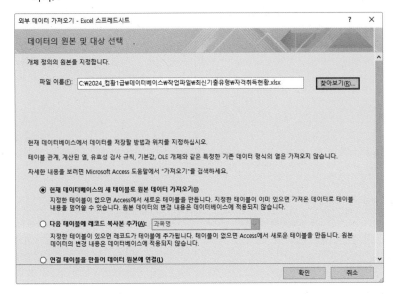

③ [외부 데이터 가져오기 - Excel 스프레드시트] 대화상자에서 저장할 방법과 위치는 '현재 데이터베이스의 새 테이블로 원본 데이터 가져오기(I)'를 선택하고 <확인> 단추를 클릭합니다.

④ [스프레드시트 가져오기 마법사] 대화상자에서 '첫 행에 열 머리글이 있음'을 선택하고 <다음> 단추를 클릭합니다.

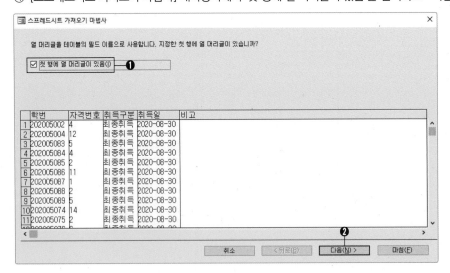

⑤ [스프레드시트 가져오기 마법사] 대화상자에서 필드 옵션을 확인하고 <다음> 단추를 클릭합니다.

⑥ [스프레드시트 가져오기 마법사] 대화상자에서 '기본 키 없음'을 선택하고 <다음> 단추를 클릭합니다.

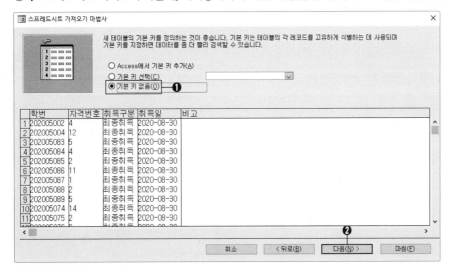

⑦ [스프레드시트 가져오기 마법사] 대화상자에서 테이블로 가져오기에 '자격취득현황'을 입력하고 <마침> 단추를 클릭합니다.

3 관계 설정

① [데이터베이스 도구] 탭-[관계] 그룹-[관계]를 클릭합니다.

② [관계] 그룹-[테이블 추가]를 클릭합니다. [테이블 추가] 대화상자의 [테이블] 탭에서 <자격취득현황> 테이블을 선택하고 <선택한 표 추가> 단추를 클릭합니다.

③ <자격취득현황> 테이블의 '학번' 필드를 <학생정보> 테이블의 '학번' 필드로 드래그 앤 드롭 합니다.

④ [관계 편집] 대화상자에서 '항상 참조 무결성 유지', '관련 필드 모두 업데이트', '관련 레코드 모두 삭제'를 선택하고 <만들기> 단추를 클릭합니다.

※ '일대다(1:M)'의 관계가 설정됩니다.

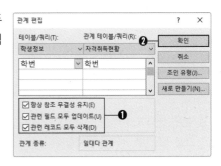

⑤ [관계] 창이 <그림>과 같이 표시됩니다. 빠른 실행 도구 모음에서 ▦(저장)을 눌러 변경된 내용을 저장합니다. [관계 디자인] 탭-[관계] 그룹-[닫기]를 클릭합니다.

1 <성적목록> 폼의 완성

① <성적목록> 폼 위에서 마우스 오른쪽 단추를 눌러 <디자인 보기>를 클릭합니다.

② '폼' 영역 속성 시트 창의 [모두] 탭 중 [레코드 원본]에 '성적세부정보', [기본 보기]에 '연속 폼'을 선택합니다.

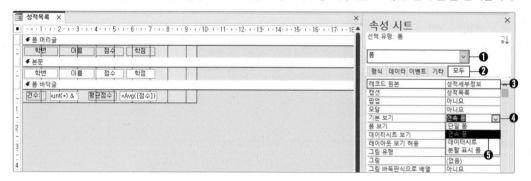

③ '폼 바닥글' 영역에서 'txt건수' 컨트롤 속성 시트 창의 [데이터] 탭 중 [컨트롤 원본]에 '=Count(*)& " 건"'을 입력합니다.

④ 'txt평균점수' 컨트롤 속성 시트 창의 [모두] 탭 중 [컨트롤 원본]에 '=Avg([점수])'로 입력하고 [형식]에 '표준', [소수 자릿수]에 '2'를 선택합니다.

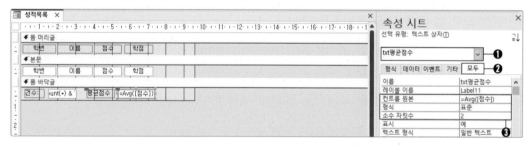

2 <성적목록> 폼에 조건부 서식 설정

① <성적목록> 폼 위에서 마우스 오른쪽 단추를 눌러 <디자인 보기>를 클릭합니다.

② '본문' 영역에서 '이름' 컨트롤을 클릭하고 Ctrl 을 누른 상태에서 '학점' 컨트롤을 선택하고 [서식] 탭-[컨트롤 서식] 그룹-[조건부 서식]을 클릭합니다.

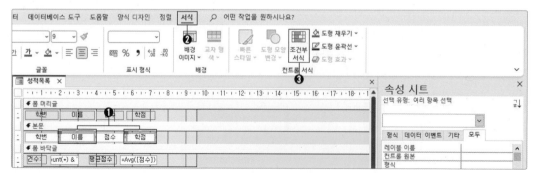

③ [조건부 서식 규칙 관리자] 대화상자에서 <새 규칙>을 클릭합니다.

④ [새 서식 규칙] 대화상자에서 '식이'를 선택하고 '[학점]="A"'를 입력하고 [글꼴]에 '기울임꼴', [글꼴 색]에 '빨강'을 선택하고 <확인> 단추를 클릭합니다.

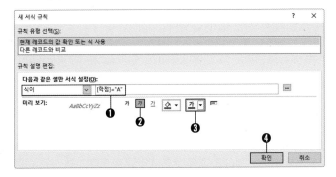

③ <성적입력> 폼에 매크로 작성

① [만들기] 탭-[매크로 및 코드] 그룹-[매크로]를 클릭합니다.

② [새 함수 추가]에서 <OpenReport>를 선택합니다.

③ [보고서 이름]에 '과목별성적표', [보기 형식]에 '레이아웃'을 선택합니다.

④ [Where 조건문]에 '[과목코드]=[Forms]![성적입력]![txt과목코드]'를 입력합니다.

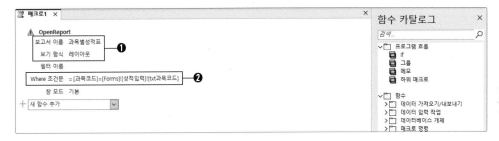

⑤ 빠른 실행 도구 모음에서 📊(저장)을 클릭합니다. [매크로 이름]에 '보고서보기'를 입력합니다.

⑥ <성적입력> 폼 위에서 마우스 오른쪽 단추를 눌러 <디자인 보기>를 클릭합니다.

⑦ '미리보기' 버튼 속성 시트 창의 [이벤트] 탭 중 [On Click]에 '보고서보기'를 선택합니다.

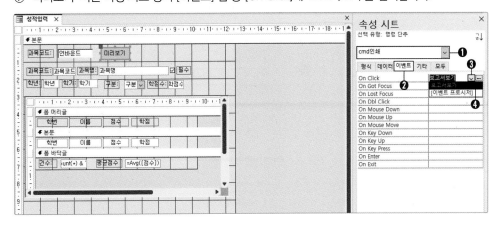

1 <과목별성적표> 보고서의 완성

① <과목별성적표> 보고서 위에서 마우스 오른쪽 단추를 눌러 <디자인 보기>를 클릭합니다.

② [그룹, 정렬 및 요약]에 [정렬 추가]를 눌러 '학생정보.학년' 필드를 추가한 다음 [정렬]에 '내림차순'을 선택합니다.

③ [정렬 추가]를 눌러 '반' 필드를 추가한 다음 [정렬]에 '오름차순'을 선택합니다.

④ '페이지 머리글' 영역에서 모든 컨트롤을 드래그 앤 드롭 하여 선택하고 '과목 코드 머리글'로 드래그 앤 드롭 하여 이동합니다.

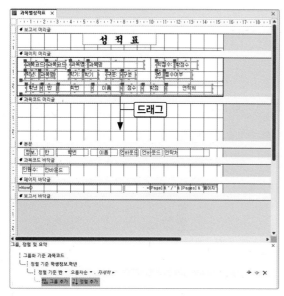

⑤ '페이지 머리글' 영역 속성 시트 창의 [형식] 탭 중 [높이]에 '0'을 입력합니다.

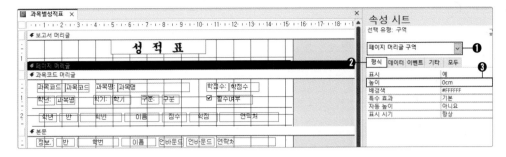

⑥ '본문' 영역에서 'txt점수' 컨트롤 속성 시트 창의 [데이터] 탭 중 [컨트롤 원본]에 '점수'를 선택하고 'txt학점' 필드는 [컨트롤 원본]에 '학점'을 선택합니다.

⑦ '과목코드 머리글' 영역 속성 시트 창의 [형식] 탭 중 [반복 실행 구역]에 '예'를 선택합니다.

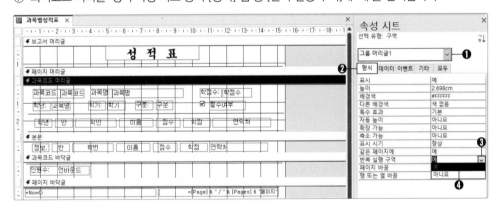

⑧ '과목코드 바닥글' 영역에서 'txt인원수' 컨트롤 속성 시트 창의 [데이터] 탭 중 [컨트롤 원본]에 '=Count(*)&" 명"'를 입력합니다.

2 <성적목록> 폼에 이벤트 프로시저 작성

① <성적목록> 폼 위에서 마우스 오른쪽 단추를 눌러 <디자인 보기>를 클릭합니다.

② '본문' 영역에서 'txt점수' 컨트롤 속성 시트 창의 [이벤트] 탭 중 [Before Update]에 '코드 작성기'를 선택하고 <확인> 단추를 클릭합니다.

③ VBA 창에 다음과 같이 입력합니다.

※ 'txt점수' 컨트롤의 값에 따라 'txt학점' 컨트롤에 학점이 입력됩니다. 메시지 박스에 학점과 정보 표시 아이콘이 표시됩니다.

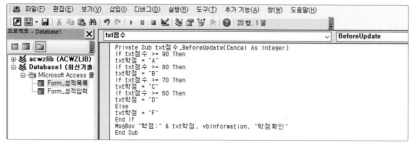

```
Private Sub txt점수_BeforeUpdate(Cancel As Integer)
If txt점수 >= 90 Then
txt학점 = "A"
ElseIf txt점수 >= 80 Then
txt학점 = "B"
ElseIf txt점수 >= 70 Then
txt학점 = "C"
ElseIf txt점수 >= 60 Then
txt학점 = "D"
Else
txt학점 = "F"
End If
MsgBox "학점: " & txt학점, vbInformation, "학점확인"
End Sub
```

문제4 ▶ 처리 기능 구현 (35점)

1 <1학년C반남학생자격번호> 조회 쿼리 작성

① [만들기] 탭-[쿼리] 그룹-[쿼리 디자인]을 클릭합니다.

② [테이블 추가] 대화상자의 [테이블] 탭에서 **Ctrl** 키를 누른 채 차례대로 <학생정보>, <자격취득현황> 테이블을 선택하고 <선택한 표 추가> 단추를 클릭합니다.

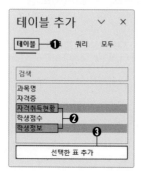

③ '학번', '이름', '학년', '반', '성별', '자격번호' 필드를 선택합니다.

필드:	학번	이름	학년	반	성별	자격번호
테이블:	학생정보	학생정보	학생정보	학생정보	학생정보	자격취득현황
정렬:						
표시:	☑	☑	☑	☑	☑	☑
조건:						
또는:						

④ '학번' 필드는 [정렬]에 '오름차순'으로 선택합니다.

⑤ '학년', '반', '성별' 필드는 [조건]에 '1', '"C"', '"남"'을 입력하고 <표시>를 해제합니다.

필드:	학번	이름	학년	반	성별	자격번호
테이블:	학생정보	학생정보	학생정보	학생정보	학생정보	자격취득현황
정렬:	오름차순					
표시:	☑	☑	☐	☐	☐	☑
조건:	❶		1	"C"	"남"	
또는:			❷			

⑥ 빠른 실행 도구 모음에서 📙(저장)을 클릭합니다. [쿼리 이름]에 '1학년C반남학생자격번호'를 입력합니다.

② <나이업데이트> 쿼리 작성

① [만들기] 탭-[쿼리] 그룹-[쿼리 디자인]을 클릭합니다.

② [테이블 추가] 대화상자의 [테이블] 탭에서 <학생정보> 테이블을 선택하고 <선택한 표 추가> 단추를 클릭합니다.

③ '학년', '나이' 필드를 선택합니다.

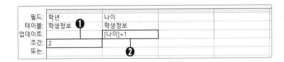

필드:	학년	나이		
테이블:	학생정보	학생정보		
정렬:				
표시:	☑	☑	☐	☐
조건:				
또는:				

④ [쿼리 디자인] 탭-[쿼리 유형] 그룹-[업데이트]를 클릭합니다.

⑤ '학년' 필드는 [조건]에 '2'를 입력하고 '나이' 필드는 [업데이트]에 '[나이]+1'을 입력합니다.

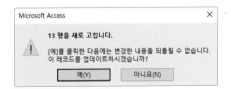

필드:	학년	나이		
테이블:	학생정보 ❶	학생정보		
업데이트:		[나이]+1		
조건:	2			
또는:		❷		

⑥ [쿼리 디자인] 탭-[결과] 그룹-[실행]을 클릭합니다. 다음의 창에서 <예> 단추를 눌러 실행합니다.

> **Microsoft Access** ✕
>
> ⚠ **13 행을 새로 고칩니다.**
>
> [예]를 클릭한 다음에는 변경한 내용을 되풀릴 수 없습니다.
> 이 레코드를 업데이트하시겠습니까?
>
> [예(Y)]   [아니요(N)]

⑦ 빠른 실행 도구 모음에서 📙(저장)을 클릭합니다. [쿼리 이름]에 '나이업데이트'를 입력합니다.

③ <과목별평균> 요약 쿼리 작성

① [만들기] 탭-[쿼리] 그룹-[쿼리 디자인]을 클릭합니다.

② [테이블 추가] 대화상자의 [테이블] 탭에서 **Ctrl** 키를 누른 채 차례대로 <학생점수>, <과목명> 테이블을 선택하고 <선택한 표 추가> 단추를 클릭합니다.

③ '과목명', '구분', '점수', '학점' 필드를 선택합니다.

필드:	과목명	구분	점수	학점	
테이블:	과목명	과목명	학생점수	학생점수	
정렬:					
표시:	☑	☑	☑	☑	☐
조건:					
또는:					

④ [쿼리 디자인] 탭-[표시/숨기기] 그룹-[요약]을 클릭합니다.

⑤ '점수' 필드는 [요약]에 '평균'을 선택하고 속성 시트 창의 [일반] 탭 중 [형식]에 '표준', [소수 자릿수]에 '2'를 입력합니다.

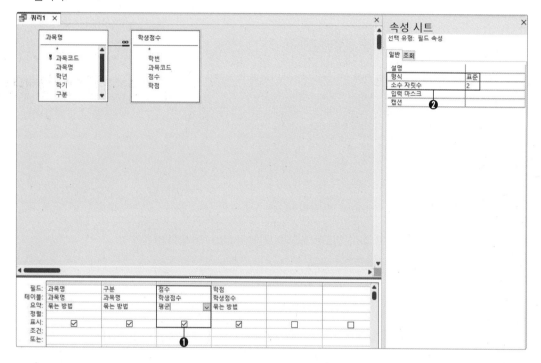

⑥ '학점' 필드는 [요약]에 '조건'을 선택하고 [조건]에 '<>"F"'를 입력합니다.

※ [요약]에 '조건'일 경우에는 <표시>를 해제해야 합니다.

필드:	과목명	구분	점수	학점	
테이블:	과목명	과목명	학생점수	학생점수	
요약:	묶는 방법	묶는 방법	평균	조건	
정렬:					
표시:	☑	☑	☑	☐	☐
조건:				<>"F"	
또는:					

⑦ 빠른 실행 도구 모음에서 🖫(저장)을 클릭합니다. [쿼리 이름]에 '과목별평균'을 입력합니다.

4 <구분별학생수> 크로스탭 쿼리 작성

① [만들기] 탭-[쿼리] 그룹-[쿼리 마법사]를 클릭합니다.

② [새 쿼리] 대화상자에서 '크로스탭 쿼리 마법사'를 선택하고 <확인> 단추를 클릭합니다.

③ [크로스탭 쿼리 마법사] 대화상자에서 '쿼리: 성적세부정보'를 선택하고 <다음> 단추를 클릭합니다.

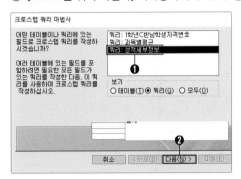

④ [크로스탭 쿼리 마법사] 대화상자에서 행 머리글에 '구분'을 선택하고 <다음> 단추를 클릭합니다.

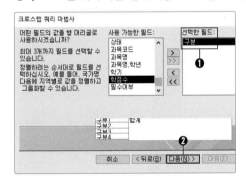

⑤ [크로스탭 쿼리 마법사] 대화상자에서 열 머리글에 '성별'을 선택하고 <다음> 단추를 클릭합니다.

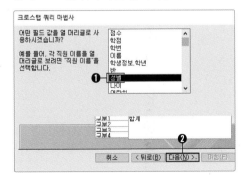

⑥ [크로스탭 쿼리 마법사] 대화상자에서 계산할 필드에 '이름', 함수에 '개수'를 선택하고 <다음> 단추를 클릭합니다.

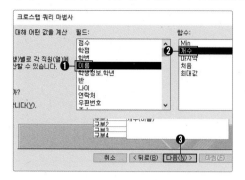

⑦ [크로스탭 쿼리 마법사] 대화상자에서 쿼리 이름에 '구분별학생수'를 입력하고 '디자인 수정'을 선택한 후 <마침> 단추를 클릭합니다.

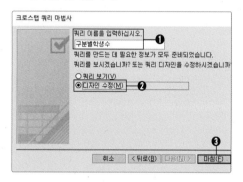

⑧ [디자인 보기] 상태에서 '합계 이름: [이름]' 필드는 '총인원: [이름]'으로 수정하여 입력하고 빠른 실행 도구 모음에서 🖫(저장)을 클릭합니다.

필드:	[구분]	[성별]	[이름]	총인원: [이름]	
테이블:	성적세부정보	성적세부정보	성적세부정보	성적세부정보	
요약:	묶는 방법	묶는 방법	개수	개수	
크로스탭:	행 머리글	열 머리글	값	행 머리글	
정렬:					
조건:					
또는:					

5 <자격증미취득인원> 불일치 쿼리 작성

① [만들기] 탭-[쿼리] 그룹-[쿼리 디자인]을 클릭합니다.

② [테이블 추가] 대화상자의 [테이블] 탭에서 <학생정보> 테이블을 선택하고 <선택한 표 추가> 단추를 클릭합니다.

③ '학번', '이름', '학년' 필드를 선택하여 추가합니다.

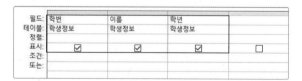

필드:	학번	이름	학년	
테이블:	학생정보	학생정보	학생정보	
정렬:				
표시:	☑	☑	☑	☐
조건:				
또는:				

④ '학번' 필드는 [조건]에 'Not In (select 학번 from 자격취득현황)'을 입력하고 '학년' 필드 [조건]에 '3 Or 4'를 입력합니다.

필드:	학번		이름	학년
테이블:	학생정보		학생정보	학생정보
정렬:				
표시:	☑		☑	☑
조건:	Not In (select 학번 from 자격취득현황)			3 Or 4
또는:				

⑤ 빠른 실행 도구 모음에서 🖫 (저장)을 클릭합니다. [쿼리 이름]에 '자격증미취득인원'을 입력합니다.

컴퓨터활용능력 최신기출유형 10회

프로그램명	제한시간
ACCESS 2021	45분

수 험 번 호 :

성　　명 :

1급 │ A형

유의사항

- 인적 사항 누락 및 잘못 작성으로 인한 불이익은 수험자 책임으로 합니다.

- 화면에 암호 입력창이 나타나면 아래의 암호를 입력하여야 합니다.
  - 암호 : 27$394

- 작성된 답안은 주어진 경로 및 파일명을 변경하지 마시고 그대로 저장해야 합니다. 이를 준수하지 않으면 실격처리 됩니다.
  - 답안 파일명의 예 : C:₩DB₩수험번호 8자리.accdb

- 외부데이터 위치 : C:₩DB₩파일명

- 별도의 지시사항이 없는 경우, 다음과 같이 처리하면 실격 처리됩니다.
  - 제시된 개체의 이름을 임의로 변경한 경우
  - 제시된 개체의 속성을 임의로 변경한 경우
  - 제시된 개체를 임의로 삭제하거나 추가한 경우

- 별도의 지시사항이 없는 경우, 기능의 구현은 모듈이나 매크로 등을 이용하며, 예외적인 상황에 대해서는 고려하지 않아도 됩니다.

- 제시된 함수가 있을 경우 제시된 함수만을 사용하여야 하며, 그 외 함수 사용시 채점 대상에서 제외됩니다.

- 별도의 지시사항이 없는 경우, 주어진 각 개체의 속성은 설정값 또는 기본 설정값 (Default)으로 처리하십시오.

- 제시된 화면은 예시이며 나타난 값은 실제와 다를 수 있습니다.

- 저장 시간은 별도로 주어지지 아니하므로 제한된 시간 내에 저장을 완료해야 합니다.

- 본 문제의 용어는 MS Office LTSC Professional Plus 2021 기준으로 작성되었습니다.

01 허브 제품 판매를 관리하기 위하여 데이터베이스를 구축하고자 한다. 다음의 지시사항에 따라 각 테이블을 완성하시오. (각 3점)

① <주문현황> 테이블의 '주문일자' 필드의 형식을 날짜와 요일이 표시되도록 설정하시오.

② <주문현황> 테이블의 '허브코드' 필드에는 'A-001'와 같은 형태로 영문 대문자 1개 '-'기호 1개와 숫자 3자리가 반드시 포함되어 입력되도록 입력 마스크를 설정하시오.

③ <주문현황> 테이블의 '수량' 필드에는 기본적으로 1이 입력되도록 설정하시오.

④ <허브입고현황> 테이블의 '허브명' 필드에는 중복된 데이터 입력이 가능하도록 인덱스를 설정하시오.

⑤ <허브입고현황> 테이블의 '입고수량' 필드에는 0보다 큰 값이 입력되도록 설정하시오.

02 <주문현황> 테이블의 '고객ID'는 <회원관리> 테이블의 '고객ID'를 참조하며 두 테이블 간의 관계는 M:1이다. 다음과 같이 관계를 설정하시오. (5점)

※ 액세스 파일에 이미 설정되어 있는 관계는 수정하지 마시오.

▶ 두 테이블 간에 항상 참조 무결성을 유지하도록 설정하시오.

▶ 참조 필드의 값이 변경되면 관련 필드의 값도 변경되도록 설정하시오.

▶ 다른 테이블에서 참조하고 있는 레코드는 삭제할 수 없도록 설정하시오.

03 외부 데이터 가져오기 기능을 이용하여 <허브효능.txt>를 가져와 <허브효능> 테이블을 생성하시오. (5점)

▶ 쉼표(,)을 기준으로 필드를 구분

▶ 필드의 이름은 '허브명', '효능' 순으로 입력할 것

▶ 'Access에서 기본 키 추가'를 추가할 것

01 <회원별주문현황> 폼을 다음 지시사항에 따라 완성하시오. (각 3점)

① 폼 머리글 영역에 본문 영역의 제목을 이동하시오.

② 본문 영역에 텍스트 상자를 추가하여 날짜를 설정하시오.

▶ 예를 들어 20/04/22 Wednesday 형식으로 표시할 것

▶ Date( ), Format( )을 사용

▶ 컨트롤의 이름은 'txt날짜'로 설정

▶ 텍스트 상자의 테두리 스타일은 투명으로 설정

③ 본문 영역의 배경색은 'Access 테마1'로 설정하시오.

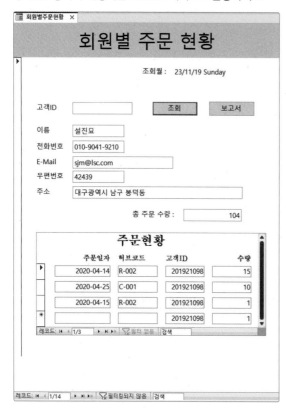

02 <회원별주문현황> 폼의 'txt총수량' 컨트롤에는 현재 폼의 이름에 해당하는 허브주문현황 쿼리의 수량 합계가 표시되도록 설정하시오. (6점)

▶ <허브주문현황> 쿼리와 DSum 함수 사용

▶ '문제 2 입력 및 수정 기능 구현' 1번 문제의 <그림> 참조

03 <회원별주문현황> 폼의 '보고서'(cmd인쇄) 버튼을 클릭하면 다음과 같은 기능을 수행하도록 <보고서열기> 매크로를 생성하여 지정하시오. (5점)

▶ 메시지 상자를 표시한 후 '허브입고현황' 보고서를 '인쇄 미리 보기'의 형태로 열 것

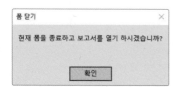

01 다음의 지시사항 및 <그림>을 참조하여 <허브입고현황> 보고서를 완성하시오. (각 3점)

① 보고서 머리글의 'lbl제목' 컨트롤의 글꼴은 '휴먼옛체', '굵게'로 설정하시오.

② 주문일자 머리글 그룹의 내용이 다음 페이지에도 반복적으로 표시되도록 설정하시오.

③ 본문의 'txt허브명' 컨트롤의 중복된 데이터를 숨기도록 설정하시오.

④ 주문일자 바닥글 영역의 'txt수량평균' 컨트롤에 수량의 평균을 소수 1자리까지 표시하고, 'txt판매금액합계' 컨트롤에 판매금액의 합계가 표시되도록 설정하시오.

⑤ 페이지 바닥글의 'txt페이지' 컨트롤에는 페이지가 다음과 같이 표시되도록 설정하시오.

▶ 현재 페이지가 1이면 '현재 : 1페이지'와 같이 표시

허브입고현황

2020-04-01	순번	허브명	수량	판매금액
	1	라벤다	15	₩49,500
	2		15	₩66,000
	3		15	₩82,500
	4	로즈마리	2	₩4,400
	5		2	₩8,800
	6		2	₩2,200
	7		2	₩6,600
	8	세이지	6	₩26,400
	9		6	₩6,600
	10		6	₩33,000
	11	스피아민트	6	₩19,800
	12		6	₩26,400
	13		6	₩26,400
	14	애플민트	15	₩33,000
	15		15	₩66,000
	16		15	₩66,000
	17		15	₩66,000
	18	캐모마일	4	₩17,600
	19		4	₩17,600
	20		4	₩8,800
		수량평균		8.1
		합계금액		₩633,600

02 <회원별주문현황> 폼의 'txt고객ID' 컨트롤에 '고객ID'를 입력한 후 '조회'(cmd조회) 버튼을 클릭하면 다음과 같은 조회 기능을 수행하도록 이벤트 프로시저를 작성하시오. (5점)

▶ 'txt고객ID' 컨트롤에 입력된 값이 '고객ID'에 포함하는 레코드만 표시하도록 설정

▶ Filter, FilterOn 속성 이용

▶ '문제 2 입력 및 수정 기능 구현' 1번 문제의 <그림> 참조

01 <허브입고현황> 테이블을 이용하여 캐모마일 허브의 주문현황을 조회하는 <캐모마일조회> 쿼리를 작성하시오. (7점)

> ▶ 입고일자를 기준으로 내림차순 정렬하여 표시하시오.

> ▶ 쿼리 실행 결과 표시되는 필드와 필드명은 <그림>과 같이 표시되도록 설정하시오.

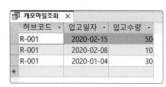

02 허브명과 입고월별로 입고횟수와 총 입고 횟수를 조회하는 <허브별입고횟수> 크로스탭 쿼리를 작성하시오. (7점)

> ▶ <허브입고현황> 테이블을 이용하시오.

> ▶ 입고 횟수는 '입고수량' 필드를 이용하시오.

> ▶ 쿼리 실행 결과 표시되는 필드와 필드명은 <그림>과 같이 표시되도록 설정하시오.

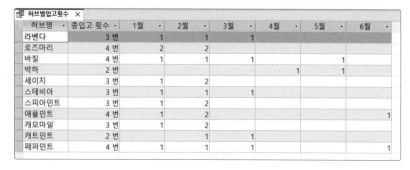

03 배송료는 주소가 서울시이면 3000, 그 외 지역이면 4500을 배송료로 표시하는 <배송료조회> 쿼리를 작성하시오. (7점)

- ▶ <주문현황>, <회원관리> 테이블 이용하시오.
- ▶ Iif( ) 함수와 Left( ) 함수를 이용하시오.

주문일자	수량	주소	배송료
2020년 4월 1일 수요일	4	서울시 강북구 번동	3000
2020년 4월 21일 화요일	15	서울시 강북구 번동	3000
2020년 4월 23일 목요일	9	서울시 강북구 번동	3000
2020년 4월 22일 수요일	13	서울시 강북구 번동	3000
2020년 4월 21일 화요일	10	경기도 안양시 만리동	4500
2020년 4월 22일 수요일	12	경기도 안양시 만리동	4500
2020년 4월 22일 수요일	9	경기도 안양시 만리동	4500
2020년 4월 4일 토요일	14	춘천시 남산면 정곡리	4500
2020년 4월 21일 화요일	12	춘천시 남산면 정곡리	4500
2020년 4월 22일 수요일	1	춘천시 남산면 정곡리	4500
2020년 4월 4일 토요일	10	수원시 권선구 호매실로	4500
2020년 4월 21일 화요일	1	수원시 권선구 호매실로	4500
2020년 4월 17일 금요일	6	수원시 권선구 호매실로	4500
2020년 4월 1일 수요일	2	경북 울진군 북면	4500
2020년 4월 4일 토요일	4	경북 울진군 북면	4500
2020년 4월 25일 토요일	14	경북 울진군 북면	4500
2020년 4월 17일 금요일	15	경북 울진군 북면	4500
2020년 4월 1일 수요일	6	경기도 안성시 영동	4500
2020년 4월 14일 화요일	5	경기도 안성시 영동	4500
2020년 4월 25일 토요일	15	경기도 안성시 영동	4500
2020년 4월 3일 금요일	12	경기도 안성시 영동	4500
2020년 4월 1일 수요일	15	인천광역시 서구 원석로	4500
2020년 4월 14일 화요일	9	인천광역시 서구 원석로	4500
2020년 4월 25일 토요일	11	인천광역시 서구 원석로	4500
2020년 4월 3일 금요일	10	인천광역시 서구 원석로	4500
2020년 4월 14일 화요일	15	대구광역시 남구 봉덕동	4500
2020년 4월 25일 토요일	10	대구광역시 남구 봉덕동	4500
2020년 4월 15일 수요일	1	대구광역시 남구 봉덕동	4500
2020년 4월 18일 토요일	10	서울시 강동구 고덕동	3000
2020년 4월 25일 토요일	15	서울시 강동구 고덕동	3000
2020년 4월 15일 수요일	6	서울시 강동구 고덕동	3000
2020년 4월 18일 토요일	6	인천광역시 강화군 강화읍	4500
2020년 4월 2일 목요일	15	인천광역시 강화군 강화읍	4500

레코드: 1/45

04 입고일자가 2020년 2월에서 3월까지 입고한 날짜를 조회하는 <입고날짜확인> 쿼리를 작성하시오. (7점)

- ▶ <허브입고현황> 테이블을 이용하시오.
- ▶ 입고일자를 기준으로 오름차순 정렬하여 표시하시오.
- ▶ DateAdd( ) 함수를 이용하시오.

입고일자	허브코드	허브명	입고수량	입고단가	판매단가
2020-02-08	-001	바질	20	4000	4400
2020-02-08	R-002	로즈마리	10	1000	1100
2020-02-08	S-001	스피아민트	10	4000	4400
2020-02-08	A-001	애플민트	30	4000	4400
2020-02-08	S-002	세이지	30	1000	1100
2020-02-08	P-001	라벤다	10	3000	3300
2020-02-08	H-001	캐트민트	20	3000	3300
2020-02-08	C-001	페퍼민트	30	4000	4400
2020-02-08	R-001	캐모마일	10	4000	4400
2020-02-08	S-003	스테비아	30	4000	4400
2020-02-15	S-002	세이지	40	5000	5500
2020-02-15	R-002	로즈마리	30	2000	2200
2020-02-15	S-001	스피아민트	40	4000	4400
2020-02-15	A-001	애플민트	20	2000	2200
2020-02-15	R-001	캐모마일	50	4000	4400
2020-03-08	H-001	캐트민트	30	5000	5500
2020-03-08	C-001	페퍼민트	40	5000	5500
2020-03-08	S-003	스테비아	20	2000	2200
2020-03-08	M-001	바질	30	5000	5500
2020-03-31	P-001	라벤다	10	5000	5500

05 <허브입고현황> 테이블을 이용하여 검색할 허브명의 일부를 매개 변수로 입력받아 해당 제품의 입고현황을 조회하는 <허브별입고현황> 매개변수 쿼리를 작성하시오. (7점)

▶ 입고일자를 기준으로 오름차순으로 정렬하여 표시하시오.

▶ 총계 = 입고수량 * 입고단가

▶ '입고단가', '총계' 필드는 [표시 예]와 같이 표시되도록 '형식' 속성을 설정하시오.

[표시 예 : 4000 → 4,000]

▶ 쿼리 실행 결과 생성되는 테이블의 필드는 <그림>을 참고하여 수험자가 판단하여 설정하시오.

입고일자	허브명	입고수량	입고단가	총계
2020-01-04	로즈마리	20	4,000	80,000
2020-01-16	로즈마리	10	3,000	30,000
2020-02-08	로즈마리	10	1,000	10,000
2020-02-15	로즈마리	30	2,000	60,000

최신기출유형 10회 정답 및 해설

📁 **작업 파일** : C:\2024_컴활1급\데이터베이스\작업파일\최신기출유형\최신기출유형 10회_문제.accdb
💾 **완성 파일** : C:\2024_컴활1급\데이터베이스\완성파일\최신기출유형\최신기출유형 10회_정답.accdb

정답

문제 1 ▶ DB 구축 (25점)

01 <주문현황>, <허브입고현황> 테이블 완성

지시사항	테이블명	필드명	필드 속성	설정 값
①	주문현황	주문일자	형식	자세한 날짜
②		허브코드	입력 마스크	>L-000
③		수량	기본 값	1
④	허브입고현황	허브명	인덱스	예(중복 가능)
⑤		입고수량	유효성 검사 규칙	>0

02 관계 설정

① [데이터베이스 도구]-[관계] 그룹의 [관계(🖼)]를 클릭

② 관계 편집

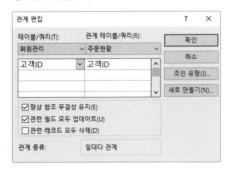

03 외부 데이터 가져오기

① [외부 데이터]-[가져오기 및 연결] 그룹에서 [새 데이터 원본]-[파일에서]-[텍스트 파일]을 클릭

② 쉼표로 나눔, 필드 이름 넣기, Access에서 기본 키 추가

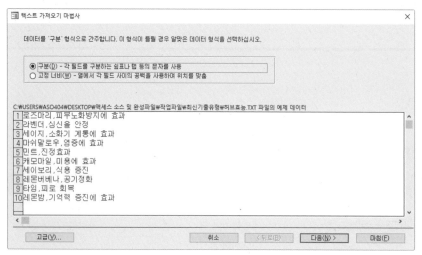

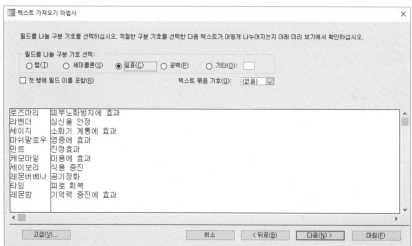

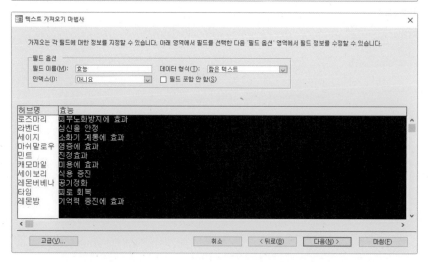

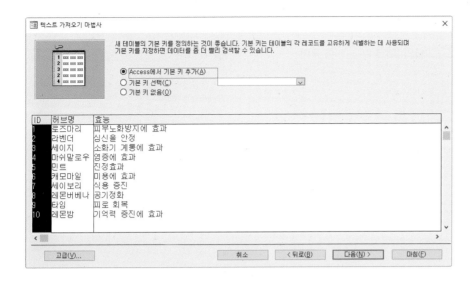

01 <회원별주문현황> 폼의 완성

지시사항	영역	개체명	탭	항목	설정 값
①	폼 머리글	폼 머리글 추가하여 제목 이동하기			
②	본문	텍스트 상자 레이블	형식	캡션	조회월:
		텍스트 상자	모두	이름	txt날짜
				컨트롤 원본	=Format(Date( ),"yy/mm/dd dddd")
				테두리 스타일	투명
③			형식	배경색	Access 테마 1

02 <회원별주문현황> 폼에 함수 설정

① 'txt총수량' 컨트롤의 [속성 시트]–[데이터] 탭 '컨트롤 원본'

② DSum함수 작성

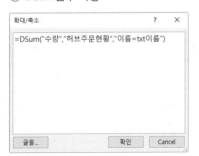

=DSum("수량","허브주문현황","이름=txt이름")

03 <회원별주문현황> 폼의 매크로 작성

① [만들기]-[만들기 및 코드] 그룹의 [매크로(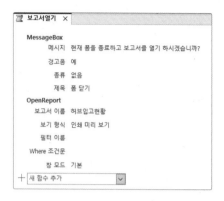)]를 클릭

② [보고서열기] 매크로 작성

보고서열기 ×

MessageBox
메시지 현재 폼을 종료하고 보고서를 열기 하시겠습니까?
경고음 예
종류 없음
제목 폼 닫기
OpenReport
보고서 이름 허브입고현황
보기 형식 인쇄 미리 보기
필터 이름
Where 조건문
창 모드 기본
＋ 새 함수 추가

문제3 ▶ **조회 및 출력 기능 구현** (20점)

01 <허브입고현황> 보고서 완성

지시사항	영역	개체명	탭	항목	설정 값
①	보고서 머리글	lbl제목	형식	글꼴 이름	휴먼옛체
				글꼴 두께	굵게
②	주문일자 머리글	머리글	형식	반복 실행 구역	예
③	본문	txt허브명	형식	중복 내용 숨기기	예
④	주문일자 바닥글	txt수량평균	모두	컨트롤 원본	=Avg([수량])
				형식	표준
				소수 자릿수	1
		txt판매금액합계	데이터	컨트롤 원본	=Sum([수량] * [판매단가])
⑤	페이지 바닥글	txt페이지	데이터	컨트롤 원본	="현재 : " & [Page] & "페이지"

02 <회원별주문현황> 폼에 이벤트 프로시저 작성

① '조회(cmd조회)' 컨트롤을 클릭한 후 [속성 시트]-[이벤트] 탭의 'On Click'에서 [코드 작성기]를 클릭

② VBA 코드 작성

```
Private Sub cmd조회_Click( )
Me.Filter = "고객ID like '*" & txt고객ID & "*'"
Me.FilterOn = True
End Sub
```

문제4 ▶ 처리 기능 구현 (35점)

01 <케모마일조회> 조회 쿼리

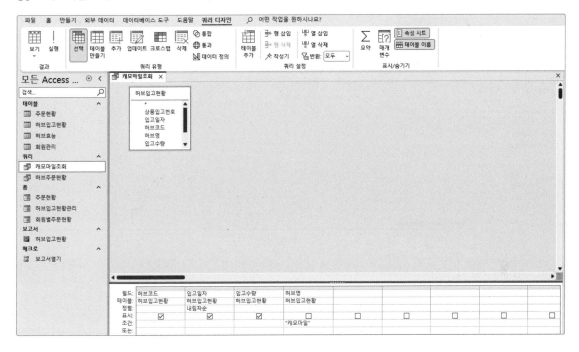

02 <허브별입고횟수> 크로스탭 쿼리

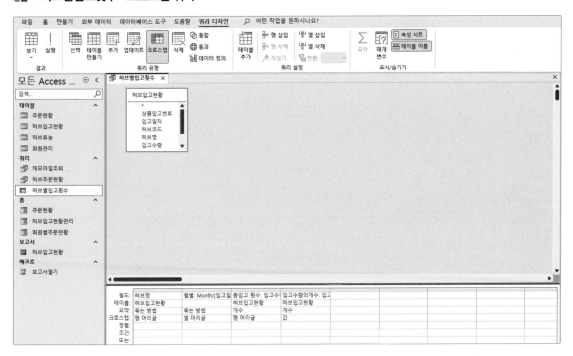

03 <배송료조회> 계산 쿼리

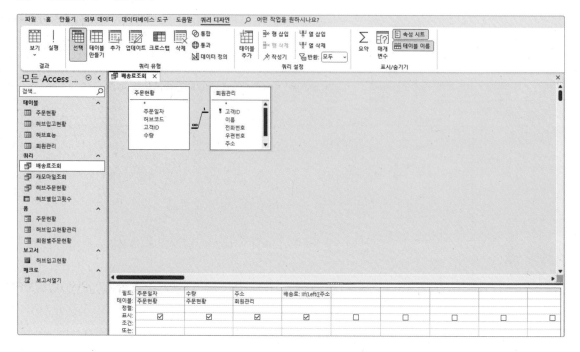

04 <입고날짜확인> 조회 쿼리

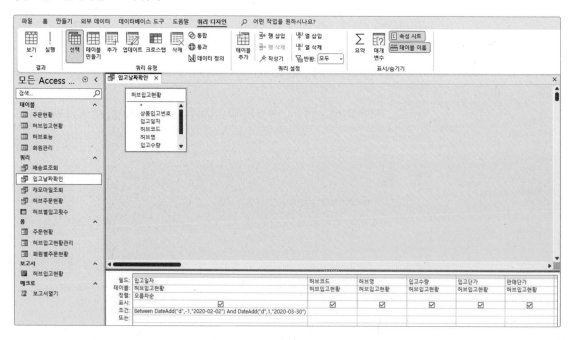

05 <허브별입고현황> 매개 변수 쿼리

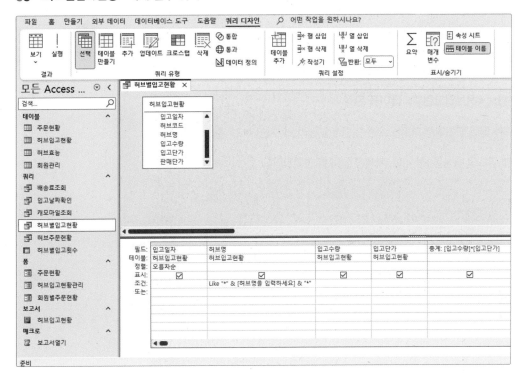

문제 1 ▶ DB 구축 (25점)

1 <주문현황>, <허브입고현황> 테이블 완성

① <주문현황> 테이블 위에서 마우스 오른쪽 단추를 눌러 <디자인 보기>를 클릭합니다.

② '주문일자' 필드의 속성은 [형식]에 '자세한 날짜'를 선택합니다.

③ '허브코드' 필드의 속성은 [입력 마스크]에 '>L-000'을 입력합니다.

④ '수량' 필드의 속성은 [기본 값]에 '1'을 입력합니다.

⑤ <허브입고현황> 테이블 위에서 마우스 오른쪽 단추를 눌러 <디자인 보기>를 클릭합니다.

⑥ '허브명' 필드의 속성은 [인덱스]에 '예(중복 가능)'을 선택합니다.

⑦ '입고수량' 필드의 속성은 [유효성 검사 규칙]에 '>0'을 입력합니다.

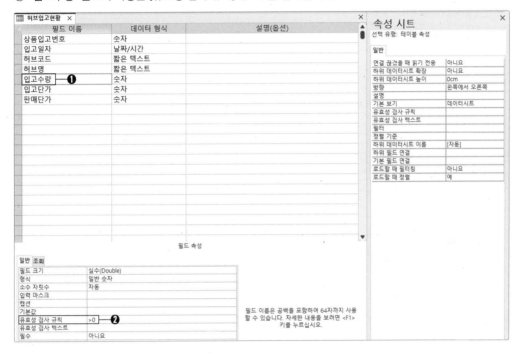

2 관계 설정

① [데이터베이스 도구] 탭-[관계] 그룹-[관계]를 클릭합니다.

② [관계] 그룹-[테이블 추가]를 클릭합니다. [테이블 추가] 대화상자의 [테이블] 탭에서 **Ctrl** 키를 누른 채 차례대로 <주문현황>, <회원관리> 테이블을 선택하고 <선택한 표 추가> 단추를 클릭합니다.

③ <주문현황> 테이블의 '고객ID' 필드를 <회원관리> 테이블의 '고객ID' 필드로 드래그 앤 드롭 합니다.

④ [관계 편집] 대화상자에서 '항상 참조 무결성 유지', '관련 필드 모두 업데이트'를 선택하고 <만들기> 단추를 클릭합니다.

   ※ '일대다(1:M)'의 관계가 설정됩니다.

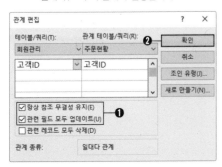

⑤ [관계] 창이 <그림>과 같이 표시됩니다. 빠른 실행 도구 모음에서 (저장)을 눌러 변경된 내용을 저장합니다. [관계 디자인] 탭–[관계] 그룹–[닫기]를 클릭합니다.

③ 외부 데이터 가져오기

① [외부 데이터] 탭–[가져오기 및 연결] 그룹–[새 데이터 원본]–[파일에서]–[텍스트 파일]을 클릭합니다.

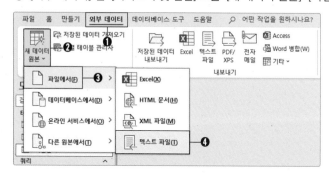

② [외부 데이터 가져오기–텍스트 파일] 대화상자에서 [데이터 원본 및 대상 선택] 창의 <찾아보기> 단추를 클릭하여 파일 이름은 'C:\2024_컴활1급\데이터베이스\작업파일\최신기출유형\허브효능.\txt'를 선택합니다.

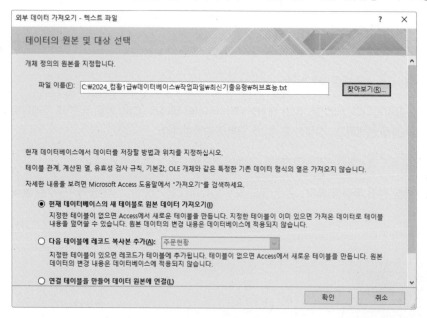

③ [외부 데이터 가져오기–텍스트 파일] 대화상자에서 저장할 방법과 위치는 '현재 데이터베이스의 새 테이블로 원본 데이터 가져오기(I)'를 선택하고 <확인> 단추를 클릭합니다.

④ [텍스트 가져오기 마법사] 대화상자에서 '구분'을 선택하고 <다음> 단추를 클릭합니다.

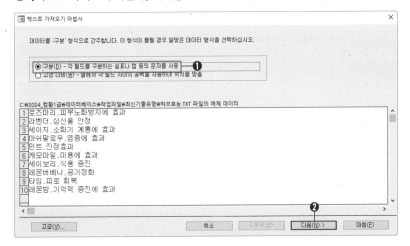

⑤ [텍스트 가져오기 마법사] 대화상자에서 필드를 나눌 구분 기호 선택에서 '쉼표'를 선택하고 <다음> 단추를 클릭합니다.

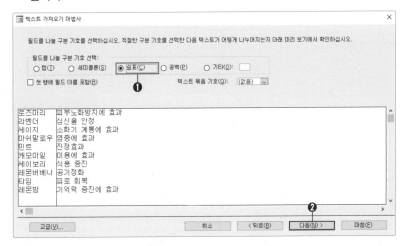

⑥ [텍스트 가져오기 마법사] 대화상자에서 필드 옵션에서 첫 번째 필드 이름에 '허브명', 두 번째 [필드 이름]에 '효능'을 입력하고 <다음> 단추를 클릭합니다.

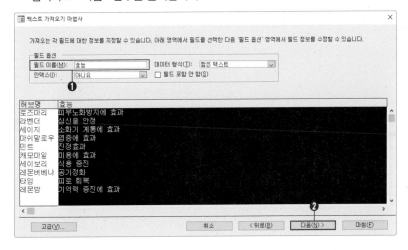

⑦ [텍스트 가져오기 마법사] 대화상자에서 'Access에서 기본 키 추가'를 선택하고 <다음> 단추를 클릭합니다.

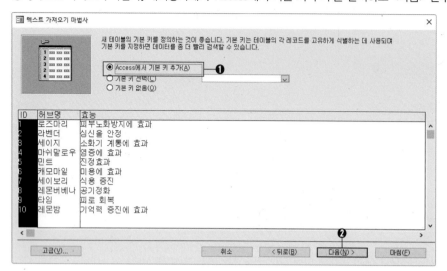

⑧ [텍스트 가져오기 마법사] 대화상자에서 테이블로 가져오기에 '허브효능'을 입력하고 <마침> 단추를 클릭합니다.

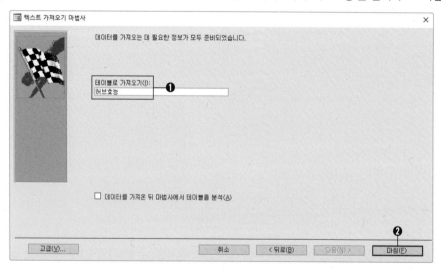

1 <회원별주문현황> 폼의 완성

① <회원별주문현황> 폼 위에서 마우스 오른쪽 단추를 눌러 <디자인 보기>를 클릭합니다.

② '본문' 영역에서 마우스 오른쪽 단추를 눌러 <폼 머리글/폼 바닥글>을 클릭합니다.

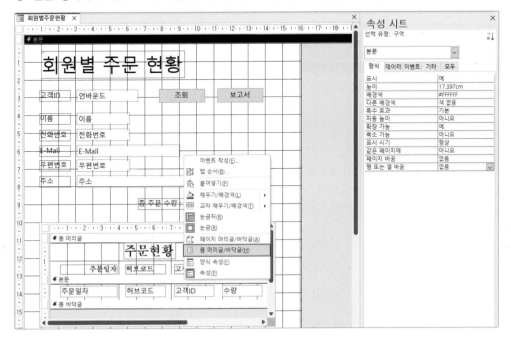

③ '본문' 영역에서 제목을 클릭하고 '폼 머리글' 영역으로 드래그 앤 드롭하여 이동합니다.

④ [양식 디자인] 탭-[컨트롤] 그룹-[(텍스트 상자)]를 '본문' 영역으로 드래그 앤 드롭 합니다.

　　※ 이때 텍스트 상자 마법사 창이 표시되면 <취소> 단추를 클릭합니다.

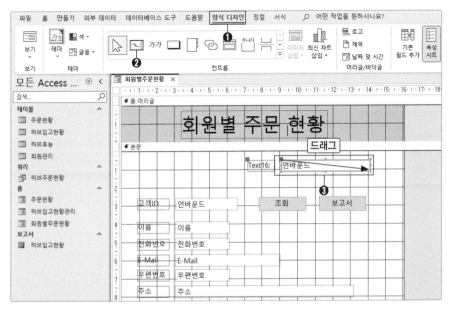

⑤ '레이블' 컨트롤에는 '조회월:'을 입력합니다.

⑥ '텍스트' 컨트롤 속성 시트 창의 [모두] 탭 중 [이름]에 'txt날짜'를 입력하고 [컨트롤 원본]에 '=Format(Date( ),"yy/mm/dd dddd")'을 입력하고 [테두리 스타일]에 '투명'을 선택합니다.

　※ 'dddd'는 요일을 영어로 표시합니다.

⑦ '본문' 영역 속성 시트 창의 [형식] 탭 중 [다른 배경색]에 'Access 테마 1'로 선택합니다.

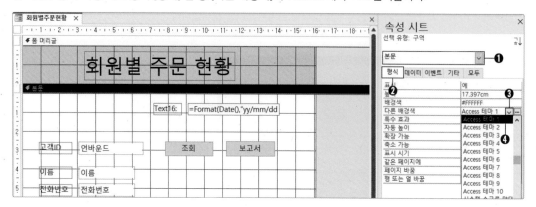

2 <회원별주문현황> 폼에 함수 설정

① <회원별주문현황> 폼 위에서 마우스 오른쪽 단추를 눌러 <디자인 보기>를 클릭합니다.

② 'txt총수량' 컨트롤 속성 시트 창의 [모두] 탭 중 [컨트롤 원본]에 '=DSum("수량","허브주문현황","이름=txt이름")'을 입력합니다.

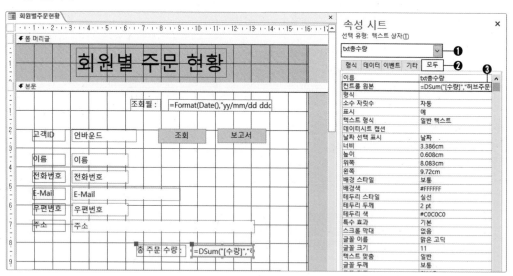

3 **<회원별주문현황> 폼의 매크로 작성**

① [만들기] 탭-[매크로 및 코드] 그룹-[매크로]를 클릭합니다.

② [새 함수 추가]에서 <MessageBox>를 선택합니다.

③ [메시지]에 '현재 폼을 종료하고 보고서를 열기 하시겠습니까?'를 입력하고 [제목]에 '폼 닫기'를 입력합니다.

④ [새 함수 추가]에서 <OpenReport>를 선택합니다.

⑤ [보고서 이름]에 '허브입고현황', [보기 형식]에 '인쇄 미리 보기'를 선택합니다.

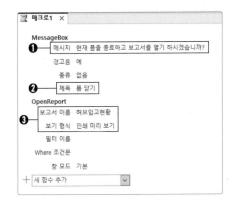

⑥ 빠른 실행 도구 모음에서 📩(저장)을 클릭합니다. [매크로 이름]에 '보고서열기'를 입력합니다.

⑦ <회원별주문현황> 폼 위에서 마우스 오른쪽 단추를 눌러 <디자인 보기>를 클릭합니다.

⑧ '보고서'(cmd인쇄) 버튼 속성 시트 창의 [이벤트] 탭 중 [On Click]에 '보고서열기'를 선택합니다.

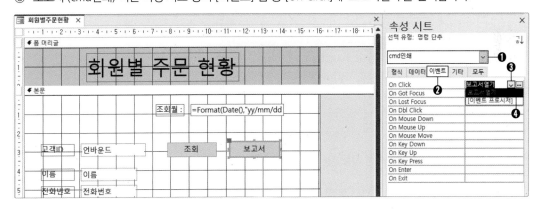

1 <허브입고현황> 보고서의 완성

① <허브입고현황> 보고서 위에서 마우스 오른쪽 단추를 눌러 <디자인 보기>를 클릭합니다.

② '보고서 머리글' 영역에서 'lbl제목' 컨트롤 속성 시트 창의 [형식] 탭 중 [글꼴 이름]에 '휴먼옛체', [글꼴 두께]에 '굵게'를 선택합니다.

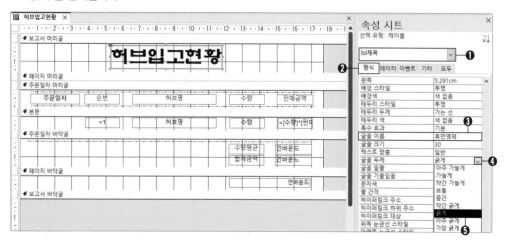

③ '주문일자 머리글' 영역 속성 시트 창의 [형식] 탭 중 [반복 실행 구역]에 '예'를 선택합니다.

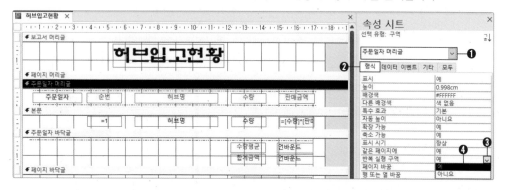

④ '본문' 영역에서 'txt허브명' 컨트롤 속성 시트 창의 [형식] 탭 중 [중복 내용 숨기기]에 '예'를 선택합니다.

⑤ '주문일자 바닥글' 영역에서 'txt수량평균' 컨트롤 속성 시트 창의 [모두] 탭 중 [컨트롤 원본]에 '=Avg([수량])'을 입력하고 [형식]에 '표준', [소수 자릿수]에 '1'을 선택합니다.

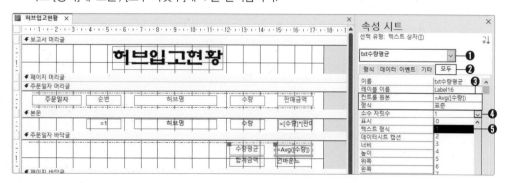

⑥ 'txt판매금액합계' 컨트롤 속성 시트 창의 [데이터] 탭 중 [컨트롤 원본]에 '=Sum([수량]*[판매단가])'를 입력합니다.

⑦ '페이지 바닥글' 영역에서 'txt페이지' 컨트롤 속성 시트 창의 [데이터] 탭 중 [컨트롤 원본]에 '="현재 : " & [Page] & "페이지"'를 입력합니다.

2 <회원별주문현황> 폼에 이벤트 프로시저 작성

① <회원별주문현황> 폼 위에서 마우스 오른쪽 단추를 눌러 <디자인 보기>를 클릭합니다.

② '본문' 영역에서 '조회'(cmd조회) 버튼 속성 시트 창의 [이벤트] 탭 중 [On Click]에 '코드 작성기'를 선택하고 <확인> 단추를 클릭합니다.

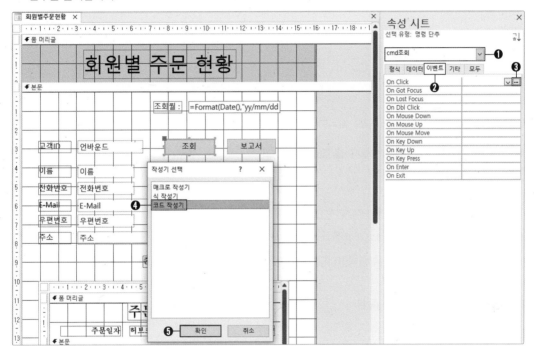

③ VBA 창에 다음과 같이 입력합니다.

※ 'txt고객ID' 컨트롤에 입력된 값이 포함되어 있으면 '고객ID'를 필터합니다.

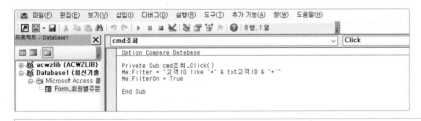

```
Private Sub cmd조회_Click( )
Me.Filter = "고객ID like '*" & txt고객ID & "*'"
Me.FilterOn = True
End Sub
```

1 <캐모마일조회> 쿼리 작성

① [만들기] 탭-[쿼리] 그룹-[쿼리 디자인]을 클릭합니다.

② [테이블 추가] 대화상자의 [테이블] 탭에서 <허브입고현황> 테이블을 선택하고 <선택한 표 추가> 단추를 클릭합니다.

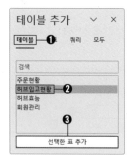

③ '허브명', '허브코드', '입고일자', '입고수량' 필드를 선택합니다.

④ '허브명' 필드는 [조건]에 '캐모마일', <표시>를 해제하고 '입고일자' 필드는 [정렬]에 '내림차순'을 지정합니다.

⑤ 빠른 실행 도구 모음에서 🖫(저장)을 클릭합니다. [쿼리 이름]에 '캐모마일조회'를 입력합니다.

2 <허브별입고횟수> 크로스탭 쿼리 작성

① [만들기] 탭-[쿼리] 그룹-[쿼리 디자인]을 클릭합니다.

② [테이블 추가] 대화상자의 [테이블] 탭에서 <허브입고현황> 테이블을 선택하고 <선택한 표 추가> 단추를 클릭합니다.

③ '허브명', '입고일자', '입고수량', '입고수량' 필드를 선택합니다.

필드:	허브명	입고일자	입고수량	입고수량	
테이블:	허브입고현황	허브입고현황	허브입고현황	허브입고현황	
정렬:					
표시:	☑	☑	☑	☑	☐
조건:					
또는:					

④ [쿼리 디자인] 탭-[쿼리 유형] 그룹-[크로스탭]을 클릭합니다.

⑤ '입고일자' [필드]에 '월별: Month([입고일자]) & "월"', '입고수량' [필드]에 '총입고 횟수: [입고수량]'을 수정합니다.

⑥ [요약]에 '총입고 횟수', '입고수량' 필드는 '개수'를 선택합니다.

⑦ [크로스탭]에 '허브명' 필드는 '행 머리글', '월별' 필드는 '열 머리글', '총입고 횟수' 필드는 '행 머리글', '입고수량' 필드는 '값'을 선택합니다.

⑧ '총입고 횟수' 필드 속성 시트 창의 [일반] 탭 중 [형식]에 '0" 번"'을 입력합니다.

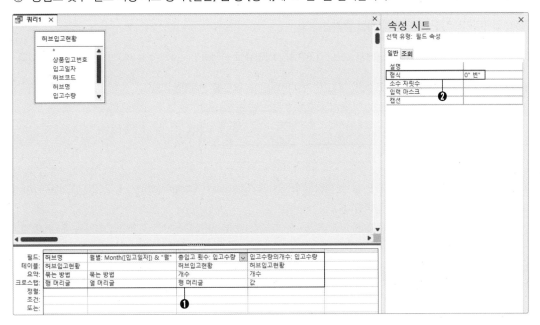

⑨ 빠른 실행 도구 모음에서 🖫(저장)을 클릭합니다. [쿼리 이름]에 '허브별입고횟수'를 입력합니다.

3 <배송료조회> 계산 쿼리 작성

① [만들기] 탭-[쿼리] 그룹-[쿼리 디자인]을 클릭합니다.

② [테이블 추가] 대화상자의 [테이블] 탭에서 **Ctrl** 키를 누른 채 차례대로 <주문현황>, <회원관리> 테이블을 선택 하고 <선택한 표 추가> 단추를 클릭합니다.

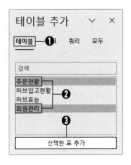

③ '주문일자' '수량', '주소' 필드를 선택합니다.

④ 마지막 필드에 '배송료: IIf(Left([주소],3)="서울시",3000,4500)'를 입력합니다.

필드:	주문일자	수량	주소	배송료: IIf(Left([주소],3)="서울시",3000,4500)
테이블:	주문현황	주문현황	회원관리	
정렬:				
표시:	☑	☑	☑	☑
조건:				
또는:				

⑤ 빠른 실행 도구 모음에서 🖫(저장)을 클릭합니다. [쿼리 이름]에 '배송료조회'를 입력합니다.

4 <입고날짜확인> 날짜 검색 쿼리 작성

① [만들기] 탭-[쿼리] 그룹-[쿼리 디자인]을 클릭합니다.

② [테이블 추가] 대화상자의 [테이블] 탭에서 <허브입고현황> 테이블을 선택하고 <선택한 표 추가> 단추를 클릭합니다.

③ '입고일자', '허브코드', '허브명', '입고수량', '입고단가', '판매단가' 필드를 선택합니다.

필드:	입고일자	허브코드	허브명	입고수량	입고단가	판매단가
테이블:	허브입고현황	허브입고현황	허브입고현황	허브입고현황	허브입고현황	허브입고현황
정렬:						
표시:	☑	☑	☑	☑	☑	☑
조건:						
또는:						

④ '입고일자' 필드는 [정렬]에 '오름차순'을 선택하고 [조건]에 'Between DateAdd("d",-1,"2020-02-02") And DateAdd("d",1,"2020-03-30")'을 입력합니다.

> ※ '2020-02-02'에서 1을 빼면 '2020-02-01'이 되고 '2020-03-30'에서 1을 더하면 '2020-03-31'이 되므로 이 두 날짜 사이를 검색합니다.

⑤ 빠른 실행 도구 모음에서 🖫(저장)을 클릭합니다. [쿼리 이름]에 '입고날짜확인'을 입력합니다.

5 <허브별입고현황> 매개 변수 쿼리

① [만들기] 탭-[쿼리] 그룹-[쿼리 디자인]을 클릭합니다.

② [테이블 추가] 대화상자의 [테이블] 탭에서 <허브입고현황> 테이블을 선택하고 <선택한 표 추가> 단추를 클릭합니다.

③ '입고일자', '허브명', '입고수량', '입고단가' 필드를 선택하고 '총계: [입고수량]*[입고단가]'를 입력합니다.

필드:	입고일자	허브명	입고수량	입고단가	총계: [입고수량]*[입고단가]
테이블:	허브입고현황	허브입고현황	허브입고현황	허브입고현황	
정렬:					
표시:	☑	☑	☑	☑	☑
조건:					
또는:					

④ '허브명' 필드는 [조건]에 'Like "*" & [허브명을 입력하세요] & "*"'을 입력하고 '입고일자' 필드 [정렬]에 오름차순을 선택합니다.

필드:	입고일자	허브명	입고수량	입고단가	총계: [입고수량]*[입고단가]
테이블:	허브입고현황	허브입고현황	허브입고현황	허브입고현황	
정렬:	오름차순	❷			
표시:	☑	☑	☑	☑	☑
조건:		Like "*" & [허브명을 입력하세요] & "*" ❶			
또는:					

⑤ '입고단가'와 '총계' 필드 속성 시트 창의 [일반] 탭 중 [형식]에 '표준'을 선택하고 [소수 자릿수]는 '0'을 입력합니다.

⑥ [쿼리 디자인] 탭-[결과] 그룹-[실행]을 클릭합니다. [매개 변수 값 입력] 대화상자에 허브명의 일부분을 입력하고 <확인> 단추를 클릭하여 결과를 확인합니다.

⑦ 빠른 실행 도구 모음에서 🖫(저장)을 클릭합니다. [쿼리 이름]에 '허브별입고현황'을 입력합니다.

MEMO